다산 정약용의
사례가식

지은이 다산(茶山) 정약용(丁若鏞)

1762(영조 38)년 6월 16일 광주(廣州) 마현리(馬峴里) 초천(苕川, 현재의 남양주시 와부면 능내리)에서 아버지 정재원(丁載遠)과 어머니 해남 윤씨(海南 尹氏) 사이의 제4남으로 태어나, 1836(헌종 2)년 75세를 일기로 세상을 떠났다. 아명(兒名)은 귀농(歸農)이고, 자(字)는 미용(美庸), 호(號)는 다산(茶山), 사암(俟菴) 등이며, 당호(堂號)는 여유당(與猶堂)이다. 실학자인 성호(星湖) 이익(李瀷)의 글을 접하고 학문에 뜻을 두게 되었다. 1801(순조 1)년 신유사옥(辛酉史獄)이라는 천주교 탄압사건으로 인해 전라도 강진으로 유배된다. 다산에게 유배의 시간은 정치적으로는 고통의 연속이었지만, 학문적으로는 실학을 집대성한 세월이기도 하였다.

옮긴이

전성건 · 연세대학교 국학연구원 연구교수

실시학사
실학번역총서
06

다산 정약용의 사례가식

정약용 지음
전성건 옮김
재단법인 실시학사 편

사람의무늬

實學飜譯叢書를 펴내며

실시학사(實是學舍)에서 실학연구총서(實學硏究叢書)를 발간하여 학계에 공헌하면서 뒤이어 실학번역총서(實學飜譯叢書)를 내기로 방침을 세운 것은 벌써 2년 전의 일이다. 실시학사가 재단법인으로 발전하면서 그 재정적 바탕 위에 여러 가지 사업을 수행하는 가운데 실학(實學)에 관한 우리나라 고전들을 골라, 한문으로 된 것을 우리글로 옮겨서 대중화 작업을 시도하기로 한 것이다.

여기, 이 기회에 나는 다시 몇 마디 말씀을 추가할 것이 있다. 이 실학번역총서를 낸다는 말을 전해 듣고 모하(慕何) 이헌조(李憲祖) 형이 앞서 거액을 낸 것 외에 다시 적지 않은 돈을 재단에 출연해 주었다. 나는 그의 학문에 대한 열정에 오직 감동을 느꼈을 뿐, 할 말을 잊었다. 오늘날 우리나라에서 사회문화에 대한 허심탄회(虛心坦懷)로 아낌없이 투자해 줄 인사가 계속해서 나와 준다면 우리 학계가 얼마나 다행할까 하는 생각을 금(禁)할 수 없었다.

실(實)은 실시학사가 법인으로 되기 전부터, 나는 성균관대학교에서 정년퇴임한 뒤에 진작 서울 강남에서 학사(學舍)의 문을 열고 젊은 제자들과 함께 고전을 강독하면서 동시에 번역에 착수하였고, 그 뒤 근교 고양(高陽)으로 옮겨 온 뒤에도 그대로 계속하여 적지 않은 책들을 간행하였다. 예를 들면 경학연구회(經學硏究會)가 다산 정약용(茶山 丁若鏞)의 『정체전중변(正體傳重辯)』, 『다산과 문산(文山)의 인성논쟁』, 『다산과 석천(石泉)의 경학논쟁』, 『다산과 대산(臺山)·연천(淵泉)의 경학논쟁』, 『다산의 경학세계(經學世界)』, 『시경강의(詩經講義)』5책 등을 번역 출판하였고, 고전문학연구회(古典文學硏究會)가 영재 유득공(泠齋 柳得恭)의 『이십일도회고시(二十一都懷古詩)』와 『열하기행시주(熱河紀行詩註)』각 1책, 낙하생 이학규(洛下生 李學逵)의 『영남악부(嶺南樂府)』1책, 그리고 『조희룡전집(趙熙龍全集)』5책, 『이옥전집(李鈺全集)』5책, 『산강 변영만(山康 卞榮晩)전집』3책, 유재건(劉在建)의 『이향견문록(里鄕見聞錄)』1책 등을 모두 번역 출판하였다. 이 열거한 전집들 중에는 종래 산실(散失) 분장(分藏)된 것이 적지 않아서 그것을 수집하고 재편집하는 데 많은 노력을 기울였다. 이 과정에서 제자들은 어려운 생활 속에서도 세월 따라 능력이 성장해 왔고 나는 그것을 보면서 유열(愉悅)을 느껴, 스스로 연로신쇠

(年老身衰)해 가는 것도 잊고 있었다.

그런데 이제 번역 사업이 본격화되면서 많은 역자(譯者)가 한꺼번에 나오게 되고 나는 직접 일일이 참여할 수 없게 되고 보니 한편 불안한 점이 없지도 않다. 나는 지난날 한때 민족문화추진회(民族文化推進會, 韓國古典飜譯院의 前身)의 회장직을 맡아, 많은 직원들, 즉 전문으로 번역을 담당한 분들이 내놓은 원고들을 하나하나 점검할 수도 없어 그대로 출판에 부쳐 방대한 책자를 내게 되었다. 물론 역자들은 모두 한문 소양이 상당하고 또 성실하게 우리글로 옮겨 온 분들이지만 당시 책임자였던 나로서는 그 자리에서 물러난 지 오래된 지금에 와서도 마음 한 구석에 빚이 되어 있는 것이 사실이다. 그런데 지금 또 실시학사에서 전건(前愆)을 되풀이하게 되는 것이 아닐까 걱정이 앞서기 때문이다.

그러나 이미 화살은 날았다. 이제 오직 정확하게 표적(標的)에 맞아 주기를 바랄 뿐이다.

2013년 초하(初夏)

李佑成

차 례

Ⅰ. 『관례작의(冠禮酌儀)』

Ⅳ. 『제례고정(祭禮考定)』

『부견가례지식(附見嘉禮之式)』

『길제설(吉祭說)』

부록

해 제 (解題)

I. 『사례가식』의 성립과 성격

다산(茶山) 정약용(丁若鏞, 1762~1836)의 가례(家禮) 관련 저술은 예송(禮 訟)에 대한 자신의 입장을 구체적으로 제시한 것에서부터 관혼상제에 관한 부분에 이르기까지 다양하다. 즉 다산은 왕조례(王朝禮)부터 사대 부례(士大夫禮)에 이르기까지 그 연구의 폭이 상당히 넓었으며, 그를 위 해 상당기간을 예학 연구에 침잠(沈潛)하였다. 『상례사전(喪禮四箋)』과 『사례가식(四禮家式)』 및 『상례외편(喪禮外篇)』 등[1]은 그에 따른 결과물 이다. 여기에서는 『사례가식』을 중심으로 살펴본다.

다산이 지은 『자찬묘지명(自撰墓誌銘)』[2]에 따르면, 『사례가식』은 경집

---

1 『상례외편(喪禮外篇)』 등 : 이와 관련된 사항은 『정본여유당전서』, 「해제」 참조.
2 『자찬묘지명(自撰墓誌銘)』 : "以先大王所批『毛詩講義』十二卷爲首, 而別作『講義補』三卷. 『梅氏尙書平』九卷, 『尙書古訓』六卷, 『尙書知遠錄』七卷. 『喪禮四箋』五十卷, 『喪禮外編』 十二卷, 『四禮家式』九卷. 『樂書孤存』十二卷, 『周易心箋』二十四卷, 『易學緖言』十二卷, 『春

(經集) 232권 가운데 하나의 저술로 9권이라고 기재되어 있다. 그런데 문제는 『사례가식』이라는 이름의 책이 현재 남아 있지 않다는 것이다. 그러나 「『여유당집』 예학관련 저작의 재구성과 연대고증」[3]을 통해 『사례가식』이 『상의절요(喪儀節要)』, 『제례고정(祭禮考定)』, 『가례작의(嘉禮酌儀)』〔『관례작의(冠禮酌儀)』와 『혼례작의(婚禮酌儀)』〕로 구성되어 있음이 밝혀졌다.

다산의 『사례가식』이 성립된 과정은 다음과 같다. 다산은 1803년 「상의광(喪儀匡)」 저술을 시작으로 1807년 「상구정(喪具訂)」, 1809년 「상복상(喪服商)」, 1811년 「상기별(喪期別)」에 대한 저술을 끝마친다. 이것이 바로 『상례사전(喪禮四箋)』이다. 『상례사전』은 고례의 원형을 회복한 상례(喪禮)의 '전형(典型)'이었다. 그러나 이러한 전형은 현실생활에 그대로 적용하기에는 다소간의 문제가 있었고, 이를 간편하게 행용할 수 있도록 정리해 줄 것을 부탁하는 요청도 있었기에, 다산은 상례 이외에 관례·혼례·제례를 더하여 사례를 갖추게 된다. 이것이 바로 『사례가식』이다.

『사례가식』은 1808년에 저술한 『제례고정』 2권과 1810년에 완성한 『가례작의』(『관례작의』와 『혼례작의』) 2권을 합하여 사례(四禮)에 대한 예식(禮式)을 정비하여 일상생활에서 실천하기 위해 만들어진 실용 예서였다. 즉 『상례사전』은 50권 17책의 방대한 저술로, 그것을 참고하여 사용하기에는 너무 불편하여, 이를 절요본(切要本)으로 만들어 '행례의

秋考徵』十二卷, 『論語古今注』四十卷, 『孟子要義』九卷, 『中庸自箴』三卷, 『中庸講義補』六卷, 『大學公議』三卷, 『熙政堂大學講錄』一卷, 『小學補箋』一卷, 『心經密驗』一卷, 已上經集共二百三十二卷."(『自撰墓誌銘－集中本』)

3 「『여유당집』 예학관련 저작의 재구성과 연대고증」: 조성을(2005), 120~124쪽 참조.

간편화'를 위한 저술이 필요하였는데, 그것이 바로 『사례가식』으로 정리
된 것이다.

제례를 바로잡기 어려운 것은 나라의 풍속을 바꾸기 어렵기 때문이다.
상례를 바로잡기 어려운 것은 부형(父兄)과 종족(宗族)들의 의론이 많
기 때문이다. 혼례를 바로잡기 어려운 것은 양가에서 좋아하고 숭상하
는 것이 다르기 때문이다. 그러나 관례만은 바로잡기가 가장 좋다. 이
는 주인에게 달렸으니 누가 이것을 막을 수 있겠는가? 다만 고례의 관
례는 의식절차가 복잡하고 많아서 오늘날 사람들이 이것을 그대로 따
르기가 쉽지 않다. 『주자가례』는 고례에 비해 간소하게 줄인 것이기는
하지만 관복(冠服)의 제도가 달라 사람들이 여전히 이것을 문제로 여
긴다.[4]

이상은 사례(四禮: 관례·혼례·상례·제례)에 대한 다산의 기본적인
입장이다. 다산에게 사례 가운데 관례가 바로잡기 가장 좋은 것이었다.
관례는 의절(儀節)을 주관하는 사람에게 의식절차의 모든 권한이 있었
기 때문이다. 반면 제례는 국속(國俗)을 바꾸기가 어렵다는 점, 상례는
부형과 종족들의 의론이 많다는 점, 혼례는 양가가 바라는 바가 다르다
는 점 등을 들어 시행의 어려움을 토로한다. 이러한 점을 고려한 다산의
『사례가식』의 구체적 구성은 다음과 같다.

---

4 제례를 바로잡기 …… 문제로 여긴다: "祭禮未易正, 以國俗難變也. 喪禮未易正, 以父兄宗
族多議也. 昏禮未易正, 以兩家好尙不同也. 唯冠禮, 最宜釐正, 是在主人, 孰能禦之? 但古之
冠禮, 繁縟備文, 今人未易遵用, 『朱子家禮』, 雖比古簡省, 然冠服異制, 人猶病之."(『嘉禮酌
儀』, 「冠禮」)

『관례작의』의 본문에는 고묘(告廟)·계빈(戒賓)·숙빈(宿賓)·진복(陳服)·시가(始加)·재가(再加)·삼가(三加)·초자(醮子)·관자현부(冠者見父)·자관자(字冠者)·예빈(醴賓)·배빈(拜賓)·관자현모(冠者見母)·관자현묘(冠者見廟) 등의 의절을 기록하고, 행을 바꾸어 주석의 형식으로 고례(古禮:『주례(周禮)』,『의례(儀禮)』,『예기(禮記)』) 또는『주자가례』와『성호예식』의 차이점 및 의절(儀節)에 대한 보충설명을 제시한다.『관례작의』는 모두 15개 항목이 포함되어 있다.

『혼례작의』의 본문에는 납채(納采)·문명(問名)·납길(納吉)·청기(請期)·납징(納徵)·친영(親迎)·공뢰(共牢)·현구고(見舅姑)·예부(醴婦)·관궤(盥饋)·부현묘(婦見廟)·향부(饗婦) 등의 의절을 기록하고, 행을 바꾸어 고례 및『주자가례』,『서의(書儀)』,『성호예식』의 차이점 및 의절에 대한 보충설명을 제시한다. 여기에「관궤도(盥饋圖)」와「공뢰합근도(共牢合졸圖)」등 2개의 그림이 수록되어 있다.『혼례작의』는 모두 16개 항목이 포함되어 있다.

『상의절요』의 본문은 모두 6권으로 구성되어 있다. 권1에는 시졸(始卒)·습함(襲含)·소렴(小斂)·대렴(大斂)·성복(成服)·성빈(成殯) 조목이, 권2에는 계빈(啓殯)·조전(朝奠)·발인(發引)·폄(窆)과 반곡(反哭)·우제(虞祭)·졸곡(卒哭)과 부(祔)·소상(小祥)·대상(大祥)·담제(禫祭)·분상(奔喪)·거상지제(居喪之制) 조목이, 권3에는 1815년 겨울 맏아들인 정학연(丁學淵, 1783~1859)과『상의절요』권1에 해당하는 시졸(始卒)부터 성빈(成殯)까지의 내용에 대해 문답한 것이 실려 있다. 권4는 1816년 제자인 이강회(李綱會)가 부친상을 당하여 상례에 대해 질문을 하자 '빈(殯)' 이전은 정학연과 문답한 내용을 가지고 대답해 주고, '계빈(啓殯)' 이하 '담제(禫祭)'까지는 서로 문답한 내용을 더하여 한 편으로 구성한 것이다. 권5는 1803년 강진에 있을 때 예서를 읽으면서 차기한『예서차기(禮書箚

記)』1권을 정리되지 않고 쌓여 있던 원고더미에서 찾아 1816년에『상의
절요』뒤에 첨부한 것이다. 권6에는 1811년 작성한「본종오복도(本宗五
服圖)」와「오복연혁표(五服沿革表)」가 수록되어 있다.[5]

『제례고정』의 본문은「제법고(祭法考)」,「제기고(祭期考)」,「제의고(祭
儀考)」,「제찬고(祭饌考)」의 4부분으로 구성되어 있다.「제법고」에서는 신
분에 따라 달리 규정되는 봉사대수(奉祀代數)와 묘제(廟制)를 다루고 있고,
「제기고」에서는 시제(時祭) · 천신(薦新) · 삭참(朔參) · 기제(忌祭) · 묘제
(墓祭)의 시기와 횟수에 관련된 것 및 후토제(后土祭)와 속절(俗節)의 금지
를 다루고 있다.「제의고」에서는『의례(儀禮)』,「소뢰궤사례(少牢饋食禮)」
와『의례(儀禮)』,「특생궤사례(特牲饋食禮)」및『주자가례』를 절충하여 실
행이 가능하고 예의(禮意)를 살린 제의(祭儀)를 다루고 있고,「제찬고」에
서는 제찬의 규모와 등급, 제기(祭器)의 규격과 재료, 길제(吉祭)와 상중
(喪中) 제전(祭奠)의 제찬(祭粲) 등을 다루고 있다.「소뢰가두가변고비합
사지도(少牢加豆加籩考妣合食之圖)」,「특생가두가변고비합사지도(特牲加
豆加籩考妣合食之圖)」,「소뢰직향도(少牢牷享圖)」,「특생도(特牲圖)」,「특
돈도(特豚圖)」,「지척지반(指尺之半)」등 제수(祭需)와 관련이 있는 그림
6개가 수록되어 있다.

이상에서 살펴본 것처럼『사례가식』은 고례의 원형을 찾고자 저술했
던『상례사전』을 실행하기 간편한 실용 예서로 만들고자 의도한 것이었
고,『성호예식』을 비판적으로 수정하고 보완하려 했던 노력의 산물이었
다. 특히 후자와의 연관성을 살펴보기 위해서는 가례와 관련된 성호학

---

5 권3에는 1815년 …… 수록되어 있다 : 본 번역에서는 행례(行禮)와 행례의 근거를 다루고
있는 다산 자신의 주석 부분만을 번역하였기에『상의절요』권3에서부터 권6까지는 제외하
였다. 이는 추후의 번역과제로 남겨 둔다.

파의 연구맥락 속에서 『사례가식』의 지위와 역할을 살펴볼 필요가 있다. 이는 성호학파의 예학적 문제의식 속에 다산도 한 부분을 담당하고 있기 때문이다.

근기남인의 종장인 성호(星湖) 이익(李瀷, 1681~1763)은 자신과 같은 필서(匹庶)들이 실행할 수 있는 일반 서민을 대상으로 하는 가례규범을 재정립할 필요가 있다고 판단하였다. 그는 자신의 집안에서 사용하기 위한 가례규범을 일생 동안 재구성하였는데, 그것은 사후 『성호예식』[6]으로 묶여 성호 집안에서 실질적으로 전승되었다. 『성호예식』의 가장 큰 특징은 "『주자가례』의 체제에 따르면서 조선 예학의 성과와 고례를 이용하여 보완한 것이지만, 필서의 신분이 준행하는 가례의 형식을 제시하였다."[7]는 점이다. 이러한 성호의 문제의식은 '신분에 맞는 예제의 준행'과 '불필요한 비용의 절약'에 초점을 두고 전개된 것이다.

그런데 『성호예식』은 성호 문하에서 두 방향으로 보완된다. 하나는

----

6 『성호예식』: 『성호예식』은 성호가 생전에 지은 단편들을 성호 사후 정산(貞山) 이병휴(李秉休, 1710~1776)의 학술적 보완을 거쳐 순암 안정복이 서(序)를 지어 집안에서의 행례(行禮)를 위해 『성호선생예식(星湖先生禮式)』으로 모아 놓은 것이다. 사례(四禮)와 관련된 세부적인 저서를 밝힐 필요가 있을 때를 제외하고, 본문에서는 서술의 편의상 성호의 사례에 관한 저술을 총칭할 경우에는 『성호예식』으로 명명하였다.

7 『주자가례』의 체제에 …… 형식을 제시하였다 : 이봉규는 성호학파의 예론을, 첫째 퇴계(退溪) 이황(李滉, 1501~1570)을 주자(朱子, 朱熹, 1130~1200)의 학문적 적전으로 세우고 계승함으로써 성호학파의 학문적 정체성을 확립하였고, 둘째 예송에서 백호(白湖) 윤휴(尹鑴, 1617~1680)의 설을 배제하고 미수(眉叟) 허목(許穆, 1595~1682)의 설을 옹호하는 입장이 성호와 그의 문하에서 계승되는 방식에는 이론적 대응을 넘어 우암(尤庵) 송시열(宋時烈, 1607~1689) 측의 주장을 당론으로 비판하고 청남(淸南)으로서의 당파적 입장을 확립하기 위한 정치적 문제의식이 반영되어 있고, 셋째 자신의 집안과 종족을 결집시켜 양반사족의 위상을 유지하려는 현실적 관심이 작용하였고, 넷째 순암 안정복을 중심으로 『주자가례』와 차이 나는 부분을 완화시키는 형태로 보완되는 양상을 보여 주는 성호학파의 보수화 경향을 지적하였다. 이봉규(2005), 106쪽 참조.

성호에 의해 지나치게 간소화된 의식절차를 『주자가례』의 체제에 맞추어 보완함으로써 『주자가례』와의 차이를 줄이는 방향으로 전개된 것이고, 또 하나는 고례의 원칙에 입각하여 『주자가례』와 『성호예식』을 넘어선 새로운 가례서(家禮書)를 정립하는 방향으로 전개된 것이다. 전자는 순암(順菴) 안정복(安鼎福, 1712~1791)의 문하에서 주로 나타나고, 후자는 다산 정약용에게서 발견된다.[8]

순암은 『가례주해(家禮註解)』, 『가례익(家禮翼)』, 『가례집해(家禮集解)』 등 『주자가례』에 대한 연구를 지속하였다. 그리고 순암과 사돈 사이였던 박사정(朴思正)은 『가례작통(家禮酌通)』을 저술하였는데, 성호와 순암의 예설을 절충하는 입장을 취하였다고 밝히고는 있지만 실제로는 『주자가례』와 순암의 설을 절충한 형태에 더 가까웠다.[9] 즉 순암의 계열에서는 『성호예식』을 『주자가례』의 체제와 구성에 맞게 수정하고 보완하려는 경향을 지녔다고 할 수 있다.

반면, 다산은 『성호예식』과 『가례작통』의 두 입장을 모두 넘어서고 있다고 판단된다. 첫째, 『사례가식』은 『성호예식』의 지나친 간소화와 고례의 정신에 위배되는 점을 비판적으로 계승한다. 둘째, 성호우파가 『성호예식』을 교정하여 『주자가례』와의 차이점을 줄여 가는 방향으로 나아가고 있는 데 반해, 『사례가식』은 조선의 국가적 지위 및 지리와 풍속 등의 현실을 고려한 가례서를 제출하여 『주자가례』를 대체하려는 방향으로 저술되었다.

---

8 하나는 성호에 …… 정약용에게서 발견된다 : 장동우(2008), 106~107쪽 참조.
9 성호와 순암의 …… 더 가까웠다 : 이봉규(2005), 124쪽 참조.

Ⅱ. 『사례가식』의 정신과 특징

1. 『성호예식』의 비판적 계승: 검(儉)과 후(厚)의 절충

검(儉)과 후(厚)의 절충을 모색하는 다산에게 예식(禮式)의 간소화는 근기남인의 종장인 성호가 저술한 『성호예식』을 비판적으로 계승한 것이다. 다산은 『성호예식』 가운데 하나인 『산절관의(刪節冠儀)』가 관례의 예식을 너무 간소화시켰다는 점을 지적하고 검(儉)과 후(厚)의 절충을 꾀한다. 이는 『성호예식』에 비해 『상의절요』가 다소 사치스러울 수 있다는 것을 걱정하면서도 자손들에게는 모두 『상의절요』를 따라야 한다[10]고 충고한 것과도 동일한 맥락이다.

또한 『가례작의(嘉禮酌儀)』, 「혼례(婚禮)」의 마지막에 성호의 「제비리지속(除鄙俚之俗)」을 제시하고 '조악한 풍속은 모두 깨끗이 없애서 인도의 시작을 중히 해야 할 것'을 천명하는 부분은 『성호예식』의 문제의식을 계승하고 있다는 방증이 된다. 즉 성호는 당시 풍속에서 사용했던 옥으로 깎아 만든 동자(童子) 형상을 사치스럽고 요망한 것으로 규정하여 사용해서는 안 될 것임을 분명히 하였다.[11]

---

10 『성호예식』에 비해 …… 따라야 한다: "凡讀原編者, 有同好者則取之, 有不同好者則舍之, 其取其舍, 一聽於人, 又何得必人之從己, 而思以之易天下哉! 唯爲子孫者, 不可不從. 原編比之星翁禮式, 猶之近奢, 此吾所大懼."(『喪儀節要』)

11 당시 풍속에서 …… 분명히 하였다: "星湖曰: 今俗用玉刻童子, 奉香設於卓上南北, 形貌象人, 奢而近妖, 不可用. 今俗有交拜長席, 有文曰, '二姓之合, 百福之源.' 已成同風, 無此不可, 然本非見於禮者, 且同席而拜, 不合於義故廢之. 今俗有刺燭四條, 卽以紙纏葦塗, 以麻油列照於奠鴈時, 因導而入, 按秋官司烜疏云, 以葦爲中心, 以布纏之, 飴蜜灌之, 若今刺燭, 蓋古者用燭如此, 禮所以不忘其本, 則斯亦近之, 然今旣用蠟燭, 廢亦無妨, 如紅大燭, 麗朝以禁中所用, 禁之. 今俗有所謂徵氏者, 必有靑衣黃笠, 壻帶二人導前, 婦家亦出二人往迎, 此又未有考, 意者, 因納徵而成俗也. 似不必用, 然旣以賓禮將之, 使人往迎, 其意亦至, 故

상례의 경우에도 '시졸(始卒)'의 절차 가운데 "속옷을 제거하고 새 옷으로 덮는다."고 한 고례의 규정에 대하여 다산은 새 옷이 없다면 '때가 많이 타지 않은 것'을 대신 사용할 것을 제안하였다.[12] 그리고 초혼에 사용하는 옷도 죽은 이가 평소 입었던 웃옷을 사용하도록 하고, 초혼을 할 때도 지붕 위에 올라갈 필요 없이 '북쪽 뜰에서 북향하여 부르는 것'으로 간소화하려고 하였다.[13]

제례의 경우에도 다산은 제찬(祭饌)에 다섯 등급이 있는 것은 상복에 다섯 등급이 있는 것과 같다고 전제하고, 이 다섯 가지에 해당하지 않는데도 음식을 올리는 것은 예가 아니라고 보았다. 이는 다산이 모든 의례에서 사용하는 음식의 규모와 종류를 축소하는 방향으로 재조정하고 있다는 것을 보여 준다. 이상의 것들은 모두 가계(家計)의 경제적 상황에 맞추어 예를 시행하도록 함으로써 예교(禮敎)를 확산시키고자 하는 성호의 문제의식을 비판적으로 계승한 것이라고 할 수 있다.

그런데 앞서 밝혔듯이 다산이 예식의 간소화에만 중점을 둔 것은 아니었다. 다시 말해 검(儉) 이외에도 후(厚)의 측면을 다루고 있다는 말이다. 예를 들어 『관례작의』에서는 고례에 말린 고기와 수육을 쓰거나, 희생을 잡게 되면 새끼돼지와 이페(離肺)를 올려야 하는데, 모두 생략하여 가난한 사람을 배려하면서도 이것들을 장만할 수 있는 집이라면 고례의

亦從俗, 只用吉衣冠. 今俗壻至門, 婦家必命親僕, 遞執靷, 或至鬪爭, 此又無義, 宜呵止. 今俗合졸, 必有紅繩兩連盞盤, 婦女之福祐者, 理其繩, 謂之解紅絲, 此必由小說家月老事, 而襲謬不改也. 褻不可從, 且壻婦再酌換盞, 益不可. 今俗旣就坐飮, 少年必取卓上栗顆, 勸壻啖, 亦不知何故, 直廢之無疑. 今俗行禮於中堂, 壻旣入室脫服, 引婦至室, 對坐移時然後復出, 意者因室中行禮之規而爲之也. 姑休別處無妨."(『嘉禮酌儀』, 「婚禮」)

12 새 옷이 …… 것을 제안하였다: "無新衣, 則用垢汚不甚者."(『喪儀節要』)

13 초혼을 할 …… 간소화하려고 하였다: "不必升屋, 但於北庭, 北向招之."(『喪儀節要』)

글대로 구비해야 할 것을 명확히 하고 있다.[14]

고례(古禮)는 지나치게 번거롭고 금례(今禮)는 지나치게 간략하여 쉽게
절충할 수가 없다.[15]

위 인용문은 다산이 원칙적으로 생각하는 예식의 한 지점을 보여 준
다. 고례가 매우 번다한 반면, 금례는 매우 간략하다는 것이다. 이를 근
거로 다산은 고금(古今)의 예를 참작하여 조선의 현실에서 실행할 만한
예식을 마련하고자 하였던 것이다. 즉 검과 후의 절충을 꾀한 것이다.
그런데 이러한 검과 후의 절충은 다산만이 가진 문제의식이라기보다는
유학의 '보편사적 문제의식'이라고 할 수 있다. 공자가 "예는 사치하느니
차라리 검소하게 하라."[16]고 한 것이나, 맹자가 "부모의 죽음을 두텁게
해야 한다."[17]고 한 것 등은 검과 후를 모두 고려한 것이기 때문이다.
묵자(墨子)가 유자(儒者)의 후장(厚葬)을 비난하며 박장(薄葬)을 주장한
사례(事例)를 보아도 검과 후의 문제의식은 유학사 속에서 지속적으로
제기되었던 것임을 알 수 있다.

---

14 예를 들어 …… 하고 있다: "古禮有乾肉折俎.【折俎如今之熟肉.】又或殺牲, 有特豚離肺之
 文.【離割也.】今竝略之者, 爲貧者慮也. 若家力可辦, 宜亦備文."(『嘉禮酌儀』, 「冠禮」)
15 고례(古禮)는 지나치게 …… 절충할 수가 없다: "古禮太繁, 今禮太簡, 未易中也. 然且天
 子 · 諸侯之禮, 多相參錯, 習而不辨, 犯分多矣."(『祭禮考定』)
16 예는 사치하느니 차라리 검소하게 하라: "禮, 與其奢也, 寧儉."(『論語』, 「八佾」)
17 부모의 죽음을 두텁게 해야 한다: "蓋上世嘗有不葬其親者, 其親死則擧而委之於壑. 他日
 過之, 狐狸食之, 蠅蚋姑嘬之, 其顙有泚, 睨而不視. 夫泚也, 非爲人泚, 中心達於面目, 蓋歸
 反虆梩而掩之. 掩之誠是也, 則孝子仁人之掩其親, 亦必有道矣."(『孟子』, 「滕文公」)

2. 『상례사전』의 현실화 : 고례의 원형과 정신

다산의 『사례가식』은 기본적으로 고례의 정신을 따를 것을 주장한다. 군사(君師)에 의해 만들어진 삼대(三代: 하夏·은殷·주周)의 제도가 이상적이라는 믿음이 있었기 때문이다. 그에 따라 고례의 원형을 확보하는 것이 선결되어야 하는 문제로 대두되는데, 그런 의도에서 집필한 것이 바로 『상례사전』이다. 다시 말하면 『상례사전』은 다산이 구상한 『사례가식』이라는 독자적인 실용 예서를 저술하기에 앞서 이것의 토대와 기준이 될 만한 것을 고례에서 확보하기 위해 저술된 것이라는 말이다.

「사상례(士喪禮)」를 해석한 것을 「상의광(喪儀匡)」이라 하고, 그것을 근거로〔因〕 의(衣)·금(衾)·관(棺)·곽(槨)의 제도에 관해 언급한 것을 「상구정(喪具訂)」이라 하고, 최(衰)·관(冠)·질(絰)·대(帶)의 제도를 갖추어 논한 것을 「상복상(喪服商)」이라 하고, 오복(五服)의 기한을 논한 것을 「상기별(喪期別)」이라고 하였다. 모두 60권인데 이를 합하여 『상례사전(喪禮四箋)』이라 명명하였다. 이를 상자 속에 간직하여 후세를 기다린다. 혹시 우리나라에서 시행하고 외국에까지 전파하여 옛 성인의 정밀한 뜻을 천명하는 이가 있다면 내가 곤궁을 당하여도 근심이 없겠다. 금상(今上: 순조純祖)께서 즉위한 지 4년(嘉慶 甲子)이 되는 해 10월 계미(癸未, 28일)에 열수(洌水) 정용(丁鏞)은 쓰다.[18]

---

18 「사상례(士喪禮)」를 해석한 …… 정용(丁鏞)은 쓰다 : "其釋「士喪禮」者, 名之曰「喪儀匡」, 因而及於衣·衾·棺·槨之制者曰「喪具訂」, 具論衰·冠·絰·帶之制者曰「喪服商」, 其論五服之期者曰「喪期別」, 共六十卷, 名之曰『喪禮四箋』. 藏之巾衍, 以俟後世, 其或有施之邦國, 公之域外, 以闡古聖人之精義者. 余雖阨窮乎, 庶亦無悶焉. 今上卽祚之四年【卽嘉慶甲子.】冬十月癸未, 洌水丁鏞書."(『喪禮四箋』, 「序」)

다산은 이렇게 「상의광」, 「상구정」, 「상복상」, 「상기별」의 네 부분으로 구성된 『상례사전』을 저술하였다. 「상의광」은 『의례(儀禮)』의 「사상례(士喪禮)」, 「기석례(旣夕禮)」, 「사우례(士虞禮)」에 기록된 상례의 절차를 해석한 것이고, 「상구정」은 상례의식에 관련된 의(衣)·금(衾)·관(棺)·곽(槨)의 제도를 다룬 것이다. 「상복상」은 상복의 최(衰)·관(冠)·질(絰)·대(帶)의 제도를 논한 것이고, 「상기별」은 오복(五服)의 기간과 그 시복대상(施服對象)을 논한 것이다. 『상례사전』의 경전적 근거의 핵심에는 『의례』, 「사상례」가 자리하고 있다. 이를 다산은 다음과 같이 언급한다.

예란 천지의 정으로 하늘을 근본으로 하고 땅을 본받아 그 사이에서 행해지는 것이다. 예란 천지의 정인데 성인이 다만 그것을 절제하고 문식했을 뿐이다. 성인이 모든 예를 절제하고 문식하였으되 상례에 이르러서는, "이는 두려운 일이다. 정성스럽지 않으면 장차 후회가 있을 것이니, 그때에는 후회해도 소용이 없다."고 하였다. 이리하여 정성과 신중을 다하여 이 상례를 절제하고 문식해서 후세에 전해 주었다. 그런데 후세 성인이 이를 받아 행하면서 말하기를, "이것도 오히려 사람의 정을 다 참작하지 못하여 천지의 근본을 위반한 것이 있다."고 하고는 서로 더불어 줄이고 보태어서 수정·윤색하여 기어코 유감이 없게 만들었으니, 이른바 「사상례」가 그것이다.[19]

---

19 예란 천지의 …… 「사상례」가 그것이다: "禮者, 天地之情, 本於天, 殽於地, 而禮行於其間. 禮者, 天地之情, 聖人特於是爲之節文焉已. 聖人節文諸禮, 至於喪禮, 則曰 '是可懼也, 不誠將有悔, 悔且莫之追也.' 於是畢其誠致其愼, 爲之節文, 斯以詒後, 後聖受而行之, 曰 '是猶有不盡人之情, 以反天地之本者.' 於是相與損益而修潤之, 以期乎無憾, 若所謂士喪禮者是已."(『喪禮四箋』, 「序」)

다산에게 있어 예란 천지의 정을 근본으로 하고 인간의 정을 참작하여 성인이 절제하고 문식한 것을 의미한다. 그 가운데 특별히 상례는 정성을 다하고 신중하게 절제하고 문식하지 못하면 문제가 될 수 있는, 인간에게 있어서 매우 중요한 예식이었다. 관례·혼례·상례·제례의 사례 가운데 상례는 그 순간을 짐작하여 준비하기 매우 난감한 것이었다.

즉 상례 이외의 삼례는 시간과 공간이 정해진 뒤에 행해지는 것이지만, 상례는 뜻밖에 발생한 일이고, 따라서 경황없이 복잡한 일들을 처리해야 한다는 문제점을 지니고 있다는 말이다. 예컨대 적자(嫡子)의 죽음에 대해서는 종통(宗統)을 잇는 문제가 발생할 수 있는데, 이것이 사가(私家)가 아니라 공가(公家)라면 문제는 더 커진다고 할 수 있다. 다산의 표현에 의거하자면 '친속(親屬)'의 문제 이외에 '군통(君統)'의 문제가 발생할 수 있기 때문이다.[20]

여하튼 그에 관한 핵심적인 저술로 『의례』, 「사상례」편이 존재하고 있는 것도 사실이다. 다산은 "이 「사상례」는 여러 성인의 손을 거친 것이고 성인의 손에서 이루어져 천지와 함께 존립하고 있으니, 학문이 천박한 후생으로서는 이를 함부로 변경하여 어지럽혀서 자기의 조그마한

---

20 다산의 표현에 …… 있기 때문이다 : 예송(禮訟)의 문제의식과 관련하여 다산은 사가(私家)와 공가(公家)를 분명하게 구분하고 있다. 사가의 경우에는 친속(親屬)을 중심으로 상례문제를 처리하게 되지만, 공가의 경우에는 군통(君統)을 중심으로 상례문제를 처리하게 된다. 다만 문제는 공가의 경우 친속과 군통이 복잡하게 얽힌다는 것이다. 효종을 장자(長子)로 규정할 것인가 서자(庶子)로 규정할 것인가 등의 문제로 발생하였던 예송논쟁이 대표적이다. 다산은 친속과 군통을 각각 독자적인 것으로 해석하여 문제를 없애려고 한다. 본생부모와 의(義)로 맺은 부모의 두 계열로 구분하고 각자에 맞는 예를 행하면 된다는 것이 그것이다. 여하튼 여기에서 언급하고 싶은 것은 『사례가식』은 사가례(私家禮)를, 『정체전중변(正體傳重辨)』과 『국조전례고(國朝典禮考)』는 공가례(公家禮)를 다룬 저술로 다산이 분명하게 구분 짓고 있다는 점이다. 실시학사경학연구회(1995)와 박종천(2010) 참조.

지혜를 마음대로 펼 수 있는 것이 아니다."[21]라고 하였다. 그런데 이렇게 경전적 근거가 있는데도 왜 다산은 『상례사전』을 저술하게 되었을까?

> 내가 생각하건대 옛날의 예를 오늘날 행하지 않는 것은 감히 옛날의 예를 가벼이 여겨서 그런 것이 아니다. 예란 천지의 정이 인정에 화협(和協)하여 이루어진 것이다. 동한(東漢) 이후로 위서(緯書)가 크게 일어나서 괴이하고 바르지 못한 논의가 인심을 경동하여 의혹되게 하였으므로 예가 이로 말미암아 폐해지고, 비속하고 경박한 풍속이 그 틈을 타서 일어나게 되었다. 그래서 그 처음을 바르게 하지 않음으로 해서 인습된 잘못을 바로잡을 수 없었고 옛것을 회복할 수 없었다. 그러므로 힘껏 배척하여 바로잡았고, 감히 잘못된 것을 그대로 따르지는 않았다. 그리고 순수하여 흠이 없는 것은 빠뜨리지 않고 삼가 그대로 두었는데, 마침내 따른 것은 10에 8~9가지요 따르지 않은 것은 10에 1~2가지 정도였다. 후세 사람이 그래도 나를 이해하겠는가?[22]

비록 『의례』, 「사상례」편이 존재하고 있기는 하지만 동한 이후로 위서가 일어나 고례(古禮)에 대한 논의가 바르지 못하게 되었기 때문에 먼저 이를 바로잡아야 할 필요가 있었다는 말이다. 즉 고례의 경문들을 바르게

----

21 이 「사상례」는 …… 것이 아니다 : "唯是「士喪禮」者, 歷諸聖之手, 而成之於聖人, 以與天地俱立, 必非後生末學所得移易而變亂之, 以逞其私智小慧者."(『喪禮四箋』, 「序」)
22 내가 생각하건대 …… 나를 이해하겠는가 : "余唯古禮之不今行, 非敢薄古而不爲. 禮者天地之情, 協乎人情而協. 東京而降, 緯書大興, 詭異迂曲之論, 驚衆而使之疑, 禮由是廢, 而鄙俚偸薄之俗, 得以抵其隙, 于厥初不匡, 沿襲之誤不可救, 而古不可復. 故力觝排矯繩, 不敢曲從, 若夫純粹無疵者, 謹守而勿失, 究竟從者八九, 違者一二, 後之人尙亦恕余哉?"(『喪禮四箋』, 「序」)

이해하고 해석하는 것이 급선무가 되어야 한다고 다산은 생각했던 것이다. 고례의 경문에 대한 잘못된 의론과 비속하고 경박한 풍속 또한 고례를 회복하기에 어렵게 만들었다. 이러한 문제의식을 기반으로 다산은 『상례사전』을 저술하게 되었던 것이다.

『상례사전』을 복원하기 위해 다산은 다음의 문제를 해결해야만 했다. 한대(漢代) 경학(經學)의 잘못된 방식의 고례 복원작업이 그것이다. 학문적 전승이 끊긴 학관(學官)에게 비부(祕府)에 소장되어 있던 서적〔今文〕과 고옥(古屋)에서 출토된 불완전한 간편(簡編)〔古文〕을 사용하여 해석하게 한 것과 참위설(讖緯說)에 현혹되어 있는 한편 후당(後堂)에서 가무(歌舞)로 황음한 짓까지 했던 마융(馬融: 馬季長, 76~166)과 정현(鄭玄: 鄭康成, 127~200)의 잘못된 경전해석 등을 다산이 문제로 삼은 것이다.[23]

이러한 문제를 인식한 다산은 자신이 실천한 고례복원의 방법을 다음과 같이 제시한다. 첫째 「사상례」를 이해하는 데에 도움이 되는 『예기(禮記)』의 적용, 둘째 경서(經書)와 선진(先秦) 고문(古文)에 등장하는 상례(喪禮)와 관련된 사례(事例)들의 활용,[24] 셋째 흑산도에 유배되어 있는 형에게 검증을 받는 일[25] 등이었다. 진대(秦代)의 분서갱유로 인한 서적

---

23 한대(漢代) 경학(經學)의 …… 삼은 것이다: "遭秦滅籍, 其書邃隱, 而禮亦廢. 漢興百年, 因之不反, 一朝取祕府嚴邃之藏. 古屋斷爛之簡, 擧而畀之于絶學無承之人曰, 女其釋之. 是其躬弗行目不覩, 所說不能無絓錯, 而馬季長·鄭康成, 又其後者也. 雖專精壹慮, 求發其蘊, 猶懼不給, 矧後堂歌舞作荒哉!"(『喪禮四箋』, 「序」)

24 첫째 「사상례」를 …… 사례(事例)들의 활용: "幸而有『禮記』諸篇, 寔爲「士喪禮」之翼傳, 外此諸經及一切先秦古文, 有論死喪之事者, 皆足以交據而互徵之, 則我之生雖晚, 其所據依在蚤, 無傷也, 亦與無也."(『喪禮四箋』, 「序」)

25 셋째 흑산도에 …… 받는 일: "是時我仲氏巽菴先生, 亦謫居羅州島中. 書粗成寄示之曰, 汝之於禮, 若張湯治獄, 綜理爬櫛, 無遺情. 嗟其言如是, 殆庶幾乎? 於是始敢序次成編. 然彼非不章, 此是不立, 故其于諸家之說, 凡足以亂經旨者與足以發經旨者, 皆兩著而交顯之, 使後之君子, 公聽竝觀, 而唯是是求, 亦余志也."(『喪禮四箋』, 「序」)

의 민멸, 타국(他國)의 전고(典故), 2천여 년 뒤 해외(海外)의 사람으로서 고례를 회복하려고 한 다산은 자신의 능력과 덕에 문제를 제기할 사람이 있다는 것을 알고 있었다.[26] 그렇지만 옳다고 여긴 것을 행해야만 했던 것은 어쩌면 세상에서 버림받은 유자(儒者)〔遺臣〕의 정신을 반영한다고 할 수 있다.[27]

3. 『주자가례』의 조선화: 고례와 시속의 조율

다산은 이러한 고례의 정신을 따라 복원된 고례의 원형을 기준으로 실용 예서의 성격을 지닌 『사례가식』을 저술한다. 이는 고례의 정신에 『주자가례』와 풍속을 참작하고 조율한 것이었다. 그런데 앞서 살펴볼 수 있었던 것처럼 다산이 저술한 『사례가식』은 관례·혼례·상례·제례의 사례를 포함하는 실용적인 예서의 성격을 가지고 있다는 점에서 『주자가례』와 행용(行用)의 영역에서 충돌하게 된다. 따라서 『사례가식』은 『주자가례』를 조선화한 저술이라고 말할 수 있다.

다시 말해 『주자가례』를 '고례와 송대의 시속을 절충한 실용 예서'라고 부를 수 있다면, 『사례가식』은 '고례와 조선의 시속을 절충한 실용

---

26 진대(秦代)의 분서갱유로 …… 알고 있었다 : "嗟乎? 彼生於數百歲之後, 又固其國之故也. 猶不能悉中先聖之旨, 二千年之下, 而生於海外之邦者, 迺欲追匡其謬, 可謂不量力度德, 人亦莫之肯信. 然心之所是之, 苟心不悟其是, 將欲勉從之與?"(『喪禮四箋』, 「序」)

27 그렇지만 옳다고 …… 할 수 있다 : "余於是夙有志, 顧共職事及賓客讌會, 弗暇作. 嘉慶辛酉冬, 余自嶺南被逮至京師, 又轉而適康津, 康津故百濟南徼地. 卑陋俗殊, 當是時, 民之眠流人如大毒, 所至皆破門壞牆而走, 有一嫗憐而舍之. 旣而塞其牖, 晝夜顓獨處無與立談者, 於是欣然自慶曰, 余得暇矣, 遂取「士喪禮」三篇(通「旣夕」及「士虞禮」) 及「喪服」一篇, 竝其註釋, 研精究索, 忘寢與食. 其有不當於心者, 博考古籍, 以經證經, 期得聖人之旨. 時或彼此比對, 兩相映發, 譬如奇器法器, 機牙一激, 衆妙齊現, 而有眞實不易之理寓乎其中, 洵足樂也."(『喪禮四箋』, 「序」)

예서'라고 할 수 있다. 이는 조선의 예학이 『주자가례』의 수용과 이해의 단계를 넘어 독자적인 예서를 만들어 내는 단계로까지 한 차원 진전되었음을 의미하는 것이다.

『사례가식』에는 '시속을 참작하여 고례와 조율'하는 다양한 사례들이 등장한다. 관례의 경우, 다산은 고례에는 묘(廟)에 고하는 절차가 없었지만 후세에 가당(家堂)에서 행한 것과 『주자가례』의 사당(祠堂)에 고하는 글[28]을 근거로 속례와 『주자가례』를 따른다고 하였지만, 술과 과일을 쓰는 데에 있어서는 고례를 따른다고 하였다.[29]

혼례의 경우, 향부례(饗婦禮)가 끝나면 신부 집에 생조(牲俎)를 보내는데 의당 고례를 따를 것을 분명히 하면서도,[30] 신부 집에서 온 사람들을 대접하는 경우 남자는 모두 시아버지가, 여자는 모두 시어머니가 일헌례(一獻禮)로 대접하고, 돌아갈 때에는 모두 속백(束錦)으로 보답하는 것이 고례이기는 하지만, 지금은 그렇게 할 수 없어서 술과 과일로 대접하고 1척의 베로 보답할 것을 제안한다.

상례의 경우, 고례인 「사상례」에 따르면 남녀가 곡하는 자리는 방안에 있는 시상(尸牀)을 마주한 상태에서 남자는 서쪽을 바라보고 여자는 동쪽을 바라보는 것으로 되어 있으나, 『상의절요』에서는 방문 밖에 곡위(哭位)를 마련하도록 규정하고 있다. 이에 대해 다산은 "집의 구조가 다르고 재력에 차이가 있으므로 편리함을 따르지 않을 수 없기 때문"[31]

---

28 『주자가례』의 사당(祠堂)에 고하는 글 : "前期三日, 主人告于祠堂."(『朱子家禮』, 「冠禮」)

29 속례와 『주자가례』를 …… 따른다고 하였다 : "不用酒果,【『家禮』有酒果.】亦所以遵古也.【古禮無酒果.】"(『嘉禮酌儀』, 「冠禮」)

30 향부례(饗婦禮)가 끝나면 …… 분명히 하면서도 : "饗畢歸俎于婦氏, 仍宜從古."(『嘉禮酌儀』, 「冠禮」)

31 집의 구조가 …… 없기 때문 : "宮室異制, 貧富殊力, 不得不從便."(『喪儀節要』)

이라고 설명한다. 즉 예를 시행하는 조건인 '시속'이 달라졌으므로 그에 맞게 고례를 시행하기 편리하도록 개정하였다는 것이다.

제례의 경우, 불천(不遷)의 조(祖)가 있고 그를 태조(太祖)로 삼을 경우에는 별도로 녜묘(禰廟)를 세우고 이묘(二廟)의 제도를 준수하고, 조묘(祖廟) 가운데서는 3개의 신주(神主)를 넘어서는 안 된다고 하였다. 이는 다산이 적사(適士)의 2묘제를 끌어들이는 해석으로 고례와 시속을 조율한 사례라고 할 수 있다.

이러한 점에서 볼 때 다산은 고례이기 때문에 따라야 한다는 단순논리를 주장한 것이 아니다. 오히려 조선의 변화된 현실에 맞게 의례를 조정하는 과정에서 고례의 규정을 새롭게 살려 내고 이를 속례와 결합시킨 것이라고 할 수 있다. 그리고 이는 『사례가식』이 『주자가례』를 대체하려는 의도에서 작성된 것임을 알 수 있는 지점이기도 하다.

Ⅲ. 결론

이상에서 살펴본 것처럼 다산은 『사례가식』을 저술하여 조선의 현실과 상황에 맞는 실용 예서를 저술하고 그것을 시행하려고 하였다. 그러나 예의 실행은 근본적으로 두 가지 측면에서 난제에 부딪치고 만다. 첫째, 전근대 국가에서는 '군사(君師: 聖王)'만이 제례작악(制禮作樂)의 권한을 지니고 있었다는 점이다. 둘째, 삼대의 이상적 예치질서의 유산인 고례의 실천은 현실과 유리된 측면이 있다는 점이다. 물론 이상의 문제점들은 『주자가례』의 등장으로 어느 정도 해소될 수 있었다. 공자 이후로 '성(聖)'과 '왕(王)'의 분리를 의식한 주희는 의리(義理)를 내세워 군왕이 아닌 사대부의 제례작악의 가능성을 발휘하였기 때문이다. 다산도 이러한 점에서는 주희를 따른다고 할 수 있다. 이상의 토대 위에서 다산은 구체적인 문제를 제시하였다.

> 내가 상례(喪禮)를 전석(箋釋)한 지 이미 몇 해가 되었다. 널리 고증하였으나 간략하지 못하여 보는 이들이 병통으로 여겨 절요본이 있기를 원하였다. 겸양만 하고는 감히 이를 실천하지 못한 것은 사회적 신분의 차이가 있고, 경제적 능력이 다르고, 과거와 현재의 상황이 다르고, 중국과 조선의 풍속이 다르고, 성격과 기호가 편중되고, 지식과 취향이 각각 달라 이것저것을 참작하여 회통하는 일이 정말 어렵기 때문이었다.[32]

다산은 『상의절요』를 저술하기 전 작업으로 『상례사전』을 저술하였다. 이는 널리 고증하여 고례를 회복하는 데에 중점을 둔 저술로 방대하고 자세하여 현실적으로 적용하기에는 무리가 있는 것이었다. 이후 절요본의 요청이 있어 『상례사전』을 저본으로 하여 실용성에 중점을 두고 저술한 것이 바로 『사례가식』(『상의절요』)이다.

그런데 다산은 여기서 저술의 몇 가지 어려움을 토로하였다. 첫째 사회적 신분의 차이, 둘째 경제적 능력의 차이, 셋째 과거와 현재의 상황적 차이, 넷째 중국과 조선의 풍속의 차이, 다섯째 성격과 기호 등의 차이가 그것이다. 물론 앞서 살펴본 것처럼 다산은 이러한 문제들을 충분히 감안하여 『사례가식』을 저술하였다. 『사례가식』의 특징을 몇 가지로

---

32 내가 상례(喪禮)를 …… 어렵기 때문이었다 : "余箋釋喪禮, 旣有年矣. 博而不約, 覽者病之, 願有節要文字. 顧謙讓不敢爲此者, 誠以貴賤異位, 富貧殊力, 古今異宜, 華東殊俗, 性好各偏, 識趣隨別, 參酌會通, 其事實難也."(『喪儀節要』, 「序」)

정리하면 다음과 같다.

첫째, 다산은 '중화의식(中華意識)'에 기초하여 조선의 지위를 제후국으로 인정하고 제후국의 사대부들이 지닐 수 있는 가례서를 저술하려고 하였다. 따라서 조선에서 준수되던 『주자가례』는 다산에 의해 천자국의 제후들이 지닐 수 있는 가례서로 규정된다. 따라서 조선의 사대부들이 지닐 수 있는 가례서가 필요하였다.

둘째, 제후·대부·사·서인을 철저하게 구별하고, 각 신분에 맞는 예를 제시하려고 노력하였다. 따라서 『사례가식』은 신분들의 위계질서와 경제력의 차이에 따라 가례를 실천할 수 있는 여지를 제공하였다. 특히 빈천한 자에게도 행례의 가능성을 제공하고 있다는 점에서 다산의 가례연구가 성호학파 가례연구의 한 맥락에 위치하고 있다는 것을 알 수 있다.

셋째, '지자(支子)는 제사하지 못한다'는 원칙을 세우는 등 적서차별을 명확히 하려고 노력하였다. 특히 적자(嫡子)와 지자(支子)가 거행하는 모든 예들을 명확하게 구분하고 있다는 점에서 종법의 공고화를 기획하였다고 할 수 있다.

그런데 조선왕조에서는 『주자가례』의 준수와 시행이 일상생활의 규범이자 원칙이었다. 그러나 『사례가식』이 『주자가례』를 대체하기 위하여 저술되었다는 점에서 둘은 몇 가지 지점에서 길을 달리한다.

첫째, 『주자가례』가 주로 『의례』에 대한 정현과 가공언(賈公彦)의 고주(古注)를 참고하고 있는 데 반해, 다산은 삼례에 대한 정현과 가공언의 고주와 다른 해석을 제공한다.

둘째, 『주자가례』, 「통례(通禮)」에서 볼 수 있는 것처럼 주자가 '사당(祠堂)'·'심의제도(深衣制度)'·'사마씨거가잡의(司馬氏居家雜儀)' 등을 기록하여 시의(時宜)에 맞는 예를 '창조·확산'하고 있는 데 반해, 다산은 삼례에 대한 원형을 회복하여 고례의 정신을 따르는 것을 원칙으로 삼아 예를 '복원·변용'하여 각종 예식을 제정하려고 하였다.

셋째, 『주자가례』와 『사례가식』은 공히 가난한 선비들을 위해 부담이 되지 않는 번다한 예식을 생략하려고 하였다. 그러나 다산의 경우 직분(職分)과 가계(家計)에 맞추어 여력이 있을 경우에는 고례를 따르는 것을 원칙으로 한다.

다산은 아들에게 보낸 편지에서 "가령 내가 수년 전에 이 책을 만들었다면 어찌 선조〔正祖〕께 올려 크게 시행하지 않았겠느냐? 이 책을 완성하고 나서 슬픈 마음이 일어남을 금치 못하겠구나!"[33]라고 말하였다. 다산의 인정과 예치에 관한 입장에 관한 연구들 가운데 상당수는 『경세유표』를 중심으로 주로 연구되었다. 『경세유표』가 조선왕조의 방례(邦禮)에 관한 체제개혁을 위한 저술이었다면, 위에서 살펴볼 수 있었던 것처럼 『사례가식』은 조선왕조의 가례(家禮)에 관한 체제개혁을 위한 저술이었다고 할 수 있다. 정조의 죽음에 대한 안타까움이 다산의 체제개혁에 대한 의지를 잘 대변해 준다고 하겠다.

조선유학사에서 주로 다루고 있었던 이기론(理氣論)·심성론(心性論)·

---

33 가령 내가 …… 일어남을 금치 못하겠구나 : "玆所去『祭禮考定』一卷, 此吾平生之志也. 大牢少牢之名, 世非不知, 唯知爲牛一羊一豕一與羊一豕一之名, 其籩豆簠簋鉶之秩然若天成地造, 人所不知耳. 古人燕饗祭祀, 皆有品級, 每於大牢少牢特牲特豚一鼎脯醢, 六者之中, 揀而用之. 其一菜一果, 不敢任意增損, 先王法制之嚴且密如是也. 大牢者, 天子諸侯之物, 今監司巡歷之饗, 其鉶俎籩豆之數, 較之大牢, 不啻五倍. 古所謂飮食若流, 流連荒亡, 不幸近之, 吾玆祭禮, 不唯祭祀是爲. 凡京外使客支應及婚姻壽考, 一切燕饗之饌, 竝宜畫一爲制, 使之欽此欽遵, 無敢踰越, 則於世道不亦有裨? 使我成此書於數年之前, 豈不疏陳于先朝, 沛然施行乎? 書成於邑, 悲不自勝也!"(『寄兩兒』)

수양론(修養論) 등의 이론철학은 인정과 예치를 포함하는 실천철학의 이론적 토대가 될 수 있어야 한다. 이는 일상생활의 삶을 통해 나타나는 인륜의 의미를 구체적으로 살펴보기 위한 과정에서 다루어지는 이론적 측면인 이른바 격물궁리(格物窮理)를 통해 발견된 학문내용을 전제로, 세상과 교제할 수밖에 없는 구체적 현실을 다루는 실천적 측면인 이른바 응사접물(應事接物)을 통해 살아가야만 하는 '인간의 조건'이라는 점에서 필연적이다. 따라서 조선유학사의 전개 가운데, 특히 성리학적 이념으로서의 '이(理)'는 그 이념의 구현으로서의 '예(禮)'와 언제나 조우할 수밖에 없는 것이라고 할 수 있다.

참고문헌

『논어(論語)』

『맹자(孟子)』

『묵자(墨子)』

『순자(荀子)』

『성호선생가례질서(星湖先生家禮疾書)』

『성호예식(星湖禮式)』

『가례작통(家禮酌通)』

『정본여유당전서(定本與猶堂全書)』

『사례가식(四禮家式)』

박종천, 「상례외편 해제」, 『정본여유당전서』, 2013.

_____, 『역주국조전례고』, 심산, 2010.

실시학사경학연구회 역, 『정체전중변』, 한길사, 1995.

안혜숙, 「다산 정약용 『가례작의』의 혼례에 관한 연구」, 원광대학교 동양학대학원 석사학위논문, 2009.

유권종, 「다산 예학 연구-상의설을 중심으로」, 고려대학교 철학과 박사학위논문, 1991.

_____, 「다산 정약용의 『제례고정』 연구」, 『공자학』 8, 2001.

이봉규, 「실학의 예론」, 『한국사상사학』 24, 2005.

이상아, 「다산 정약용의 『가례작의』 역주」, 성균관대학교 한문고전번역협동과정 석사학위논문, 2009,

장동우, 「고례 중심의 예교 사상과 그 경학적 토대에 대한 고찰-다산의 『상의절요』와 『주자가례』의 비교를 중심으로」, 『한국실학연구』 13, 2007.

_____, 「다산 예학의 연구-『의례』 「상복」과 『상례사전』 「상기별」을 중심으로」, 연세대학교 철학과 박사학위논문, 1997.

조성을, 「『여유당집』 예학관련 저작의 재구성과 연대고증-「자찬묘지명」 체제에 의거한 『상례사전』·『상례외편』·『사례가식』·『전례고』의 복원」, 『서지학보』 29, 2005.

지두환, 「조선후기 예송 연구」, 『부대사학』 11, 1987.

사례가식(四禮家式)

『사례가식(四禮家式)』은 『관례작의(冠禮酌儀)』, 『혼례작의(昏禮酌儀)』, 『상의절요(喪儀節要)』, 『제례고정(祭禮考定)』으로 구성되어 있다. 본 번역서는 통상적인 사례(四禮)에 따라 관혼상제의 순서로 번역하였다. 또한 『정본여유당전서』의 해당 부분을 참고하였으며, 표점과 교감을 부분적으로 수정하고 보완하였음을 밝힌다.

茶山

Ⅰ. 『관례작의(冠禮酌儀)』[1]

제례(祭禮)를 바로잡기가 쉽지 않은 것은 나라의 풍속을 바꾸기 어렵기 때문이고, 상례(喪禮)를 바로잡기가 쉽지 않은 것은 부형과 종족들의 의론이 많기 때문이며, 혼례(昏禮)를 바로잡기가 쉽지 않은 것은 양쪽 집안에서 좋아하고 숭상하는 것이 같지 않기 때문이다. 그러나 관례(冠禮)만은 바로잡기가 가장 좋다. 관례는 주인의 주관에 달린 것이니, 어느누가 막을 수 있겠는가?[2] 다만 옛날의 관례는 의식절차가 복잡하고 번

---

1 『관례작의(冠禮酌儀)』: 신조선사본에는 '관례(冠禮)'로 되어 있으나 규장각본에는 이 뒤에 '작의(酌儀)'가 있다. 규장각본에 따라 '작의'를 보충한다.

2 관례는 주인의 …… 막을 수 있겠는가?: 주희(朱熹)는 이렇게 말했다. "사례 가운데 관례가 가장 시행하기 쉬우며, 게다가 이는 자기 집안의 일이라 자신에게 달려 있을 뿐이다. 혼례의 경우에는 양가에 관련되기 때문에 자신의 집안에서 시행하려고 해도 상대편 집안에서 행하려고 하지 않으면 곧 중단되고 만다. 또 상례와 제례는 모두 매우 복잡하고 번다하다〔四禮中冠禮最易行, 又是自家事, 由己而已. 若婚禮, 便關涉兩家, 自家要行, 它家又不要行, 便自掣肘. 又爲喪祭之禮, 皆繁細之甚〕."(『주자어류(朱子語類)』권23, 「논어(論語)」, 위정이덕장(爲政以德章))

다해서 오늘날의 사람들에게는 준용하기가 쉽지 않고, 주자(朱子, 朱熹, 1130~1200)의 『가례(家禮)』는 비록 옛날에 비해 간소화하고 생략한 것이기는 하지만 관복(冠服: 관과 의복)의 제도가 달라 사람들이 여전히 이를 문제로 생각한다. 우리 성호(星湖 李瀷, 1681~1763) 선생께서 지으신 『산절관의(刪節冠儀)』가 있는데, 또한 너무 간소화시키신 듯하다.[3] 내가 다산(茶山)에 있을 때, 마침 주인의 아들[4]이 관례를 행하게 되었기에 삼가 『의례(儀禮)』와 『가례』를 가져다가 고아(高雅)한 풍속을 참작하여 3번 관을 씌우는 의례〔三加禮〕[5]의 의식절차를 다음과 같이 갖추었으니,

---

3 우리 성호 …… 간소화시키신 듯하다 : 성호는 이렇게 말했다. "관례는 성인의 시작이기에 그 예가 매우 중요하다. 그러나 궁벽한 시골의 가난한 선비들은 의식절차에 사용하는 기물이 갖추어지지 않았고 재물도 많이 들어 정식대로 행할 수가 없다. 그러므로 사람들은 모두 이를 핑계로 관례를 시행하지 않는다. 관례·혼례·상례·제례는 같은 것이다. 『가례』는 혼례에 육례(六禮)를 갖추지 않았고, 제례는 삼헌례(三獻禮)가 있지만 이를 감쇄하여 일헌(一獻)으로 하였으며, 상례는 의식절차를 간소화한 것이 더욱 많다. 관례 또한 마땅히 고례와 오늘날의 풍속을 참작하여 번다한 것은 생략함으로써 사람들로 하여금 쉽게 시행할 수 있도록 해야 하니, 한미한 집안이라도 이를 모두 거행하고 나서야 부끄럼이 없을 것이다. 그렇지 않은 집안에서는 고례의 의식절차에 맞게 하면 된다〔冠者, 成人之始, 其禮甚重. 然窮鄕貧士, 儀物未備, 費財亦多, 有不可準禮, 故人皆諉此而不行. 夫冠·婚·喪·祭, 等耳. 『家禮』婚不備六禮, 祭有三獻, 而殺禮則一獻, 喪之簡節尤多. 冠禮亦宜參古酌今, 刪其繁縟, 使人得以易行, 單門寒族, 方始畢擧而無歉矣. 其不然者, 自合如儀〕."(『성호선생전집(星湖先生全集)』 권48, 잡저(雜著), 『산절관의(刪節冠儀)』)

4 주인의 아들 : 주인은 윤단(尹慱, 1744~1821)을 말하고, 아들은 윤규노(尹奎魯, 1769~1837)를 말한다. 윤단은 해남윤씨(海南尹氏) 19세(世) 윤취서(尹就緖, 1688~1732)의 손자이자 우암(尤庵) 송시열(宋時烈, 1607~1689)의 사위이다. 정약용의 아버지 정재원(丁載遠, 1730~1792)은 윤취서의 아들 윤덕열(尹德烈, 1698~1745)의 사위이기에 윤단은 정약용에게 외가 사람이 된다(이상아, 2009, 「다산(茶山) 정약용(丁若鏞)의 『가례작의(嘉禮酌儀)』 역주(譯註)」, 성균관대학교 한문고전번역협동과정, 87쪽).

5 3번 관을 씌우는 의례〔三加禮〕: 정현(鄭玄)의 주(注)에는 이렇게 쓰여 있다. "관례를 행한다는 것은 처음에 치포관(緇布冠)을 씌우고 다음에 피변(皮弁)을 씌우고 다음에 작변(爵

가난하면서도 예(禮)를 좋아하는 사람[6]은 여기에서 취함이 있을 것이다.
【가경(嘉慶)[7] 15년(1810, 순조 10) 경오(庚午) 초봄 다산에서 병부(病夫)가 쓰다.】

기일 3일 전에[8] 주인은 묘(廟)에 고한다. ○ 다음과 같이 고한다. "아무
개(주인의 이름)의 아들 아무개(관례를 치를 아들의 이름)가 모월 모일〔干
支〕 머리에 관을 쓰려고 합니다. 감히 고합니다."

　고례에는 기일을 점치고, 관을 씌워 줄 빈(賓)을 점치고, 아들에게 관
을 씌워 주고, 아들에게 술을 따라 주는 것 모두를 묘(廟)에서 시행하였
기 때문에 묘에 고하는 절차가 없었다. 그러나 후대 사람들은 이를 집안
의 당〔家堂〕에서 시행하였기 때문에 주자의 『가례』에 "묘(廟)에 고한

　弁)을 씌우는 것이다. 매번 더욱 존귀한 관을 씌우는 것은 성인(成人)으로서의 일을 더해
　가는 것이다〔冠者, 初加緇布冠, 次加皮弁, 次加爵弁, 每加益尊, 所以益成也〕."(『예기정의
　(禮記正義)』 권61, 「관의(冠義)」)

6　가난하면서도 예(禮)를 좋아하는 사람: "자공이 물었다. '가난하면서도 아첨이 없고 부유
　하면서도 교만이 없으면 어떻습니까?' 공자가 답했다. '괜찮다. 그러나 가난하면서도 즐거
　워하며 부유하면서도 예를 좋아하는 사람만은 못하다〔子貢曰: 貧而無諂, 富而無驕, 何如?
　子曰: 可也. 未若貧而樂, 富而好禮者也〕."(『논어(論語)』, 「학이(學而)」)

7　가경(嘉慶): 청나라 인종(仁宗)의 연호로서 조선시대 정조 20년(1796)부터 순조 20년
　(1820)에 해당한다.

8　기일 3일 전에: 다산은 이렇게 말했다. "시향(時享)의 예를 시행할 경우, 기일 3일 전
　아침에 재계하는 예가 있다. 정일(丁日)에 예를 시행한다면 을일(乙日)에 재계한다〔若夫
　時享之禮, 前期三日之朝, 有齊宿之禮. 丁日行事, 則乙日戒也〕."(『여유당전서(與猶堂全
　書)』 권22, 예집(禮集), 『제례고정(祭禮考定)』, 「제의고(祭儀考)」)

다."라는 문장[9]이 있게 된 것이다. 이제 간소함을 따라 술과 과일을 사용하지 않는 것은 【『가례』에는 술과 과일이 있다.】 역시 고례를 준수하기 위함이다. 【고례에는 술과 과일이 없다.】

2 계빈(戒賓)

이날 빈에게 관례의 날짜를 알린다. ○ 다음과 같이 고한다. "아무개(주인의 이름)에게 아들 아무개(관례를 치를 아들의 이름)가 있는데, 그 머리에 관을 씌우고자 하오니[10] 오형(吾兄)께서 오셔서 관례의 예를 가르쳐 주시기 바랍니다." 【빈이 만약 지위나 덕행이 높을 경우 '부자(夫子)'라고 칭한다.】 ○ 빈이 답하는 말은 다음과 같다. "아무개(빈의 이름)가 명민하지 못한 탓에 관례를 감당하지 못할 것 같습니다. 그러나 오형께서 명하시니 아무개가 감히 따르지 않겠습니까?"

고례에는 처음 청했을 때에는 사양[辭]하고 다시 청했을 때 허락[從]하는데,[11] 지금은 간편함을 따른다. ○ 또 생각하건대, 『가례』에서는 빈

---

9 "묘(廟)에 고한다."라는 문장: "기일 3일 전 주인은 사당에 고한다[前期三日, 主人告于祠堂]."(『주자가례(朱子家禮)』, 「관례(冠禮)」)

10 아무개(주인의 이름)에게 …… 씌우고자 하오니: "아무개는 아무개의 머리에 베로 짠 관을 씌우고자 하오니 그대께서 와 주시기를 감히 미리 청합니다[某將加布於某之首, 吾子將蒞之, 敢宿]."(『의례주소(儀禮注疏)』, 「사관례(士冠禮)」) 「사관례」에는 '포(布)'로 되어 있으나, 『관례작의』에는 '관(冠)'으로 되어 있다.

11 고례에는 처음 …… 허락[從]하는데: 예사(禮辭: 예의상 사양함)는 한 번 사양하고 허락하는 것을 말한다. 두 번 사양한 다음 허락하는 것을 고사(固辭: 거듭 사양함)라고 한다. 세 번 사양하는 것을 종사(終辭: 끝내 사양함)라고 하는데, 허락하지 않는 것이다[禮辭,

에게 관례의 날짜를 알리는[戒賓] 말은 편지를 써서 보내는데, 그것은 일을 치르는 데 간편하기 때문이다.[12] 빈이 지위나 덕행이 높을 경우 마땅히 자제를 보내야 한다. ○ 고례에는 붕우(朋友) 사이에 서로 '오자(吾子)'라고 칭했는데,[13] 지금 '오형(吾兄)'이라고 말한 것은 역시 풍속을 따른 것이다.

3   숙빈(宿賓)

기일 하루 전 빈에게 와 주기를 거듭 청한다. ○ 다음과 같이 고한다. "내일 아무개(주인의 이름)는 아무개(관례를 치를 아들의 이름)의 머리에 관을 씌우고자 하오니 오형께서 왕림하여 주실 것을 거듭 청합니다." ○ 빈이 답하는 말은 다음과 같다. "아무개(빈의 이름)가 감히 일찍 일어나지 않을 수 있겠습니까?"

一辭而許. 再辭而許曰固辭, 三辭曰終辭, 不許也]."(『의례주소(儀禮注疏)』, 「사관례(士冠禮)」, 정현(鄭玄) 주(注))

12 『가례』에서는 …… 때문이다: "자제를 보내 편지로 고하기를 다음과 같이 한다. '내일 아무개가 장차 아들 아무개 및 아무개 친족 아무개의 아들 아무개의 머리에 관을 씌우려 하니, 그대가 장차 왕림하여 주실 것을 거듭 청합니다. 아무개가 아무개에게 올립니다.' 답서는 다음과 같다. '아무개가 감히 일찍 일어나지 않을 수 있겠습니까? 아무개가 아무개에게 올립니다'[遣子弟, 以書致辭曰: '來日某將加冠於子某, 若某親某子某之首, 吾子將莅之, 敢宿. 某上某人.' 答書曰: '某敢不夙興? 某上某人']."(『주자가례(朱子家禮)』, 「관례(冠禮)」)

13 고례에는 …… 칭했는데: "'오자(吾子)'는 서로 친근해 하는 말이다. '오(吾)'는 우리[我]라는 뜻이다. '자(子)'는 남자에 대한 미칭이다[吾子, 相親之辭. '吾', 我也. '子', 男子之美稱]."(『의례주소(儀禮注疏)』, 「사관례(士冠禮)」, 정현 주)

빈이 자신의 집에서 묵는다면 서신을 보내야 하고, 주인의 집에서 묵는다면 빈에게 거듭 청하는 예는 생략하는 것이 마땅하다. ○ '숙(宿)'이란 '엄숙함〔肅〕'이요 '경계함〔戒〕'을 의미한다. 【정현(鄭玄)은 말한다. "숙(宿)은 나아가게 한다〔進〕는 뜻이다."[14] 가공언(賈公彦)은 말한다. "숙(宿)한다는 것은 나아가게 한다는 뜻이다." 정현과 가공언의 해석은 잘못되었다.[15]】

4   세(洗)·복(服)·즐(櫛)·관(冠)의 진설

다음 날 아침 일찍 일어나 대야〔洗〕를 동쪽 계단〔阼階〕[16] 동쪽에 진설한

---

[14] 숙(宿)은 나아가게 한다〔進〕는 뜻이다 : 호배휘(胡培翬)는 정현(鄭玄)이 "'숙(宿)'은 '진(進)'의 뜻이다〔宿, 進也〕."라고 한 것에 대해 "나아가 참여하도록 한다는 뜻이다〔謂進之使來〕."라고 그 의미를 풀이하였다. 정현은 「특생궤사례(特牲饋食禮)」와 「소뢰궤사례(少牢饋食禮)」에서 숙(宿)의 자의(字意)를 다음과 같이 풀이하였다. "'숙(宿)'은 '숙(肅)'의 뜻으로 읽는다. 숙(肅)은 진(進)의 뜻이다. '(시동에게) 진(進)한다는 것은 제삿날에 마땅히 와야 함을 알도록 하는 것이다. 고문에는 숙(宿)이 모두 수(羞)로 되어 있다. 무릇 숙(宿)은 어떤 곳에는 속(速)으로 되어 있고, 『기문(記文)』에는 숙(肅)으로 되어 있으며, 『주례(周禮)』에는 또한 숙(宿)으로 되어 있다〔宿讀爲肅. 肅, 進也. 進之者, 使知祭日當來. 古文宿皆作羞. 凡宿, 或作速, 『記』作肅, 『周禮』亦作宿〕."(『의례정의(儀禮正義)』, 「특생궤사례(特牲饋食禮)」); "숙(宿)은 숙(肅)의 뜻으로 읽는다. 숙(肅)은 진(進)의 뜻이다. 대부는 존귀하기 때문에 의식절차가 더욱 많다. 제사 날짜를 점치는 날에 이미 제관(諸官)에게 고하여 재계하도록 하였다. 제사 하루 전에 이르러 또 고지하여 시동에게 청하여서 제삿날에 마땅히 와야 함을 알도록 한다. 고문에는 숙(宿)이 모두 수(羞)로 되어 있다〔宿讀爲肅. 肅, 進也. 大夫尊, 儀益多, 筮日旣戒諸官以齊戒矣. 至前祭一日, 又戒以進之, 使知祭日當來. 古文宿皆作羞〕."(『의례정의(儀禮正義)』, 「소뢰궤사례(少牢饋食禮)」)

[15] 정현과 가공언의 해석은 잘못되었다 : 정약용은 숙(宿)을 치재(致齊)의 의미로 해석하여, 관례를 치르기 하루 전에 제사 지내는 것처럼 행동을 삼가는 것으로 이해하였다. "숙이란 치재(致齊)이다.【음악을 연주하지 않고, 안팎을 출입하지 않으며, 제사 지낼 대상만을 생각한다.】〔宿者, 致齊也.【不聽樂, 不出入, 思念所祭者.】〕"(『제례고정(祭禮考定)』, 「제의고(祭儀考)」)

다. 【손을 씻고 술잔[爵]을 씻는 도구[17]이다.】 ○ 방(房) 안에 의복을 진설하
는데, 모두 옷깃을 서쪽으로 하고 남쪽이 윗자리가 되게 한다.[18] 【방이
당(堂)의 동쪽에 있으면 옷깃을 동쪽으로 하고 남쪽이 윗자리가 되게 한다.】 ○ 빗
[櫛]은 자리 남쪽에 진설한다.

고례에서는 시가(始加: 첫 번째 관을 씌우고 첫 번째 초례를 행함)의 치
관(緇冠)[19]에는 검은색 상의[玄衣]와 검은색 하상[玄裳: 검은색 치마]을
입었고, 재가(再加: 두 번째 관을 씌우고 두 번째 초례를 행함)의 피변(皮

---

16 동쪽 계단[阼階] : 주인이 오르고 내리는 계단으로 동계(東階)라고도 한다. "주인은 문으
로 들어갈 때 오른쪽으로 나아가고, 빈객은 문으로 들어갈 때 왼쪽으로 나아간다. 주인은
동쪽 계단으로 나아가고, 빈객은 서쪽 계단으로 나아간다[主人入門而右, 客入門而左, 主
人就東階, 客就西階]."(『예기(禮記)』, 「곡례상(曲禮上)」); "동쪽 계단을 오를 때에는 오른
쪽 발을 먼저 내딛고, 서쪽 계단을 오를 때에는 왼쪽 발을 먼저 내딛는다[上於東階, 則先右
足, 上於西階, 則先左足]."(『예기(禮記)』, 「곡례상(曲禮上)」)

17 손을 씻고 술잔[爵]을 씻는 도구 : "주인은 앉아서 술잔[爵]을 잡고 일어나 대야[洗]가
진설된 곳으로 가서 남쪽을 향해 앉아 대광주리[篚] 아래에 술잔을 내려놓는다. 손을
씻고 나서 술잔을 씻는다[主人坐取爵, 興, 適洗南面. 坐奠爵於篚下盥洗]."에 대한 정현의
주에서 "손을 씻고[盥手] 또 술잔을 씻는[洗爵] 것은 정결함과 공경함을 다하는 것이다
[盥手又洗爵, 致潔敬也]."라고 하였으므로, '관세(盥洗)'는 '관수세작(盥手洗爵)'을 줄인
말, 즉 손을 씻고 술잔을 씻는다는 뜻임을 알 수 있다(『의례주소(儀禮注疏)』, 「향사례(鄕
射禮)」).

18 모두 옷깃을 …… 되게 한다 : "관례를 거행할 때에 입는 작변복(爵弁服)·피변복(皮弁
服)·현단복(玄端服) 등의 의복을 동쪽 방 서쪽 담 벽 아래에 신설하는데, 옷깃이 동쪽을
향하도록 놓고, 북쪽이 윗자리가 되게 한다[陳服于房中西墻下, 東領北上]."(『의례주소(儀
禮注疏)』, 「사관례(士冠禮)」). 이상에서 알 수 있는 것처럼 정약용이 제시하는 방향[西領
南上]과 『의례』와 『가례』가 제시하는 방향[東領北上]에는 차이가 있다.

19 치관(緇冠) : 일명 치포관(緇布冠)이라고 하는데, 검은색 베로 만든 관을 말한다. 치포관에
는 비녀[笄]를 꽂지 않고, 규항(缺項)을 이용하는데, 규항의 네 귀퉁이에 끈이 있어서
치포관의 무(武)에 연결시킨다. 규항의 양쪽 끝에 별도의 관끈(纓)을 연결하여 턱 앞에서
묶는다. 「사관례(士冠禮)」에서 처음 관을 씌울 때 이 치포관을 이용한다.

弁)²⁰에는 흰색 상의[素衣]와 흰색 하상[素裳]을 입었으며, 삼가(三加: 세 번째 관을 씌우고 세 번째 초례를 행함)의 작변(爵弁)²¹에는 검은색 상의 [純衣]와 검붉은색 하상[纁裳]을 입었다. ○ 주자의 『가례』에는 시가에 관을 쓰고 심의(深衣)²²를 입었으며, 【치포관을 사용하지 않고 당시의 관[時

---

20 피변(皮弁) : 피변은 흰색 사슴가죽으로 만든다. 피변을 착용하는 복장을 피변복이라고 한다. 그 복식은 흰색 베로 만든 상의(웃옷)에 흰색 하상(치마)을 입고, 흑색 허리띠와 흰색 가죽으로 만든 폐슬을 착용한다. 피변복은 천자가 매일 조회를 볼 때[視朝], 제사를 드리기 전, 타국의 신하를 애도할 때 입는다. 제후는 서로 빙문할 때[相聘], 매월 초하루에 정사를 들을 때[視朔] 입는다. 사(士)는 군주의 시삭(視朔)에 참여할 때 입고, 「사관례 (士冠禮)」에서 두 번째 관을 씌울 때와 「사혼례(士婚禮)」에서 친영(親迎)할 때에도 입는다 (『삼례사전(三禮辭典)』, 317쪽).

21 작변(爵弁) : 작변(爵弁)은 예복(禮服)의 명칭으로, 등급으로 보면 면복(冕服)의 다음이다. 작변은 면관의 원형으로서(면관은 작변에서 유래함) 형태는 면관과 같으나 류(旒: 구슬을 꿴 줄)가 없는 점이 다르다. 작변은 적색에 약간 검은색을 띠는 30승(升)의 베나 비단으로 만든다. 즉 상고시대에는 30승(1승은 80올이므로 30승은 1폭 내에 2,400올이 들어감)의 베로 만들다가 주대(周代)에 들어와서 비단을 사용하였다. 공자는 『논어(論語)』, 「자한(子 罕)」에서 "마면(麻冕)을 사용하는 것이 예(禮)이다. 오늘날에는 비단을 사용하는데, 검약 한 것이다[麻冕, 禮也. 今也純, 儉]."라고 하여 30승 베를 만드는 것이 매우 어려운 일이므 로 비단[純]으로 이를 대체한 것은 검약을 숭상한 것이라고 보았다. 작(爵)은 작(雀)과 통하며, 관의 색이 작(雀) 즉 참새의 머리처럼 검붉은색이기 때문에 작변(爵弁)이라고 한다. 작변을 착용하는 복장을 작변복이라고 한다. 그 복식은 흑색의 비단으로 만든 웃옷 에 옅은 붉은색의 비단으로 만든 치마를 입고, 흑색의 허리띠와 옅은 붉은색의 가죽으로 만든 폐슬을 착용한다. 작변복은 대부(大夫)가 가묘(家廟)에서 제사를 지내거나, 사(士)가 군주의 제사를 도울 때 착용하는 복장이다. 「사관례(士冠禮)」에서 세 번째 관을 씌울 때, 「사혼례(士婚禮)」에서 친영(親迎)할 때에도 이 복장을 입는다(『삼례사전(三禮辭典)』, 1159쪽).

22 심의(深衣) : 장의(長衣)·마의(麻衣)·중의(中衣)·심의(深衣) 등 네 가지 옷은 형태가 모두 같다. 상의와 하상을 분리해서 재단하지만 허리 부분에서 이어 준 형태이기에 상의와 하상이 완전히 분리된 예복[朝服·祭服·喪服]의 정복(正服)과는 다르다. 그런데 이 네 가지 옷은 옷의 재료, 가선 장식의 색과 재료, 입는 위치, 소매 길이 등의 차이에 따라 그 명칭을 달리한다. 심의는 옷을 휘감아서 몸을 깊숙이[深] 감싸기 때문에 심의라는 명칭이 생긴 것이다. 심의는 15승(升)의 베로 만들고, 채색 비단으로 가선을 두른다.

冠]을 사용한 듯하다.】 재가에 모(帽)를 쓰고 조삼(皂衫)을 입었으며, 삼가에 복두(襆頭)를 쓰고 공복(公服)을 입었다. 【난삼(襴衫)을 입기도 한다.】 ○ 지금은 이에 준하여〔今擬〕 가난한 선비의 자식이라고 하더라도 시가에는 치포관을 쓰고 【치포관 제도는 이후 '8. 시가례'에 보인다.】 청창의(靑敝衣)를 입으며, 【청창의는 풍속의 제도와 같다.】 재가에 석모(席帽)를 쓰고 【석모는 황초립(黃草笠)이다. 노창자(老蒼者)는 칠포립(漆布笠)을 쓴다.】 청도포(靑道袍)를 입고 치대(緇帶)를 착용하며, 【고례에는 삼가의 의복에 모두 치대를 사용하였다.】 삼가에 오사모(烏紗帽)를 쓰고 【문각(紋角)이 있다.】 자조포(紫朝袍)를 입는 것은 【바로 단령(團領)을 말한다.】 그만둘 수 없다. ○ 경(卿)과 대부(大夫) 등 현관(顯官)의 자제는 시가에 치포관을 쓰고 청도포를 입으며, 【치대를 착용한다.】 재가에 오사모를 쓰고 【문각이 없다.】 녹단령(綠團領)을 입으며, 【각대(角帶)를 착용한다.】 삼가에 현작변(玄爵弁)을 쓰고 【곧 오늘날의 제관(祭冠)을 말한다.】 검은색 상의〔緇衣〕와 검붉은색 하상〔纁裳〕을 입고, 【곧 오늘날의 제복(祭服)을 말한다.】 이어 방심(方心)・곡령(曲領)・후수(後綬)[23]를 갖춘다. 【폐옥(佩玉)은 착용할 필요가 없다.】

○ 생각하건대, 고례에는 사(士)의 자제가 관례를 행할 때 재가와 삼가에는 피변(皮弁)과 작변(爵弁)을 착용한 것이 분명하다. 주자가 지은 『가례』에서도 분명히 복두(襆頭)와 공복(公服)을 착용하였다. 고례와 『가례』에서는 모두 관례를 이와 같이 섭성(攝盛: 한 등급을 올려서 귀하게 하는 것)하게 하였으나, 우리 동국(東國)에서는 경(卿)과 재상(宰相) 및 훈척

---

23 방심(方心)・곡령(曲領)・후수(後綬) : 방심과 곡령은 제복(祭服)이나 예복(禮服)의 하나로 목에 걸어 가슴에 늘어뜨리는 흰 깁을 말하는데, 목은 고리로 되어 있고 가슴 속에 빈 네모꼴이 붙어 있는 것을 말하고, 후수는 예복이나 제복 뒤에 내려뜨리는 끈을 말한다.

(勳戚) 같은 큰 집안에서도 삼가를 시행할 때에 오직 초립과 청포만을 상복(上服)으로 여기니, 여전히 "예(禮)를 좋아하는 풍속이다."라고 말할 수가 있겠는가? 성호(星湖)의 「관의(冠儀)」(산절관의(刪節冠儀)를 말함)는 더욱 간소함〔菲薄〕을 따랐는데, 가난한 선비가 성복(盛服)을 마련하지 못할까를 염려하여 예(禮)를 폐하신 듯하다. 내가 생각하기에 궁벽한 시골의 지극히 가난한 선비라도 그 아들이 신부를 맞이할 때는 사모(紗帽)ㆍ비포(緋袍)ㆍ서대(犀帶)ㆍ흑화(黑靴)를 사용하지 않는 사람이 없는데, 유독 어찌하여 관례에서만 그것들을 구하기 힘들 것이라고 염려한단 말인가? 관례와 혼례는 일이 반드시 연관되어 있는데, 관례에는 구할 수 없던 것이 어찌 혼례에는 구할 수 있다는 것인가? 본인이 예(禮)를 좋아한다면, 공복(公服)은 구하기 어려운 것이 아니다. 궁벽한 시골에서도 오히려 그러한데, 하물며 서울〔京華〕에서는 어떻겠는가? 가난한 선비도 오히려 그러한데, 하물며 조정의 벼슬아치들은 어떻겠는가? 삼가를 시행할 때는 반드시 공복을 입어야 함은 의심의 여지가 없다.

○ 또 생각하건대, 고례에는 세 번 관을 씌우는 의절의 모든 의복에 치대(緇帶)를 착용하였다.[24] 치대는 대대(大帶)를 말한다. 【대대의 제도는

---

24 고례에는 …… 착용하였다 : "작변복(爵弁服)을 진설하는데, 훈상(纁裳: 엷은 붉은색의 치마)ㆍ준의(純衣: 비단으로 만든 검은색의 웃옷)ㆍ치대(緇帶: 검은색 가선을 두른 허리띠)ㆍ매겹(韎韐: 적황색의 폐슬) 등을 포함한다〔爵弁服, 纁裳, 純衣, 緇帶, 韎韐〕."(『의례주소(儀禮注疏)』, 「사관례(士冠禮)」); "피변복(皮弁服)을 진설하는데, 소적(素積)ㆍ치대(緇帶)ㆍ소필(素韠: 가죽으로 만든 흰색의 폐슬) 등을 포함한다〔皮弁服, 素積, 緇帶, 素韠〕."(『의례주소(儀禮注疏)』, 「사관례(士冠禮)」); "현단(玄端)을 진설하는데, 치마로는 현상(玄裳)ㆍ황상(黃裳)ㆍ잡상(雜裳) 가운데 어느 것을 사용해도 괜찮으며, 치대(緇帶)와 작필(爵韠)을 포함한다〔玄端, 玄裳ㆍ黃裳ㆍ雜裳可也. 緇帶, 爵韠〕."(『의례주소(儀禮注疏)』, 「사관례(士冠禮)」)

「옥조(玉藻)」에 보인다.²⁵】 오늘날은 공복에 치대를 사용하지 않으니, 서대(犀帶)와 각대(角帶)도 안 될 것은 없다. 【금대(金帶)나 은대(銀帶)도 괜찮다.】 그러나 검은색 상의〔緇衣〕에 검붉은색 하상〔纁裳〕을 입는 경우에는 치대를 착용할 수 있다. 대개 우리나라의 조복(朝服)과 제복(祭服)에는 의례적으로 조대(條帶: 채색 실로 짠 띠를 말함)를 사용한다. 오늘날의 금관(金冠: 금비녀에 쪽댕기를 한 관을 말함)은 고례에서는 찾을 수가 없으니, 삼가에는 현변(玄弁)을 사용해야 한다. 【현변은 오늘날 제관(祭冠)이라 부른다.】 현변은 옛날에 사용했던 작변(爵弁)의 유제(遺制)이다. 신발은 흑화(黑靴: 검은 신발)를 착용해야 한다.

○ 또 생각하건대, 고례에는 매겹(韎韐)·소필(素韠)·작필(爵韠)을 착용하였으니, 이제 삼가 때만큼은 훈필(纁韠)을 사용해야 할 것이다. 【필(韠)은 폐슬(蔽膝: 무릎 가리개)을 말한다.】 ○ 고례에는 삼가의 관(冠)과 삼가의 의복을 동시에 함께 착용하는 이치가 없었다. 재가 때에는 치관과 현복을 벗었고, 삼가 때에는 피변과 소적을 벗었다. 【바로 작변복(爵弁服)을 입는다.】 그러므로 「사관례」에 삼가를 시행하면, "피변과 치관을 거둔다."는 문장이 있는 것이다.²⁶ 【가공언(賈公彦)은 말한다. "관(冠)은 곧 치포관

25 「옥조(玉藻)」에 보인다 : "대대는 명주실〔絲〕로 만드는데 혁대(革帶)의 밖에 두르며, 그 나머지를 늘어뜨린 것을 '신(紳)'이라고 한다. 천지는 흰색 명주로 만든 띠를 착용하고, 붉은색으로 속옷을 만들고, 띠 전체에 가선을 두른다〔天子素帶, 朱裏, 終辟〕."(『의례주소(禮記注疏)』, 「옥조(玉藻)」); "대대(大帶)를 말한다〔謂大帶也〕."(『예기주소(禮記注疏)』, 「옥조(玉藻)」); "대부의 대대(大帶)는 폭이 4촌이다. 잡대(雜帶)는 군주의 경우 붉은색과 녹색으로 가선을 두르고, 대부의 경우 검은색과 황색으로 가선을 두르고, 사의 경우는 흑색으로 가선을 두르는데 그 폭이 2촌이지만 2번 감으면 4촌이 된다〔大夫大帶四寸, 雜帶, 君朱綠, 大夫玄華, 士緇辟二寸. 再繚四寸〕."(『예기주소(禮記注疏)』, 「옥조(玉藻)」)
26 그러므로 …… 있는 것이다 : "피변·치포관·빗·자리를 거두어 동쪽 방에 갖다 둔다〔徹

이다."】 지금은 이에 준하여 재가 때에는 초가의 관과 의복을 벗고 삼가 때에는 재가의 관과 의복을 벗되, 신발만은 갈아 신지 않는다. 그리고 청창의(靑氅衣)를 초가 때의 의복으로 사용한 경우에는 그 위에 청포(靑袍)를 덧입는다.

〔「사관례」주〕 정현(鄭玄)은 말한다. "동자(童子: 미성년)로서 직무를 맡아 사(士)의 지위에 있게 되면 20세가 되어 관례를 행한다."[27] 【가공언(賈公彦)의 소(疏)에서 말한다. "사(士)의 신분으로 관례를 시행하는 것이다."】 ○ 내가 생각하건대, 가례(嘉禮)는 섭성(攝盛)하기 때문에 【흑거(墨車)나 명복(命服)의 부류와 같은 것들을 말한다.[28]】 「사혼례」에서 "사자(使者)가 말을 전달

皮弁 · 冠 · 櫛 · 筵, 入于房〕."(『의례주소(儀禮注疏)』,「사관례(士冠禮)」)

27 동자(童子: 미성년)로서 …… 관례를 행한다: 정현은 이 관례를 사(士) 신분의 의례로 파악하는데, 사(士)는 이미 벼슬한 경우와 아직 벼슬을 하지 못한 경우가 있다. 정현이 아래 문장에서 "사(士)의 아들은 항상 사(士)가 된다."고 한 것에 대해 주희(朱熹)는 사(士)의 아들은 비록 출사하지 못하였더라도 이 관례를 행할 수 있다는 뜻으로 정현의 주를 해석하였다. 『예기(禮記)』,「곡례상(曲禮上)」에서 "20세가 되면 약(弱)이라고 칭하는데, 이 나이에 관례를 치른다. 30세가 되면 장(壯)이라고 칭하는데, 이 나이에 가정을 이룬다. 40세가 되면 강(强)이라고 칭하는데, 이 나이에 벼슬에 나아간다〔人生十年曰幼, 學. 二十曰弱, 冠. 三十曰壯, 有室. 四十曰强, 而仕〕."라고 하였으므로 통상은 20세에 관례를 치르고, 30세에 가정을 이루고, 40세에 벼슬을 시작한다. 그러나 재질(材質)이 출중하여 관례를 치를 나이가 되기 이전에 사(士)의 지위에 있는 경우도 있기 때문에, 정현은 이미 벼슬한 경우와 아직 벼슬하지 않은 경우를 포함해서 말한 것이다. 호광충(胡匡衷)도 『정씨목록교증(鄭氏目錄校證)』에서 "사(士) 가운데에는 이미 벼슬을 하여 지위를 갖고 있는 경우가 있는데, 『주례(周禮)』에 보이는 상사(上士) · 중사(中士) · 하사(下士)가 이에 해당된다. 아직 벼슬을 하지 못한 경우가 있는데, 『예기(禮記)』,「옥조(玉藻)」에서 말한 거사(居士), 『예기(禮記)』,「왕제(王制)」에서 말한 선사(選士) · 준사(俊士)가 이에 해당된다."라고 하였다. 따라서 아직 벼슬하지 못했더라도 사(士)라고 칭할 수 있는 것이다(『예기정의(儀禮正義)』, 2쪽).

28 흑거(墨車)나 …… 말한다: 대부(大夫)는 흑거(墨車)를 타고 사(士)는 잔거(棧車)를 타는

하고 기러기를 예물로 쓴다."[29]라고 하였으니, 대부(大夫)의 예물도 사(士)가 사용할 수 있음을 말한 것이다. 【정현의 주에서 '하달(下達)'을 '중매인을 보낸다는 의미'로 본 것은 옳지 않다.[30]】 작변과 피변이 비록 조사(朝士)의 의복이기는 하지만 사의 자제가 반드시 융성하지 않다고 할 수 없는데도, 정현은 기필코 직무를 맡은 사람의 관례라고 생각하였으니, 반드시 그렇다고 볼 필요는 없다. 어떤 사람은 말한다. "옛날 대대로 녹봉을 받는 사의 자식은 대대로 사가 되었기에 【정현도 "사의 자식은 대대로 사가 된다."고 말하였다.】 공복을 사용하는 것이 마땅하지만, 지금은 사족(士族)이더라도 반드시 사가 되는 것이 아니니 【사란 조정의 관리를 말한다.】 관례에 공복을 사용하지 않는 이유이다." 이 또한 이해되지 않는 논리이다. 오늘날의 사족은 곧 옛날의 학사(學士)이니, 【학사는 상(庠)이나 학(學)의 사를 말하는데, 「상복(喪服)」, '전(傳)'에 보인다.】 그들이 사례(士禮)를 쓰는 것은

데, 사가 혼례에서 친영할 때에는 한 등급을 올려서 대부가 타는 묵거를 탄다. 사의 잔거도 검은색 칠을 하는데, 묵거에 비해 가죽 장식이 없다.

29 사자(使者)가 …… 예물로 쓴다 : "혼례(昏禮)를 말하는 것으로, 사자(使者)가 말을 전달하고 여자 집에서 허락을 하면, 사자를 보내서 납채(納采)의 예를 행하는데 기러기를 예물로 쓴다〔昏禮. 下達, 納采用鴈〕."(『의례주소(儀禮注疏)』, 「사혼례(士昏禮)」) 기러기〔鴈〕는 대부(大夫)의 폐물〔幣〕인데, 관례에서 사(士)의 신분으로 대부의 신분에 준하는 물품을 사용할 수 있는 것은 섭성(攝盛)의 원리 때문이다.

30 정현의 주에서 …… 옳지 않다 : 달(達)은 통한다는 뜻이다. 장차 상대방과 함께 혼인을 하고자 하면 반드시 먼저 중매하는 사람〔媒氏〕으로 하여금 그 말을 전달하여 통하게 한다. 여자 집안에서 허락한 뒤에야 사람을 시켜서 그 채택하는 예를 드리게 한다. 기러기로 폐백을 삼는 것은 음양이 왕래하는 것에 순종하는 뜻을 취한 것이다. 『시경(詩經)』에서 '아내를 얻으려면 어떻게 해야 하나? 중매하는 사람이 없으면 얻을 수 없네.'라고 하였다. 혼례는 반드시 중매하는 사람을 통해야 하니, 서로 만나서 소개하는 것은 모두 그로써 염치를 기르도록 하기 위한 것이다〔'達, 通也. 將欲與彼合昏姻, 必先使媒氏下通其言. 女氏許之, 乃後使人納其采擇之禮. 用鴈爲摯者, 取其順陰陽往來. 『詩』云'取妻如之何? 匪媒不得.' 昏必由媒, 交接設紹介皆所以養廉恥〕."(『의례주소(儀禮注疏)』, 「사혼례(士昏禮)」)

본래 분수에 넘치는 것이 아니다. 더구나 사족과 천한 무리들은 그들의 혼례 때에 모두 1품의 공복을 사용하는데, 혼례에서 허용한 것을 어찌하여 관례 때에만 금지한다는 말인가? 참으로 할 말이 없다.

5 　 초례(醮禮) 도구의 진설

초례에 사용할 도구를 당(堂) 북쪽에 진설한다. ○ 술동이 1개,【옛날에는 예주(醴酒)를 사용하였다.】술잔〔觶〕1개,【또 국자〔勺〕가 있다.】포 접시 1개,【포는 네 쪽〔脡〕을 사용하는데 그 길이가 5촌이다. 포가 없으면 말린 꿩고기〔脭〕나 말린 물고기〔鱐〕를 사용한다.[31]】젓갈접시 1개이다.【식혜를 사용한다.】

　　고례에는 말린 고기〔乾肉〕와 조각낸 희생〔折俎〕이 있었으며,【조각낸 희생은 지금의 수육〔熟肉〕과 같다.】또 혹 "희생을 잡게 되면 특돈(特豚: 새끼돼지)과 이폐(離肺: 중앙 부위를 조금 남기고 자른 허파)를 올린다."[32]는 글이 있는데,【이(離)는 자른다는 말이다.】이제 이것들을 생략하는 것은 가난한 사람을 배려하기 위함이다. 집안의 재력이 이것들을 마련할 만하

---

31 포가 없으면 …… 사용한다 : 『주례(周禮)』, 「포인(庖人)」에 "여름에는 거(脭)와 숙(鱐)을 사용한다〔夏行脭鱐〕."라고 하였는데, 정중(鄭衆)은 "거(脭)는 말린 꿩고기이고, 숙(鱐)은 말린 물고기이다〔脭, 乾雉. 鱐, 乾魚〕."라고 해석하였고, 정현(鄭玄)은 "거(脭)와 숙(鱐)은 열을 가해서 말린 것이다〔脭, 鱐, 暵熱而乾〕."라고 하였다.
32 희생을 잡게 …… 올린다 : "말린 고기〔乾肉〕 대신에 희생을 잡아 초례(醮禮)를 행하는 경우에는 새끼돼지 한 마리를 올리는데, 왼쪽과 오른쪽의 몸체를 합해서 정(鼎)에 담아 두거나 조(俎)에 올려놓는다. 이폐(離肺)를 정에 넣어 둔다. 빗장〔扃〕으로 정의 양 귀를 꿰고 솥 덮개보〔鼏〕로 정의 위를 덮는다〔若殺. 則特豚. 載合升, 離肺實于鼎. 設扃鼏〕."(『의례주소(儀禮注疏)』, 「사관례(士冠禮)」)

다면 고례의 글대로 구비해야 한다.【전체 희생이 있을 경우에는 조각낸 희생이 없다.】 희생을 잡는 경우에는 두(豆) 2개와 변(籩) 2개를 준비한다.[33]【즉 두 2개에는 각각 포와 밤을 담고 변 2개에는 각각 채소절임과 식해를 담는다.】

6　주인·빈·찬·장관자의 위치

주인은 의복을 갖추고 동쪽 계단〔阼階〕 아래에 서서 서면(西面)한다.【남향을 하고 있는 당(堂)을 근거로 글을 쓴 것이다.】 여러 형제는 주인의 뒤쪽에 차례로 선다. ○ 관례를 치를 사람은 평상복 차림으로【어린아이의 복장을 말한다.】 방 안에서 남면(南面)한다. ○ 빈(賓)이 문에 도착하면【대문 밖을 말한다.】 주인은 나가 맞이하는데, 서면하고 절을 한다.【고례에는 2번 절하였다.】 빈이 답배(答拜)한다. ○ 주인은 읍하여 빈이 들어오게 한다.【빈은 답읍(答揖)한다.】 찬자(贊者)는 (빈의) 뒤를 따라 들어간다.【빈은 자기 측 1명을 찬자로 삼는다.】 ○ 계단에 도착하면 (주인과 빈은) 서로 읍한다. 주인은 동쪽 계단을 통해 올라가 당의 동쪽에 앉는다.【여러 형제 역시 (동쪽 계단을 통해) 당에 올라가 주인의 뒤에 선다.】 ○ 빈은 서쪽 계

33　희생을 잡는 …… 준비한다 : "변(籩)은 마른 음식을 담는 그릇으로 대나무로 만든다. 그 용량은 4승(升)이다. 두(豆)는 채소절임이나 젓갈 등 젖은 음식을 담는 그릇으로 나무나 흙 혹은 청동으로 만든다. 높이와 직경이 1척(尺)이다. 그 용량은 4승이다. 두(豆)는 두(豆)·변(籩)·등(㽅)의 총명이기도 하다. 두(豆)의 중앙 부분을 교(校)라고 하고 그 바닥 부분을 등(鐙)이라고 한다. 학의행(郝懿行)의 『이아의소(爾雅義疏)』에 따르면 변(籩)과 두(豆)는 같은 종류의 그릇으로 단독으로 사용되지 않기 때문에 두(豆)라고만 말했을 경우 변(籩)을 포함한다고 한다."(『삼례사전(三禮辭典)』, 1289쪽의 변(籩) 항목과 427쪽의 두(豆) 항목 참조.)

단을 통해 올라가 당의 서쪽에 앉는다. 【찬자 역시 (서쪽 계단을 통해) 당에 올라가 빈의 뒤에 선다.】 ○ 관례를 치를 사람은 방에서 나와 당 가운데 앉는데 남면한다.

'의복을 갖춘다〔盛服〕'고 함은 조정의 관리라면 공복(公服)을 사용하고 그 외 나머지는 청포(靑袍)를 사용한다는 것을 말한다. ○ 고례에 빈과 주인은 계단을 올라가 서(序: 동쪽 벽과 서쪽 벽을 말함)의 끝에 서서 끝까지 당에 오르지 않았으며 게다가 즉시 앉지도 않았는데, 이는 예를 행하는 장소가 묘(廟)였기 때문이다. 지금은 예를 집안의 당(堂)에서 행하기 때문에 『가례』에서도 "당에 오른다."고 말한 것이다.

7 　빈·찬·장관자의 시가례 이전 의절

찬자(贊者)는 관례를 치를 사람에게 가서 북면(北面)하고 앉아 머리를 빗기고, 상투를 튼 다음 망건(網巾)을 씌운다. 【빗〔梳〕과 빗치개〔笓〕를 치운다.】 ○ 관례를 치를 사람은 일어나 동쪽 계단 위로 가서 【주인의 남쪽에 위치한다.】 서면(西面)하고 앉는다. ○ 빈은 일어나 동쪽 계단 위로 가서 동면(東面)하고 앉는다. ○ 찬자는 치관(緇冠)을 가져다 빈에게 준다. 【무릇 관을 잡는 법은 오른손으로는 목 부분을 잡고 왼손으로는 앞부분을 잡는다.】 ○ 찬자는 제자리로 돌아간다. 【찬자의 자리는 서쪽에 위치한다.】

이는 적자(適子)의 예(禮)이다. 【적자는 동쪽 계단에서 관례를 행한다.】 서자(庶子)의 경우, 관례를 치를 사람이 빈(賓) 앞으로 가서 서면하고 앉으면,【빈은 자리를 이동하지 않는다.】 찬자(贊者)가 관을 (빈에게) 주어 서쪽 방향에서 행사를 치른다.

시가례(始加禮)를 행한다. ○ 빈은 관을 잡고 이어 축원한다. 【여기에서
문장을 끊는다.】 축사는 다음과 같다. "좋은 달 좋은 날에 비로소 너에게
첫 번째 관을 씌워 주니, 너의 어린 생각을 버리고 너의 성인의 덕을
따라 장수하고 길하여 큰 복을 크게 받아라." ○ 빈은 이어 관을 씌워
주고 일어나 제자리로 돌아간다. 【빈의 자리는 서쪽에 위치한다.】 ○ 찬자
는 비녀를 들어 관자(冠者)의 머리에 꽂아 준다. ○ 관자가 일어난다. 빈
이 읍을 하면 관자는 방으로 들어가 청창의(靑氅衣)를 입고 나와 당 가
운데 남면하고 앉는다.

　성호의 『예식(禮式)』에서는 삼가(三加)를 하나로 합하였기 때문에 삼
가의 축사도 합하여 하나로 만들었다. 여기에서는 고례를 따른다. ○ 살
펴보건대, 치포관(緇布冠)의 제도는 경문(經文)에 명문규정이 없기 때문
에 사람들이 스스로 제도를 만들어 겨우 상투만을 허용하고 있는데, 이
는 예(禮)가 아니다. 옛날 변면(弁冕: 고깔과 면류관)의 제도를 고찰해 보
면 모두 관의 길이는 1척 6촌, 너비는 8촌, 【「사관례」 가공언(賈公彦)의 소
(疏)를 참조하라.[34]】 무(武)[35]의 높이는 4촌, 【진씨(陳氏)의 『예서(禮書)』[36]에 보

---

34 「사관례」 가공언(賈公彦)의 소를 참조하라 : 가공언은 말한다. "『예기』, 「증자문」에 '공자
　가 말하였다. 시동이 고깔〔弁〕이나 면(冕)을 하고 나가면, 경(卿)과 대부(大夫) 그리고
　사(士)는 모두 수레에서 내린다.'고 한 것에 대한 정현의 주에 '군주의 시동이 고깔을

인다.〕둘레는 머리둘레와 같으니, 결코 법이 없었던 것이 아니다. 상관(喪冠)은 주름을 3개 잡되 그 주름이 오른쪽 방향을 향하게 하였으니, 길관(吉冠)의 주름은 5개나 7개를 잡되 주름이 왼쪽을 향하게 하면 될 것이다. 이때는 옛 법식대로 매우 고운 베에 검은 물을 들여 관을 만들어야 한다.

9 재가례(再加禮)

재가례(再加禮)를 행한다. ○ 빈이 읍(揖)하면 〔모두 앉아서 읍을 한다.〕관자는 처음과 같이 동쪽 계단으로 간다.〔빈 역시 처음과 같이 동쪽 계단으로 간다.〕○ 찬자는 관을 들어〔황초립(黃草笠)을 말한다.〕처음과 같이 빈에게 준다.〔(빈은) 물러나 제자리로 돌아간다.〕빈은 관을 들어 처음과 같이 잡고〔빈은 먼저 치관(緇冠)을 잡아 벗긴다.〕이어 축원한다.〔여기에서 문장을 끊는다.〕축사는 다음과 같다. "좋은 달 아름다운 날에 너의 옷을 거듭 입히니, 너의 위의(威儀)를 공경히 하고 너의 덕을 깊이 삼가 오래도록 살면서 큰 복을 누리라." ○ 빈은 이어 관을 씌워 주고 일어나 제자리로 돌아간다. ○ 관자가 일어난다. 빈이 읍을 하면 관자는 방으로 들어가

한 것은 선조 가운데 대부나 사가 있기 때문이다.'라고 하였다. 군주의 선조가 사이면 시동은 작변을 하고 현단을 하지 않는 것은 자손이 제후가 되면 선조의 시동이 그 가운데 있기 때문에 선조가 사인 경우 시동은 군주의 제사를 도울 때 입는 복을 하는 것이다〔「曾子問」: '孔子曰: 尸弁冕而出, 卿大夫士皆下之.' 注云: '爲君尸或弁者, 先祖或有爲大夫士者.' 彼君之先祖爲士, 尸服爵弁, 不服玄端者, 子孫爲諸侯, 先祖尸在中, 故先祖爲士者, 尸還服助祭於君之服也〕."(『의례주소(儀禮注疏)』, 946쪽)

35 무(武): 관(冠)의 주위를 만 것으로 관권(冠卷)이라고도 한다.
36 진씨(陳氏)의 『예서(禮書)』: 진호(陳澔, 1261~1341)의 『예기집설(禮記集說)』을 말한다.

청도포(靑道袍)를 입고 방을 나와 당 가운데 남면하고 앉는다.

고례에 3켤레의 신발이 있었기 때문에 『가례』에서는 시가(始加) 한 뒤에 방에 들어가 신발을 신고 나왔다. 성호(星湖)가 말한다. "지금 사람들은 당 위에서 신발을 신지 않기 때문에 이 절차를 폐기하였다."[37]【검은색 신발〔皁靴〕이 있다면 사용해야 한다.】

10　삼가례(三加禮)

삼가례(三加禮)를 행한다. ○ 빈이 읍을 하면【역시 앉아서 읍을 한다.】관자는 처음과 같이 동쪽 계단으로 간다.【빈 역시 처음과 같이 동쪽 계단으로 간다.】○ 찬자는 사모(紗帽)를 들고 처음과 같이 빈에게 준다.【물러나 제자리로 돌아간다.】○ 빈은 사모를 들고 처음과 같이 잡고,【빈은 먼저 관(황초립)을 잡아 벗긴다.】이어서 축원한다.【여기에서 문장을 끊는다.】축사는 다음과 같다. "좋은 해 아름다운 달에 너의 복장 다 갖추었고 형제들 함께 있으니, 너의 덕을 이루어서 오래도록 살아 하늘의 경사를 받아라." ○ 관자가 일어난다. 빈이 읍을 하면 관자는 방으로 들어가 조포(朝袍)를 입고 방을 나와 당 가운데 남면하고 앉는다.

고례에는 초가(初加)와 재가(再加) 때 빈이 모두 손을 씻었는데, 이는 관례의 행사를 경건하게 행하기 위해서이다.【『가례』에도 "빈이 손을 씻는

37　지금 사람들은 …… 폐기하였다 : 『성호선생전집(星湖先生全集)』 권48, 잡저(雜著), 『산절관의(刪節冠儀)』.

다."는 글이 있다.】 이제 여기서 이러한 절차를 잠시 생략한 것은 대개 빈이 손을 씻을 때 계단을 오르내리며 읍양(揖讓)하는 절차가 매우 번거롭기 때문이다.

11 초례(醮禮)

이어서 초례(醮禮)를 행한다. ○ 빈(賓)은 일어나 북면하고 앉는다. 【본래의 자리에서 북면한다.】 ○ 찬자(贊者)는 손을 씻고, 【대야〔洗〕는 동쪽 계단 아래에 있다.】 당(堂)에 올라 술을 따른다. 【옛날에는 예주(醴酒)를 사용하였다.】 ○ 빈이 읍을 하면 관자는 일어나 빈 앞으로 가서 남면하고 앉는다. ○ 찬자가 잔〔觶〕을 주면 【서향하고 앉아서 준다.】 빈은 잔을 받고, 이어서 축원한다. 【여기에서 문장을 끊는다.】 축사는 다음과 같다. "맛있는 술 맑고 【예주를 사용하면 '단맛 나는 예주 아주 진하고'라고 말한다.】 좋은 음식 향기로우니 절하고 받아 고수레하여 너의 상서로움을 확고히 하고 하늘의 복을 받아 오래 살며 잊지 말아라." ○ 이어서 술잔을 준다. 관자가 절을 하고 술잔을 받는다. 【절하고 나서 술잔을 받는다.】 빈은 동면하고 답배한다. ○ 찬자가 포(脯)와 식해(食醢)를 올린다. 【접시 2개를 가져다 관자의 왼쪽에 놓는다. ○ 식해 위에 수저 1개를 꽂아 둔다.】 ○ 관자는 왼손으로는 술잔을 잡고 오른손으로는 포와 식해를 고수레한다. 【포 한 쪽과 식해 한 수저를 떠서 접시에 고수레한다. ○ 집사자(執事者)는 이에 앞서 접시 1개를 땅에다 놓고 고수레한 것을 받을 수 있도록 한다.】 또 술을 고수레하고, 【접시에 술을 조금 붓는다.】 이어서 술을 조금 맛본다. 【'쵀(啐)'는 '맛본다'는 뜻이니, 술을 입에다 조금 갖다 대는 것이다.】 일어나 잔을 술잔받침〔盤〕에 놓는다. 【당의 북쪽에 있다.】 포 한 쪽을 들어 관자에게 준다. ○ 관자는 포를 받아 소매에 넣는다. 【소매 속에 넣어 나중에 어머니에게 가져다 드린다.】 ○ 찬자는 제자리로 돌아간다.

이것은 적자(適子)의 예(禮)이다. 【적자의 경우에만 빈객(賓客)의 위치(서쪽)에서 초례(醮禮)를 행한다.】 서자(庶子)의 경우라면 당 가운데 남면하는 위치에 그대로 앉아 술을 받는다. 【『가례보주(家禮補注)』에서 말한다. "무릇 술을 따라 주기〔酌〕만 하고 주고받는〔酬酌〕 것이 없는 것을 초(醮)라고 한다."】 ○ 찬자가 손을 씻고 【처음과 같이 당에 오른다.】 곧바로 관자에게 잔을 주면 【빈에게 주지 않는다는 말이다.】 관자가 잔을 받는다. 이하는 모두 적자의 예(禮)와 동일하다. ○ 생각하건대, 『가례』에서는 단지 술만 고수레하고 포와 식해를 고수레하지 않았다. 그런데도 다음과 같이 축사하였다. "좋은 음식 향기로우니 절하고 받아 고수레한다." '좋은 음식'이란 포와 식해를 말한 것이다. 포와 식해를 고수레하지 않으면 축사와 부합하지 않게 된다. 지금은 풍속을 따른다.

12 부(父)·제부(諸父) 등을 알현(謁見)

관자는 아버지를 알현하는데, 단독으로 절한다〔特拜〕. ○ 자리에 계신 여러 숙부(叔父)들과 형제들을 알현하는데, 한꺼번에 절한다〔旅拜〕. 【'여배(旅拜)'란 여러 사람들에게 한꺼번에 절하는 것〔一拜〕이다.】 지위가 높은 사람이 있다면 역시 단독으로 절한다. 【형제는 모두 답배(答拜)한다.】

고례에는 이때 숙부들과 형제에게 절하는 글이 없다. 지금은 풍속을 따라 이와 같이 보충한다.

이어서 자(字)를 내려준다. ○ 관자(冠者)는 제자리로 돌아가【당 가운데 위치한다.】남면하고 앉는다. ○ 빈은 자(字)를 내려준다. ○ 축사는 다음과 같다. "예의(禮儀)가 갖추어졌기에 아름다운 달 좋은 날에 밝게 너에게 자를 말해 주노라. 이 자는 매우 아름다워 준수한 선비[38]에게 적합한 것이다. 이 자에 적합하게 행동해야 큰복을 받을 것이니,[39] 영원히 받아서 잘 간직하도록 하라."【'가(假)'는 '크다'는 뜻이다.】○ "아무개보〔某甫〕"[40]라고 말한다. ○ 관자의 대답은 다음과 같다. "아무개가 불민(不

---

38 준수한 선비 : 『시경(詩經)』,「소아(小雅)」, '보전(甫田)'에 "크게 여기고 그치는 바에 우리 준사(俊士)들을 나오게 하여 위로하도다〔攸介攸止, 烝我髦士〕."라고 하였는데, 모전(毛傳)에 "모(髦)는 준(俊)이다〔髦, 俊也〕."라고 하였다.

39 이 자는 매우 …… 받을 것이니 : 『의례(儀禮)』,「사관례(士冠禮)」, 정현(鄭玄)의 주석에서는 '가(假)'를 '중대하다〔大〕'로 해석하고 있는 반면, 『의례경전통해(儀禮經傳通解)』 주희(朱熹)의 주석에서는 『의례』,「사관례」, 정현의 주석을 잘못된 것으로 비판하고, '가(假)'는 '하(嘏)'와 같이 '복(福)'으로 해석해야 한다고 하였다. 여기에서는 정현과 주희의 주를 종합하여 번역하였다. 『의례(儀禮)』,「사관례(士冠禮)」, 정현주(鄭玄注), "于猶爲也. 假, 大也. 宜之是爲大矣.";『의례(儀禮)』,「사관례(士冠禮)」, 주희주(朱熹註), "按, 假, 恐與嘏同, 福也. 註說非是."

40 아무개보〔某甫〕: 주희(朱熹)는 『예기(禮記)』,「단궁(檀弓)」 공영달(孔穎達)의 소(疏)인 "사람은 나이 20세에 관례를 하고 자(字)를 더하여 백모보(伯某甫)라고 하다가, 나이 50세에 이르러 오래 살아 더욱 존귀하게 되어서는 또 모(某)자를 제거하고 곧바로 백이나 중으로 구별하였다."를 옳다고 여겼다. 반면 가공언(賈公彦)의 소(疏)에는 "어려서는 이름을 부르고, 관례를 올린 뒤에는 자를 부르고, 50세가 되면 백(伯)이나 중(仲)을 칭한다."고 하였다. "按, 『檀弓』 孔疏云: '人年二十, 冠而加字, 如曰伯某甫者, 年至五十, 耆艾轉尊, 則又舍其某字, 而直以伯仲別之.' 與此賈疏不同, 疑孔說是."(『儀禮經傳通解』); "伯仲叔季, 若兄弟四人, 則依此稱之. 造字時, 未乎伯仲, 至五十, 乃加而呼之."(『儀禮』,「士冠禮」 賈公彦疏); "伯·仲·叔·季, 長幼之稱. 甫是丈夫之美稱. 孔子爲尼甫, 周大夫有嘉甫, 宋大夫有孔甫, 是其類. 甫, 字或作父."(『의례(儀禮)』,「사관례(士冠禮)」, 정현 주)

敏)하오나 감히 밤낮으로 공경히 받들지 않겠습니까?"

고례에는 빈과 주인이 모두 당에서 내려오고, 관자 역시 당을 내려온 다음에 자(字)를 내려주었는데, 이는 묘(廟)에서 관례를 행하였기 때문이다. 지금은 그렇게 하지 않으니, 당에서 내려온 다음에 자를 내려줄 필요가 없다. 【『가례』에는 당을 내려온 뒤에 자를 내려주는 것으로 되어 있다.】 ○ 고례에는 먼저 어머니를 알현한 뒤에 자를 받았는데, 지금 역시 불편하기 때문에 먼저 자를 받는다.

14   예빈(醴賓)

이어서 빈에게 예주(醴酒)를 따라 주는 예를 행한다〔醴賓〕. ○ 집사자는 음식을 올린다. 【음식의 많고 적음은 형편에 맞게 한다.】 ○ 주인은 술을 따라 빈에게 준다. ○ 빈이 절하면 【동향하여 절한다.】 주인은 답배한다. 【서향하여 절한다.】 ○ 빈이 앉아서 술을 마신다. ○ 집사자는 주인에게 음식을 올린다. ○ 대접이 끝나면〔既饗〕 상〔盤〕을 치운다. ○ 집사자는 폐백(幣帛)을 올린다. 【폐백의 후하고 박함은 형편에 맞게 한다.】 ○ 주인이 빈에게 폐백을 드린다. ○ 빈이 절하면 주인은 답배한다. ○ 찬자는 폐백을 치운다. ○ 집사자는 관례가 끝났음을 고한다. ○ 빈이 나가면 주인은 전송한다. 주인이 대문에 이르러 절하면, 빈은 답배(答拜)한다.

고례에 빈에게 예를 차릴 때에는 일헌(一獻)의 예(禮)를 사용하였다. 【명문화된 글이 없다.】 『가례』에서 말한다. "빈(賓)과 찬(贊)에게 드리는 폐백에는 차등이 있다." 【빈과 찬에게 모두 음식과 폐백을 드린다.】 지금은 풍속을 따른다. 무릇 관례에 참석하는 사람들에게는 모두 음식을 나누어 주어야 한다. ○ 고례에는 빈에게 답례할 때 비단 한 묶음[束帛]과 사슴가죽 2장[儷皮]을 사용하였는데, 가난한 선비들이 그것을 병통으로 생각하였다. 지금은 이에 준하여 백지(白紙)를 폐백으로 사용하는 것도 불가능하지는 않을 듯싶다. 【예물을 충분히 갖추고 있는 집에서는 마땅히 고례처럼 행해야 한다.】

15 모(母)·고자(姑姉) 등을 알현(謁見)

관자가 어머니를 알현하면 【소매 속에 넣어 두었던 포를 드린다.[41]】 어머니는 답배한다. 【앉아서 답배한다.】 ○ 어머니를 알현하는 예처럼 고모와 누나를 알현한다. ○ 주인은 관자를 데리고 가 묘(廟)에 알현하게 한다. ○ 관자는 부형(父兄)의 종족 및 향선생(鄕先生)에게 두루 절한다.

고례에는 묘(廟)를 알현하는 글이 없는데, 이는 묘(廟)에서 예(禮)를 행하였기 때문이다. ○ 고례에서 예주(醴酒)를 사용할 경우에는 1번 초(醮)하였고, 청주(淸州)를 사용할 경우에는 3번 초하였다. 【정현은 이를 하(夏)나라와 은(殷)나라의 예(禮)라고 하였다.】 '3번 초한다[三醮]'는 것은 1번 관을 씌울 때마다 1번씩 초했다는 것으로, 초할 때마다 각각의 초사(醮辭)가 있다. 【『의례』에 보인다.】 첫 번째 초와 두 번째 초에는 포와 식해를 사용하고, 세 번째 초에는 말린 고기와 수육을 사용한다. 희생을 잡

---

41 소매 속에 …… 드린다 : 앞의 '11. 초례(醮禮)' 참조.

는다면 그 예(禮)는 더욱 성대할 것이니, 경(卿)과 재상(宰相)의 집안에
서는 여러 글들을 채집(採集)하여 의식절차를 정비해 두어야 한다.

茶山

Ⅱ. 『혼례작의(婚禮酌儀)』[1]

혼례에서 친영(親迎)하는 것은 양(陽)이 가고 음(陰)이 온다는 의미를 취한 것이다. 우리나라의 풍속은 혼례가 여자의 집에서 이루어지고 있는데, 『한서(漢書)』나 『위지(魏志)』 등의 역사서에서는 모두 이를 나무라고 폄하하고 있어 읽는 내내 부끄럽기 짝이 없다. 근세의 선배들 가운데에는 풍속에 따라 혼례를 행하고 그것을 기록하여 책으로 만들기도 하는데, 양가의 의식절차가 서로 달라 하나로 귀결시키기가 쉽지 않으니, 급박하게 임시방편으로 하는 것도 혹 탓할 것은 못 되지만, 굳이 그것을 기록하여 후세에까지 전함으로써 성법(成法)이 되게 하려는 것은 절대 안 된다고 생각한다. 지금 서울[京城]의 귀한 가문에서는 하루 안에 사위가 전안(奠雁)의 예(禮)[2]를 행하고 나면, 신부 역시 폐백(幣帛)의 예

---

1 『혼례작의(婚禮酌儀)』: 신조선사본에는 '혼례(婚禮)'로 되어 있으나 규장각본에는 이 뒤에 '작의(酌儀)'가 있다. 규장각본에 따라 '작의'를 보충한다.
2 전안(奠雁)의 예(禮): 기러기를 전달하는 예절. "정자(程子)는 말한다. '기러기를 올리는 것은 기러기가 두 번 짝짓지 않는 뜻을 취한 것이다.' 주자(朱子)는 말한다. '음과 양이

(禮)를 행하고는, 이를 '당일신부(當日新婦)'라고 하니, 이것이 어찌 친영이 아니겠는가? 단지 합근(合巹)의 예(禮)³를 여자 집안에서 하는 것만 다를 뿐이다. 여기에서 조금만 바로잡는다면[釐正] 아주 훌륭한 고례가될 것이다. 이제 고례 및 주자의 『가례』를 취하여 다음과 같이 재구성해보았다.

1　납채(納采)

납채(納采)의 예(禮)는 임시방편[權道]을 써서 경첩(庚帖: 사주단자四柱單子)으로 대신한다.

　고례에는 납채에 기러기를 사용하였고, 빈(賓)과 주인이 혼례를 성사시키는 것은 여자 집안의 묘(廟)에서 거행하였다. 빈이 청하는 말은 다음과 같다. "그대[신부의 아버지]께서 은혜를 베푸시어 아무개[신랑]에게 따님을 아내로 주시었습니다. 아무개[신랑의 부친]가 선인(先人)의

오고 가는 것에 순응하는 뜻을 취한 것이다[程子曰: '奠鴈, 取其不再偶.' 朱子曰: '取其順陰陽往來之義也.']."(『예기(禮記)』, 「혼의(昏義)」, 진호(陳澔) 주(註)). 본문 '6. 전안례(奠鴈禮)' 참조.

3　합근(合巹)의 예(禮): 소(疏)에서 말한다. "'희생을 같이하여 먹는다'는 것은 하나의 희생을 같이 먹고 희생을 달리하지 않는 것이다. '표주박 술잔[巹]을 합하여 술을 마신다'는 것은, 하나의 표주박을 갈라서 두 개의 표주박을 만든 것을 표주박 술잔이라고 하는데, 신랑과 신부가 각각 한 쪽을 잡고서 술을 마시는 것이다. '술을 마신다'는 것은 입을 가시는 것이다. 식사를 마치고 술을 마셔 그 기운을 개운하고 편안하게 하는 것이다['共牢而食'者, 同食一牲, 不異牲也. '合巹而酳'者, 以一瓠分爲兩瓠, 謂之巹. 壻與婦各執一片以酳. '酳', 演也. 謂食畢飮酒, 演安其氣也].”(『예기(禮記)』, 「혼의(昏義)」, 진호(陳澔) 주). 본문 '7. 합근례(合巹禮)' 참조.

예(禮)를 가지고 아무개〔사자(使者)〕를 보내어 납채의 예를 청합니다."
【정현이 말한다. "채택을 받아들이는 예(禮)를 말한다." ○ 주자가 말한다. "오늘날 풍속에서 말하는 '언정(言定: 말로 혼례를 정함)'을 뜻한다."】 답사는 다음과 같다. "아무개의 여식이 어리석은데다가 또 잘 가르치지 못했습니다. 신랑의 부친께서 명하시니 신부의 아버지인 아무개가 감히 사양하지 못하겠습니다."【여자 집안의 답사이다.】 신랑의 사자(使者)가 신부의 주인에게 명(命)을 바치면서 "감히 납채의 예를 올립니다."라고 말한다. ○ 주자의 『가례』에 따르면, 신랑의 집에서 묘(廟)에 고한 뒤에 사자(使者)를 보내면, 여자의 집에서는 혼서(昏書)를 받아 역시 묘에 고한다. ○ 내가 생각하건대, 옛날에는 납채의 예를 묘(廟)에서 행했는데, 주자는 그것을 사당(祠堂)에 고하는 것으로 바꾸었고, 고례에서는 사자가 구두로 주인의 명을 전달하였는데〔口傳〕, 주자는 그것을 서신〔書牘〕으로 바꾸었으니, 이는 모두 풍속을 따르고 인정에 부합하기 위함이었던 것이다. 이제 그것을 오늘날의 풍속에 맞게 고쳐〔檃括〕 다음과 같이 만들었다. "삼가 아름다운 명을 보내 주셔서 혼인의 우호를 허락하셨습니다. 아무개에게는 선인(先人)의 예가 있으니 삼가 경첩(庚帖)을 드려서 납채의 의례(儀禮)를 대신합니다."【경첩은 세상에서 사주단자(四柱單子)라고 하는 것으로 곧 신랑의 생ㆍ년ㆍ월ㆍ일을 기록한 것이다. 오늘날 세상에서는 태어난 시간까지 아울러 기록하고 있는데, 이것은 의미가 없다. 지금은 이에 준하여 년ㆍ월ㆍ일만 쓰는 것으로 한다.】 답서는 다음과 같다. "삼가 아름다운 명을 받드나이다. 경첩을 주시니 아무개가 감히 사양하지 못하고 삼가 공경히 받겠습니다. 삼가 생각하건대 살펴 주시기 바랍니다." ○ 고례에는 "신부를 주셨습니다〔貺室〕."나 "어리석습니다〔惷愚〕."와 같은 여러 문구가 있지만, 납채의 예는 반드시 혼인의 기일 이전에 행해야 하고 양쪽 집안의 변고(變故)는 예측할 수 없기 때문에 문구를 조금 바꾸어 세상의 인

정에 알맞게 하였다. ○ 또 생각하건대, 옛날에는 빈과 주인이 모두 현단복(玄端服)을 입었기 때문에 『가례』에도 역시 "빈과 주인은 모두 성복(盛服)한다〔賓主皆盛服〕."고 하였다. 지금 풍속에서는 사자(使者)를 대부분 지위가 낮은 사람을 시키고 있기에 역시 절하고 읍하는 의절이 없으니, 성복도 굳이 할 필요가 없다. ○ 반드시 묘(廟)에 고해야 할 경우, 고하는 말은 『가례』를 준수해야 한다. 【고하는 말은 다음과 같다. "아무개의 아들 아무개가 아무개의 여식을 아내로 맞이하게 되어 이번 달 납채의 예를 행하고자 합니다. 감히 고합니다."】 그러나 종자(宗子)의 장자(長子)가 아니라면 굳이 묘에 고할 필요는 없을 듯하다.

2　문명(問名)과 예빈(醴賓)

이날 이어서 문명(問名)의 예를 행하는데, 역시 임시방편을 써서 경첩으로 대신한다.

　옛날에 문명(問名)을 행했던 것은 돌아가 성씨(姓氏)로 길흉을 점치려고 했기 때문이다. 【정현의 주(注)에 보인다.[4]】 묻는 말은 다음과 같다. "아무개가 명을 받았으므로 점복(占卜)을 행하고자 합니다. 감히 따님이 무슨 성씨인지 묻습니다." 【사자(使者)가 묻는다.】 답하는 말은 다음과 같다. "그대가 명하시고 또 채택의 대상〔數〕에 넣어 주시니,[5] 아무개가 감히

4　정현의 주(注)에 보인다 : "문명이란 이름을 가지고 돌아가서 그것의 길흉을 점치는 것이다〔問名者, 將歸卜其吉凶〕."(『의례주소(儀禮注疏)』, 「사혼례(士昏禮)」, 정현(鄭玄) 주)
5　채택의 대상〔數〕에 넣어 주시니 : 수(數)는 신부가 될 만한 후보들의 범위를 말한다. 자신

사양하지 못하겠습니다."【여자의 집에서 답한다.】○『가례』에는 문명의
절차가 없다. ○ 내가 생각하건대, 우리나라의 풍속은 혼례를 여자의 집
에서 행하기 때문에 여자의 집에서 날짜를 선택한다. 지금은 친영(親迎)
을 하니, 마땅히 신랑의 집에서 날짜를 선택해야 한다. 그렇다면 신부의
경첩을 서로 보여 주지 않으면 안 될 것이니, 이것을 문명의 예에 해당
시킨다면 진실로 고례의 뜻에 부합할 것이다. 다만 옛날에는 납채(納采)
를 행할 때에 뒤이어 문명을 행하였다. 지금은 별도로 의절을 만들 수가
없고, 또 사자(使者)가 신분이 낮은 사람이므로 주인에게 말을 전달할
수도 없다. 이제 이에 준하여 별도로 단자(單子)를 만들어【작은 쪽지를
사용한다.】바치는데 다음과 같이 문구를 적는다. "이제 허락하시는 명을
받았습니다. 감히 신부의 생·년·월·일을 묻습니다〔今旣受命, 敢問女
年〕."【여덟 자만 쓴다.】납채를 행하고 나서 사자(使者)가 그 쪽지를 바치
면, 여자의 집안에서도 단자로 대답하는데【작은 쪽지를 사용한다.】다음
과 같이 문구를 적는다. "채택의 대상〔數〕에 넣어 주시는 명을 받았으
니, 아무개가 감히 사양하지 못하겠습니다〔備數有命, 某不敢辭〕."【여덟
자만 쓴다.】쪽지 끝에 신부의 생·년·월·일을 써서【신랑의 사례와 같게
한다.】사자(使者)에게 주면 거의 고례에 가까울 것이다. ○ 이어서 빈
(賓)에게 예주(醴酒)를 따라 주는 예를 행한다. ○ 옛날에 빈에게 예주를
따라 주는 예를 행할 때 쓰이던 물건은 예주 한 동이, 포 한 쪽, 식해뿐
이었다. 『가례』에서 말한다. "이어서 술과 안주로 사자(使者)를 대접한
다." ○ 옛날에는 빈에게 예주를 따라 주는 예를 행할 때 당을 오르내리

의 딸만 유일하게 채택하였다고 하지 않고 신부가 될 수 있는 여러 후보 중 한 사람으로
택해 주었다는 겸사의 뜻으로 말하는 방식이다(호배휘(胡培翬), 『의례정의(儀禮正義)』
1, 215쪽 참조).

며 고수레하고 맛보는 절차가 있었다. 신부의 아버지가 하는 말은 다음과 같다. "그대가 혼사(昏事) 때문에 아무개의 묘실(廟室)에 오셨으니, 아무개가 선인(先人)의 예를 가지고 예주를 올리고자 합니다." 종자(從者)[6]의 대답은 다음과 같다. "아무개가 맡은 일을 완수했습니다. 감히 사양하겠습니다." "선인의 예이니 감히 재차 청합니다."【주인이 청한다.】 "아무개가 사양한 것이 허락을 받지 못했으니 감히 따르지 않겠습니까?" ○ 경첩을 가지고 온 사람에게는 반드시 동전(銅錢)을 주어야 한다고 하는데, 이것은 예(禮)가 아니다. 그러나 물정(物情)을 어길 수는 없으니 포백(布帛)으로 대신해야 한다. 이때 2~3척(尺)이나 8~9척 정도를 주는 것이 괜찮을 것이다. 만약 예(禮)를 아는 집이라면, 원래 자제(子弟)나 족인(族人)을 사자(使者)로 삼을 것이니, 그렇다면 이러한 폐단은 없게 될 것이다.

3 납길(納吉)

며칠 뒤에 납길(納吉)의 예(禮)를 행한다.

고례의 납길(納吉) 때에는 납채(納采)의 예를 행할 때처럼 기러기를 사용하였다. 고하는 말은 다음과 같다. "그대께서 명(命: 신부의 성씨)[7]

---

6 종자(從者): "종자(從者)라고 말한 것은 겸양하여 감히 직접 가리켜 말하지 않으려는 것이다〔從者, 謙不敢斥也〕."(『의례주소(儀禮注疏)』, 「사혼례(士昏禮)」, 정현(鄭玄) 주). 감히 사자(使者)를 직접 가리키지 않고 그 종자(從者)를 에둘러 지칭했다는 뜻이다.

7 명(命: 신부의 성씨): "황(貺)은 준다는 뜻이다. 명(命)을 준다는 것은 딸의 이름을 알려주는 것을 허락했다는 뜻이다〔貺, 賜也. 賜命, 謂許以女名也〕."(『의례주소(儀禮注疏)』,

을 주셔서 아무개〔신랑의 아버지〕**8**가 점복(占卜)을 하였는데 점에서 '길하다'고 나왔습니다. 아무개〔사자(使者)〕를 시켜 감히 고합니다." 답사는 다음과 같다. "아무개의 여식이 가르침을 잘 받지 못하여 감당하지 못할까 두렵습니다. 그대가 길한 점괘를 가지고 계시니 저도 더불어 그 길함 속에 있으므로〔我與在〕**9** 아무개가 감히 사양하지 못하겠습니다."
○『가례』에는 납길이 없다. ○ 내가 생각하건대, 옛 사람들은 점을 쳐서〔卜筮〕하늘의 밝음〔天明〕을 잇는 것을 중시하였는데, 지금은 거기에 구애될 것이 없다. 지금은 이에 준하여 납길의 말을【역시 서신을 보낸다.】다음과 같이 한다. "삼가 아름다운 성씨를 주시어 받게 하시니 종족과 상의하여 이것으로 점복을 대신하였습니다. 그런데 모두 '길하다'고 합니다. 감히 고합니다." 답서는 다음과 같다. "삼가 거듭 명을 보내주셔서 '길하다'고 하시니, 아무개가 감히 사양하지 못하겠습니다."
○ 오늘날의 풍속에서는 신랑 집에서 먼저 의복의 치수〔尺度〕를 여자의 집에 보내고 '의양(衣樣)'**10**이라고 하는데, 납길을 하러 갈 때 가지고 가야 한다.

「사혼례(士昏禮)」, 정현(鄭玄) 주)

8 아무개〔신랑의 아버지〕: "모(某)는 신랑 아버지의 이름이다〔某, 壻父名〕."(『의례주소(儀禮注疏)』, 「사혼례(士昏禮)」, 정현(鄭玄) 주)

9 저도 더불어 그 길함 속에 있으므로〔我與在〕: 가공언(賈公彦)의 소(疏)에 이렇게 쓰여 있다. "부부(夫婦) 사이는 일체(一體)이므로 남편이 길함을 얻으면 아내도 길하다는 것을 알 수 있다. 그러므로 나도 함께 그 길함 속에 있다고 말한 것이다〔以其夫婦一體, 夫旣得吉, 婦吉可知, 故云我兼在占吉中也〕."

10 의양(衣樣): 의양은 신랑이 입을 옷을 신부 집에서 만들 때 참고하기 위하여 길이 · 품 · 섶 · 진동 · 소매길이 등의 치수를 적어서 신랑 집에서 신부 집으로 보내는 문서를 말한다. 어떠한 물품이나 사실을 상세히 적은 문서를 단자(單子)라고 하듯 의양도 의양단자(衣樣單子)라고도 한다.

며칠 뒤에 청기(請期)의 예(禮)를 행한다.

　고례에서는 청기(請期)의 예를 행할 때에 기러기를 사용하였다. '청기'란 신랑 집에서 여자 집에 혼인 날짜를 청하는 것이다. 여자 집에서 사양하면 신랑 집에서 이어 길한 날짜를 고한다. 그 예(禮)는 납징(納徵) 뒤에 있다. 그러나 지금은 우선 풍속을 따라 청기를 먼저 하고 납징을 뒤에 한다. ○『가례』에는 청기의 절차가 없다. 양신재(楊信齋, 楊復, 1164~1234)가 말한다. "혼례에는 육례(六禮)가 있는데,『가례』에서는 문명(問名)과 납길(納吉)을 생략하고 납채(納采)와 납폐(納幣)만을 사용하여 간편함을 추구하였다. 그러나 친영(親迎) 이전에 다시 청기(請期)라는 하나의 절차를 두는 것은 생략해서는 안 된다." ○ 옛날 청기를 행할 때의 말은 다음과 같다. "그대께서 명을 주셨으니 아무개가 이미 거듭 명을 받았습니다. 삼족(三族) 가운데 예기치 못한 일이 있음을 살펴서 사자(使者) 아무개로 하여금 길일(吉日)을 정하시길 청합니다."【정현이 말한다. "삼족은 아버지의 형제, 자신의 형제, 아들의 형제를 가리킨다. 이 삼족에 대해서는 자신 및 아들이 모두 기년(期年)의 복을 한다."[11] ○『가례』에서 말한다.

---

11 삼족은 아버지의 …… 복을 한다 : "삼족(三族)은 아버지의 형제, 자신의 형제, 아들의 형제를 가리킨다. 우(虞)는 예상한다는 뜻이다. 예상하지 못한 일이라는 것은 갑작스럽게 상사(喪事)가 발생한 것을 말한다. 삼족(三族)에 대해서는 자신과 아들이 모두 기년(期年)의 복(服)을 하는데, 1년의 복을 하여 해를 넘겼으므로 지금의 길사(吉事)를 행하고 싶다는 뜻이다. 『예기(禮記)』, 「잡기(雜記)」에서 '대공복(大功服)이 끝나갈 무렵에는 자식에게 관례(冠禮)를 시키고 딸을 시집보낼 수 있다.'고 하였다〔三族, 謂父昆弟・己昆弟・子昆弟. 虞, 度也. 不億度, 謂卒有死喪. 此三族者, 己及子皆爲服期, 期服則踰年, 欲及今之吉

"당사자와 혼례를 주관하는 사람에게 기년 이상의 상(喪)이 없어야 혼인할 수 있다.】 대답은 다음과 같다. "아무개가 이미 앞서 명을 받았으니 이번에도 명을 따르겠습니다." 사자(使者)의 말은 다음과 같다. "아무개께서 아무개에게 명하시어 그대에게 명을 들으라고 하셨습니다." 대답은 다음과 같다. "아무개는 진실로 명을 따르겠습니다." 사자의 말은 다음과 같다. "아무개께서는 아무개로 하여금 명을 받으라고 하셨습니다. 그대께서 허락하지 않으시니 아무개가 감히 혼인 날짜를 아뢰지 않을 수 있겠습니까? '아무날입니다.'" 대답은 다음과 같다. "아무개가 감히 공경히 기다리지 않겠습니까?" ○ 지금은 이에 준하여 곧바로 신랑 집에서 서신을 보내는데 다음과 같이 쓴다. "그대께서〔吾兄〕 혼인을 허락하는 명을 내려 주시고 거듭 명을 받았습니다. 감히 길일(吉日)을 청합니다. 그런데 만일 허락을 받지 못한다면 감히 혼인 날짜를 고하지 않을 수 있겠습니까? 삼가 생각하건대 살펴주시기 바랍니다." 서신 말미에 모년(某年) 모월(某月) 모일(某日)이라고 쓴다.【혹 풍속의 사례와 같이 별도로 종이 1장을 사용하는 것도 괜찮다.】답신은 다음과 같다. "아무개가 앞서 명을 받았으니 이번에도 명을 따르겠습니다. 지금 또 길일을 말씀해 주시니 감히 공경히 기다리지 않겠습니까?"

5 　납징(納徵)

기일 하루 전 납징(納徵)의 예(禮)를 행한다.

....

也.『雜記』曰:'大功之末, 可以冠子, 嫁子.'】."(『의례주소(儀禮注疏)』,「사혼례(士昏禮)」, 정현(鄭玄) 주)

고례에 납징의 예를 행할 때에는 현색(玄色: 검은색)과 훈색(纁色: 옅은 붉은색)¹² 비단 한 묶음〔束帛〕과 사슴가죽 2장〔儷皮〕을 사용하였다. 【정현이 말한다. "징(徵)은 이룬다〔成〕는 뜻이다. 사자(使者)를 보내 폐백을 바침으로써 혼례를 이루는 것이다. 검은색과 옅은 붉은색을 사용하는 것은 음(陰)과 양(陽)이 갖추어졌음을 상징한 것이다. 속백(束帛)은 10단(端)이다."】 『주례(周禮)』, 「지관(地官)」, '매씨(妹氏)'에서 말한다. "딸을 시집보내거나 며느리를 맞이할 때는 순백의 폐백을 보내는데, 5량(兩)을 넘지 않는다." 【가공언이 말한다. "『예기(禮記)』, 「잡기(雜記)」에서 '납폐에 보내는 비단은 1속(束)이다. 1속은 5량(兩)이고, 1량은 5심(尋)이다.'고 하였는데, 그렇다면 단(端)마다 2장(丈)씩이다."】 ○ 주자가 말한다. "폐백은 채색비단을 사용하되 빈부(貧富)에 따라 알맞게 하는데, 적어도 2량 아래로는 내려가지 않고 많아도 10량을 넘지 않도록 한다." ○ 성호(星湖)가 말한다. "『의례(儀禮)』, 「사혼례(士昏禮)」에서 '사슴가죽 2장과 속백은 반드시 옷을 만들 수 있는 것이어야 한다.'¹³고 하였는데, 속백은 40척(尺)을 1필(匹)로 삼으니, 대략 오늘날의 20척에 준한다. 면포(棉布) 2필(疋)을 사용해야 하는데, 1필은 검은색으로 1필은 옅은 붉은색으로 한다."¹⁴【채색 보자기로 싸서 작은 옷

---

12 현색(玄色: 검은색)과 훈색(纁色: 옅은 붉은색): 『이아(爾雅)』, 「석기(釋器)」에는 적색(赤色)을 물들이는 방법에 대해서 "1번 물들인 것은 '전(縓: 분홍색)'이라 하고, 2번 물들인 것은 '정(赬: 옅은 적색)'이라 하고, 3번 물들인 것은 '훈(纁: 옅은 붉은색)'이라고 한다〔一染謂之縓, 再染謂之赬, 三染謂之纁〕."고 하였고, 『주례(周禮)』, 「고공기(考工記)」, '종씨(鍾氏)'에서는 흑색을 물들이는 방법에 대해서 "3번 물들이면 '훈(纁)'이 되고, 5번 물들이면 '추(緅: 검붉은색)'가 되고, 7번 물들이면 '치(緇: 검은색)'가 된다."고 하였는데, 정현(鄭玄)은 6번 물들인 흑색이 현색(玄色)이라고 하였다.

13 사슴가죽 2장과 …… 것이어야 한다: "皮帛必可制."(『의례(儀禮)』, 「사혼례(士昏禮)」, 정현(鄭玄) 주)

14 『의례(儀禮)』, 「사혼례(士昏禮)」에서 …… 옅은 붉은색으로 한다: 『성호선생전집(星湖先生全集)』 권48, 잡저(雜著), 『취부의(娶婦儀)』.

칠 상자에 담는데, 이 상자 역시 채색 보자기로 싼다.〕○ 내가 생각하건대, 속백은 5필(匹)을 말한다. 옛날에는 필(匹)을 량(兩)이라고 했는데, 이는 비단 1필은 실제로 2개의 끝〔兩端〕이 있기 때문이다. 그러므로 10개의 끝〔十端〕은 5량(兩)이 된다. 5량 가운데 검은색이 3개이고 붉은색이 2개인데,〔『예기(禮記)』,「잡기(雜記)」의 주(注)에 보인다.¹⁵〕하늘에서 셋을 취하고 땅에서 둘을 취한 것이다. 오늘날의 면포(棉布)는 비단〔繒帛〕보다 못하지 않으니, 가난한 선비의 집에서는 단연코 면포를 사용해야 한다. 다만 2필의 포(布)라도 가난한 선비는 여전히 그것을 걱정한다. 주자는 "적어도 2량 아래로는 내려가지 않고 많아도 10량을 넘지 않도록 한다." 고 하였으니, 이것은 1량의 면포를 검은색과 붉은색으로 나누어 사용해도 된다는 것을 허용한 것이다. 게다가 우리나라의 포(布) 1필은 옛날의 비단〔帛〕 2필에 해당하는 것인데 어떻겠는가? 매우 가난한 집은 1필의 포를 2량으로 나누어야 하는데, 20척은 담청색으로 만들고 20척은 담홍색으로 만들어도 여전히 예를 행할 수 있을 것이다. 경제력이 있어도 예를 지나치게 행해서는 안 되고, 가난하면 예문(禮文)대로 갖출 필요가 없는 것이 옛 도(道)이다.¹⁶ 근래 회현방(會賢坊) 정씨(鄭氏)의 집¹⁷에서

---

15 『예기(禮記)』,「잡기(雜記)」의 주(注)에 보인다 : "노(魯)나라 사람들이 사자(死者)에게 증여하는 것〔贈〕으로 검은색 비단 3필과 붉은색 비단 2필을 사용하는데, 그 폭이 1척이고 길이는 1폭을 다한 정도(2척 4촌)였다〔魯人之贈也, 三玄二纁, 廣尺, 長終幅〕."(『예기(禮記)』,「잡기(雜記)」) 이 말은 주(注)가 아니라 경문(經文)에 보인다.

16 경제력이 있어도 …… 옛 도(道)이다 : "자유(子游)가 상구(喪具)에 대해서 묻자, 공자(孔子)가 '집안의 경제력에 따른다.'라고 하였다. 자유가 '경제력이 있는 것과 없는 것을 어떻게 가지런하게 합니까?'라고 묻자 공자가 말했다. '경제력이 있어도 예를 지나치게 행해서는 안 된다. 경제력이 정말 없다면 옷과 이불로 염을 하여 형체가 드러나지 않도록 하고, 곧바로 장사를 지내며, 손수 관을 묶어 하관을 하더라도 어찌 그것을 비난하는 사람이 있겠는가?'〔子游問喪具, 夫子曰 : '稱家之有亡.' 子游曰 : '有亡惡乎齊?' 夫子曰 : '有毋過禮. 苟亡矣, 斂首足形, 還葬, 縣棺而封, 人豈有非之者哉?'〕."(『예기(禮記)』,「단궁(檀弓)」)

는 집안 대대로 사슴가죽 2령(領)을 사용하고 있다. 비록 부귀한 집안이라 할지라도 단지 이것만 사용하여 폐백으로 삼고 감히 비단을 사용하지 않으니, 이 또한 아름다운 법이다.

　고례의 납징(納徵)할 때의 말은 다음과 같다. "그대께서 아름다운 명(命)을 가지고 아무개에게 신부를 주셨습니다. 아무개가 선인(先人)의 예법에 따라 사슴가죽 2장과 속백을 가지고 아무개로 하여금 납징의 예를 청하게 하였습니다." 사자(使者)가 명을 전하는 말은 다음과 같다. "아무개가 감히 납징의 예를 드립니다." 주인의 대답은 다음과 같다. "그대께서 선인의 법도에 따라 아무개에게 중한 예를 주셨으니 아무개가 감히 사양하지 못하겠습니다. 감히 명을 받들지 않겠습니까?" ○ 지금 이에 준하여 서신을 보내는데 다음과 같다. "삼가 아름다운 명을 받드니 영녀(令女)를 【누나·누이·조카딸 등 상황에 맞게 호칭한다.】 아무개의 아들 아무개에게 아내로 주신다고 허락하셨습니다. 아무개에게는 선인의 예(禮)가 있어 검은색과 붉은색 비단 2필로 사람을 보내 납징합니다. 삼가 생각하건대 살펴봐 주시기 바랍니다." 답서는 다음과 같다. "삼가 아름다운 은혜를 입어 선인의 예법에 따라 중한 예물을 보내 주셨습니다. 여식이 어리석고 또 잘 가르치지도 못하였는데, 그대께서 명하시니 아무개가 감히 사양하지 못하겠습니다. 감히 명을 받들지 않겠습니까?" 성호가 말한다. "『가례』에서는 '폐(幣)'라고 말하였지 '징(徵)'이라고 말하지

---

17 근래 회현방(會賢坊) 정씨(鄭氏)의 집 : 회현방은 지금의 서울 중구 회현동 일대이다. 방(坊)은 한성(漢城) 5부(府)를 나눈 행정구역 이름으로 조선 초기에는 49방이었으나 후기에는 54방으로 늘렸다. 여기에서의 정씨(鄭氏)는 이곳에서 대대로 살고 있는 정광필(鄭光弼, 1462~1538)의 자손을 말하는 듯하나 자세하지 않다(이상아, 2009, 「다산 정약용의 『가례작의』 역주」, 255쪽 재인용).

않았다. 살펴보건대, 옛날에는 납채 때 기러기를 사용하였고, 납징 때 폐백을 사용하였다. 폐백을 가지고 가는 것은 정성과 공경을 인도하려는 것일 뿐이다. 사자는 납징을 하기 위해 폐백을 가지고 가는 것이지 납폐를 위해 가는 것이 아니다. '징(徵)'은 이룬다[成]는 뜻이니, 폐백을 바쳐 혼례를 이룬다는 의미이다. 단지 '납폐'라고만 하면, 그때 가지고 가는 물건은 과연 무엇인가?[18] 그러므로 폐(幣)를 징(徵)으로 고친 것이니 고례를 따른 것이다."[19]

6 전안례(奠雁禮)

기일이 되면 여자 집에서는 정당(正堂)에 자리[筵]를 진설하여【곧 내당(內堂)을 말한다.】전안(奠鴈)의 예(禮)를 대비하고, 문 밖에 임시처소[次]를 설치하여【중문(中門) 밖을 말한다.】신랑이 말에서 내릴 때[下馬]를 대비한다.

고례에는 여자 집에서 묘(廟) 안에 궤연(几筵: 안석과 자리)을 설치하여 신(神)의 자리를 만들었다.【가공언의 소에서 말한다. "장차 신(神)에게 고할 것이기 때문에 신부의 아버지는 먼저 묘(廟)에 신의 자리를 설치하고 이어 신랑을 맞이한다."】『가례』에서는 여자 집에서 먼저 사당(祠堂)에 고하는데,

---

18 가지고 가는 물건은 과연 무엇인가 : 정약용은 『가례』의 의혼(議婚)·납채(納采)·납폐(納幣)·친영(親迎) 단계 가운데 특히 '납폐'를 '납징'으로 바꾸었는데, 이는 고례에 따른 것인 동시에 성호의 의견을 차용한 것이다.
19 『가례』에서는 '폐(幣)'라고 …… 따른 것이다 : 『성호선생전집(星湖先生全集)』 권48, 잡저(雜著), 『혼서식(昏書式)』.

지금은 모두 생략한다. ○『가례』에서는 신랑 집에서 그 아들에게 초례(醮禮)하고 명하고, 여자 집에서도 그 딸에게 초례하고 명한다.【신부의 자리를 진설하여 신랑의 초례처럼 신부에게 술로 초례한다.】 그러나 옛날에는 딸에게 예례(醴禮)를 행하였을 뿐 초례를 하지는 않았으니, 이것은 아마 베껴 쓸 때〔傳寫〕 잘못된 것 같다.

7   합근례(合졸禮)

신랑 집에서는 정당(正堂) 옆에 행사에 필요한 물품을 진설하여 공뢰(共牢)와 합근(合졸)의 예(禮)를 대비한다.

공뢰(共牢)에 사용하는 음식은 다음과 같다. 그 음식은 특돈(特豚) 삼정(三鼎)을 사용하는데, 그 내용물은 돼지고기〔豚〕 1조(俎),[20] 물고기〔魚〕 1조, 말린 토끼고기〔腊〕 1조,[21]【성호가 말한다. "닭〔雞〕으로 대신한다." ○ 부부(夫婦)가 각각 3개의 조(俎)를 받는다.】 고기를 끓인 국물〔大羹〕 등(鐙) 2개,【곧 육수〔肉汁〕를 말한다. ○ 부부가 각각 1개의 등(鐙)을 받는다.】 서(黍:

---

20 조(俎) : 희생(犧牲) 고기를 담는 도구이다.
21 그 내용물은······ 말린 토끼고기〔腊〕 1조 : "아내를 얻는 날, 초저녁에 침문(寢門) 밖 동쪽에 3개의 솥〔鼎〕을 진열하는데 북쪽을 향하게 하고 북쪽을 윗자리로 한다. 돼지 한 마리〔特豚〕를 담는데 좌우 양쪽으로 가른 것을 합해서 올리고 발톱은 제거한다. 거폐(擧肺: 중앙 부위를 조금 남기고 자른 허파)와 등뼈 두 조각과 제폐(祭肺: 중앙 부위를 완전하게 끊어서 자른 허파) 두 조각을 가장 북쪽의 정에 담고, 물고기〔魚〕 14마리를 그 다음 정에 담고, 석(腊: 말린 토끼고기) 1마리 전체를 그 다음 정에 담는데 넓적다리는 올리지 않는다. 모두 익힌다. 빗장〔扃〕을 솥의 귀에 꿰어 걸고 멱(鼏: 솥 덮개보)으로 덮는다〔期, 初昏, 陳三鼎于寢門外東方, 北面, 北上. 其實, 特豚, 合升, 去蹄. 擧肺脊二, 祭肺二, 魚十有四, 腊一肫. 髀不升. 皆飪. 設扃鼏〕."(『의례(儀禮)』, 「사혼례(士昏禮)」)

찰기장)와 직(稷: 메기장) 돈(敦) 4개,【부부가 각각 2개의 궤(簋)를 받는다.】
채소절임〔菹〕과 식해〔醢〕두(豆) 4개,【부부가 각각 2개의 두(豆)를 받는다.】
혜장(醯醬) 두 2개이고,【부부가 각각 1개의 두(豆)를 받는데, 혜장은 식초를 넣
어 조미한 장을 말한다.】또 청주(淸酒) 한 동이〔罇〕, 근배(졸杯: 표주박을
반으로 잘라 만든 술잔) 반쪽²²을 진설하는데, 모두 정당(正堂) 옆에 둔다.
【고례에는 방 안에서 음식을 준비하였는데, 지금은 편리함을 따른다.】 오직 현주
(玄酒) 한 동이〔樽〕만은【곧 명수(明水)를 말한다.】 당(堂)의 북쪽 담 아래
에 놓는다.【건(巾)으로 덮어 둔다.】 ○ 생각하건대, 서(黍)와 직(稷) 돈(敦)
4개는 풍속에 맞지 않는 듯하다. 이제 여기에 준하여 밥 하나와 떡 하나
로 돈(敦) 2개를 충당하면 고금(古今)을 참작하여 마땅함을 얻었다고 할
수 있겠다.【성호가 말한다. "지금은 떡〔米〕이나 면〔麵〕으로 찰기장과 메기장을
대신한다."】 ○ 또 생각하건대, 옛날에는 부부의 음식을 각각 하나씩 준비
하여 새끼돼지의 오른편 반쪽〔右胖〕은 신랑의 조(俎)에 올리고, 왼편 반
쪽〔左胖〕은 신부의 조에 올렸다. 이를 미루어보면 물고기와 닭 역시 쪼
개어 반으로 나누어 각각 반쪽을 사용해야 할 것이다. 그 예법이 이와
같은데도 우리나라의 풍속은 부부가 상〔桌〕을 함께 사용해야 동뢰(同牢)
라고 부르니 크게 예에서 어긋난 것이다. ○ 성호가 말한다. "지금 사람
들은 반드시 방 가운데 상을 하나 진설하여 동뢰의 의미에 해당시키려
고 한다. 그러나 부부는 한 몸이니〔齊體〕, 남편이 상생(上牲)을 사용한
다면 아내 또한 그와 같이 하는 것이 바로 그 생뢰(牲牢)를 같이하는 것
이다. 어찌 남녀가 상을 같이하여 함께 먹는 이치가 있겠는가?『예기』,
「사혼례」및『가례』에 근거해 보면, 모두 동쪽과 서쪽에 각각 진설하였

---

22 반쪽: 성세좌(盛世佐)는 "'반(胖)'은 '판(判)'과 통하는데, 반쪽이라는 뜻이다〔胖與判通,
　　半也〕."라고 하였다(호배휘(胡培翬),『의례정의(儀禮正義)』, 1410쪽).

으니 어겨서는 안 될 것이다." ○ 고례에는 먼저 방 안에서 음식을 준비해 두었다가 부부가 좌정(坐定)하면 실(室) 안으로 음식을 옮겼으며, 『가례』에서는 곧바로 실 안에서 음식을 준비하였다. 지금 먼저 당 옆에 음식을 준비해 두는 것은 고례를 따르기 위함이다. 【방(房)은 방실(旁室)을 말한다.】

당(堂) 안에 2개의 자리[席]를 진설한다. ○ 사마온공(司馬溫公)이 말한다. "옛날 동뢰(同牢)의 예(禮)는 신랑은 서쪽에 있으면서 동면(東面)하고 신부는 동쪽에 있으면서 서면(西面)하였다."【가공언의 소(疏)에서 말한 것이다.】 이것은 옛날 사람들은 오른쪽을 숭상하였기 때문에 신랑이 서쪽에 있었던 것이니 신랑을 높인 것이다. 지금 사람들은 왼쪽을 숭상하니 풍속을 따른다. ○ 성호가 말한다. "고례와 『가례』 두 가지 모두 의미가 있다. 그러나 오늘날 인가(人家)의 당(堂)과 실(室)은 동일한 제도가 아니니 편의에 따라 행한다."

8 　초자(醮子) 및 친영(親迎)

포시(晡時, 申時: 오후 3~5시)가 되면, 신랑의 아버지는 정당(正堂)에서 아들에게 초례(醮禮)를 행한다. 초례가 끝나면 신랑은 의복을 갖추고 말을 타서 친영(親迎)의 예(禮)를 행한다.

고례에서는 아들에게 초례(醮禮)를 행할 때 다음과 같이 말한다. 【아버지가 명한다.】 "가서 너를 도울 사람을 맞이하여 우리 종묘(宗廟)의 일을 계승하도록 하라. 【주자가 말한다. "종자(宗子)가 아니면 '종사(宗事)'를 '가사

(家事)'로 바꾼다."】 공경한 마음으로 아내의 도리를 힘써 따르고, 【'솔(帥)'
은 따른다는 뜻이다.】 선비(先妣)가 계승한 것에 대해 너의 행실에는 일정
함이 있어야 한다."【'선비(先妣)'란 돌아가신 시어머니나 시할머니를 통틀어 가
리킨 것이다.】 아들은 다음과 같이 말한다. "예. 오직 감당하지 못할까 두
려울 뿐, 감히 명을 잊지 않겠습니다." ○ 생각하건대, 아들에게 초례를
행하는 의절(儀節)은 경문(經文)에 실려 있지 않다. 주자의『가례』에서
는 술을 맛보는 것〔啐酒〕만을 예(禮)로 삼았지만, 술이 있으면 포와 식
해가 없을 수 없다. 이제 이에 준하여 아들에게 초례하는 예는 모두 관
례의 초례를 따른다. 【글이 앞에 보인다.】 고칠 만한 것이 없다. ○ 고례에
는 초혼(初昏: 오후 7~9시)에 행하였지만 오늘날은 포시(晡時: 오후 3~5
시)에 행하는데, 일을 치르는 데 어려움이 있을까 염려해서이다.

신랑이 말을 타면 횃불을 든 두 사람이 앞에 서는데, 종자(從者)는 모
두 현복(玄服)을 입는다. ○ 신부는 의복을 갖추고 방 안에 서서 남면(南
面)한다. 보모(保姆: 신부를 어렸을 때부터 교육했던 사람)는 신부의 오른
쪽에 서고, 신부의 잉첩(媵妾: 혼인할 때 따라가는 사람) 두 사람은 신부의
뒤에 선다. ○ 고례에서 신랑의 복장은 작변(爵弁)[23]을 쓰고 검은색 비단
으로 가선을 댄〔緇袘〕 붉은색 하상〔纁裳〕을 입는다. 【정현이 말한다. "'이
(袘)'는 가선이다."】 신부의 복장은 피차(髲次)를 하고 【머리장식을 말한다.】
붉은색 가선을 두른〔纁袡〕 준의(純衣: 비단으로 만든 검은색 상의)[24]를 입
는다. 【정현이 말한다. "'염(袡)'은 가선이다."】 '치이(緇袘)'란 하늘이 검은 것

---

23 작변(爵弁): 면(冕)의 다음 등급에 해당하는 관(冠)이다. 사(士)가 혼례에서 친영(親迎)할
때에는 작변에 치의(緇衣)와 훈상(纁裳)을 갖춰 입는다.
24 준의(純衣: 비단으로 만든 검은색 상의): 사(士)의 혼례에서 신부가 입는 상의를 말한다.

을 형상한 것이고, '훈염(纁袡)'은 땅이 누런 것을 형상한 것이다. 우리나라 풍속은, 신랑의 복장은 사모(紗帽)를 쓰고 붉은색 도포〔緋袍〕를 입고 서대(犀帶)를 하며,【1품의 복장이다.】 신부의 복장은 화관(花冠)을 쓰고【방언(方言)에서는 '족두리(簇頭里)'라고 한다.】 하피(霞帔)를 입고【방언에서는 '원삼(圓衫)'이라고 한다.】 대대(大帶)를 하는데,【붉은색 하상을 입는다.】 지금은 풍속을 따른다. 그러나 가난한 선비의 집에서 어떻게 그렇게 다 할 수 있겠는가? 좁은 소매의 긴 옷으로〔夾袖長衣〕【방언에서는 '당의(唐衣)'라고 한다.】 하피를 대신해야 할 것이다.

신부가 의복을 갖추면 아버지는 딸에게 예주(醴酒)를 따라 주는 예(禮)를 행한다. ○ 이것이 바로 『가례』에서 말한 "딸에게 초례(醮禮)하고 명한다."는 것이다. 아버지는 당(堂)의 북쪽에서 예주를 따라 주고 어머니는 포와 식혜를 준다.【가공언의 소(疏)에 보인다.】 딸은 절하고 그것을 받아 고수레하고 맛보는데, 모두 관례와 같게 한다.【글이 위에 보인다.】 ○ 생각하건대, 우리나라 사람들은 그것을 공뢰(共牢)로 오인(誤認)하여 '초례(醮禮)'라고 부르는데, 매우 잘못된 것이다.

신랑이 대문에 도착하면 여자 집의 주인은 길복(吉服)을 입고 중문(中門) 밖에서 맞이한다.【고례에서는 현단복(玄端服)을 입고 대문 밖에서 맞이하였다.】 ○ 신랑이 말에서 내리면 주인은 서면(西面)하고 절을 한다. 빈(賓)은 동면(東面)하고 답배(答拜)한다. 주인이 읍(揖)을 하고 중문으로 들어가면 찬자(贊者)가 빈(賓)에게 기러기를 준다. ○ 빈(賓)이 기러기를 들고 주인을 따라 들어가 정당(正堂) 아래에 이른다. 주인이 읍을 하면 빈이 계단을 올라간다. 빈은 서쪽 계단으로 올라가 중당(中堂)에 이르러 북면하고 기러기를 내려놓은 다음 2번 절하고 머리를 땅에 댄다. 그리고 중당을 내려와 나간다. ○ 신부는 신랑을 따라 서쪽 계단으로 내려온다. 【주인은 계단을 내려가 전송하지 않는다.】 ○ 신랑이 가마 앞에 이르면 발[簾]을 들어 올리는 것으로 수레의 끈[綏]을 건네주는 예(禮)를 대신한다. 【고례에서는 신랑이 신부의 수레를 몰고 와서 수레의 끈을 건네주었고, 『가례』에서는 신랑이 가마의 발을 들어 올리고 기다렸다.[25] ○ 우리나라 사람들은 수레를 사용하지 않으니, 고례를 따를 수 없다.】

신랑이 나가면 딸은 당(堂)의 서쪽에 동향하고 선다. 아버지는 당 위에 앉아 명한다. 【『곡량전(穀梁傳)』에서 말한다. "딸을 보낼 때 아버지는 당을 내려가지 않고 어머니는 제문(祭門: 묘문廟門을 말함)을 나가지 않는다."】 어머니는 서쪽 계단에 이르러 딸을 보낸다. ○ 고례에서 아버지가 딸을 보내면서 다음과 같이 명한다. "경계하고 공경하여 새벽부터 밤늦게까지 시부모의 가르침과 명을 어기지 말거라." 【가공언의 소에서 말한다. "시아버지의 명을 어기지 말거라."】 어머니는 서쪽 계단 위에서 【「사혼례(士昏禮)」, '기(記)'에서 말한다. "어머니는 서쪽 계단 위에서 딸에게 경계시키고 딸을 전송하러 계단을 내려가지 않는다."】 띠[衿][26]를 둘러 주고 차고 다니는 수건[帨]을 매 주면서 다음과 같이 말한다. "근면하고 공경하여 새벽부터 밤늦게까지

---

25 고례에서는 신랑이 …… 기다렸다 : 『의례』, 「사혼례」에서는 "신랑이 신부의 수레를 몰고 와서 수레의 끈을 건네 주면, 보모는 사양을 하고 받지 않는다[壻御婦車, 授綏, 姆辭不受]."고 하였고, 『가례』, 「혼례」에서는 "신랑이 가마의 발을 들어 올리고 기다리고 있으면, 보모는 '아직 가르침을 다 받지 못하여 더불어 예를 행하기에 부족합니다.'[婿擧轎簾以俟, 姆辭曰: '未敎, 不足與爲禮也.']."라고 하였다.

26 띠[衿] : '금(衿)'에 대해서는 주(注)・소(疏) 모두 명문(明文)이 없다. 호배휘(胡培翬)는 『한서(漢書)』 응소(應劭)의 주(注)를 근거로 '금(衿)'을 '대(帶)'로 본다. 띠[帶]를 둘러 주고 그 띠에 차고 다니는 수건을 매 주는 것으로 보는 것이 경문의 뜻에 가깝다고 주장한다(『의례정의(儀禮正義)』, 221쪽).

부녀자[27]의 일을 어기지 말거라."【가공언의 소에서 말한다. "시어머니의 명을 어기지 말거라."】 서모(庶母: 아버지의 첩)는 제문(祭門) 안까지만 나와서 주머니[鞶]를 매 주고, 부모의 가르침과 명령을 거듭 당부하여 다음과 같이 말한다. "공경스럽게 네 부모의 말씀을 따르고 존중하여 밤낮으로 허물을 짓지 말거라. 띠[衿]와 주머니[鞶]로써 그것을 너에게 보인다."【『가례』에서는 서모(庶母)의 명을 제모(諸母) 및 고모와 언니의 명으로 바꾸었다. 지금은 『가례』를 따라야 한다.】 ○ 또 생각하건대, 『가례』에는 신랑이 문에 도착하여 임시처소[次]에서 기다리고 있으면, 이때 주인이 묘(廟)에 고하고 딸에게 초례를 행하고 명하는데, 시간이 너무 지체되는 듯하다. 『맹자(孟子)』와 『곡량전(穀梁傳)』에는 모두 딸을 보내는 글이 있는데, 이 글들을 자세히 음미하면, 딸에게 명하는 말은 가마에 오를 때에 하고, 초례(醮禮)나 예례(醴禮)는 반드시 신랑이 도착하기 이전에 행해야 한다는 것을 알 수 있다. ○ 신랑은 말을 타고 먼저 돌아가 대문 밖에서 기다리고 있다가 신부가 도착하면 신랑이 먼저 들어간다. 중문에 이르러 신부가 가마에서 내리면 신랑은 읍을 하고 들어가 신부에게 길을 인도하여 서쪽 계단으로 올라간다.

9 공뢰(共牢)

신랑과 신부가 당(堂)에 오르면 바로 공뢰(共牢)의 예(禮)를 행한다.

---

27 부녀자: 경문의 '궁(宮)'에 대해 가공언(賈公彦)은 『주례(周禮)』, 「내재직(內宰職)」에서 "왕후가 육궁을 가르친다[后敎六宮]."라고 한 것을 근거로 '궁(宮)'은 '부인(婦人)'을 가리키는 것으로 본다.

신랑은 서쪽 계단으로 올라가【정현이 말한다. "신부〔婦人〕를 인도하여 들어간다."】정당(正堂)의 왼쪽으로 가서 서면하고 선다.【『가례』를 따른다.】신부는 서쪽 계단으로 올라가 정당의 오른쪽으로 가서 동면하고 선다.【시어머니의 실(室)이 동쪽에 있다면 『가례』를 따른다. 시어머니의 실이 서쪽에 있다면 고례를 따른다. 신랑은 서쪽에 있고 신부는 동쪽에 있는다.】찬자(贊者)가 '배(拜)'라고 고하면 신부가 먼저 2번 절하고, 신랑이 답배로 2번 절하면 신부가 다시 2번 절한다.【이것이 『가례』에서 말한 '교배(交拜)'라는 것이다. 사마온공(司馬溫公)이 말한다. "남자는 2번 절하는 것을 예(禮)로 삼고, 여자는 4번 절하는 것을 예로 삼는다. 옛날에는 신랑과 신부가 교배하는 의절이 없었으나, 지금은 풍속을 따른다."】

찬자(贊者)가 '좌(坐)'라고 고하면 신랑과 신부 모두 앉는다. 찬자가 '진찬(進饌)'이라고 고하면 아래 그림과 같이 음식을 차린다.

「공뢰합근도(共牢合巹圖)」

남(南)							
	근배(巹杯)		청주(淸酒)		근배(巹杯)		
제접(祭楪)	병(餠)	해(醢)	계반(鷄半)	돈반(豚半)	어(漁)	갱(羹)	제접(祭楪)
	반(飯)	장(醬)	저(菹)	저(菹)	장(醬)	반(飯)	
서서면(婿西面)	갱(羹)	어(漁)	돈반(豚半)	계반(鷄半)	해(醢)	병(餠)	부동면(婦東面)
			현주(玄酒)				
			북(北)				

여어(女御)²⁸ 두 사람이 좌식(佐食: 식사를 돕는 사람)이 되어【신부 집에서 온 사람은 신랑의 식사를 돕고, 신랑 집에서 온 사람은 신부의 식사를 돕는다.】각각 접시 하나를 들어 탁자 아래에 놓는다. 신랑이 밥을 덜어 고수레하면【수저 한 술을 퍼서 접시에 고수레한다.】신부 역시 이와 같게 한다. ○ 생각하건대, 고례에서의 상차림은 이와 같지 않은데, 지금은 풍속을 따른다.【상차림에서 9가지 품목을 사용하는 것은 고례를 따른 것이다.】

찬자(贊者)가 '삼반(三飯)'이라고 고하고,【신부는 필시 밥을 먹으려고 하지 않겠지만 예문(禮文)을 갖추어 놓은 것이다.】이어서 '삼효(三殽)'라고 고한다. 삼효의 예(禮)는, 찬자가 근배(卺杯: 표주박을 반으로 잘라 만든 술잔)에 술을 따라 여어(女御)에게 주어 신랑과 신부에게 주게 한다.【신랑에게 먼저 주고 신부에게는 그 뒤에 준다.】또 접시 2개를 올려 탁자 앞에 놓는다. 신랑이 술을 고수레하면【접시에 조금 붓는다.】신부 역시 이와 같게 한다. 신랑이 술을 맛보면【옛날에는 잔을 모두 비웠다.】신부 역시 이와 같게 한다. ○ 생각하건대, 고례에는 초효(初殽)와 재효(再殽)에 모두 술잔〔爵〕을 사용하였고, 삼효(三殽)에야 근(卺)을 사용하였다. 지금은 3번의 효에 모두 근을 사용하는데, 이것은 풍속을 따른 것이고 또 간편함을 따른 것이다.

---

28 여어(女御) : "'서쪽 계단으로 올라간다.'는 것은 신부를 인도하여 들어간다는 뜻이다. '잉(媵)'은 전송한다는 뜻으로, 신부를 따라온 여자를 말한다. '어(御)'는 '아(訝)'가 되어야 하는데, '아(訝)'는 '맞이한다〔迎〕'는 뜻으로 신랑을 따라온 자를 말한다. 잉(媵)은 남세(南洗)에서 신랑이 씻을 물을 따라 주고, 어(御)는 북세(北洗)에서 신부가 씻을 물을 따라 준다. 부부가 처음 만나서 부끄러워하는 마음이 있으므로 잉과 어가 서로 그 뜻을 인도하는 것이다〔升自西階, 道婦入也. 媵, 送也, 謂女從者也. 御當爲訝, 訝, 迎也, 謂壻從者也. 媵沃壻盥於南洗, 御沃婦盥於北洗. 夫婦始接, 情有廉恥, 媵御交道其志〕."(『의례(儀禮)』, 「사혼례(士昏禮)」, 정현(鄭玄) 주)

찬자(贊者)가 '흥(興)'이라고 고하면 신랑과 신부는 모두 일어난다. 신랑은 신부 앞에 나아가 읍(揖)을 하고 실(室)로 들어간다. 신랑이 먼저 들어가고 신부는 신랑을 따라 들어간다. 이에 신랑은 실에서 예복을 벗는다.【여어(女御)가 옷을 받는다.】신랑이 나가면 신부가 실에서 예복을 벗는다.【역시 여어가 옷을 받는다.】○ 생각하건대, 고례에는 삼효의 예를 실(室) 안에서 행했는데, 지금은 풍속을 따라 정당(正堂)에서 행한다. 그러므로 삼효가 끝나면 신랑이 신부를 인도하여 실로 들어가는 것이다. ○ 조(俎)와 두(豆)를 치운다. 신부를 따라온 여자 시종은 신랑이 남긴 음식을 먹고, 신랑을 따라온 여자 시종은 신부가 남긴 음식을 먹는다.【고례이다.】

밤이 되면 신랑은 다시 실(室)로 들어가 횃불〔燭〕을 내보낸다. ○ 옛날에는 '신랑이 신부의 영(纓: 끈)을 풀어 주는' 예(禮)가 있었다.²⁹【잠자리를 펴 주는 예'³⁰ 뒤에 있다.】

---

29 밤이 되면 …… 예(禮)가 있었다 : "'들어간다〔入〕'는 것은 방(房)에서 다시 실(室)로 들어가는 것을 말한다. 여자는 15세가 되어 시집가는 것을 허락받으면 비녀〔笄〕를 꽂고 계례(笄禮)를 행하는데, 이로 인해 영(纓)을 착용함으로써 매인 곳이 있음을 밝힌다. 오색 실로 만드는 것 같은데, 그 제도에 대해서는 들어보지 못했다〔'入'者, 從房還入室也. 婦人十五許嫁, 笄而禮之, 因著纓, 明有繫也. 蓋以五采爲之, 其制未聞〕."(『의례(儀禮)』, 「사혼례(士婚禮)」, 정현 주)
30 잠자리를 펴 주는 예 : "어(御: 신랑을 따라온 자)는 실(室)의 서남쪽 모퉁이에 신부의 이부자리를 펴고, 잉(媵: 신부를 따라온 여자)은 동쪽에 신랑의 이부자리를 편다. 모두 베개를 두는데 발이 북쪽으로 가게 한다〔御衽于奧, 媵衽良席在東, 皆有枕, 北止〕."(『의례(儀禮)』, 「사혼례(士婚禮)」)

다음 날 일찍 일어나 신부는 의복을 갖추고 시부모[舅姑]를 알현하는 예(禮)를 행한다.

고례에 신부는 머리싸개[纚]를 하고, 비녀[笄]를 꽂고, 소의(宵衣)를 입었다. '소의'는 초의(綃衣)를 말한다. 초의는 준의(純衣)보다 등급이 낮다. 이제 이에 준하여 소매가 좁은 긴 옷을 입고【방언에서는 '당의(唐衣)'라고 한다.】시부모를 알현한다.

찬자(贊者)는 당(堂) 동쪽에 자리 2개를 준비하는데, 시아버지의 자리는 동쪽 계단[阼階] 위에 준비하고【서향해서 앉는다.】시어머니의 자리는 그 오른쪽에 마련한다.【역시 서향한다.】시아버지와 시어머니 앞에 탁자를 각각 하나씩 놓는다.【대추[棗]와 포(脯)를 받기 위한 곳이다.】○ 생각하건대, 고례에는 시어머니가 남면하였지만, 『가례』에는 시아버지와 시어머니가 동쪽과 서쪽에서 서로 마주보았다. 지금은 풍속을 따라 나란히 앉아서 대추와 포를 받는다.

신부는 서쪽 계단으로 내려와 뜰 가운데에 이르러 선다. 찬자(贊者)가 폐백상자[笲]를 주면【대추[棗]와 밤[栗]을 담은 상자이다.】신부는 폐백상자를 들고 서쪽 계단으로 올라간다. 나아가 시아버지 앞에 이르면 앉아 폐백상자를 탁자에 놓는다. 시아버지는 앉아 폐백상자를 어루만진다.【대추와 밤을 어루만지면서 기쁨을 표현하는 것이다.】신부가 조금 물러나 숙배(肅拜)하면【오늘날에 4번 절하는 것을 말한다.】시아버지는 앉아 답읍(答揖: 답례로 하는 읍)한다.【고례에서는 답배(答拜: 답례로 하는 절)하였다.】신부가 또 물러나 서쪽 계단 위에 이르러 선다.【동쪽을 향해서 선다.】찬자가 폐백상자를 주면【단(股: 약포)과 수(脩: 말린 고기)를 담은 상자이다.】신부는 폐백상자를 들고 나아가 시어머니의 앞에 이르러 앉아 탁자에 놓는다. 시어머니는 앉아 폐백상자를 어루만진다.【고례에서는 시어머니가 그것을 들어 다른 사람에게 주었다.】신부가 조금 물러나 숙배하면【오늘날에 4번 절하는 것을 말한다.】시어머니는 앉아 답읍한다.【고례에서는 시어머니도 절하였다.】신부가 또 물러나 두루 절하는데, 여러 시숙부〔諸舅〕와 여러 시숙모〔諸姑〕에게는 모두 1번씩 절하고,【사람마다 각각 1번씩 절한다.】여러 시동생〔諸叔〕과 여러 시누이〔諸妹〕에게는 한꺼번에 절한다〔旅拜〕.【여러 사람들에게 한꺼번에 1번 절한다.】신부가 물러나와 실(室)에 들어가면【즉 서쪽 방(房)을 말한다.】여어(女御)가 2개의 탁자를 치운다. ○ 생각하건대, 고례에 신부는 당(堂) 위에서 절하였고, 『가례』에서는 신부가 계단 아래에서 절하였다.【사마온공(司馬溫公)이 말한다. "옛날에는 당 위에서 절하였는데, 지금은 당 아래에서 절을 한다. 이는 공손함을 뜻하니 오늘날의 사람들을 따르는 것이 좋겠다."】그런데 우리나라의 풍속은 고례와 부합하기 때문에 지금은 풍속을 따른다. ○ 또 생각하건대, '단(股)'이란 단련하다〔鍛〕는 뜻이고, '수(脩)'란 길다〔長〕는 뜻이다. 고기를 잘 두드린 다음에 생강〔薑〕과 계피〔桂〕를 첨가한 것을 '단(股)'이라 하고, 쭉 찢어 말린 고기〔乾腊〕를 '수(脩)'라고 한다. 오늘날의 풍속은 오직 대추 하나〔一棗〕와 꿩고기 하나〔一腒〕만을【곧 말린 꿩고기〔乾雉〕를 말한다.】시부모에게 바치니, 간소함을 따른 것이다. 가난한 선비의 집으로 대추와 포도 구할 수 없는 경우, 밤 하나〔一栗〕와 말린 물고기 한 마리〔一鱐〕를 사용하더라도 예(禮)를 잃은 것은 아니다. 대추와 밤, 단과 수는 단지 물품의 이름일 뿐인데, 가공언의 소(疏)에서는 그것들의 발음에서 뜻을 취하여〔諧聲〕각 글자의 의미를 말했으니 매우 잘못된 것이다.【가공언이 말한다. "대추와 밤[棗栗]에서는 조(早)라는 음을 취하여 신부가 스스로 삼가고 공경해야 한다는 의미를 말한 것이고, 단과 수에서는 단단(斷斷)이라는 음을 취하여 스스로 신부의 도리를 닦아야 한다는 의미를 말한 것이다."】

11 **예부(醴婦)**

이어 신부에게 예주(醴酒)를 따라 주는 예(禮)를 행한다.[31]

시부모는 그대로[如舊] 앉아 있고 신부의 자리를 시어머니 앞에 진설한다.【남향이 되어야 한다.】 신부가 나와 자리에 앉으면【남향하여 앉는다.】 이어 음식을 올린다. ○ 신부에게 예주(醴酒)를 따라 주는 예를 행할 때 사용하는 음식은 예주(醴酒) 한 동이, 포 하나, 식해 하나뿐이다. ○ 찬자(贊者)는 접시 하나를 탁자 앞에 둔다. 신부는 예주를 취하여 고수레하고【세 수저를 따라 접시에 고수레한다.】 이어 예주를 맛본다.【입에 조금

---

31 이어 신부에게 …… 행한다 : '예빈(禮賓)'은 그 노고에 감사를 표하는 것이다. '차(次)'는 이 경문뿐 아니라 아래의 '약불례(若不醴)', 「사혼례(士昏禮)」의 '출청예빈(出請醴賓)'·'찬예부(贊醴婦)'에 대해서 정현(鄭玄)은 모두 '예(醴)'는 '예(禮)'로 읽어야 한다고 하였는데, 이는 사람에게 우례(優禮)를 더하는 뜻으로서 직설적으로 말하고자 하지 않은 것이라고 하였다(『의례정의(儀禮正義)』, 84쪽). 또 가공언(賈公彦)은 천자가 울창주[鬯]를 가지고 제후를 예우하지만 '창빈(鬯賓)'이라고 말하지 않는 것처럼, 예주(醴酒)를 가지고 빈(賓)을 예우한다고 하여 곧바로 '예빈(醴賓)'이라고 할 수는 없기 때문에 '예(醴)'를 '예(禮)'로 바꾼 것이라고 설명하였다(『의례주소(儀禮注疏)』, 42쪽). 그러나 이여규(李如圭)는 사(士)의 '예자(醴子)'·'예빈(醴賓)'·'예부(醴婦)'의 경우처럼, 경문에서 모두 '예(醴)'자로 되어 있으므로 굳이 '예(禮)' 자로 고칠 필요는 없다고 하였다(『의례정의(儀禮正義)』, 84쪽). 이여규의 견해를 따라 번역하였다.

댄다.】 일어나 4번 절하고 【고례에는 1번 절하였다.】 물러나와 실(室)로 들어간다. ○ 생각하건대, 고례는 예문(禮文)이 번다하여 지금은 모두 산삭(刪削)하고 『가례』를 따른다. 【『가례』에서 말한다. "부모가 딸에게 초례(醮禮)하는 의절과 같게 한다."】

12   관궤(盥饋)

이어 관궤(盥饋)의 예를 행한다.

찬자(贊者)는 실(室) 안에 자리 2개를 진설한다. 【곧 정실(正室)을 말한다.】 시부모가 좌정하면 이어 음식을 올린다. ○ 관궤(盥饋)를 행할 때 사용하는 음식은 특돈(特豚) 일정(一鼎)이다. 【생선과 말린 고기는 없다.】 밥은 궤(簋) 1개, 【찰기장 밥〔黍〕은 있고 메기장 밥〔稷〕은 없다.】 형(鉶) 1개, 두(豆) 2개, 【곧 채소절임〔菹〕과 식해〔醢〕를 말한다.】 장(醬) 1개를 두어 【곧 혜장(醯醬: 식초를 넣어서 조미한 장)을 말한다.】 6가지〔六品〕만 갖춘다. 청주(淸酒)는 한 차례 술을 올려 입가심〔一酳〕을 하도록 하고 삼헌(三獻)은 없다. 돼지 한 마리를 사용할 경우, 오른쪽 몸체〔右胖〕는 시아버지의 조(俎)에 올리고, 왼쪽 몸체〔左胖〕는 시어머니의 조에 올려 【정현의 주(注)에서 말한 것이다.[32]】 공뢰(共牢)와 동일하게 한다.

---

[32] 정현의 주(注)에서 말한 것이다 : "좌우 한 쪽씩 조(俎)에 담는다〔側載〕'는 것은 오른쪽 부위의 고기는 시아버지 조(俎)에 담고 왼쪽 부위의 고기는 시어머니의 조에 담는 것인데, 존비(尊卑)에 따라 다르게 하는 것이다〔'側載'者, 右胖載之舅俎, 左胖載之姑俎, 異尊卑〕."

「관궤도(盥饋圖)」

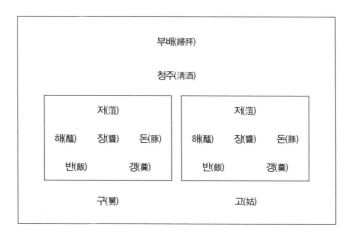

음식을 배열하는 법은 경문(經文)에 보이지 않으니, 지금은 풍속을 따라 위에 보이는 것처럼 그림으로 만들어 보았다. ○ 성호가 말한다. "옛날과 지금이 마땅함을 달리하니 굳이 당시의 음식을 사용할 필요는 없다. 다만 미식(米食)·면식(麪食)【곧 떡〔餠〕과 면(麵)을 말한다.】·대추〔棗〕·밤〔栗〕·생선〔魚〕·고기〔肉〕 등 6가지를 갖추면 된다." ○ 생각하건대, 경문(經文)의 사례를 보면 밥이 있는 것을 '궤(饋)'라고 하고, 밥이 없는 것을 '향(饗)'이라고 한다. 이미 '관궤(盥饋)'라고 하였다면 밥이 없을 수가 없고, 이미 밥이 있다면 포와 해가 없을 수가 없으니, 나는 고례를 고쳐서는 안 된다고 생각한다.

신부는 손을 씻고 시부모에게 음식을 올린다. 또 술을 따라 술잔〔爵〕을 시부모님께 올린다. 조금 물러나 숙배(肅拜)하고 【1번만 절한다.】 시어머니를 옆에 모시고 선다. ○ 음식을 치운다. ○ 신부는 시어머니 옆에 앉아 시어머니가 남긴 음식을 먹는다.

『가례』에서 말한다. "이날 식사할 때 신부 집에서는 성대한 음식[盛饌]과 술병[酒壺]을 준비하고, 신부의 종자(從者)는 당(堂) 위에 채소와 과일[蔬果]을 올려놓을 탁자를 진설한다." ○ 생각하건대, 예(禮)란 의절에 관한 규정[節文]이다. 태뢰(太牢)·소뢰(少牢)·특시(特豕)·특돈(特豚)과 삼정(三鼎)·일정(一鼎)은 의절을 행하는 등급에 따라 분명하게 갖추어져야 하니[節級森然], 관궤를 행할 때에 사용하는 음식 역시 마땅히 여기에서 선택하여 사용하도록 해야 한다. 오늘날의 사람들은 단지 『가례』에서 말한 '성찬(盛饌)' 두 글자에만 기대어 극도로 사치를 저지르면서 사람의 눈을 현혹시키고 가난한 사람을 헷갈리게 하고는 신부의 뜻을 교만하게 한다. 이는 크게 잘못된 방법이다. 경(卿)과 대부(大夫)의 집은 제사에서 소뢰(少牢)를 사용하니 관궤를 행할 때에도 특생(特牲)과 삼정(三鼎)을 사용해야 하며, 명사(命士)의 집은 제사에서 특생을 사용하니 관궤를 행할 때에도 특돈(特豚) 일정(一鼎)과 채소절임 하나 그리고 밤 하나를 사용해야 한다. 어떻게 임의로 보태거나 덜 수 있겠는가? 이러한 작은 예(禮)가 비록 자잘한 의절이지만, 풍속을 해치고 어그러뜨리며 나라를 어지럽히고 백성을 가난하게 만드는 것은 모두 예의 한계를 무너뜨리고 분수를 뛰어넘는 데에서 말미암는 것이다. 예를 아는 사람이라면 「관궤도(盥饋圖)」 한 부를 미리 신부 집에 보내 예를 무너뜨리지 않도록 준비해야 한다.

「사혼례(士昏禮)」, '기(記)'에서 말한다. "서부(庶婦)[33]인 경우에는 사람

---

33 서부(庶婦): "'서부(庶婦)'는 서자의 아내이다. '사람을 시켜서 서부에게 초례(醮禮)를 베풀어 준다.'는 것은 향례(饗禮)를 하지 않는다는 의미이다. 술을 마시고 작(酢: 술을 받고 보답의 술잔을 올림)의 예를 하거나, 수(酬: 작酢을 받고 재차 술을 권함)의 예를 하지 않는 것을 초(醮)라고 하는데, 역시 포(脯)와 해(醢)가 있다. 적부(適婦)에게 예주[醴]를

을 시켜서 그에게 초례(醮禮)를 베풀어 준다. 서부는 시부모에게 음식을 올리지 않는다." ○ 생각하건대, 옛날과 지금은 마땅함을 달리한다. 지금 이에 준하여 서부 역시 관궤의 예를 행한다. 그 시부모 역시 사람을 시켜서 그에게 초례를 베풀어 줄 필요는 없다.

13 향부(饗婦)

이어 신부에게 향례(饗禮)를 행한다.

신부에게 예례(醴禮)를 행하는 것은 대추와 포에 보답하는 것이고, 신부에게 향례(饗禮)를 행하는 것은 관궤(盥饋)에 보답하는 것이다. ○ 신부에게 향례를 행할 때에 사용하는 음식은 경문(經文)에 보이지 않는다. 그러나 (『의례(儀禮)』, 「사혼례(士昏禮)」의) 경문에서 "조(俎)를 신부 집에 보낸다〔歸俎于婦氏〕."[34]고 했으니, 수육이 있는 것이다. (『의례』, 「사혼례」의) 기문(記文)에서 "신부에게 향례를 베풀어 줄 때 시어머니가 안주를

따라 주는 것은 그를 높이는 것이다. 서부에게 청주〔酒〕를 따라 주는 것은 그를 낮추는 것이다. 그 의식 절차는 같다. '음식을 올리지 않는다.'는 것은 봉양하는 일이 적부에게 통섭되기 때문이다〔庶婦, 庶子之婦也. 使人醮之, 不饗也. 酒不酬酢曰醮, 亦有脯醢. 適婦酌之以醴, 尊之. 庶婦酌之以酒, 卑之. 其儀則同. 不饋者, 共養統於適也〕."

[34] 조(俎)를 신부 집에 보낸다〔歸俎于婦氏〕: "며느리의 조(俎)에 담긴 희생고기를 며느리 집안 사람에게 보낸다〔歸婦俎于婦氏人〕."(『의례(儀禮)』, 「사혼례(士昏禮)」); "'조(俎)'라고 말했으므로 향례(饗禮)에는 희생고기가 있는 것이다. '며느리 집안 사람'은 신부를 전송하러 온 남자이다. 유사(有司)로 하여금 며느리의 조(俎)에 담겼던 희생고기를 보내서 마땅히 며느리의 부모에게 그것으로 복명(復命)하게 함으로써 예가 이루어졌음을 밝히도록 하는 것이다〔言'俎', 則饗禮有牲矣. 婦氏人, 丈夫送婦者, 使有司歸以婦俎, 當以反命於女之父母, 明其得禮〕."(『의례(儀禮)』, 「사혼례(士昏禮)」, 정현 주)

준다[饗婦姑薦]."³⁵고 하였으니, 【정현이 말한다. "포와 해를 올린다."】 포와 해가 있는 것이다. 경문(經文)에서 "신부에게 일헌(一獻)의 예로써 향례를 베풀어 준다[饗婦以一獻之禮]."³⁶고 했으니, 청주(淸酒)가 있는 것이다. 3품인 조(俎)·포(脯)·해(醢) 및 일헌(一獻) 이외에는 더해서는 안 된다. ○ 향례가 끝나면 신부 집에 조를 보내는데, 고례를 따라야 한다.

시부모가 좌정하고 신부가 시어머니 옆에 앉으면 여어(女御)가 신부 앞에 음식을 올린다. ○ 시아버지는 술잔을 씻고 시어머니는 술을 따라서 신부에게 준다. ○ 신부는 술을 받아 입가심을 한다. 【입에 조금 넣는다.】 ○ 생각하건대, 고례에서는 향례가 끝나면 시부모는 서쪽 계단으로 내려가고 신부는 동쪽 계단으로 내려가서 세대[代]를 전하였음을 분명

---

35 신부에게 향례를 …… 안주를 준다[饗婦姑薦]: "며느리에게 향례(饗禮)를 베풀어 줄 때 시어머니가 포(脯)와 해(醢)를 건넨다[饗婦, 姑薦焉]."(『의례(儀禮)』, 「사혼례(士昏禮)」); "시아버지와 시어머니가 함께 며느리에게 향례(饗禮)를 베풀어 주는데, 시아버지는 술잔에 술을 따라 헌주(獻酒)를 하고 시어머니는 포(脯)와 해(醢)를 건넨다[舅姑共饗婦, 舅獻爵, 姑薦脯醢]."(『의례(儀禮)』, 「사혼례(士昏禮)」, 정현 주)

36 신부에게 일헌(一獻)의 …… 베풀어 준다[饗婦以一獻之禮]: "시부모가 함께 며느리에게 일헌(一獻)의 예로써 향례(饗禮)를 베풀어 준다. 시아버지는 남세(南洗: 조계의 동남쪽에 진설한 물받이 항아리)에서 술잔을 씻고, 시어머니는 북세(北洗: 북당北堂에 진설한 물받이 항아리)에서 술잔을 씻는다. (며느리가) 다시 받은 술잔[酬]을 지면에 내려놓는다[舅姑共饗婦以一獻之禮. 舅洗于南洗, 姑洗于北洗, 奠酬]."(『의례(儀禮)』, 「사혼례(士昏禮)」); "술과 밥으로 사람을 위로하는 것을 '향(饗)'이라고 한다. 남세(南洗)는 뜰에 있고, 북세(北洗)는 북당(北堂)에 있다. 2개의 세(洗: 물받이 항아리)를 설치하는 이유는 헌(獻)·작(酢)·수(酬)의 절차는 청결한 것을 공경스러운 것으로 삼기 때문이다. '다시 받은 술잔[酬]을 내려놓는다.'는 것은 정식의 예가 이루어졌으므로 다시 술잔을 들지 않음을 밝히는 것이다. 무릇 술잔은 모두 포(脯)와 해(醢)의 왼쪽에 내려놓고 다시 들지 않는다. 연례(燕禮)의 경우에는 다시 사람을 시켜서 술잔을 들도록 권한다[以酒食勞人曰'饗'. 南洗在庭, 北洗在北堂. 設兩洗者, 獻酢酬以潔淸爲敬. 奠酬者, 明正禮成, 不復擧. 凡酬酒皆奠於薦左, 不擧. 其燕則更使人擧爵]."

히 하였다. 지금은 모두 생략한다.

　무릇 신부 집에서 온 사람들은, 남자의 경우 모두 시아버지가 대접하고, 부인의 경우 모두 시어머니가 대접하는데, 모두 일헌(一獻)의 예를 사용한다. 그들이 돌아갈 때에는 모두 속백(束帛)으로 보답하는 것이 옛날의 도이다. 지금은 그렇게 할 수 없으니 술과 과일로 대접하고 1척의 베〔尺布〕로 보답하는 것 역시 예문(禮文)을 갖추었다고 할 수 있다. 그러나 부귀한 집에서는 두터움〔厚〕을 따라야 한다.

14 현묘(見廟)

시부모가 돌아가셨다면 신부는 시집온 지 3일이 되었을 때 묘(廟)에 알현한다.

　고례에 신부는 시집온 지 3개월이 되면 채소로 전(奠)을 올리는데,[37] 주소(注疏)에서는 "근(菫)[38]과 환(荁)[39]을 사용한다."고 하였다. 지금 사

37　채소로 전(奠)을 올리는데 : "'채소로 전을 올린다.'는 것은 비(筐 : 대광주리)에 채소를 담아서 제사지내는 것을 가리키는데 아마도 근(菫)을 사용하는 듯하다〔'奠', 終也. '奠菜'者, 以筐祭菜也. 盖用菫〕."(『의례(儀禮)』, 「사혼례(士婚禮)」, 정현 주)
38　근(菫) : "육영(陸英)이다. 육영은 근초(菫草)·급(芨)·배풍초(排風草) 등으로도 칭(稱)하며, 인동(忍冬)과에 속하는 풀로 약용과 식용으로 쓰인다."(『식물고한명도고(植物古漢名圖考)』, 296쪽)
39　환(荁) : "환(荁)은 제비꽃 종류이다. 말리면 윤택이 있다. 여름과 가을에는 생규(生葵)를 사용하고, 겨울에는 말린 환(荁)을 사용한다〔'荁', 菫類也. 乾則滑. 夏秋用生葵, 冬春用乾荁〕."(『의례(儀禮)』, 「사우례(士婚禮)」, 정현 주)

람들은 모두 3일이 되면 사당에 알현하는데, 이때 대추〔棗〕·밤〔栗〕·
단(腶)·수(脩)를 사용하니, 역시 본래의 예와 같게 하니 이제 풍속을 따
른다. ○ 주인은 다음과 같이 축(祝)을 한다. "아무개 집안에서 온 며느
리가 감히 황구(皇舅) 아무개 공(公) 앞에 대추와 밤을 올립니다." 신부
는 계단 아래에서 절한다. 【지금은 4번 절한다.】 또 다음과 같이 축을 한
다. "아무개 집안에서 온 며느리가 감히 황고(皇姑) 아무개 씨(氏) 앞에
단(腶)과 수(脩)를 올립니다." 신부는 계단 아래에서 절한다. 【지금은 4번
절한다.】 ○ 생각하건대, 고례에 축을 하는 사람이 누구인지 모르겠다.
지금은 이에 준하여 주인이 신부를 인솔하고 가서 자신이 축을 한다.

15 현조묘(見祖廟)

시부모가 살아 계시더라도 신부가 시집온 지 3일이 되면 선조의 묘(廟)
에 알현해야 한다.

　『가례』에서는 "신부가 시집온 지 3일이 되면 주인은 신부를 데리고
사당(祠堂)에 알현해야 한다."고 되어 있다. 【주자가 말한다. "(고례에서) 3
개월이 되면 묘를 알현한 것은 시부모의 묘(廟)인데, 지금은 그 기간이 너무 길기
때문에 3일로 고친다."】 ○ 생각하건대, 고례에서 3개월이 되면 묘(廟)를 알
현한 것은 곧 시부모의 묘이고, 『가례』에서 3일이 되면 사당을 알현한
것은 곧 선조의 사당이다. 뒷날의 유자(儒者)들은 망령되이 이를 기롱하
고 배척하였지만, 이제 이에 준하여 『가례』를 따르는 것이 예를 잃지 않
은 것이다.

무릇 비루하고 조악한 풍속은 모두 깨끗이 없애서 인도(人道)의 시작을 중시해야 할 것이다.

　성호(星湖)가 말한다. "오늘날의 풍속에서는 옥(玉)으로 깎은 동자(童子)로 향(香)을 받들게 해서 탁자 위 남쪽과 북쪽에 진설한다. 그 모습이 사람을 닮았으며 사치스러운데다 요망한 사태에 가까우니 사용해서는 안 된다." ○ 오늘날의 풍속에서는 넓은 자리에서 서로 절하는 의절(儀節)이 있는데, 자리 끝에 다음과 같은 글귀가 적혀 있다. "두 성(姓)이 합하는 것은 만복의 근원이다〔二姓之合, 百福之源〕." 이미 하나의 풍속이 되어 이것이 없으면 안 될 정도가 되었다. 그러나 이는 본래 예서(禮書)에 보이는 것도 아니고, 또 같은 자리에서 절하는 것도 의리에 맞지 않기 때문에 폐지한다. ○ 오늘날의 풍속에는 자촉(刺燭) 4자루가 있다. 곧 종이〔紙廛〕로 갈대〔葦〕를 감고 거기에 마유(麻油)를 바른 것이다. 기러기를 받치는 예〔奠鴈〕를 행할 때에 그것을 두루 비춰서 인도하여 들어간다. 생각하건대, 『주례(周禮)』, 「추관(秋官)」, '사훤(司烜)'의 가공언(賈公彦)의 소(疏)에서 말한다. "갈대를 가운데 심지로 하고 베로 감싼 다음 이밀(飴蜜)을 붓는데, 오늘날의 자촉(刺燭)과 같은 것이다." 대개 옛날에는 촉(燭)을 사용한 것이 이와 같다. 예(禮)란 근본을 잊지 않는 것이니, 이 역시 예에 가까운 것이다. 그러나 지금 이미 납촉(蠟燭)을 사용하고 있으니, 폐지해도 무방할 듯싶다. 홍대촉(紅大燭)과 같은 것은 고

---

40 척제비리지속(滌除鄙俚之俗) : 이하의 글은 성호(星湖)의 글이다.

려왕조 시절 궁궐에서 사용한다고 하여 금지하였다. ○ 오늘날의 풍속에는 이른바 '징씨(徵氏)'란 것이 있어 반드시 청의(靑衣)와 황립(黃笠)의 복장을 한다. 신랑은 두 사람을 데리고 와서 앞에서 인도하게 하고, 신부 집에서도 두 사람을 내보내 맞이하게 하는데, 이 또한 상고할 곳이 없다. 생각하건대, 납징(納徵)으로 인해 풍속이 생긴 것으로 보인다. 굳이 사용하지 않아도 될 듯하지만, 이미 신랑은 빈례(賓禮)로 데려오는 것이고, 신부는 사람을 보내 맞이하게 하는 것이니, 그 뜻 역시 지극하다. 그러므로 또한 풍속을 따르기는 하지만 그때에는 길복(吉服)과 길관(吉冠)만을 사용하도록 한다. ○ 오늘날의 풍속에는 신랑이 대문에 도착하면 신부 집에서는 반드시 친복(親僕)에게 명하여 고삐를 바꿔 잡게 하여 때로 싸움이 나기도 하니, 이 또한 의미 없는 것이다. 꾸짖어 중지시켜야 한다. ○ 오늘날의 풍속에는 합근(合졸)의 예를 행할 때에 반드시 붉은 끈[紅繩]으로 양쪽 술잔[盞]과 술잔받침대[盤]를 연결한다. 부녀자 가운데 복[福祐]이 있는 사람이 그 끈을 다스리는데, 이를 '해홍사(解紅絲: 붉은 끈을 풀어 줌)'라고 한다. 이것은 반드시 소설가(小說家)들의 월하노인(月下老人)의 고사[41]에서 유래한 것일 터인데도 잘못을 답습하여 고치지 않는다. 몹쓸 것[褻慢]이니 따라서는 안 될 것이다. 또 신랑과 신부가 2번 술을 따르고 잔을 바꾸는 것은 더욱 안 될 것이다. ○ 오

---

41 월하노인(月下老人)의 고사 : 중국 고대 전설에서 혼인을 관장하는 신으로 '월노(月老)'라고도 부른다. 전설에 따르면 당나라 때 위고(韋固)라는 사람이 송성(宋城)에서 그를 만났을 때 월하노인이 그를 위해 붉은 실로 결혼할 대상을 가리켜 주었는데, 실제로 나중에 위고는 월하노인의 말대로 상주자사(相州刺史) 왕진(王泰)의 딸과 결혼하게 되었다고 한다. 이 때문에 후세에는 남녀가 부부로 맺어지는 것은 월하노인이 붉은 실로 두 사람을 묶어 주었기 때문이라는 믿음이 생겨났다. 또 월하노인은 중매쟁이를 가리키는 뜻으로도 쓰인다.

늘날의 풍속에는 앉아서 마시고 나면 소년이 반드시 탁자 위의 밤톨[栗
顆]을 집어 신랑에게 권하여 맛보게 하는데, 이 역시 무슨 까닭인지 모
르겠다. 곧바로 폐하여 의심이 없도록 해야 할 것이다. ○ 오늘날의 풍
속에서는 중당(中堂)에서 예를 행하는데, 신랑이 실(室)에 들어가 옷을
벗은 다음 신부를 인도하여 실에 들어가 잠시 마주 보고 앉았다가 다시
나온다. 생각하건대, 실(室) 안에서 예를 행하는 법규로 생긴 듯하니, 잠
시 다른 곳에서 쉬는 것도 무방할 듯싶다.

Ⅲ. 『상의절요(喪儀節要)』

茶 山

내가 상례(喪禮)를 전석(箋釋: 글의 의미에 대한 풀이)한 지 이미 몇 해가 되었다. 널리 고증하였으나 간략하지 못하여 보는 이들이 병통으로 여겼으며 의식절차에 대한 요약본이 있기를 원하였다. 겸양만 하고는 감히 이를 실천하지 못한 것은 진실로 사회적 신분이 다르고, 경제적 능력이 다르며, 과거와 현재의 상황이 다르고, 중국과 조선의 풍속이 다르며, 성격과 기호가 편중되고, 지식과 취향이 각각 달라 이것저것을 참작하여 회통하는 일이 정말 어렵기 때문이었다. 가경(嘉慶: 순조 15, 1815) 을해(乙亥) 겨울, 맏아들 학가(學稼)가 병시중을 들러 와서 거듭 청하였다. 나는 "동시대에 공개하는 것은 감히 할 수 없지만, 자손들을 훈계(訓戒)하기 위한 것이라면 어찌 사양하겠는가?"라고 말하고는 마침내 다음과 같이 기록하여 한 집의 행사를 갖추었다. 기꺼이 함께하고자 하는 자와 더불어 윤문하고 의론하여 함께 시행해 보았으니 또한 사양하지 못한 것이다. 【상의(喪儀: 상례의 의식절차)의 여러 의미들은 모두 『상례사전(喪禮四箋)』 가운데에 있지만 송(訟)과 단(斷)[1]의 경우를 모두 기록할 수는 없었다. 다

만 갑(甲)·을(乙)·병(丙)·정(丁)을 표지(標識)로 하여 평소 고검(考檢)한 것을 갖추어 놓았다.】

1　시졸(始卒)

① 질병이 있으면 남자는 외침(外寢)에 거처하고 부인은 내침(內寢)에 거처한다. 【상갑(上甲)1·상을(上乙)2.】

지위가 낮은 사람이나 나이가 어린 사람은 각각 소침(小寢)에 거처하는데, 안과 밖을 마땅히 삼가기 위해서이다.

② 질병이 심해져 운명하시면, 집안 안팎을 모두 청소한다.
【상갑(上甲)4.】

숨〔氣〕이 끊어지면, 시자(侍者)는 실(室)과 당(堂)을 청소하고, 천한 사람은 뜰과 처마 아래²를 청소하는데, 먼지가 많으면 물을 뿌린다.

③ 속옷〔褻衣〕을 제거하고 새 옷을 덮고 촉광(屬纊: 솜을 코 위에 대고 사망을 확인함)을 한다. 【상갑(上甲)5·상갑(上甲)8.】

새 옷이 없으면 덜 더러운 옷을 사용한다. 이불 속에서 운명하셨다면

---

1 송(訟)과 단(斷): 의식절차와 의미에 대한 논쟁 및 그에 대한 결론을 말한다.
2 처마 아래: 처마 아래〔宇〕는 평고대〔梠: 계단 위 처마 밑〕를 말한다.

옷을 덮을 필요가 없다.

④ 시신(屍身)을 수습한다. 【오늘날의 풍속을 따른다.】

고례에서는 '부체(扶體: 시신을 잡고 옷을 갈아입히는 행위)'라고 하였는데, 지금은 우선 풍속을 따라 시자(侍者)가 부체를 행한다. ○ 여러 갈래로 찢은 흰 종이를 사용해서 묶는다. 【해진 베 끈을 사용해도 괜찮다.】 먼저 상체를 수습하고 그 다음 하체를 수습한다.

⑤ 남녀가 옷을 갈아입는다. 【상갑(上甲)7.】

화려한 옷을 벗는다. 남자는 흰색 도포를 입고 【흰색 도포가 없는 경우 흰색 해진 옷을 입는다.】 부인은 옅은 색 치마저고리를 입는다. 【곧 화려한 무늬가 없는 옥색(玉色)의 옷을 말한다.】

⑥ 상주(喪主)를 세우고, 피발(披髮: 상투를 풀어 머리카락을 좌우로 늘어뜨리는 것)을 하고, 상의의 옷깃을 허리띠 안쪽으로 넣고, 손을 마주 잡고, 곡한다. 【상을(上乙)3. ○ '피발'은 당(唐)나라 때의 예(禮)이다.】

친자녀는 실(室) 안에 있고, 【외상(外喪: 멀리 떨어져 있는 형제가 사망한 경우)을 당하여 부인의 출타를 허가하였더라도 외침(外寢)에서 애도(哀悼)를 표현하다.3】 친자(親者)는 문 밖에 있고, 【기년(期年)과 대공(大功)에 해당하는 친

---

3 외상……표현하다: 부모의 상을 당하였는데, 다시 멀리 떨어져 있는 형제가 사망한 경우

족을 말한다.】 소공(小功)과 시마(總麻)에 해당하는 사람은 호(戶) 밖에 있
는다. 그러나 실 안에서 남녀가 거칠게 구분되어 있고【아직 동쪽 자리와
서쪽 자리에 바로 위치하지 않았을 경우를 말한다.】 이미 애도를 표현했다면,
부인은 안으로 들어가 곡을 한다.【내상(內喪: 함께 사는 사람이 사망한 경우)
이면 남자는 밖으로 나가지 않는다.】 ○ 친자식은 울고,【풍속을 따라 '애고(哀
苦)'라고 하며 운다.】 남의 후사가 된 자식과 출가한 여식은 머리를 풀어
내려뜨리지 않는다. 부인은 시아버지를 위해서는 왼쪽 머리를 풀어 내
려뜨리고, 시어머니를 위해서는 오른쪽 머리를 풀어 내려뜨린다.【그 밖
의 나머지 처와 자녀는 머리를 모두 풀어 내려뜨린다.】 무릇 머리를 푸는 법은
상투를 풀고 그 가운데를 나눈 상태에서 머리를 좌우로 내려뜨리는데,
얼굴을 덮지는 않는다. ○ 상의(上衣)의 옷깃을 허리에 꽂는 것은 상의
의 앞쪽 옷자락을 잡고 그것을 허리띠에 꽂는 것을 말한다. ○ 허리띠를
제거하지 않는 것은 『가례』에 의거하였다.【공영달(孔穎達)의 소(疏)에도 증
거가 있다. 상을(上乙)3에 보인다.】 한쪽 어깨를 드러내지 않는 것은 고례에
의거하였다.【이미 습(襲)을 했다면 이어서 왼쪽 어깨를 드러낸다.】 ○ 기년(期
年)과 대공(大功) 이하는 머리를 풀어 내려뜨리지 않았으니, 더욱이 관
(冠)과 대(帶)를 제거해서는 안 되고 고례를 준행해야 한다.

⑦ 시상(尸牀)과 자리를 진설하고, 시신을 남쪽 창 아래로 (머리를 남
쪽으로 하여) 옮겨 이불로 덮는다.【상을(上乙)4·5·6.】

'유(牖)'는 남쪽 창을 말한다. 자리의 반쯤〔半席〕 되는 땅으로 옮겨 시

〔外喪〕, 곡위(哭位)를 달리하여 애도를 표현해야 함을 말한 것이다.

신의 머리를 남쪽으로 향하게 한다. 【시신의 머리는 남쪽 창에 둔다.】 ○ 시상이 없는 경우 각판(閣板: 일종의 선반)을 취하여 사용한다. 【풍속에서는 '현판(懸板)'이라고 한다.】 각판의 너비가 협소하면 볏짚 한 묶음의 크기를 사용한다. 【여기에서 구절을 끊는다.】 흰 종이로 감싸는데, 긴 조각을 만들어 시체의 좌우를 지탱한다. 【짧은 조각일 경우 각각 몇 매씩 사용해서 시체를 지탱해도 괜찮다.】 각판의 길이가 짧으면 다른 것을 사용하여 그 아래를 받친다. 【시체의 발에 해당한다.】 ○ 시상(尸牀)은 침석(寢席)을 사용하는데, 【너비가 협소한 것을 사용한다.】 베개가 있다. 【낮고 평평해야 한다.】 이불의 두텁고 엷음은 시령(時令: 절기)을 따른다. 옛날에는 염금(斂衾: 대렴을 행할 때 시체를 싸는 이불)을 사용하였고 오늘날에는 병금(病衾: 병들었을 때 병자를 덮는 이불)을 사용한다.

⑧ 초혼(招魂)을 한다. 【상을(上乙)8에서 상병(上丙)3까지.】

곡(哭)을 그친다. ○ 시자(侍者)가 하는데, 내상(內喪)에는 여어(女御: 시중 드는 여자)를 쓴다. ○ 사망자가 평소에 입었던 적이 있는 상복(上服: 웃옷)을 사용한다. ○ 지붕에 올라갈 필요는 없고 북쪽 뜰에서 북향(北向)한 채 초혼한다. ○ 남자의 경우 다음과 같이 말한다. "아무개 조(曹) 아무개 관(官) 아무개 공(公)은 돌아오시오!" 【예컨대 "예조(禮曹) 좌랑(佐郎) 이공(李公)은 돌아오시오!"라고 하는 것과 같다.】 부인의 경우 다음과 같이 말한다. "아무개 봉(封) 아무개 군(郡) 아무개 씨(氏)는 돌아오시오!" 【예컨대 "숙부인(淑夫人) 안동(安東) 김씨(金氏)는 돌아오시오!"라고 하는 것과 같다.】 ○ 왼쪽 손으로는 옷깃을 잡고, 오른쪽 손으로는 허리춤을 잡고서 【옷의 한 가운데를 말한다.】 초혼을 하는데, 왼쪽부터 흔든다. 【흔드는 것은 왼쪽부터 시작한다.】 3번 초혼을 하고 나서는 그 옷으로 시신을 덮는다.

【이불 위에 덮어 놓는다.】

⑨ 설치(楔齒: 시신의 치아 사이에 각사角柶[4]를 끼워 넣어 치아를 벌려 놓음)하지 않고, 철족(綴足: 연궤燕几를 사용하여 다리를 일정하게 고정시켜 놓음)하지 않는다. 【고례는 상병(上丙)4·5·6에 보인다.】

설치하지 않는 이유는 예(禮)는 반드시 고례에 얽매일 필요가 없기 때문이다. 철족하지 않는 이유는 이미 시신을 수습하였기 때문이다. ○ 오늘날의 풍속에서는 한두(限斗)를 설치한다. '한두'는 깨끗한 황토를 가져다 목두(木斗)를 채우고 양쪽 다리를 묶어 두는 것인데, 시신이 훼손되는 것을 막기 위한 것이다.

⑩ 전(奠)을 진설한다. 【상병(上丙)8·9.】

이것은 이른바 '여각(餘閣: 시렁에 보관해 두었던 음식)'의 전이다. 전에 사용되는 것은 포(脯)·해(醢)【말린 고기〔臕〕와 채소를 사용하기도 한다.】·각(觴)이다. 【청주(淸酒)를 사용하거나 감주(甘酒)를 사용하기도 한다.】 옻칠한 소반〔桼盤〕을 사용하여 【평소 식사에서 사용하던 것이다.】 시신의 오른쪽에 진설한다. ○ 시자(侍者)가 전을 진설하는데, 곡(哭)은 하지만 절하지는 않는다. 주인은 앞에서처럼 엎드려 곡한다.

---

4 각사角柶: 『주례(周禮)』, 「천관(天官)」, '왕부(玉府)'에서 정현(鄭玄)은 '각사(角柶)'를 '각비(角匕)'라고 하였는데, 각비는 짐승의 뿔 모양을 한 숟가락을 말한다.

⑪ 아침·저녁이 되면 음식을 올린다[上食]. 【상인(上寅)3과 방(房)8·9.】

해가 뜨면 조전(朝奠)이 있고, 진정(辰正: 오전 8시)에는 상식(上食)이 있고, 해가 지면 석전(夕奠)이 있다. 【주자의 『가례』에 의거하였다.】 조전에는 여각(餘閣)의 물품을 사용하고, 진정과 석전에는 모두 상식의 물품을 사용한다. ○ 상식의 음식에는 각(觴) 1개, 【청주(淸酒) 및 예주(醴酒)를 말한다.】 두(豆) 4개, 【채소 1두, 침채(沈菜) 1두, 장(醬) 1두이다. 나머지 1두에는 해(醢)를 쓰거나 말린 고기[鱐]를 쓰거나 구운 고기[炙]를 쓰거나 뼈를 삭힌 젓갈[臡]을 쓴다. ○ 장(醬) 1두는 맑은 것[淸]을 쓰거나 앙금이 있는 것[滓]을 쓴다. 소종(小鐘: 작은 종지)을 사용하지 말고 대접[楪子]을 사용해야 한다.】 경(卿)과 재상(宰相)의 집에서는 6개의 두를 사용해야 한다. ○ 또한 옻칠한 소반을 사용하여 시신의 오른쪽에 전을 차리는데, 곡은 하지만 절은 하지 않는다. ○ 시졸(始卒)이 비록 초하루나 보름에 해당할지라도 이날에는 은전(殷奠: 정식으로 올리는 전)이 없다. ○ 소렴(小斂)을 치르지 않았다면, 주인은 엎드려 곡할 뿐 전(奠)에 참여하지는 않는다.

⑫ 당(堂)에 휘장을 친다. 【상병(上丙)10.】

당(堂)에 베로 만든 휘장을 설치한다. 휘장이 작으면 시신의 근처에만 설치한다. 【사후(射侯: 활을 쏠 때 과녁으로 쓰는 베)를 쓰기도 하는데, 없으면 설치하지 않는다.】

⑬ 남자와 여자의 곡할 자리를 바르게 한다. 【상정(上丁)4·5·6·7.】

남자는 곡위(哭位)를 호(戶) 밖에 설치하는데,【오늘날의 궁실(宮室)은 고
례의 궁실 제도와 다르기 때문에 앉는 방향은 편리함을 따른다.】마른 거적〔藁
薦〕과 마른 베개〔藁枕〕를 진설한다. 주인은 앞 열(列)에 자리하고, 여러
아들들은 그 뒤에 자리하고, 기년(期年)의 친척은 그 뒤에 자리하고, 대
공(大功)·소공(小功)·시마(緦麻)의 친척 또한 그 다음에 자리하고, 단
(袒)과 문(免)을 하는 사람은 또 그 다음에 자리한다. ○ 어머니의 상(喪)
인 경우 아버지가 주인이면, 아버지와 자식은 같은 옷을 입는다. 재최장
기(齊衰杖期) 또한 아버지가 주인이 된다. 그러나 그의 자식은 앞 열에
자리하게 하고 아버지는 뒷열에 자리하게 한다.【아버지의 상(喪)인 경우
어머니가 주부이면, 어머니가 앞열에 자리하고, 자식의 부인은 뒷열에 자리한다.】

부인은 안으로 돌아간다. 호(戶) 밖에 곡위(哭位)를 설치하는데, 남자
의 사례와 같게 한다.【친소(親疎)를 선후(先後)로 삼는다.】내상(內喪)이면,
부인의 곡위는 실(室) 가운데에 있고, 남자의 곡위는 호(戶) 밖에 있다.
【내침(內寢)의 호(戶) 밖이다.】

친자녀는 모두 앉아서 곡하는데, 그 나머지는 서서 곡한다. 지위가
높은 이는 비록 죽은 이와 가깝지 않다고 하더라도 역시 앉아서 곡한다.
○ 총괄하면, 곡위는 호(戶) 밖에 설치하지만 소렴을 치르지 않았다면
울면서 곡하는 것은 항상 실(室) 안에서 한다. 빈(賓)이 왔을 때에만 곡
위(哭位)를 벗어나 접대한다.

⑭ 호상(護喪)[5]과 사서(司書)[6]와 사화(司貨)[7]를 세운다.【『가례』에 보인다.】

호상은 자제(子弟) 가운데 예(禮)를 알고 일을 잘 처리할 수 있는 이

가 맡는다. 【『가례』의 문장이다.】 사서는 글씨를 잘 쓰는 이가 맡는다. 사화는 계산을 잘하는 이가 맡는다. ○ 예물을 충분히 갖춘 집에서는 친빈 (親賓)에게 호상을 맡긴다.

⑮ 부고(訃告)를 낸다. 【상정(上丁)1·2.】

조정의 관리는 먼저 예조(禮曹)에 알린다. 【단자(單子)는 아래 편(編)에 보인다.】 친척은 【대공 이상의 친척을 말한다.】 부고의 글을 사자(使者)에게 주고는 서쪽 계단 위에서 절하여 전송한다. ○ 이어 친척과 동료에게 알린다. 【『가례』에 의거하였다.】

⑯ 빈(賓)이 조문을 온 경우 주인은 일어나지도 절하지도 않으며 계상 (稽顙)[8]을 한 상태에서 곡하고 답례의 말을 하지 않는다.

---

5 호상(護喪): 상례를 거행할 때 처음부터 끝까지 모든 절차를 제대로 갖추어 잘 치를 수 있도록 상가(喪家) 안팎의 일을 지휘하고 관장하는 책임을 맡은 사람을 말한다. 호상으로는 죽은 사람과 상주의 집안사정 및 인간관계를 잘 아는 친척이나 친우 가운데에서 상례절차를 잘 알고 또 절차에 따른 일들을 잘 처리할 수 있는 사람을 골라 모신다.

6 사서(司書): 사서는 상·장례 절차의 모든 문서를 작성하고 관리하는 사람이다. 친척이나 친구 중에서 문서에 밝은 사람을 정한다.

7 사화(司貨): 사화는 상가(喪家)의 모든 금전과 물품의 출납을 관리하는 사람이다. 상사(喪事)에 써야 할 물건을 미리 마련하고 필요한 사람을 미리 구해서 그때그때 필요한 경우에 결핍이 없도록 하는 역할을 한다.

8 계상(稽顙): "'계상(稽顙)'은 머리를 땅에 찧으며 예용(禮容)을 갖추지 않는 것이다. '절하는 것'과 '머리를 찧는 것'으로 말하면 모두 지극히 애통한 것이지만, '머리를 찧는 것'이 더욱 애통함이 심한 것이다〔稽顙者, 以頭觸地, 無復禮容. 就拜與稽顙言之, 皆爲至痛, 而稽顙則尤其痛之甚者也〕."(『예기(禮記)』, 「단궁하(檀弓下)」, 진호(陳澔) 주)

고례에서는 빈에게 절하였지만, 지금은 일어나지도 절하지도 않는데, 이것은 상투를 풀고 머리를 내려뜨렸기 때문이다.

⑰ 관(棺)을 만든다. 【『가례』에 보인다.】

소나무[松]·노송나무[檜]·느릅나무[楡]·홰나무[槐]·오동나무[桐]·가래나무[梓]·단풍나무[楓]·박달나무[檀] 등이 안 될 것은 없지만 섬잣나무[五鬣松]가 가장 좋다. ○ 천판(天板: 관의 뚜껑이 되는 널빤지)의 두께는 3촌인데, 때로 2촌 7푼을 사용하기도 한다. 【지척(指尺)을 사용하는데 편(篇) 마지막 부분에 보인다.】 지판(地板: 관의 밑바닥이 되는 널빤지)과 사위(四圍: 관의 사방 둘레의 널빤지)의 두께는 2촌을 넘지 않는데, 【하늘을 3으로 표현하고 땅을 2로 표현한 것이다.】 때로 1촌 8푼을 쓰기도 한다. ○ 호상(護喪)은 대나무를 가지고 시신의 키를 재는데, 협소함을 힘써 따라 몸을 두를 수 있는 데에까지만 취한다. ○ 송진[松脂]과 밀랍[和蠟]으로 관의 틈을 메운다. ○ 관을 만들었으면 예물을 충분히 갖춘 집에서는 칠(漆)을 쓰고, 예를 좋아하는 이는 칠을 쓰지 않는데, 다만 소나무 먹[松煤]을 써서 관을 검게 만든다. 잘게 다진 송진을 바르는데, 편도(匾刀: 평평한 칼)를 불에 달구어 한다. 【관련 법도는 「상구정(喪具訂)」에 자세하다.】 ○ 옛날 사람들은 대부분 출회(秫灰: 찰기장을 태운 재)를 불결하다고 생각하여 사용하지 않았으니, 칠성판(七星板) 역시 쓸 데가 없었다. 혹여 그것을 쓰고자 하는 이는 풍속의 사례를 따르면 된다.

⑱ 명(銘)을 설치한다. 【상무(上戊)8. ○ 의미가 「상구정(喪具訂)」에 상세하다.】

베·모시·명주를 쓰는데, 상치(上緇)는 1척을 쓰고 하경(下經)은 2척을 쓰며, 그것의 너비는 5촌이다. 【옛날에는 3촌을 사용했으나, 지금은 그것에 치수를 더하였다.】하경에 '아무개 조(曹) 아무개 관(官) 아무개 공(公)의 널〔柩〕'이라고 쓰는데, 내상(內喪)이면 '아무개 봉(封) 아무개 군(郡) 아무개 씨(氏)의 널'이라고 쓴다. 【아직 입관(入棺)하지 않았더라도 고례에서는 널〔柩〕에 글을 써 놓았다.】죽강(竹杠: 명의 제구대나무 장대)의 길이는 3척 5촌이고【5촌은 중(重)에 들어간다.】위아래에는 횡광(橫框: 문틀 같은 것을 가로로 놓은 것)을 둔다. 【대나무가 없으면 가시나무를 쓴다.】○ 고법(古法)에서는 먹〔墨〕으로 썼는데, 오늘날의 풍속에서는 분(粉)으로 쓰니, 간편함을 따라야 한다. ○ 중(重)을 진설할 때에 하나의 방형(方形) 모양의 견고하고 무거운 나무를 쓰는데, 상하사방 모두 너비 5촌이다. 한가운데를 뚫어 밑바닥과 통하게 하고, 이어 명의 죽강(竹杠)을 중(重)의 구멍에 세우고 호(戶) 밖에 임시로 설치한다.

2 습함(襲含)

① 보이지 않는 곳에 구덩이를 파고, 호(戶) 밖에 2개의 물동이를 준비해 놓는다. 【상무(上戊)9와 상기(上己)1.】

구덩이를 파는 것은 시신을 씻은 물을 버리기 위해서이다. 물동이는 새것을 써야 하는데, 없으면 깨끗이 씻어 사용한다. 【사용하고 나서는 버린다.】

② 습에 필요한 의복들을 방안에 진설한다. 【상기(上己)2.】

멱목(幎目)의 제도는 겉감은 검은색 비단을 쓰고 속감은 붉은색 비단을 쓰는데,【예물을 갖추지 못한 집에서는 베를 써야 한다.】 사방 1척 2촌이고 사방의 모서리에는 묶는 끈이 있다. ○ 악수(握手)의 제도는 겉감은 검은색 비단을 쓰고 속감은 붉은색 비단을 쓰는데,【예물을 갖추지 못한 집에서는 베를 써야 한다.】 길이는 1척 2촌이고 너비는 5촌이다. 중앙의 좌우에 해당하는 부분을 각각 1촌씩 줄이는데,【가장자리를 따라 1촌을 줄인다. 경계를 넘는 것 역시 1촌이며, 비스듬히 넘어야 한다. 1촌씩 줄이면 삼각형이 된다.】 양손 사이의 빈 곳에 해당하기 때문이다. 주(注)나 소(疏)에서는 '양매(兩枚)'로 되어 있어 양손에 설치하는데, 지금 그것을 바로잡아 모두 일매(一枚)로 한다.【의미가 「상구정(喪具訂)」에 보인다.】 ○ 진(瑱)은 흰 솜을 쓰는데,【곧 귀를 막는 것이다.】 그 형상이 마치 대추씨와 같다. ○ 단삼(單衫)과 단고(單袴)는 면포(棉布)를 사용한다.【옛날에는 명의(明衣)와 명상(明裳)9을 사용했는데, 지금은 명주비단을 쓰니 잘못이다.】 ○ 속옷은 모두 겹옷을 쓰는데,【솜을 부착하지 않는다.】 겨울과 여름은 동일해야 한다. 짧은 저고리를 쓰지 않고 긴 저고리를 쓰며,【풍속에서는 '소창의(小氅衣)'라고 한다.】 바지통은 좁아야 한다.【부인의 바지통이라도 좁고 협소함을 힘써 따르는데, 겨우 넓적다리를 들일 수 있도록 한다. 단고 역시 그렇다.】 ○ 중의(中衣)는 홑옷을 쓰는데, 조정의 관리인 경우 흰색 적삼을 사용하고,【조회(朝會) 때 입는 복장이다.】 유생(儒生)인 경우 창의(氅衣)를 사용한다.【뒷부분을 터지게 하지 않는다.】 가난한 이는 중의(中衣)를 상복(上服)으로 해도 안 될 것은 없다. ○ 상복(上服)의 경우 조관은 제복(祭服: 제사 때 입는 복

---

9 명의(明衣)와 명상(明裳) : 명(明)은 깨끗하다는 의미다. 원래 평상시 재계(齋戒)할 때 입는 정결한 옷을 말한다. 여기서는 시신을 목욕시킨 후 안에 입히는 옷을 가리키는데, 시신의 몸과 닿기 때문에 정결한 옷을 사용하는 것이다.

장)을 쓴다. 【검은색 상의(上衣)에 분홍색 하상(下裳)이다.】 때로 조복(朝服)을 사용하거나 【분홍색 상의에 분홍색 하상이다.】 때로 흑단령(黑團領)을 사용하는데, 【홍단령(紅團領)과 남단령(藍團領) 또한 안 될 것은 없다.】 가슴 부분에 수놓은 것을 제거하고 쓴다. 【조복을 쓰는 이는 곡령(曲領)과 방심(方心)만 남겨 놓고, 후수(後綬) · 폐옥(佩玉) · 아홀(牙笏)을 제거한다.】 진사(進士)는 난삼(襴衫)을 쓰고, 【없으면 도포(道袍)를 사용한다.】 유생(儒生)은 도포를 쓰는데, 【심의(深衣)는 평소에 입지 않았다면 쓸 필요가 없다.】 모두 치대(緇帶)와 【너비가 2촌이고 신(紳)은 3척인데 쌍으로 내려뜨리지 않는다.】 흰색 신발이 있다. 【비단 종이를 사용하여 풀칠하여 만든다.】 고례에는 관(冠)이 없고 엄(掩)만 있었다. 엄의 제도는 흰색 비단을 쓰는데, 너비 2척이고 길이 5척이다. 네 모서리에 끈이 있는 것은 【고례에는 끝부분을 갈라서 썼으므로 끈이 없었다.】 얼굴을 가리고 뒷머리를 두른 다음, 다시 앞에서 묶기 위해서이다. 【복건(幅巾)은 사용할 필요가 없다.】 ○ 버선 한 짝에는 끈이 있고[10] 남자는 허리띠가 있다. 【한 겹이고 얄팍해야 한다.】

부인은 명의(明衣: 습을 할 때 맨 먼저 입히는 옷) 위에 겹옷의 저고리와 【베와 비단을 쓰는데 가계(家計)에 따른다.】 겹옷의 바지를 사용한다. 【면포(棉布)를 사용해야 하는데, 좁게 하는 것은 남자의 바지와 같게 해야 한다.】 상복(上服)의 경우 명부(命婦: 봉작을 받은 부인의 통칭)는 원삼(圓衫)을 사용해야 하고, 그 나머지는 당의(唐衣)를 사용해야 한다. 【모두 명주비단을 사용한다. 가난한 이는 짧은 저고리를 별도로 제작해야 하는데, 그 길이는 허리에 미치게 하여 상복으로 삼는다.】 이어 과두(裹肚)를 사용한다. 【풍속에서는 '요

---

10 끈이 있고: 버선을 신고 발목에서 묶어주는 끈을 말한다.

대(腰帶)'라고 부른다.】 ○ 총괄하면, 의복은 모두 평일에 입던 것을 사용하는데, 전혀 사용할 수 없는 것이 아니라면, 시장에서 그것을 사지 않고, 또 편안하고 소박한 것을 귀하게 여긴다. 푸르고 붉으면서 곱고 청초한 것은 단지 애처로움과 슬픔만 더할 뿐이다.

③ 반함(飯含)에 쓸 물건들을 그 다음에 진설한다.
【상경(上庚)9 · 10과 상신(上辛)1.】

구슬 1매, 쌀 3알을 상자에 담아 의복 옆에 놓아둔다. 【구슬이 없는 이는 쌀만 사용한다.】 ○ 머리 감는 데 쓰는 수건 1장, 몸을 씻는 데 쓰는 수건 1장, 빗 1개, 【빗의 이가 듬성한 것을 써야 한다.】 칼 1자루를 그 다음에 진설한다. ○ 녹색 주머니 4개를 또 그 다음에 진설한다.

수건은 모두 베를 쓰는데, 사방 1척이다. 목욕수건은 2장을 사용하는데 상체와 하체의 수건을 달리 한다. ○ 빗으로 머리를 빗기고 칼로 손톱과 발톱을 깎는다. 녹색 주머니 4개는 흩어져 있는 머리털을 담고, 빠진 치아를 담고, 【평소에 빠져 있던 것을 취하여 먼저 담는다.】 손톱을 담고, 발톱을 담는다. ○ 늑백(勒帛: 허리에 둘러매는 띠나 끈)은 반드시 쓸 필요는 없다.

④ 시자(侍子)가 2개의 물동이를 받아서 문 안으로 들어가면, 주인은 문 밖으로 나간다. 【상신(上辛)10과 상임(上壬)1.】

머리를 감는 물은 미감(米泔: 찹쌀 뜬 물)을 쓰고 【벼 뜬 물〔稻〕 및 기장 뜬 물〔黍〕을 쓰기도 한다.】 몸을 닦는 물은 향탕(香湯: 향을 넣어 달인 물)을 쓴다. 【오늘날의 풍속에서는 전자단(煎紫檀)을 쓰는데, 이것이 없는 이는 청수(淸水)를 쓴다.】 호(戶) 밖으로 나가는 것은 고례에 의거한 것이다. ○ 내상(內喪)은 여어(女御)가 물동이를 받아 들어간다.

⑤ 이어 머리를 감기고〔沐〕 빗기고〔櫛〕 묶고〔䯤〕 말린〔振〕 뒤, 몸을 씻기고〔浴〕 말리며〔振〕, 손발톱을 깎는다〔剪〕. 【상임(上壬)2에서 임(壬)7까지.】

'괄(䯤)'은 묶는다는 말이다. 【머리를 묶는데, 상투처럼 견실(堅實)하게 묶지는 않는다.】 부인은 가발(假髮)을 제거하고 머리를 묶는다. 【타인의 머리털을 함께 간직해서는 안 된다. 두 가닥으로 나누어 정수리 위에서 모아 묶는다.】 괄에는 끈이 있다. 【검은색 비단으로 된 가는 가닥을 써서 모아 묶는다. 남녀가 동일하다.】 '진(振)'은 말린다는 말이다. ○ 무릇 머리를 감기고 몸을 씻기는 법은 젖은 수건으로 3번 닦아 내는 것이다. 【『순자(荀子)』에 보인다.】 얼굴 및 손과 발은 검은색 때를 제거해야 한다. 머리를 빗기는 방법은 젖은 빗으로 3번 빗는 것이다. 【『순자(荀子)』에 보인다.】 ○ 비녀는 쓰지 않는다. 【고례에서는 남자만이 비녀를 갖고 있었다.】 ○ 손발톱을 깎는 법은 또한 길게 자란 것을 깎는 것이 예문(禮文)을 갖추는 것이다. ○ 목욕이 끝나면, 목욕에 사용한 물을 구덩이에 버리고, 수건과 빗을 아울러 구덩이에 넣고는 흙으로 덮는다.

머리를 감고 손발톱을 깎는 일이 끝나면, 어지럽게 있는 터럭 및 손톱과 발톱을 각각 3개의 주머니에 담고, 별도로 시신 옆에 놓아둔다.

⑥ 이어서 명의(明衣)를 진설하면, 주인이 들어와 자리에 나아간다. 【상임(上壬)7·8·9.】

지금은 단삼(單衫)과 단고(單袴)를 써서 명의에 해당시킨다. ○ 주인은 곡(哭)하고 들어간다. 자리에 나아가면 곡하지 않는다.

⑦ 이어 습(襲)을 한다. 【상임(上壬)10.】

시신의 옆쪽으로 나아가기 전에 먼저 습의 자리를 설치한다. 【조금 앞쪽의 반석(半席)의 자리이다.】 그 위에는 검은 띠를 가로로 놓고, 그 다음에 상복(上服)·중의(中衣)·속옷〔裏衣〕을 진설한다. 【이 3가지 의복은 한꺼번에 소매를 내어 큰 띠〔大帶〕 위에 펼쳐 놓는다. ○ 부인은 가장 위에 과두(裹肚: 시신의 배를 감싸는 것)를 진설한다.】 이어서 시신을 옮겨 옷 위에 안치한다. 먼저 겹옷의 바지를 입히고, 이어서 버선을 신기고 끈으로 묶은 다음 허리띠를 묶는다. ○ 이어서 속옷을 입힌다. 【겹옷의 긴 저고리와 겹옷의 바지를 말한다.】

⑧ 주인은 호(戶) 밖으로 나가서 단(袒: 왼쪽 어깨를 드러내는 것)을 하고, 여러 아들들도 모두 단을 하며, 들어와 자리에 나아가서 반함을 한다. 【상계(上癸)1에서 8까지.】

'단(袒)'은 왼쪽 어깨를 드러내는 것을 말한다. 【옛날에는 육단(肉袒)[11]을

---

11 육단(肉袒): 왼쪽 소매의 안과 밖의 옷을 벗어서 팔을 드러내는 것을 말한다. 최고의

했는데, 지금은 상복(上服) 위 왼쪽 소매로 가슴을 두르고, 그것을 오른쪽 겨드랑이 아래에 꽂아서 따로 묶는다.】 ○ 여러 친척들은 모두 단을 한다.】 주인은 들어가 시신의 왼쪽에 앉는다. ○ 시자(侍者)가 구슬과 쌀을 주면, 주인은 그것을 왼손으로 받는다. 먼저 구슬 1매를 가지고 입 안에 넣고, 그 다음 쌀 3알을 가지고 입 안 왼쪽과 오른쪽 그리고 가운데에 넣는다.【각각 1알씩이다.】 시신의 치아가 굳어 머금게 할 수 없는 경우에는 치아의 밖과 입술 안 사이에 넣는다.

---

⑨ 주인은 다시 옷을 입고 자리로 돌아온다.【상계(上癸)9.】

'습(襲)'은 벗겼던 소매를 다시 입는 것을 말한다. 여러 아들들은 모두 벗겼던 소매를 다시 입는다.【여러 친척들 가운데 상복(喪服)을 입어야 하는 이는 주인과 함께 단(袒)을 하고 함께 습(襲)을 한다.】

---

⑩ 친척들은 시신의 왼쪽에 앉아서 진(瑱: 햇솜으로 만든 알맹이로 귀를 막는 것)을 하고 멱(幎: 눈을 가리고 뒤에서 묶는 것)을 하고 엄(掩: 머리 싸개)을 하고 구(屨: 신발)를 신기고 대(帶)를 두르고 악수(幄手: 손싸개)를 하고 나서, 다시 시상(尸牀)에 편안히 눕히고 이불로 덮는다.【상계(上癸)10에서 상자(上子)7까지.】

'친(親)'은 기년(期年)과 대공(大功)의 친척을 말한다. 친척이 없으면 주인이 행한다. ○ '진(瑱)'은 햇솜으로 만든 알맹이로 귀를 막는 것을 말

공경을 표하는 예의이다. 육단은 단(袒)과 다르다. 단은 왼쪽 소매의 상의를 벗어서 속옷을 드러내는 것이고, 육단은 왼쪽 소매의 내외 옷을 벗는 것이다.

한다. ○ '멱(幎)'은 시신의 눈을 가리고 뒤에서 묶는 것을 말한다. ○ '엄(掩)'은 얼굴을 가리고 머리를 감싸고 난 후, 다시 이마 위 및 턱 아래에서 묶는 것을 말한다. ○ 신발에는 끈이 있는데, 왼쪽 신발의 끈과 오른쪽 신발의 끈을 발꿈치에서 엇갈려 다시 발등에서 묶는다.【양 발을 연결하여 묶는다.】 ○ 대(帶)에는 끈이 있는데, 가슴 부근에 묶고 남은 부분〔紳〕을 내려뜨린다. ○ 손싸개에는 끈 2개가 있는데, 왼쪽 끈과 오른쪽 끈은 손바닥 위에 들여놓고, 왼쪽 끈은 오른손의 두 번째와 세 번째 손가락 사이로 내어놓고, 오른쪽 끈은 왼손의 두 번째와 세 번째 손가락 사이로 내어놓는다. 각각 가운데 손가락을 1번 두르고, 다시 본래의 손가락 사이에 내어놓고, 팔뚝 사이〔擊腕〕에서 교차하여 묶는다.【'견(擊)'은 팔뚝인데〔腕〕, 바로 팔꿈치 마디의 뒤쪽을 말한다.】 ○ 습을 했다면, 간략히 시신을 거두는 방법을 사용하여 시신이 비틀거리는 것을 막는다. ○ 병상에서 쓰던 이불이 불결하면, 염(斂)할 때 쓰던 이불을 사용해서 덮어야 한다.

시신을 다시 시상(尸牀) 위에 안치하고, 곧바로 시상을 머리를 감는 곳으로 옮겨 안치한다.【자리 하나에 해당하는 장소로 옮긴다.】 ○ 만약 무더운 계절이면, 이때에 얼음을 법대로 진설해야 한다. 그러나 얼음을 진설하는 것은 경(卿)과 대부(大夫)의 예(禮)이니,【상신(上辛)9.】 지위가 없는 이는 사용해서는 안 된다.

⑪ 시자(侍子)는 명중(銘重)을 가져다 시신의 곁에 놓는다.【상축(上丑)3.】

시신의 머리가 있는 쪽에 북면(北面)하도록 세워서 전(奠)과 상식(上食)을 받도록 해야 한다. ○ 명중(銘重)을 진설하였다면, 혼백(魂帛)을 진설하지 않는다.

⑫ 주인 이하는 곡을 하고 전(奠)을 진설한다. 【『가례』에 보인다.】

고례에는 전(奠)이 없었으나, 전(奠)이 있는 것은 주(注)와 소(疏)에 의거한 것이다. 아침·정오·저녁 3번의 시간을 사용해야 하는데, 별도로 전(奠)을 진설하지는 않는다. ○ 이 이후부터는 전(奠)에 2품의 음식을 사용하는데, 과일을 쓰기도 한다. 【곧 말린 과일이다.】 친척은 전을 진설하고, 주인은 곧바로 엎드려 곡을 한다.

⑬ 밤에는 마당에 화톳불〔燎〕을 밝혀 놓는다. 【상축(上丑)4.】

당(堂) 위에 1개의 횃불〔燭〕을 밝히고, 【횃불이 없는 이는 화톳불을 쓴다.】 당 아래에 1개의 화톳불을 밝힌다. 【예물을 충분히 갖춘 집에서는 2개의 화톳불을 쓴다.】

3 소렴(小斂)

① 다음 날 날이 밝으면, 소렴(小斂)에 쓸 물건들을 방 안에 진설한다. 【상축(上丑)5.】

수교(豎絞)[12] 1폭의 길이는 10척이다. 【짧은 것은 9척을 쓴다. ○ 무릇 교포(絞布)는 포백척(布帛尺)으로 계산한다.】 횡교(橫絞) 3폭의 길이는 4척이다.

【때로 3척 남짓을 쓰기도 한다.】 폭마다 그 양쪽 끝을 잘라 각기 3개의 끈을 만든다. ○ 수교는 양쪽 끝을 잘라 들어가 각각 1척 6촌으로 만드는데, 【9척을 쓰는 경우는 양쪽 끝을 잘라 들어가 각각 1척 5촌으로 만든다.】 묶기 위해서이다. ○ 횡교는 양쪽 끝을 잘라 들어가 역시 각각 1척 6촌으로 만드는데, 【3척 남짓을 쓰는 경우는 양쪽 끝을 잘라 들어가 각각 1척 몇 촌으로 만든다.】 묶기 위해서이다. ○ 총괄하자면, 시신의 장단(長短: 몸의 길고 짧음)과 비척(肥瘠: 몸의 살찜과 야윔)을 보고 등이나 겨드랑이에 해당하는 곳마다 온폭을 쓴다. 앞부분의 묶는 데 해당하는 것은 그것을 잘라 3개의 끈을 만든다. 길이는 확정할 수 없다. ○ 마포(麻布)를 사용하기도 하고 면포(棉布)를 사용하기도 한다. 【사계(沙溪)가 면포를 사용하는 것을 허용하였다.】 만약 홑이불을 갖고 있다면 그것을 찢어 교포(絞布)를 만드는데, 매우 합리적인 것이니 신포(新布)를 사용할 필요는 없다. 【염할 때 사용하는 이불은 여러 겹을 하지 않고 홑이불을 사용한다.】

산의(散衣: 말아서 빈 곳을 채우는 옷가지)는 해지고 손상된 것을 써야 하며, 더러운 것을 써야 한다면 세탁해서 사용한다. ○ 산의가 없는 경우 해진 솜을 쓰거나 종이로 만든 것을 쓰기도 한다. 빈 곳을 메우는 것은 안 될 것이 없지만, 예물을 충분히 갖춘 집에서는 아름다운 것을 써야 한다. ○ 도의(倒衣: 사람이 죽어 염을 할 때 시체의 균형을 위하여 홀쭉한 부분에다 이리저리 덮는 옷)는 무릎 아래 부분에 쓰는데, 솜이 있는 짧은 저고리를 사용해야 한다. 무릇 도의를 쓰는 방법은 좌임(左衽)[13]을

---

12 수교(豎絞): 絞의 발음은 '교'라고 하기도 하고 '효'라고 하기도 한다. 옷을 묶는 끈으로 보통 포(布)로 만든다.
13 좌임(左衽): 죽은 사람은 좌임(左衽), 즉 오른쪽 옷깃이 왼쪽 위로 가게 하는 형태로 옷을 매기 때문에 좌임을 한다. 즉 좌임은 사망자에 대한 문식의 한 상징이다.

꺼리지 않고, 【상묘(上卯)7.】 또 무릇 상복(上服)은 도의로 쓰지 않는다. 【조복(朝服)·단령(團領)·난삼(襴衫)·도포(道袍) 등과 같은 것을 말한다.】

소렴(小斂)의 이불은 베[布]나 비단[帛]이나 검은색 비단[緇]이나 녹색 옷[綠]으로 형편에 따라 사용한다. 모두 솜을 제거하고 겹으로 된 이불을 쓴다. ○ 이불 안이 더러우면 세탁해서 사용해야 한다. 예물을 충분히 갖춘 집에서는 아름다운 것을 써야 한다.

② 전(奠)에 사용할 물건들을 당(堂) 동쪽에 진설하는데, 희생물(犧牲物)은 특돈(特豚) 일정(一鼎)을 사용한다. 【상인(上寅)1에서 6까지.】

예(禮)는 특돈을 쓰는데, 조(俎)에 담는다. 오늘날에는 소고기를 쓰거나 【우리나라의 풍속에서는 양과 돼지를 쓰지 않는다.】 닭고기를 쓰거나 물고기를 써야 한다. 다만 수육[熟肉] 한 그릇을 써서 조에 담고, 육수로 【육즙(肉汁)을 말한다.】 국을 만든다. 상식(上食)을 겸해서 행할 경우에는 또 밥이 있다. ○ 사용되는 기물(器物)에는 잔(盞) 1개, 【청주(淸酒)나 예주(醴酒)를 쓴다.】 돈(敦) 1개, 조(俎) 1개, 형(鉶) 1개, 두(豆) 2개, 【채소절임과 해(醢)를 담는다.】 변(籩) 2개이다. 【포(脯)와 말린 고기[鱐]를 변 1개에 담고, 대추와 밤을 변 1개에 담는다.】 ○ 소렴의 전은 옛날에는 소기(素器: 평소에 쓰던 그릇)와 소반(素盤: 평소에 쓰던 쟁반)을 사용하였다. 【상인(上寅)3.】 예물이 충분하지 않은 집에서는 바로 길기(吉器)를 사용한다. ○ 음식을 만들었다면 수건으로 덮어 놓는다. 【수건이 없는 경우 기름종이로 덮어 놓는다.】

③ 당(堂) 동쪽에 질(絰)과 대(帶)를 진설한다. 【상인(上寅)7·8·9.】

위로는 참최(斬衰)로부터 아래로는 시마(緦麻)에 이르기까지 소렴을 치렀다면, 모두 수질(首絰)·요질(腰絰)·교대(絞帶)·포대(布帶)를 한 다. 머리를 묶고〔括髮〕 문(免)을 하고 북상투〔髽〕를 하는데, 사용되는 도구 역시 함께 진설해 놓아야 한다. ○ 수질을 교차시켜 묶는 부분은 목 뒤쪽이어야 한다. 참최의 질(絰)은 왼쪽 뿌리가 아래에 있다.【옛날에 는 순마(純麻)를 사용했기 때문에 마의 뿌리가 한쪽 방향으로 치우쳐 있었다. 오늘 날에는 도간(稻稈: 찰볏집)을 골간으로 삼기에 가운데 굽힌 곳〔中屈處〕을 근본으로 생각하고 꼬리 부분의 흩어진 곳〔尾散處〕을 말단으로 생각해야 한다.】재최(齊衰) 이하의 질(絰)은 오른쪽 뿌리가 위에 있다.【가운데 굽힌 곳을 마의 꼬리 부분의 위에 둔다는 말이다.】○ 요질은 수질보다 작고, 참최에서 대공에 이 르기까지는 산대(散帶)[14]를 아래로 늘어뜨리는데,【소공 이하는 산대를 늘 어뜨리는 것이 없다.】모두 「상복상(喪服商)」에 자세하다. ○ 여러 친척들 이 입는 것은 차례로 동쪽 방향에 진열해야 한다.

교대(絞帶)는 2번 꼰다.【오늘날의 풍속에서는 4번 꼬고 '삼중사고(三重四股: 네 가닥으로 꼬아 세 겹으로 만듦)'라고 하는데, 그 의미가 잘못되었다. 옛날에 '갈 대삼중(葛帶三重)'[15]이라고 한 것은 수복(受服: 초상이 났을 때 입는 소상복小祥服)

---

14 산대(散帶): 상복(喪服)의 요대(腰帶)로 허리에 두르고 난 뒤 남는 부분을 묶지 않고 드리운 것을 산대라고 한다. 대공(大功) 이상의 상복에서는 산대를 하고, 소공 이하는 아래로 드리운 부분을 요대 안에 끼워 넣는데, 이것을 교(絞)라고 한다(『삼례사전(三禮辭 典)』, 812쪽, '산대(散帶)' 항목 참조).

15 갈대삼중(葛帶三重): "갈대는 세 겹으로 한다는 말로 남자의 경우를 가리킨다. 장례(葬禮) 를 마친 후 갈질로 허리의 마질을 바꾸는데, 전보다 조금 작게 하여 네 가닥으로 꼬아서 쌓아 서로 겹치게 하므로 세 겹이 된다. 홑가닥으로 꼬아서 한 겹이 되고, 양 가닥을 합쳐서 한 줄을 만들면 두 겹이고, 두 줄을 합쳐서 한 줄을 만들면 세 겹이 된다[葛帶三重, 謂男子也, 葬後, 以葛絰易要之麻絰, 差小於前, 四股糾之, 積而相重, 則三重也. 蓋單糾爲

의 대(帶)는 3번 꼬는 것으로 역시 사고(四股)가 아니다.】○ 재최삼년부터 시마에 이르기까지 포대(布帶)는 모두 너비 2촌으로 【우리나라 풍속에서는 무거운 복은 대(帶)가 넓고 가벼운 복은 대가 협소한데, 크게 예가 아니다.】 올의 수〔升數〕에서만 거침과 미세함이 있다. ○ 부인의 요질은 참최라 하더라도 역시 숫마〔牡麻〕를 사용한다. 뿌리를 묶고 산대를 내려뜨리지 않는데, 모두 「상복상(喪服商)」에 자세하다. ○ 여러 친척들이 착용하는 것은 차례대로 수질과 요질의 다음에 진열해야 한다.

괄발(括髮)은 친자식만이 한다. 괄발의 방법은 마로 만든 끈으로 머리를 묶어 괄(髺: 북상투)을 만드는 것이고 상투를 하는 것은 아니다. 【고례에서는 소렴할 때 이르러 비로소 상투를 풀고 괄발을 하였는데, 이것은 흉복(凶服)의 시작이다. 오늘날의 풍속에서는 먼저 머리를 풀고 있다가 소렴할 때 이르러 괄발을 하는데, 점차 길복의 상(象)이 있게 된다. 고금의 예(禮)가 크게 다르다.】 ○ 문(免)은 상관(喪冠: 絻)으로 오늘날의 풍속에서 말하는 두건(頭巾)이다. 옛날에는 재최 이하라야 문을 썼다. 오늘날의 사람들은 괄발 위에 직접 수질(首絰)을 착용하니, 세상을 놀라게 할까 몹시 두렵다. 지금 이에 근거하여 참최 이하로부터 단문(袒免)의 친척에 이르기까지 모두 소렴의 의절을 진행한 다음에 머리에 베로 만든 건(巾)을 착용하는데, 그것에 구애될 필요가 없다. ○ '좌(髽: 북상투)'는 '좌계(坐髻)'이고 '좌계(継髻)'라고도 한다. 그 방법에는 비녀〔笄〕를 사용하는 것과 머리를 총각 모양〔總〕으로 하는 것이 있는데 부인의 복식이다. 지금은 가발(假髮)을 줄이거나 제거하고 【가발의 반을 줄인다.】 평소와 같게 높고 크게 하지 않

一重, 兩股合爲一繩, 是二重, 二繩又合爲一繩, 是三重也〕."(『예기(禮記)』, 「간전(間傳)」, 진호(陳澔) 주)

는다. 모두 「상복상(喪服商)」에 자세하다. ○ 여러 친척들이 착용하는 것은 차례대로 질대(絰帶)의 다음에 진열해야 한다.

중의(中衣)는 생마포(生麻布)를 사용해야 한다. 【풍속에서의 명칭은 '중단의(中單衣)'이다.】 고례에서는 그 절차를 말하지 않았고, 오늘날의 풍속에서는 모두 소렴의 때에 착용하였다. 【중의(中衣)를 착용하면 백포(白袍)를 벗는다.】 또 풍속에 따라 친자식만이 미리 만들어 놓는다. ○ 여러 의복의 끝에 진열한다.

④ 시신의 곁에 자리를 깔고 교(絞)를 펴고 이불을 깐다. 【상묘(上卯)6·7.】

시신의 곁에 나아가기 전에 먼저 소렴할 자리를 설치하는데, 【또 앞의 반석(半席)의 땅이다.】 남쪽 창 가운데에 해당한다. 【시신의 동쪽과 서쪽의 땅을 균일하게 한다.】 그 다음으로 횡교(橫絞)를 펼쳐 놓고, 【포(布) 3폭이다.】 그 다음으로 수교(豎絞)를 펼쳐 놓고, 【길이 1폭이다.】 그 다음으로 겹이불을 펼쳐 놓는다.

⑤ 남자와 여자는 곡을 한다. 【여기에서 구절을 끊는다.】 용(踊)을 행하는데 정해진 절차가 없다. 【상묘(上卯)8.】

소렴(小斂)의 일은 매번 남자를 쓴다. 【내상(內喪)이라도 그렇다.】 부인은 내당(內堂)에서 곡해야 한다. 【문 밖의 곡위(哭位)에서 한다.】 내상이라면 부인은 호(戶) 밖으로 물러나 곡한다.

⑥ 시신을 이불 위로 옮긴 뒤에 이불로 싸고 교(絞)로 묶는다. 【상묘(上卯)9·10.】

산의(散衣)와 도의(倒衣)는 적당하게 쓴다. ○ 소렴에서 이불을 사용하는 방법은 먼저 발을 감싸고, 그 다음 머리를 감싸고, 그 다음 오른쪽을 감싸고, 그 다음 왼쪽을 감싼다. 【오늘날의 풍속에서는 먼저 왼쪽을 감싸는데, 이는 좌임(左袵)의 의미이니, 잘못이다.】 교(絞)를 묶는 방법은 먼저 하교(下絞)를 묶고, 그 다음 중간을 묶고, 그 다음 위를 묶는다. ○ 무릇 교를 묶는 것은 너무 느슨하게 해서도 안 되며, 또한 너무 꽉 조여서도 안 된다. 또 무릇 교를 묶을 때 매듭을 지어 묶지는 않는다. 【상묘(上卯)7.】

⑦ 염(斂)을 마치고 나면 시신에 기대어 곡한다. 【상진(上辰)2.】

주인은 시신 오른쪽으로부터 기대고, 【여러 아들들도 동일하다.】 주부는 시신 왼쪽으로부터 기댄다. 【여러 여식들과 여러 부인들도 동일하다.】 ○ 지위가 높거나 나이가 많은 이가 지위가 낮거나 나이가 적은 이의 상(喪)을 당해서는 어루만지는 것을 기대는 것으로 삼는다. ○ 시신에 기대고 곡하였으면 부인은 내당(內堂)으로 돌아온다.

⑧ 단(袒)을 하고, 머리를 묶고, 문(免)을 하고, 북상투[髺]를 하고, 대(帶)를 한다. 【상진(上辰)3·4·5.】

'단(袒)'은 좌단(左袒)을 말한다. 【왼쪽 소매를 오른쪽 겨드랑이의 띠 사이에 꽂는다.】 여러 상주들은 모두 단을 한다. ○ 머리를 모으지만 북상투를 틀지는 않는데, 마승(麻繩)으로 묶고, 이어 효건(孝巾)을 쓴다. 부인은 머리를 모아 북상투를 하고【방법이 위에 보인다.】모두 교대(絞帶)를 착용한다. ○ 복(服)이 있는 친척들은 모두 단(袒)을 하고 건(巾)과 대(帶)를 한다. 단문(袒免)을 하는 친척들은 단을 하고 건을 할 뿐이다.【포대(布帶)를 하지 않는다.】단문을 하는 친척들은 시마복(緦麻服)을 하는 친척 가운데 1번 전환한 사람들이다.【풍속에서 말하는 '8촌 대부(大父), 9촌 대부, 10촌 대부'이다.】강복(降服)하여 복(服)이 없는 이 역시 단문을 한다.

> ⑨ 시신을 받들어 평상에 안치하고 이불로 덮는다.【상진(上辰)6.】

고례의 이당(侇堂: 시신을 당에 모심)은 오늘날에 사용하지 않는다.【바람을 맞으면 시체에 변동이 생기기 때문이다.】임시방편〔權度〕으로 평상을 옮겨 이당의 절차에 해당하게 한다. ○ 시자(侍者)는 시신을 받들어 평상 위에 안치하고,【습(襲)한 이후부터는 평상에만 모신다.】다시 시상(尸牀)을 대렴하는 곳에 안치한다.【실(室)의 중앙에 해당한다.】○ 옛날에는 이금(夷衾)[16]을 썼는데,【제도가「상구정(喪具訂)」에 보인다.】지금 이에 근거하여 헌 이불〔故衾〕에서 2폭을 찢어서 가져다 덮는다.【홑이불〔單衾〕을 쓴다면 모두 사용한다.】입관(入棺)하였다면 문식을 늘려서 구의(柩衣: 널을 덮는 보자기)를 만드는 것도 괜찮다. 예물을 충분히 갖추고 있는 집에서는 이금을 만들어야 한다.

---

16 이금(夷衾): 시체를 덮는 이불을 말한다. 대체로 이불은 접어서 몸을 감싸기 때문에 모두 5폭으로 사용하는데, 이금은 위에만 덮을 뿐 접는 것이 없으므로 이평(夷平: 평평함)하다는 이름이 붙여진 것이다.

⑩ 주인은 나와서 자리로 나아가고, 곧 (좌단했던) 옷을 도로 입고, 질(絰)을 하고, 빈에게 절을 한다.【상진(上辰)8·9·10.】

곧 호(戶) 밖의 자리이다.【여러 자식과 여러 친척들은 따라서 나온다.】습(襲)은 벗어 놓았던 소매를 다시 입는 것이다. 질(絰)은 수질(首絰)과 요질(腰絰)이다. 빈(賓)은 외빈(外賓)으로 조문(弔問) 온 사람이다. ○ 옛날에는 조문을 온 빈(賓) 역시 소렴한 다음에는 백색 칡으로 만든 한 가닥의 환질(環絰)을 썼는데,【수질과 요질을 갖춘다.】그 절차가 이때에 있다.

⑪ 이어 전(奠)을 올리고, 주인은 곡(哭)을 하며, 용(踊)을 마친다.【상기(上己)1에서 8까지.】

대부(大夫)는 가신(家臣)으로 하여금 전(奠)을 집행하게 하고, 사(士)는 붕우(朋友)로 하여금 전을 집행하게 한다. 집행할 사람이 없으면 시마(緦麻)와 소공(小功)의 친척이 전을 집행한다.【의미가 「증자문(曾子問)」에 보인다.】친척은 자리에 나아가 서서 곡한다. ○ 집사자(執事者)는 모두 손을 씻고 먼저 포와 밤을 진열하고,【즉 변(籩) 2개에 담는다.】그 다음 채소절임과 해(醢)를 진열하고,【즉 두(豆) 2개에 담는다.】그 다음 조(俎)를 진열하고,【곧 수육(熟肉)을 담는다.】그 다음 밥과 국을 진열하고,【상식(上食)을 겸하여 행하기 때문이다.】그 다음 청주(淸酒)를 진열한다.【때로 예주(醴酒)를 쓰기도 한다.】곡은 하는데 절은 하지 않는다. ○ 집사자는 물을 올리고, 조금 있다가 음식을 치우는데, 포와 밤만은 남겨 놓는다.【포와 밤은 거(腒)·숙(鱐)·과(菓)·료(橑)를 통칭한 것이다.】○ 무릇 전(奠)은 모두 명중(銘重) 앞에 차린다.

⑫ 이어 대곡(代哭)한다. 【상기(上己)10.】

'대곡(代哭)'은 번갈아 곡하여 소리가 끊이지 않게 하는 것이다. 주인
과 여러 아들 및 여러 친척이 함께 한다. 【사람을 시켜 번갈아 곡하게 하는
것을 말하는 것이 아니다.】

⑬ 밤이 되면 뜰 가운데 횃불을 켜 놓는다. 【상오(上午)5.】

또한 당(堂) 위에 횃불 1개를 켜 놓고 당 아래 화톳불 1개를 켜 놓는
다. 【위에 보인다.】

4 대렴(大斂)

① 다음 날 날이 밝으면, 방 안에 대렴(大斂)에 쓸 물건들을 진설한다.
【상오(上午)10.】

산의(散衣)와 오래된 솜을 【예물을 충분히 갖춘 집에서는 새 솜을 쓴다.】
시신의 서쪽에 진열한다. 【실(室) 가운데 깊은 곳이다.】 때로 황토(黃土)를
쓸 경우에는 그 다음에 진열한다. 【가루와 같이 미세하게 거른다.】 ○ 천금
(天衾: 관에 넣어 시신을 덮는 이불)과 지욕(地褥: 관에 넣어 시신 아래에 까는
이불)은 예(禮)가 아니다. 【고례에 없던 것으로 성호(星湖) 또한 금지하였다.】

교포(絞布)는 시신의 동쪽에 진열한다. 【실(室) 가운데 얕은 곳으로 동쪽
일 필요는 없다.】 ○ 교포 3폭은 각각 길이가 4척씩이다. 【포백척(布帛尺: 바

느질 자)이다.】 옛날에는 묶는 도구[絞]로 사용하였지만, 지금은 시신을 드는 데에 사용한다. 해당 포(布)는 오래된 홑이불을 몇 폭으로 찢어 사용한다. 【겹이불[複衾]의 안감으로 사용해도 안 될 것은 없다. 마포(麻布)와 면포(棉布)를 모두 쓸 수 있다.】 때가 있으면 세탁해서 사용한다.

녹색 주머니 4개는 상자에 담아서 산의(散衣) 다음에 진열한다.

② 관(棺)을 당(堂)에 올린다. 【상미(上未)3.】

관(棺)이 만들어지면 소나무 먹으로 검게 만들고, 송진으로 지지고 【방법이 위에 보인다.】 이어 밖에서 안으로 들어간다. ○ 관을 올려 중당(中堂) 위에 안치한다. 【곧 2개의 기둥 사이이다.】 관을 닫는 못[棺衽]을 위에 놓는다. 【풍속에서는 '은정(隱丁)'이라고 부른다.】 ○ 관에 옻칠을 하려는 사람은 흰색 관을 올리거나 흑색 관을 올리기도 한다. 관을 들여놓고 나서 옻칠을 한다. ○ 칠성판(七星板)[17]을 쓰고자 하는 사람은 칠성판과 차조를 태운 재를 올려서 관 옆에 놓는다.

③ 전(奠)에 사용할 물건들을 당(堂)의 동쪽에 진설하는데, 희생물은 특돈(特豚) 3정(三鼎)이다. 【상오(上午)9·10과 상미(上未)5.】

'삼정(三鼎)'은 수육(熟肉) 1조(俎), 【옛날에는 새끼돼지를 썼는데, 오늘날에

---

17 칠성판(七星板) : 관(棺) 속 바닥에 까는 얇은 널판을 말한다. 한 조각의 판자를 써서 만들며 7개의 구멍을 뚫는다. 칠성(七星)이란 것은 북두칠성(北斗七星)을 형상한 것이다.

는 소고기를 쓴다.】 익힌 닭 1조, 익힌 물고기 1조를 말한다. ○ 술은 일헌(一獻)을 하고, 음식은 궤(簋) 2개,【밥 한 그릇과 떡 한 그릇인데, 쌀 2승(升)을 써서 떡을 만든다.】 형(鉶) 1개, 조(俎) 3개,【육즙과 여러 채소로 국을 만든다.】 두(豆) 4개, 변(籩) 2개인데,【식해·뼈를 삭힌 젓갈·채소절임·채소를 4개의 두에 담고, 말린 고기와 과일을 2개의 변에 담는다.】 상식(上食)을 겸하여 행하기 때문에 해당 물품이 자못 많다. 【고례에서는 단지 조(俎) 3개, 무(甒: 술 단지) 2개, 두(豆) 2개, 변(籩) 2개만 썼다.】

④ 집사자(執事者)는 시신의 왼쪽에 교(絞)를 깔고, 시신을 받들어 교위(絞位)에 놓으며, 곡(哭)을 하고, 용(踊)을 하는데 절차 없이 한다. 【상신(上申)5·신(申)7.】

시신의 왼쪽은 시상(尸牀)의 뒤를 말한다. 교(絞)를 펼쳐 놓았다면, 먼저 가는 줄 6개를 【칡으로 만든 줄을 쓴다.】 교 위에 펼쳐 놓고, 【3개의 교(絞)가 각각 2개의 줄을 쓴다.】 이어 시신을 받들어 교 위에 안치한다. 【입관(入棺)한 뒤에 줄로 시신을 들어서는 곧바로 그 교를 내온다.】

⑤ 시신을 받들어 관 속에 들여놓는다. 【상신(上申)10.】

집사자(執事者)는 빈 시상(尸牀)을 가지고 문으로 나와 당(堂) 모퉁이에 기대어 놓는다. ○ 관이 들어오면 시상이 있는 곳에 안치하는데, 머리를 남쪽을 향하게 하고, 【당을 나가지 않았기 때문에 여전히 머리를 남쪽을 향하게 하는 것이다.】 그것을 관의 덮개를 열어 놓은 상태에서 관의 북쪽에 기대어 놓는데,【관의 발 쪽에 해당한다.】 임(衽: 관의 못)은 아래에 놓는다. 【곧 은정(隱丁)을 말한다.】

친척 6인은 각각 좌우로 서고,【각각 3인씩이다.】각각 교(絞)의 끝을 잡고 시신을 받들어 관 가운데에 들여놓고, 이어 6개의 줄로 시체를 조심스럽게 들어 3개의 교(絞)를 뽑아낸다. ○ 3개의 교가 빠져나왔으면, 이어 6개의 줄을 뽑아낸다. ○ 이어 산의(散衣)와 오래된 솜을 가지고【종이로 된 것을 쓰기도 한다.】비거나 누락된 곳을 메운다.【황토를 쓰는 경우는 옷과 솜을 쓰지 않는다.】○ 이어 녹색 주머니 4개를 가져다 머리털을 보관한 주머니는 윗모퉁이에 들여놓고,【왼쪽 윗부분의 모서리이다.】치아를 보관한 주머니는 턱 주변에 들여놓고,【오른쪽 주변이다.】손톱과 발톱을 보관한 주머니는 나누어 아랫모퉁이에 들여놓는다.【손톱은 오른쪽에 놓고 발톱은 왼쪽에 놓는다.】

⑥ 이어 단(袒: 왼쪽 어깨를 드러냄)을 하고 남녀가 관을 끼고 곡을 하며, 뚜껑을 덮고 못을 친다.【위 구절은 『가례』에 보이고, 아래 구절은 상신(上申)10에 보인다.】

'단(袒)'은 좌단(左袒)을 말한다. 여러 주인은 모두 단을 하고, 아래로는 단문(袒免)을 하는 친척에 이르기까지 모두 단을 한다.

남자는 동쪽 방향에서 서면(西面)하는데, 남쪽을 윗자리로 한다.【주인은 시신의 머리 쪽에 있고, 여러 자식들은 그 다음 열(列)에 앉는다.】부인은 서쪽 방향에서 동면(東面)하는데, 남쪽을 윗자리로 한다.【주부는 시신의 머리 쪽에 있고, 여러 부인과 여식들은 그 다음 열에 앉는다.】모두 한 항렬(行列)이 된다.【곡위(哭位)와 같지 않다.】곡이 끝나면 부인은 안으로 돌아오고,【내상(內喪)이면 부인은 호(戶)를 나간다.】이어 장인(匠人)을 불러 덮개를 부착하고 못을 친다.【곧 은정(隱丁)이다.】○ 이어 2개의 주춧돌을 가지고 관의 위아래를 지탱한다.

⑦ 이어 옷을 도로 입고[襲], 전(奠)을 올린다. 주인은 곡(哭)을 하고 용(踊)을 마친다. 【상유(上酉)7에서 상무(上戊)4까지.】

'습(襲)'은 벗었던 소매를 다시 입는 것을 말한다. 전(奠)의 의절(儀節)은 소렴 때의 전(奠)과 같게 한다.

⑧ 휘장을 치우고 의려(倚廬)를 만든다.

빈(殯)을 하고 나서 주인은 빈(賓)에게 절을 하는데 의려에서 한다. 다음 날 빈(殯)을 행할 것이기 때문에 미리 만들어 놓는 것이다.

5 성복(成服)

① 다음 날 날이 밝으면, 상복(喪服)과 상장(喪杖)을 문밖에 진설한다.

대렴(大斂)의 다음 날은 죽은 지 4일째 되는 날이다. 【산 사람의 입장에서 내일이기 때문에[生與來日] 『경(經)』에서 '삼일성복(三日成服)'이라고 하였다.[18]】

---

18 『경(經)』에서 '삼일성복(三日成服)'이라고 하였다 : "죽은 지 사흘째 되는 날, 즉 대렴(大斂)을 한 다음 날 오복(五服)의 친속들은 모두 상복(喪服)으로 갈아입고, 지팡이를 짚는 복(服)을 하는 사람은 지팡이를 짚는다. 주인은 미리 국군(國君)에게 찾아가 배례(拜禮)를 하고 대렴에 와준 것에 사례한 다음, 아울러 조문 왔던 여러 조문객들에게도 찾아가 사례

만약 4일째 되는 날에 대렴을 한다면, 대렴하는 날에 드디어 상복을 입게 된다.

상관(喪冠)은 베를 쓰는데, 【올의 수는 상복에 따라 동일하지 않다.】 본래 너비 1척 6촌이다. 그것을 접어 3개의 주름〔삁〕을 만드는데, 그것의 너비는 8촌이고, 그것의 길이는 너비의 2배이다. 【16촌이다.】 정수리는 무지개와 같아서 급박하게 꺾지 않는다. 【오늘날의 풍속에서는 그것을 급박하게 꺾어 '굴관(屈冠: 상복을 입을 때 두건 위에 덧쓰는 건)'이라고 부르는데, 잘못된 것이다.】 ○ 상관(喪冠)에는 무(武)가 있는데, 그것의 높이는 4촌이고, 양쪽이 서로 부합하고, 귀 뒤에서 교차한다. ○ 외필(外縪: 무에 꿰매어 붙이는 것)로 그것을 압박하니 이른바 '압관(厭冠)'이라고 하는 것이다. 가파르지 않게 반대로 접어 위쪽을 향하게 한다. ○ 모두 「상복상(喪服商)」에 자세하니, 점검해 보아야 한다.

상의(喪衣)는 제복(祭服)의 상의(上衣)와 같으나, 바느질한 부분만은 밖을 향하도록 한다. 옷깃을 마주하지 않고, 【교임(交衽: 교차되는 옷섶)이 있으면, 괘자(掛子: 마고자)와 같게 하지 않는다.】 제비꼬리처럼 내리지 않고, 【뒤를 내려뜨리지 않고 또 좌우로 내려뜨리지 않는다.】 가로로 철릭〔橫襕〕을 대지 않고, 【세속에서는 '대하척(帶下尺)'19이라고 한다.】 가슴 부분에 최(衰:

한다. 다만 수의를 보내온 사람들에게는 찾아가서 사례하지 않는다〔三日成服杖. 拜君命及衆賓, 不拜棺中之賜〕."(『의례(儀禮)』, 「사상례(士喪禮)」); "살아 있는 사람의 일에 대해서는 사망한 다음 날부터 수를 세고 죽은 사람의 일에 대해서는 사망한 날부터 수를 센다〔生與來日, 死與往日〕."(『예기(禮記)』, 「곡례상(曲禮上)」)

19 대하척(帶下尺): "상의의 띠 아래의 길이는 1척이라 허리를 가리킨다. 넓이 1척이면 아랫도리의 윗부분을 가릴 수 있다〔衣帶下尺者, 要也. 廣尺, 足以掩裳上際也〕."(『의례(儀禮)』,

가슴 앞부분에 대는 조각)를 꿰매어 넣고, 등 부분에 부(負: 등 뒷부분에 대는 조각)를 꿰매어 넣는다.[20] ○ 벽령(辟領)의 제도[21]는 우선 정현(鄭玄)의 법을 따르고,【오늘날 풍속에서 쓰는 것이다.】기년과 대공 이하는 단지 주자의 『가례』에 의거하는데, 옷깃을 만드는 것은 일상적인 방법과 같이 하고, 별도로 베를 꿰매어 넣어 곡령(曲領)을 만드는데, 오늘날의 조복(朝服)이나 제복(祭服)과 같다.【친척의 상(喪)에는 흉검(凶儉)을 따라야 하니, 옛날의 법은 반드시 『가례』와 같았을 것이다.】○ 위로는 참최로부터 아래로는 시마에 이르기까지 모두 최(衰)・적(適: 벽령)[22]・부(負) 등이 있다. ○ 소매의 끝은 반폭(半幅)에 이어 둥글게 말아 가면서 줄여 나가는데, 또한 오복(五服)이 모두 동일하다. ○ 하상(下裳)은 풍속의 제도와 같게 한다. ○ 모두 「상복상(喪服商)」에 자세하니, 점검해 보아야 한다.

대나무 지팡이는 그 굵기가 1액(搤)을 넘지 말고【엄지〔大指〕와 검지〔第二指〕가 서로 만났을 때의 굵기이다.】그 입구를 검고 조악하게 만든다. 오

「상복(喪服)」, '기(記)')

20 가슴 부분에 …… 꿰매어 넣는다 : "넓이와 길이가 심장에 해당한다. 앞에는 최가 있고, 뒤에는 부판이 있으며, 좌우에는 벽령이 있는 것은 효자의 슬퍼하는 마음이 없는 곳이 없음을 표현한다〔廣袤當心也. 前有衰, 後有負板, 左右有辟領, 孝子哀戚無所不在〕."(『의례(儀禮)』, 「상복(喪服)」, '기(記)', 정현 주)

21 벽령(辟領)의 제도 : "벽령은 넓이가 4촌으로서, 최의 안쪽보다 밖으로 나온다〔適, 博四寸, 出於衰〕."에 대해 정현은 "'박(博)'은 넓다. 벽령의 넓이는 4촌이므로 활중(闊中)과 더불어 8촌이다. 이를 합하면 1척 6촌이 된다. '최의 안쪽보다 밖으로 나온다.'는 것은 옆이 최의 밖으로 나온다는 뜻이다. 치수를 보이지 않았음을 알 수 있다.〔博, 廣也. 辟領廣四寸, 則與闊中八寸也. 兩之爲尺六寸也. 出於衰者, 旁出衰外, 不著寸數者, 可知也〕."라고 하였다(『의례(儀禮)』, 「상복(喪服)」, '기(記)', 정현 주).

22 적(適: 벽령) : "부는 벽령보다 1촌 넓다〔負, 廣出於適寸〕."에 대해 정현은 "'부(負)'는 등 윗부분에 있는 것이다. '적(適)'은 벽령이다. 부는 벽령보다 1촌 넓다〔負, 在背上者也. 適, 辟領也. 負出於辟領外旁一寸〕."라고 하였다(『의례(儀禮)』, 「상복(喪服)」, '기(記)', 정현 주)

동나무 지팡이 역시 둥글게 깎아 내는데,【위는 둥글고 아래는 네모지게 하지 말라.】그 크기는 대나무 지팡이와 같다. ○ 참최와 재최는 모두 소구(疏屨)를 쓴다.【'소(疏)'는 거칠다는 말이다. 오늘날의 풍속에서는 소활(疏豁)한 신발을 쓰는데, 잘못이다.】○ 모두 「상복상(喪服商)」에 자세하니, 점검해 보아야 한다.

> ② 조곡(朝哭)을 하려 할 때, 주인 이하는 문밖에 있는 곡위(哭位)에 나아가 곡을 한 뒤, 이어 하상(下裳)을 입고, 상복(喪服)을 입고, 상관(喪冠)을 하고, 질대(経帶: 질과 대)를 하고, 요질(腰絰)의 늘어뜨린 마(麻)를 묶으며〔絞垂〕, 전(奠)을 올린다.

'즉위(卽位)'는 문밖에 있는 곡위(哭位)를 말한다. '질대(経帶)'는 소렴 때에 이미 착용하였던 것이다.【두건(頭巾) · 중의(中衣) 역시 이미 갖추고 있다.】○ '교수(絞垂)'는 산대(散帶)의 마를 묶은 것을 말한다. ○ '전(奠)'은 조전(朝奠)을 말한다. 포(脯) 하나와 해(醢) 하나는 다른 날과 같이 은전(殷奠: 정식으로 올리는 전)을 하지는 않는다. ○ 주인 이하는 곡하고 2번 절한다.

> ③ 전(奠)이 끝나면, 주인은 (서쪽 계단으로) 내려와 의려(倚廬)로 나아가 상장(喪杖)을 하고 곡을 한 뒤 빈(賓)에게 절을 한다.

시자(侍者)가 먼저 마른 거적과 마른 베개를 의려(倚廬)로 옮겨 놓는다. 주인은 서쪽 계단에서 내려와 의려로 나아간다.【의려는 동쪽 계단 아래에 있어야 하는데 서향(西向)하고 있다.】시자는 상장(喪杖)을 건넨다. ○ 주인은 앞열에 있고 여러 아들들은 그 뒤에 있고, 상빈(上賓)은 앞열에 있고, 중빈(衆賓)은 그 뒤에 있다.

기년과 대공 이하는 의려에 나가지 않고 당(堂) 위에서 위로를 받는다.

이날에 관을 결박한다. ○ 구의(柩衣: 널을 덮는 보자기)를 제거하고 흰 종이에 풀칠을 하여 휘장을 만들어 관을 두른다. 또 흰 종이에 풀칠을 하여 덮개를 만들어 관을 둘러싼다. 이어 초석(草席)을 사용해서 휘장을 만들고 보쌈을 만들고,【먼저 관의 둘레 및 윗면을 헤아리고 풀을 직조하여 자리를 만든다.】 이어 괴삭(薊索: 새끼줄)을 사용하여 묶는다.【괴삭은 정밀하게 짜야 한다.】 ○ 예물을 충분히 갖춘 집에서는 기름칠한 단마삭(單麻索: 홑마줄)을 써야 한다.

6 성빈(成殯)[23]

① 다음 날 날이 밝으면 관을 묻을 구덩이[窆坎]를 뜰의 서북쪽에 판다.

'사감(窆坎)'은 장차 빈소를 차릴 구덩이를 말한다. 그 깊이는 임(袵:

---

23 성빈(成殯): 「사상례」는 대렴을 하고 빈소를 마련한 다음 날 성복을 하도록 되어 있으나, 「상의절요」는 대렴을 마친 다음 날 성복을 하고 다시 그 다음 날 빈소를 차리는 것으로 되어 있다. 이러한 변화에 대해 다산은 "옛날에 성복의 예는 빈을 하기 전에 하기도 하고 뒤에 하기도 하였다. …… 3일째 되는 날 성복을 하는 것은 천자로부터 서인에 이르기까지 차이가 없었기 때문이다."라고 설명한다. 즉 다산은 죽은 지 4일째 되는 날 성복을 하는 것은 고정불변이라고 보는 것이다. 따라서 3일째 대렴을 했다면 다음 날 성복을 하고, 4일째 대렴을 했다면 바로 그날 성복을 하는 것으로 본다. 『상의절요』에서 성복을

못)이 보이는 데서 그친다. 【은정(隱丁)은 땅의 평평한 부분 위에 있다.】 ○ 지석(地席) 1개는 그 길이와 너비가 관과 같다. 【볏짚을 써서 두텁게 직조하는데, 왕골자리와 같게 한다.】 장석(牆席) 1개는 그 높이가 관장(棺牆)과 같고, 그 너비는 관을 두를 수 있다. 【관의 사방의 주위를 포괄한다.】 조석(罩席) 1개는 그 길이와 너비가 관의 덮개와 같다. 굄목〔搘木〕 2개를 구덩이 위에 설치한다. 【관의 양쪽 끝을 지탱하기 위해서이다.】

② 조곡(朝哭)을 마쳤다면, 친족들은 방문을 열고 고유(告由)[24]하고, 주인 이하는 곡(哭)을 한다. 【여기에서 구절을 끊는다.】 절차 없이 용(踊)을 한다.

다음과 같이 고한다. "장차 빈소(殯所)로 가려 합니다. 감히 고합니다."

③ 어자(御者) 8인이 들어가 널을 받들고 하관할 곳으로 가서 구덩이 옆에 안치하는데, 머리를 북쪽으로 한다.

호(戶)를 나서자마자 널의 머리가 먼저 가게 한다. 【널의 머리가 앞을 향하게 한다.】 이어 널을 하관하는데, 머리를 북쪽으로 한다.

한 다음 날 빈소를 차리도록 규정한 중요한 이유에 대하여 다산은 "옛날 사대부의 상에는 모두 공식적으로 파견된 유사가 와서 업무를 처리하였기 때문에 예에 관련된 일들을 처리하기 쉬웠다. 지금 가난한 집안에서 창졸간에 여러 가지 일이 겹치면 기일을 맞추기 어려울 것이므로 이틀을 늘려서 편안하고 상세하게 하도록 하려는 것이 나의 생각이다."라고 대답한다. '성빈'의 조항을 따로 분리한 것은 「사상례」에 근거한 것이기는 하지만 세세한 절차를 마련한 것은 다산이다(장동우, 2007 참조).

24 고유(告由) : 중대한 일을 치르면서 그 내용을 사당에 고하는 것을 말한다.

④ 괴임대〔掃〕를 설치하고, 이어 널을 받들어 구덩이에 안치한 뒤, 자리를 깔고, 흙을 칠하며, 덮개를 한다.

장차 괴임대를 설치하려면, 먼저 지석(地席)을 펼쳐야 한다. 널을 안치하였다면, 이어 휘장을 드리우고, 이어 널을 조석(罩席)으로 두른다. ○ 원래의 땅이 좋지 않다면 별도로 깨끗한 황토를 써서 두텁게 덮는다. 윗면은 황토진흙을 써서 칠한다. ○ 덮개를 만들 때에는 사감(肂坎)을 덮을 수 있는 정도를 기준으로 삼고, 4개의 기둥에 1개의 들보를 평상시의 법과 같이 만드는데, 이엉으로 그것을 덮는다. 4개의 벽에는 창이 없고, 모두 황토진흙을 써서 칠한다. ○ 예물을 충분히 갖추고 있는 집에서는 누격(壘墼: 벽돌을 쌓아 만듦)의 제도를 사용해야 한다.

⑤ 친척들이 방안에 교의(交椅: 의자)와 전탁(奠桌: 전을 올릴 탁자)을 마련하고, 명중(銘重)²⁵을 놓는다.

교의(交椅) 1개는 그 높이가 3척이고, 전탁(奠桌) 1개는 그 높이가 3척이고, 향안(香案) 1개는 그 높이가 2척이다. 【모두 지척(指尺)으로 계산한다.】 1개의 화로(火爐)와 1개의 찬합(饌盒)을 갖춘다. ○ 예물을 충분히

---

25 명중(銘重) : 명(銘)은 기록한다는 의미다. 즉 죽은 사람의 이름을 죽은 사람이 생전에 사용하던 기(旗)에 써서 관의 표식으로 삼는 것이다. 정현은 주에서 "명은 곧 명정(明旌: 죽은 이를 구별해 주는 기)이다."라고 하였는데, 이것은 정(旌) 즉 사자가 생전에 사용하던 기(旗)로서 누구의 관(棺)인지를 밝힌다는 의미다. 후대에 이 명(銘)을 보통 명정(銘旌)이라고 불렀다. 정현의 설명에 따르면, 중(重)은 물건을 매달기 위해 설치한 나무막대로, 길이는 1장(長) 3척(尺)이다. 모양은 나무를 깎아 윗부분에 구멍을 뚫어 놓은 형태로 구멍에 금(衿), 즉 대나무로 된 막대기를 꽂아 물건을 매단다. 그러므로 명중(銘重)은 명(銘)을 중(重)에 걸어 놓은 것을 말하는 것임을 알 수 있다.

구비하고 있는 집에서는 흰색 휘장을 써야 한다.

영침(靈寢)을 진설할 경우에도 이때에 설치한다. ○ 욕석(褥席: 이부자리)과 금침(衾枕: 이불과 베개)은 저녁에 설치하였다가 아침에 거두어들인다. 또 목욕을 위한 상구(喪具)는 아침마다 설치한다. 【도구를 놓는 곳은 실(室) 안의 편리한 곳을 따른다. ○『가례』에서 말한다. "영상(靈牀)을 널 동쪽에 진설한다."】

⑥ 주인 이하는 곡(哭)을 하고 자리로 돌아가고[反位], 아침 상식을 올리는데[饋], 친척들이 일을 맡아 하고 주인은 여차(盧次)에서 곡한다.

'위(位)'는 실(室)의 호(戶) 밖의 자리이다. ○ '궤(饋)'는 신정(辰正: 오전 8시) 때 지내는 상식(上食)이다. ○ 무릇 전(奠)은 주인이 일을 집행하지 않는다. 부모를 잃고 혈육이 없는 친척은 자신이 집행한다.

⑦ 빈소를 차리면 아침저녁 무시(無時)로 곡을 한다.

슬픔이 지극하면 곡한다. ○ 새벽에 일어나면 1번 곡하고, 【오늘날의 풍속에서는 '조곡(朝哭)'이라고 부른다.】 해가 뜨면 1번 곡하고, 【곧 옛날의 조곡(朝哭)으로 조전(朝奠)을 겸하여 행한다.】 신시(辰時: 오전 7시~9시)에 1번 곡하고, 【아침 상식(上食)을 거행한다.】 오시(午時: 오전 11시~1시)에 1번 곡하고, 【조문 온 빈(賓)이 있으면 곡하지 않는다.】 일포(日晡: 오후 3시~5시)에 1번 곡하고, 【조문 온 빈이 있으면 곡하지 않는다.】 해가 지면 1번 곡하고, 【저녁 상식(上食)을 거행하는데, 곧 옛날의 '석전(夕奠)'이다.】 황혼(黃昏)에 1번 곡한다. 【오늘날의 풍속에서는 '석곡(夕哭)'이라고 부른다.】

⑧ 초하루에는 정식의 전[殷奠]을 올리고 보름에는 그렇게 하지 않는
다. 【저(氐)6에서 방(房)2까지.】

초하루의 전(奠)은 특돈(特豚) 삼정(三鼎)을 쓰는데, 그 물품은 대렴
(大斂)의 전과 같게 한다. 【장례를 지냈다면 일정(一鼎)을 쓴다.】 ○ 대부 이
상은 보름에도 전(奠)이 있다. 특돈 일정(一鼎)을 쓰는데, 그 물품은 소
렴(小斂)의 전과 같게 한다.

⑨ (춘분과 추분, 하지와 동지 등) 중월(仲月)이 되면 천례(薦禮)를 한
다. 【방(房)3에서 방9까지.】

춘분(春分)과 추분(秋分)에 천례(薦禮)를 지낼 때에는 특돈(特豚) 삼정
(三鼎)을 쓴다. 【그 물품은 초하루의 전(奠)과 같게 한다.】 하지(夏至)와 동지
(冬至)에 천례를 지낼 때에는 특돈 일정(一鼎)을 쓴다. 【그 물품은 보름의
전(奠)과 같게 한다.】 변(籩)·두(豆)·궤(簋)·형(鉶) 가운데서 새로 나온
음식 1종류를 써야 한다. 【봄에는 부추를, 여름에는 보리를, 가을에는 메기장
을, 겨울에는 벼 등을 쓴다.】 모두 아침의 상식을 겸하여 행한다.

⑩ 생일에는 전(奠)을 올리지 않는데, 거행한다고 해도 정식으로 올리
지는 않는다.

생신(生辰)의 제사는 고례가 아니지만 임시방편[權道]으로 특돈 삼정
을 쓴다.

7 　계빈(啓殯)

① 빈(殯)을 마치고 10일이 지나면 조역(兆域: 무덤이 있는 곳)에 나아 가 공사를 하고, 장일(葬日)을 정하는데 반드시 유일(柔日)로 한다.

　종자(宗子)는 조상의 무덤에 나아가 소목(昭穆: 좌소우목左昭右穆)의 위 치를 변별하여 신택(新宅)을 조영(造營)한다. 서자(庶子)는 새로 조성된 무덤에 나아가 스스로 태조(太祖)가 되어 신택을 조영한다. ○ 태조의 무덤은 남향한다. 【동향과 서향도 안 될 것은 없다.】 자식은 좌소(左昭)가 되고 서향한다. 손자는 우목(右穆)이 되고 동향한다. 서자(庶子) 가운데 후사가 없는 이는 좌소의 뒤에 자리한다. 【남녀 가운데 일찍 죽은 이들은 모두 장례를 따른다.²⁶】 서손(庶孫) 가운데 후사가 없는 이는 우목의 뒤에 자리한다. 【남녀 가운데 일찍 죽은 이들은 모두 장례를 따른다.】 증손(曾孫)과 현손(玄孫)은 모두 이 사례를 따른다.

　대부(大夫)와 사(士)는 3개월이 되면 장례를 지낸다. 귀족 가운데 관 직이 없고 후사가 있는 경우는 한 달을 넘겨 장례를 지낸다. 【사망한 지 30일이 지났다면 곧 '유월(踰月: 달을 넘김)'이라고 칭한다.】 서인(庶人) 및 귀족 가운데 관직도 없고 후사도 없는 경우는 혹 이구(二九)가 되면 장례를 지내고, 【18일이다.】 혹 삼오(三五)가 되면 장례를 지내고, 【15일이다.】 혹 9일이 되면 장례를 지낸다. 상(殤: 성인이 되기 전에 죽은 이)을 당한 사람

---

26 남녀 가운데 …… 따른다 : 좌소우목(左昭右穆)의 위차(位次)가 없이 장례만 지낸다는 말 이다.

과 지위가 빈천한 경우는 7일과 5일도 안 될 것은 없다. 【상(殤)은 3일 만에 장례를 지내기도 한다.】 모두 풍수(風水)와 관련된 사설(邪說)을 살피지 않고, 음양(陰陽)에 따라 풍속에서 꺼려하는 것에 구애받지 않는다. ○ 무릇 3개월에 장례를 지내는 경우는 사망한 지 61일 되는 날을 장례의 기일로 삼는다. 【2년을 3년으로 생각하는 것과 같다.】 무릇 한 달을 넘겨 장례를 지내는 경우는 사망한 지 31일 되는 날을 장례의 기일로 삼는다. 【작은 달〔小月〕을 만나면 마땅히 각각 1일씩 줄여야 한다.】 상(喪)이 달의 초5일에 있는 경우는 바로 다음 달 초5일을 장례의 기일로 삼는다. ○ 만약 장례의 기일이 유일(柔日)에 해당하지 않으면, 하루를 미루거나 하루를 앞당겨 반드시 유일에 장례를 지내야 한다. 【을일(乙日)·정일(丁日)·기일(己日)·계일(癸日)이다.】

② 장례의 기일이 되면, 삼일 전에 광(壙)을 파고 그 바닥에 석회(石灰)와 세사(細沙: 가는 모래)와 황토(黃土)를 섞어 만든 모래흙을 다져 넣는다.

장례가 정일(丁日)에 있는 경우는 갑일(甲日)에 광(壙: 시신을 묻기 위해 판 구덩이)을 판다. ○ 일을 돕는 이는 새로 조성된 무덤에 나아가 흙을 파고 금정란(金井欄: 화려하게 난간을 장식한 것)을 진설한다. 금정란의 길이와 너비는 관의 사방 둘레에 【관의 담〔牆〕을 말한다.】 1척을 더하여 둘러싼다. 【주척(周尺: 주나라의 척도)을 쓴다.】 광(壙)의 깊이는 【풍속에서 말하는 '혈심(穴深: 무덤 구덩이의 깊이)'이다.】 관의 높이에 다시 4척을 더한다. 【흙이 두텁고 물이 깊은 경우 5척 역시 괜찮다.】 가령 관의 높이가 2척이면, 광의 깊이는 6척이다. ○ 이어 광의 바닥에 재를 1촌의 두께로 쌓는다. 【단단하게 다져서 견고하게 하는 것이다.】 이어 그 위에 참(墋)을 1척의 두께로 쌓는다. 【'참(墋)'은 3종류를 섞은 흙을 말하는데, 석회(石灰)와 세사(細沙)와 황토(黃土) 3가지를 섞어서 만든 것이다.】 ○ 이어 회격(灰隔)의 난간을 설치하고, 【그 길이와 너비 및 높이는 하나같이 본래의 관과 같지만, 천지판(天地板: 관의 뚜껑과 밑바닥에 대는 널)만 없을 뿐이다.】 이어 사방 둘레의 참(墋)을 쌓는데, 그 두께는 1척이다. 【사방 둘레가 모두 1척이다.】 가난한 집에서는 난간을 설치할 수 없으니, 임시방편으로 우선 널빤지를 설치한다. ○ 쌓는 것이 끝나면, 난간과 참(墋)의 나머지를 제거한다. 하관을 진행했다면 모래흙을 다져 넣는다. ○ 비가 오면 초옥(草屋)을 설치한다. 【풍속에서는 '묘상각(墓上閣: 장사 때 비와 햇볕을 가리기 위해 관이 들어갈 구덩이 위쪽에 임시로 세우는 지붕)'이라고 부른다.】

③ 하루 전날 아침 집사자(執事者)가 명중(銘重)을 가지고 빈소(殯所)로 나아가 빈소를 열겠다고 고하고, 곡(哭)을 한 뒤 연다.

병일(丙日)의 아침 집사자(執事者)는 다음과 같이 고한다. "이제 빈소를 열려고 합니다. 감히 고합니다." ○ 집사자는 기침을 하고, 빈소를 헐어 널을 내오고, 널의 먼지를 털어 내고 닦는다. ○ 명중(銘重)을 널의 왼쪽에 안치한다.

④ 주인 및 여러 주인들[衆主人]은 모두 요대(腰帶)의 끈을 늘어뜨리고, 부인은 북상투[髽]를 틀고, 주인은 단(袒)을 하고, 수없이 용(踊)을 한다.

막 빈소를 헐었다면 대공 이상은 모두 요대의 끈을 늘어뜨린다.

⑤ 널을 받들고 묘(廟)에 알현한 뒤, 단(袒)을 했던 것을 다시 입고, 전(奠)을 올린다.

널을 받들고 묘에 나아가 【머리 부분이 먼저 간다.】 당에 올라서는 머리를 북쪽으로 놓는다. 그런 다음 바로 양쪽 기둥 사이에 버팀목을 설치한다. ○ 명중(銘重)을 동쪽 계단 위에 세우고 서면(西面)하게 한다. ○ 계빈전(啓殯奠)은 조조전(朝祖奠)이라고도 한다. 희생물(犧牲物)은 특돈(特豚) 삼정(三鼎)을 쓰고, 【대렴(大斂)의 전(奠)과 동일하게 한다.】 아침 상식(上食)을 겸하여 행한다. ○ 전을 올릴 때에 주인은 옷을 입는다. 【단(袒)을 했던 것을 입는다.】 ○ 서자(庶子)로 함께 사는 이는 조묘(朝廟)하는 의절이 없다. 빈소를 열고 널을 내와 외청(外廳)으로 옮겨 안치하는데, 【외사(外舍)의 청(廳) 위를 말한다.】 내상(內喪)은 내우(內宇)로 옮겨 안치한다. 【당(堂)의 남쪽이다.】 모두 대렴(大斂)의 처소에서 조금 더 밖으로 향한다.

8 조전(祖奠)

① 해가 포시(晡時) 무렵이 되면, 상여(喪輿)를 담당한 이가 상여를 처마 밑[宇下]에 들여놓는다. 주인은 들어가 자리로 나아가 단(袒)을 한다.

이때에 집사자(執事者)는 전(奠)을 치운다. ○ 축(祝)이 명중(銘重)을 가져다 계단 아래에 놓는다. ○ '우하(宇下)'는 처마 밑을 말한다. 처마가 짧은 경우에는 유붕(油棚 : 기름칠한 선반)을 설치하여 비에 대비해야 한다. 【초려(草廬) 역시 괜찮다.】

② 집사자(執事者)가 널을 받들고 당(堂)을 내려와 상여에 싣고〔載〕 묶으며〔束〕, 곡하고 용(踊)을 수없이 한다.

당(堂)을 내려올 때에 널은 머리를 북쪽으로 향하게 한다. ○ '재(載)'는 상여〔輀車〕에 널을 싣는 것을 말한다. '속(束)'은 널을 여강(輿杠: 상여에 다는 깃대)에 묶는 것이니, 수레에서 떨어지지 않게 한 것이다.

③ 이어 길 떠나는 처음〔祖〕에 전(奠)을 올리기 위해 상여(喪輿)를 돌린다. 축(祝)이 명정(銘旌)을 가져다 널 앞에 꽂으면, 옷을 입고 전을 올린다.

'조(祖)'는 처음이라는 뜻으로 길 떠나는 시작이다. 상여를 돌려 밖을 향하는데, 장차 길을 떠나는 것을 보이는 것이다. 이때 널은 머리를 남쪽으로 향하게 한다.【머리가 밖을 향한다.】명(銘)을 널의 북쪽에 해당하는 곳에 꽂고 중(重)을 수레 뒤에 매단다. ○ 조전(祖奠)의 희생물은 특돈 일정(一鼎)이다.【소렴(小斂)의 전(奠)과 동일하게 한다.】변(籩) 2개를 더하는 것 역시 괜찮다.【대추·밤·포·미숫가루 등이다.】저녁 상식(上食)을 겸하여 행한다. ○ 전(奠)은 상여의 서쪽에 진설한다.【축이 고하는 말은 없다.】

④ 저녁이 되면 뜰에 횃불을 밝히고, 이어 번갈아 곡을 한다〔代哭〕.

번갈아 곡을 하여 곡의 소리가 끊이지 않게 한다.

발인(發引)

> ① 다음 날 날이 밝으면, 전(奠)을 올릴 기물들을 (상여가 머물러 있는)
> 뜰 중앙[中庭]의 서쪽에 진설한다. 【여기에서 구절을 끊는다.】 전을 올
> 리는 자리는 동쪽을 향하도록 한다.

'중정(中庭)'은 곧 상여가 머물고 있는 곳이다. ○ '전(奠)'은 견전(遣
奠)[27]을 말한다. 희생물은 소뢰(少牢) 오정(五鼎), 【규(奎)2·3】 고기 일정
(一鼎), 【소고기를 말한다.】 돼지고기 일정, 물고기 일정, 닭 일정, 위장(胃
腸) 일정으로 【소의 내장이다.】 모두 유육(濡肉: 젖은 고기)을 만들어 조
(俎) 5개, 두(豆) 4개, 변(邊) 4개에 담는다. 【고례이다.】 아침 상식(上食)
을 겸하여 행하니, 궤(簋) 2개와 형(鉶) 1개가 있다. 【밥과 국을 담는다.】
궤 2개는 하나는 밥을 담고 하나는 떡을 담는다. 【떡의 높이는 2촌을 넘지
않는다.】 형 1개는 채소로 육즙을 낸 것이다. 술은 일헌(一獻)이다. ○ 경
(卿)과 재상(宰相)은 태뢰(太牢) 칠정(七鼎)을 쓰고, 관사(官師) 이하는 특
생(特牲) 삼정(三鼎)을 쓰고, 서인(庶人)은 일정(一鼎)을 쓴다.

> ② 주인이 들어가 자리에 나아가서 어깨를 드러내면[袒], 상여를 담당
> 하는 이는 구거(柩車)를 모시고 뜰 가운데에 멈춘 뒤, 덮개를 하고 휘
> 장을 하며, 장식을 하고[乃飾] 운삽(雲翣)[28]을 하며, 곡하고 용(踊)을
> 수없이 한 후, 그 다음 옷을 바로 입고 전(奠)을 올린다.

----

27 견전(遣奠) : 희생을 견거(遣車: 상여(喪輿))에 실어 전(奠)을 올리는 것을 말한다.
28 운삽(雲翣) : 발인 때 영구(靈柩) 앞뒤에 세우는 구름무늬를 그린 부채 모양의 물건으로

'내식(乃飾)'은 저뉴(褚紐)와 피대(披戴) 등을 말한다. ○ 전(奠)을 하고 작(爵)을 올리면 축은 꿇어앉아 다음과 같이 고한다. "상여에 이미 오르셨고 가시는 곳은 유택(幽宅)입니다. 이에 보내는 의식을 거행하오니〔載〕세상 끝까지 영원히 이별이로소이다."【'재(載)'는 어떤 판본에는 '식(式)'으로 되어 있다.】

> ③ 이어 발인(發引)을 하는데, 명정(銘旌)이 먼저 나가고 공포(功布)가 다음에 나가고, 운삽(雲翣)이 그 다음이며, 구거(柩車)가 출발한다.

경(卿)과 대부(大夫)의 상(喪)에서는 전(旜)[29]이 먼저 나가고,【곡병기(曲柄旗: 자루가 굽은 깃대)이다.】그 다음으로 단조(丹旐: 붉은 깃대)가 나가고,【오늘날의 풍속에서는 '명정(銘旌)'이라고 한다.】그 다음으로 안마(鞍馬: 안장을 얹은 말)가 나가고,【오늘날 '혼마(魂馬)'라고 한다.】그 다음으로 명정(銘旌)이 나가고,【길이가 3척이다.】그 다음으로 공포(功布)가 나가고, 그 다음으로 불삽(黻翣: 흑백의 도끼 문양을 넣은 운삽)이 나가고, 그 다음으로 운삽(雲翣: 구름 기운을 그려 넣은 운삽)이 나가고, 널이 이어서 나간다. ○ 당하관(堂下官)[30]은 단지 운삽만 있고, 유생(儒生)과 서인(庶人)은

상여를 가리킨다.

29 전(旜): "'전(旜)'은 기〔旝旗〕의 일종이다. 그것을 수레 위에 싣는 것은 사행의 일을 표시하기 위한 것이다. 『주례(周禮)』, 「춘관(春官)」, '사상(司常)'에 '한 가지 색깔의 비단으로 만든 기를 전(旜)이라 한다.'고 하였고, 또 '고경(孤卿)은 전(旜) 깃발을 세운다.'고 하였다. 조문(朝門)에 이르면 사자는 북쪽을 향하는데 동쪽을 윗자리로 삼는다. 고문본(古文本)에 '旜'은 모두 '膳'으로 되어 있다〔旜, 旝旗屬也. 載之者, 所以表識其事也. 『周禮』曰通帛爲旜, 又曰孤卿建旜. 至於朝門, 使者北面東上. 古文'旜'皆爲'膳'〕."(『의례(儀禮)』, 「빙례(聘禮)」, 정현 주)

30 당하관(堂下官): 당하(堂下)의 관리란 말로 조선시대 관리들의 품계 가운데 정3품 이하

모두 1개의 삽(翣)도 없다.

④ 명기(明器)[31]와 하유(下帷)를 만들지 않고, 희생(犧牲)을 싸지 않고, 육장(肉醬)을 담지 않고, 오곡을 담지 않고, 관에 까는 자리를 만들지 않고, 만사(挽詞: 사망한 이를 애도하는 글)를 짓지 않고, 막차(幕次)를 하지 않으며, 폐백(幣帛)을 올리지 않는다.

'하장(下帳)'은 곧 상장(牀帳)·인석(茵席)·의탁(椅卓) 등을 말한다.

⑤ 주인 이하는 곡(哭)하면서 걸어가 널을 따르고, 떠날 즈음에 주인은 단(袒)을 했다가 문을 나서면 옷을 바로 입는다.

참최(斬衰)가 앞에 있고, 기년(期年)은 그 다음에 있고, 대공(大功)은 그 다음에 있고, 소공(小功)은 그 다음에 있고, 시마(緦麻)는 그 다음에 있고, 단문(袒免)은 그 다음에 있고, 복(服)이 없는 친척은 그 다음에 있고, 빈객(賓客)은 그 다음에 있다. 복(服)이 같은 이는 항렬을 순서로 하

종9품까지를 일컫는다.

[31] 명기(明器) : "'명기'는 장기(藏器)이다. 「단궁(檀弓)」에 '그것을 명기(明器)라고 하는데, 죽은 이를 신명(神明)으로 대하는 것이다.'라고 하였다. 신명(神明)이라 말한 것은 생기(生器)와 다르기 때문이다. 그래서 '대나무 그릇은 쓸 수가 없고, 질그릇은 광택을 내지 않고, 나무그릇은 깎지 않고, 금슬(琴瑟)은 벌려 놓되 조율하지 않고, 생황은 갖추어 놓되 고르지 않고, 종과 경쇠가 있지만 걸대는 없다.'라고 한 것이다. 승거(乘車)의 서쪽에 명기(明器)를 두었으니, 중(重)은 북쪽에 있다〔'明器, 藏器也. 「檀弓」曰, '其曰明器, 神明之也.' 言明者, 異於生器. '竹不成用, 瓦不成味, 木不成斫, 琴瑟張而不平, 竽笙備而不和, 有鍾磬而無簨虡.' 陳器於乘車之西, 則重北也〕."(『의례(儀禮)』, 「기석례(旣夕禮)」, 정현 주)

고, 【숙부(叔父)가 앞에 있고 질자(姪子)가 뒤에 있다.】 항렬이 같은 이는 나이를 순서로 한다. ○ 무덤이 10리(里) 안에 있는 경우 고례를 따라 걸어서 간다. 무덤이 멀리 있는 경우 풍속을 따라 말을 타고 간다. 경성(京城)은 말을 타고 가야 한다.

10 폄(窆) · 반곡(反哭)[32]

① 널이 광(壙)에 이르면 주인은 단(袒)을 하고 곡을 멈춘다.

'곡을 멈춘다'는 것은 하관하는 일을 정리하기 위해서이다.

② 이어 하관을 하고, 모래흙을 덮고, 다지고, 재를 넣고, 흙을 넣고, 다지며, 옷을 바로 입는다.

먼저 기름종이로 구의(柩衣)를 만든다. 하관했으면 기름종이로 가리고, 이어 모래흙으로 덮는데, 【삼화토(三和土)이다.】 두께는 2척이다. 흙을 다졌으면 숯가루〔炭末〕을 펴는데, 두께는 1촌이다. 이어 흙을 채워 다진다. ○ 폐백을 보내지 않고, 이금(夷衾)을 쓰지 않고, 【오늘날의 구의(柩衣)인데 제거해야 한다.】 명정(銘旌)을 쓰지 않고, 항절(抗折)[33]을 쓰지 않는다. 【오늘날의 횡대(橫帶)로 쓰지 않아야 한다.】

---

32 폄(窆) · 반곡(反哭) : 규장각본 · 버클리본에는 소제목이 빠져 있다.
33 항절(抗折) : 항은 흙을 막는 멍석을 말하고, 절은 쪼갠 나무를 말하는데, 관을 묻을 때 그 위에 흙이 닿지 않게 하는 장치를 말한다.

③ 구덩이를 채운〔盈坎〕뒤 무덤 왼쪽에서 전(奠)을 올리고, 신주(神主)를 세우며, 명정(銘旌)을 묻는다.

'구덩이를 채운다'는 것은 곧 평토(平土)를 말한다. 전(奠)에는 특돈일정을 쓴다. 제주전(題主奠)[34]을 겸하여 행하는데 정식으로 올리는 전(奠)은 아니다. ○ 신주를 세웠으면 축(祝)은 다음과 같이 고한다. "체백(體魄)은 무덤으로 돌아갔으나 혼신(魂神)에게는 편치 못한 곳입니다. 여기에 기대고 여기에 의지하여 황조(皇祖)께로 가십시오."【년·월·일을 말하지 않고 상향(尙饗)이란 말도 없다.】○ 명(銘)을 무덤 왼쪽에 묻고, 중(重)과 삽(翣)과 공포(功布) 등은 모두 무덤 앞에서 불사른다.【명(銘)은 접어 흰 종이로 싼 다음 묻는다. 강(杠)은 불사른다.】

④ 이어 반곡(反哭)을 한다. 문에 들어선 뒤 주인은 단(袒)을 하고 서쪽 계단으로 당(堂)에 오르고, 부인은 당 아래서 곡을 하고 동쪽 계단으로 오른다. 빈궁(殯宮)으로 가서 곡하고 슬픔을 다한 뒤 옷을 다시 입는다.

빈(賓)의 조문(弔問)은 예(禮)와 같게 한다. ○ 종자(宗子)의 상(喪)은 묘(廟)에서 반곡(反哭)하고 묘에서 내려와 빈궁(殯宮)으로 간다.

⑤ 장사를 지낸 날 우제(虞祭)를 지낸다. 사(士)는 3번의 우제를, 경

---

34 제주전(題主奠) : 장사를 지낸 다음 무덤에서 혼령을 신주(神主)에 옮긴다고 하면서, 거기에 사망자의 이름과 직함을 쓰고 나서 지내는 제식(祭式)을 말한다.

(卿)과 대부(大夫) 또한 3번의 우제를 지내는데, 서인(庶人)은 1번의 우제만 지낸다.

먼 곳에서 장례를 지낸 경우 무덤 아래에서 초우(初虞)를 행한다. 집으로 돌아온 후에는 유일(柔日)을 택하여 재우(再虞)를 행한다. 격일로 할 필요가 없으니, 10일을 격해도 노상에서 우제를 지내서는 안 된다. ○ 귀족이나 서인은 초우를 지낸 다음 날 부제(祔祭)를 행한다. 지위가 낮은 이는 1번의 우제를 지내는 데 그치고 부제가 없다. ○ 하관했다면 조석전(朝夕奠)과 상식(上食)이 없다. 삭제(朔祭) 및 사시(四時)의 천례(薦禮)는 모두 장례 이전과 동일하게 한다. 【삭제에는 일정(一鼎)을 쓴다.】 대부에게는 반월제(半月祭)가 있다. ○ 조석곡(朝夕哭)은 원래대로 한다.

11　우제(虞祭)

① 집사자(執事者)는 실(室) 안에 자리를 펴고, 자리 오른쪽에 궤(几)를 진설하고, 실 밖에 제사(祭事)를 진설한다.

자리는 소석(素席)을 쓰고, 안석(案席)은 서안(書案)을 쓴다. 【은낭(隱囊: 몸을 기대는 자루같이 생긴 도구)을 사용하는 것이 더욱 합당하다.】 ○ 제찬(祭饌)은 특생(特牲) 삼정(三鼎)을 쓴다. 【대부도 동일하다.】 경(卿)과 재상(宰相)은 소뢰(少牢) 오정(五鼎)을 쓰고, 학사(學士)와 관사(官師)는 특돈(特豚) 삼정(三鼎)을 쓰고, 서인(庶人)은 특돈 일정(一鼎)을 쓴다.

② 주인 이하는 들어가서 곡위(哭位)에 나아가는데, 곡을 하고 2번 절한다.

곡위는 복(服)의 정밀하고 거친 것으로 차례를 삼는다.

③ 집사자(執事者)는 변(籩)과 두(豆)를 차리고 궤(簋)를 차리고 형(鉶)을 차린다. 주인은 습(襲)을 하고 모사(茅沙)에 술을 흘려보낸다. 이어 석축(釋祝)은 곡한다.

축(祝)은 말한다. "○○년 ○○월 ○○일 애자(哀子) ○○은 ○○위(位)에 감히 고합니다. 애자 ○○은 자나 깨나 애모하는 마음 편치 못하여 삼가 청주(淸酒)와 여러 가지 음식으로 슬퍼하며 협사(祫事)를 드립니다. 흠향하소서." ○ 모사(茅沙)를 설치하는데 오늘날의 모사와 같다.

④ 이어 조(俎)를 올려 음식을 권하고, 이어 초헌(初獻)하고, 이어 아헌(亞獻)하고, 이어 삼헌(三獻)한다.

조(俎)는 삼정(三鼎)에 올리는 수육(熟肉) 삼조(三俎)이다.【일정(一鼎)을 쓸 경우에는 일조(一俎)로 음식을 올린다.】 조를 올렸다면 이어 숟가락을 꽂는다. ○ 초헌(初獻)은 제례(祭禮)와 같게 하고, 적(炙) 일관(一串)을 바친다. ○ 차자(次子)가 아헌(亞獻)한다. 예를 좋아하는 집에서는 주부가 행하는데, 적을 바치는 것은 초헌과 같게 한다. ○ 차자(次子)가 삼헌(三獻)한다. 예를 좋아하는 집에서는 친빈(親賓)이 하는데, 적을 바치는 것은 초헌과 같게 한다. ○ 음식을 올리지 않고, 제사 지내고 남은 고기를 받지 않고, 여러 사람이 술잔을 돌리지 않고, 문을 닫지 않는다.

⑤ 집사자는 물을 올리고 주인 이하는 곡한다.

물을 올리는 이는 밥을 3번 뜨는데, 풍속의 예(禮)와 같게 한다. ○ 주인 및 지위가 높은 이와 나이가 많은 이는 엎드려 곡한다.

⑥ 축(祝)이 호(戶)를 나가서 서면(西面)하고 의절을 마치면, 주인 이하는 2번 절한다. 집사자가 음식을 치우고 창과 문을 닫으면, 주인 이하는 나온다.

문을 닫았다면 나와서 허리를 구부리지 않고 한 식경(食頃) 가량 엎드려 있는다.

⑦ 재우(再虞)의 예(禮)는 모두 초우(初虞)와 같게 한다.

축사(祝詞) 가운데 한 글자만 고치는데, "슬퍼하며 우사(虞事)를 드립니다〔哀薦虞事〕."라고 말한다. '우(虞)'는 편안하다는 말이다.

12   졸곡(卒哭) · 부(祔)

① 강일(剛日)에 졸곡(卒哭)으로 삼우(三虞)를 지내는데, 그 예(禮)는 모두 초우(初虞)와 같게 한다.

삼우(三虞)는 곧 졸곡(卒哭)으로 2가지 제사가 아니다. 【하자(下子)8.】

재우(再虞) 뒤에 2일을 격하여 강일(剛日)을 취한다. 【정일(丁日)에 장례를 지낸다면, 기일(己日)이 재우(再虞)가 되고 임일(壬日)이 삼우(三虞)가 된다.】 ○ 예(禮)는 초우(初虞)와 같게 한다. 축사(祝詞) 가운데 한 글자만 고치는데, "슬퍼하며 성사(成事)를 올립니다[哀薦成事]."라고 말한다. ○ 희생물은 특생(特牲) 삼정(三鼎)을 쓴다. 하대부(下大夫)는 소뢰(少牢) 오정(五鼎)을 쓰고, 경(卿)과 재상(宰相)의 집은 태뢰(太牢) 칠정(七鼎)을 쓰고, 관사(官師)와 학사(學士)는 특생(特牲) 삼정(三鼎)을 쓴다.

② 물을 올렸다면 곡하고 일어난다. 축이 부제(祔祭)의 기일을 고하고, 이어 호(戶)를 나와서 제사가 끝났음을 고한다.

축(祝)이 서면(西面)하고 고한다. "오는 계유(癸酉)에 장차 증조고(曾祖考) ○○관(官)의 사당에 올려 합부(合祔)하려 합니다. 감히 고합니다." ○ 이하의 예(禮)는 처음과 같게 한다. ○ 수복(受服)하지 않는다.[35]

---

35 수복(受服)하지 않는다 : '수복(受服)'의 시기에 대해서 호배휘(胡培翬)는 "천자로부터 사에 이르기까지 모두 장례를 치른 후에 가벼운 옷으로 받는다[受服]. 그런데 사의 경우에는 졸곡과 장례를 같은 달에 하고, 천자·제후·경·대부는 졸곡과 장례를 다른 달에 한다. 그러므로 대부 이상은 우제를 마친 후에 옷을 받고, 사는 졸곡을 하고 나서 옷을 받는다[天子至士, 皆於葬後, 受以輕服. 士卒哭與葬同月, 天子·諸侯·卿·大夫卒哭與葬異月, 故大夫以上旣虞受服, 士卒哭受服也]."라고 하였다. '3개월의 수복'에 대해서 호배휘는 『예기』의 「왕제」, 「잡기」 및 정현의 주에 기초하여 설명한다. "「왕제」에 '천자는 7개월 만에 장례를 치르고, 제후는 5개월 만에 장례를 치르고, 대부와 사는 3개월 만에 장례를 치른다.'고 하였다. 「잡기」에는 '사는 3개월 만에 장례를 치르는데, 이 달에 졸곡을 한다. 대부는 3개월 만에 장례를 치르는데, 5개월 만에 졸곡을 한다. 제후는 5개월 만에 장례를 치르는데, 7개월 만에 졸곡을 한다.'고 하였다. 정현의 주에서는 '천자에서 사에 이르기까지 장례를 치르면 곧바로 돌아와 우제를 지낸다.'고 하였다. 이렇게 본다면, 사는 3개월이 되면 장례를 치르고 그달에 반곡을 하며, 반곡을 하고 나서 수복하기 때문에 3개월이다. 대부도

③ 저녁에 사당에 부제(祔祭)의 일을 진설하는데, 모두 졸곡(卒哭)과 같게 한다.

자리 1개, 안석 1개, 의자 1개, 탁자 1개를 진설하고, 2개의 위(位)를 진설하지는 않는다.[36] ○ 희생의 품목은 졸곡(卒哭)과 같게 하는데, 역시 2개의 음식을 진설하지는 않는다. 술은 2번의 헌(獻)만 하고, 음식은 2개의 궤(簋)만 쓴다. 소뢰(少牢) 사궤(四簋)의 경우는 쌀밥 2궤, 떡 1궤, 면(麵) 1궤이다. 태뢰(太牢) 육궤(六簋)의 경우는 쌀밥 2궤, 기장밥 2궤, 떡 1궤, 면 1궤이다. ○ 특생(特牲) 이궤(二簋)의 경우는 쌀밥 2궤, 떡 1궤, 면 1궤이다. 그 사례는 「고비합사지도(考妣合食之圖)」와 【「제례고정(祭禮考定)」에 보인다.】 대략 서로 비슷하다.

④ 다음 날 날이 밝으면 주인 이하는 빈궁(殯宮)에 들어가 곡한다.

축은 다음과 같이 고한다. "부제의 일을 행하고자 합니다. 감히 고합니다."

⑤ 당(堂)을 나가 변(籩)과 두(豆)를 진설한다. 주인 이하는 2번 절하

3개월이 되면 장례를 치르고, 장례가 끝나면 곧바로 돌아와 우제를 지내며, 우제를 마치면 수복하기 때문에 역시 3개월이다. 따라서 '3개월이 되면 수복을 한다.'는 것은 대부와 사를 위주로 말한 것이다. 천자·제후는 방친의 기년복을 끊기 때문에 대공의 복이 없다." (『의례정의(儀禮正義)』, 1488~1489쪽 참조.)

36 2개의 위(位)를 진설하지는 않는다 : 부제(祔祭)의 주체와 대상이 되는 위차를 모두 진설하지는 않는다는 말로, 부제의 위차만을 진설한다는 말이다.

새로운 신주(神主)를 받들지 않고, 또 황조(皇祖)의 자리를 진설하지 않는다. 다만 빈 의자 1개만 쓰고 합제(合祭)하는데, 이것을 '부제(祔祭)'라고 한다. ○ 술과 밥만 2번 올린다.

⑥ 주인은 술을 모사(茅沙)에 흘려보내고, 이어 석축(釋祝)이 곡한다.

축(祝)은 다음과 같이 말한다. "○○년 ○○월 ○○일 효자 ○○은 감히 현고(顯考) ○○관(官)께 밝게 고합니다. 효자 ○○이 자나 깨나 애모하는 마음 편치 못하여 삼가 청주(淸酒)와 안주로 현(顯)·증(曾)·조(祖)·고(考) ○○관(官)께 나아가 후손 ○○관(官)을 사당에 올리려고 합니다. 흠향하소서." ○ 종자(宗子)와 서자(庶子) 모두 동일하다. 묘(廟)에 나아가 신주를 내오는 법은 없다. 【서자의 부제(祔祭) 역시 종자가 와서 주인 노릇을 하지 않는다.】

⑦ 이어 조(俎)를 올려 음식을 권하고, 이어 초헌(初獻)하고, 이어 아헌(亞獻)하고, 이어 삼헌(三獻)한다.

그 예(禮)는 모두 우제(虞祭)와 동일하게 한다. 삼헌(三獻)의 작(爵)만은 모두 2개의 잔(盞)을 올리는데, 【적(炙)은 3번 올리는데, 각각 일관(一串)이다.】 고비(考妣)와 합사(合食)하는 경우와 동일하게 한다. ○ 조(俎)를 올렸다면 이어 숟갈을 꽂는다. 삼헌(三獻)을 했다면 이어 물을 올린다.

⑧ 물을 올렸다면, 주인 이하는 곡한다. ○ 천수례(薦羞禮: 제사음식을 바치는 의례)를 행한다.

주부(主婦)가 관세(盥洗)하고, 【차부(次婦) 2인이 따른다.】 가두(加豆)와 가변(加籩)을 올린다. 【즉 술·물고기·나물·고기·마름·엿·밤·떡이다.】 차부 2인은 전(奠)을 돕는다. ○ 올리는 것이 끝나면 주부가 2번 절한다. ○ 제사하고 남은 고기를 받지 않고, 여러 사람이 술잔을 돌리지 않고, 대궁을 나누지 않는다.

⑨ 축(祝)이 호(戶)를 나와 예를 마쳤다고 고한다.

이하는 모두 우제(虞祭)의 예(禮)와 같게 한다.

13 소상(小祥)

① 기일 하루 전에 정(鼎)을 진설하고 제기를 닦는 것을 살피고, 연복(練服)을 호(戶) 밖에 진설한다.

희생물은 특생(特牲) 삼정(三鼎)을 쓴다. 경(卿)과 대부(大夫)는 소뢰(少牢) 오정(五鼎)을 쓴다. ○ 연관(練冠)은 8승(升)의 연포(練布)를 쓰고, 【모상(母喪)에는 9승을 쓴다.】 그 조각은 오른쪽 솔기에 붙이고, 바깥은 승영(繩纓)에 이으며, 【재최(齊衰)는 포영(布纓)을 쓴다.】 주름을 3번 접는 일 등은 모두 성복(成服)의 관(冠)과 다르지 않다. ○ 최상(衰裳)은 7승의 베를 쓰고, 【모상(母喪)에는 8승을 쓴다.】 최(衰)·적(適)·부(負)의 법은 모두 성복의 최(衰)와 다르지 않고, 가장자리를 꿰매지 않는다. ○ 칡으로 만든 요질(要絰)은 옛날의 요질보다 조금 작다. 【둘레가 4촌 6푼인데, 모상(母喪)은 3촌 7푼이다.】 부인의 칡으로 만든 수질(首絰)은 【둘레가 5촌 7푼인데, 모상은 3촌 7푼이다.】 3번 꼰다. 【풍속에서는 '삼갑(三甲: 세 겹)'이라고 한다.】 ○ 칡으로 만든 교대(絞帶) 또한 3번 꼬는데, 둘레가 4촌이다. 【모상(母喪)은 연포(練布) 9승이다.】 ○ 연중의(練中衣)[37]는 옛날 옷보다 조금 가늘다. ○ 신발은 바꾸지만 지팡이만은 바꾸지 않는다. ○ 무릇 칡은 모두 백근(白筋: 백색의 근)을 쓴다. 선배들이 간혹 거친 칡을 쓴다고 말하는데 잘못이다.

② 다음 날 날이 밝으면 주인은 옷을 갈아입고, 들어가 자리에 나아가 곡한다. 행사는 모두 우제(虞祭)와 같게 한다.

축(祝)은 다음과 같이 말한다. "○○년 ○○월 ○○일 효자가 운운(云云)한다. 세월이 흘러 문득 연제(練祭)의 기일(期日)에 이르렀습니다. 자나 깨나 애모하는 마음 편치 못하여 삼가 청주(淸酒)와 안주로 이 소상(小祥)의 일을 올립니다. 흠향하소서."

---

37 연중의(練中衣): 『예기(禮記)』, 「단궁상(檀弓上)」에 "연(練)에는 누인 명주로 만든 중(中衣)를 입는데, 황색으로 속을 대고 분홍색으로 가선을 장식한다[練, 練衣黃裏, 緣緣]."고 한 것에 대해 정현은 "소상(小祥)에는 누인 명주로 된 관(冠)과 중의(中衣)를 입는데, 황색으로 안을 대고 옅은 진홍색으로 꾸민다[小祥練冠·練中衣, 以黃爲內, 緣爲飾]."라고 하였다.

③ 천수례(薦羞禮)를 행하는데, 부제(祔祭)와 같게 한다. ○ 치작례(致爵禮)[38]를 행한다.

천수례가 끝나면, 주인은 축(祝)에게 술잔을 올리고, 【자제(子弟) 1인이 올리는 것을 돕는다.】 축이 술잔을 받는다. 마시기를 마치면 주인이 절하고 축은 답배한다. 【1번의 숙배(肅拜)를 한다.】 제사하고 남은 음식을 받지 않고, 여러 사람이 술잔을 돌리지 않고, 대궁을 나누지 않는다.

④ 축(祝)이 호(戶)를 나와서 예가 잘 끝났다고 고한다.

이하는 모두 우제(虞祭)가 된다.

⑤ 조석곡(朝夕哭)은 없지만 삭제(朔祭)가 있다. 춘분과 추분에는 제례(祭禮)가 있고, 동지와 하지에는 천례(薦禮)가 있다.

연제(練祭)를 지냈으면 곡은 무시(無時)로 한다. 【「상복(上服)」, '전(傳)'의 글이다.】 여전히 매일 새벽 일어나 1번 곡을 하는데 조곡(朝哭)의 예(禮)와 같게 한다. ○ 대부 이상은 보름제사가 있다. ○ 무릇 시제(時祭)는 모두 예(禮)를 줄인다. 【희생의 품목은 장례 때와 동일하다.】

---

38 치작례(致爵禮) : '치작(致爵)'에 대해 오계공(敖繼公)은 "술은 곧 자기의 물건이므로 '헌(獻 : 올린다)'으로 명명할 수 없기 때문에 '치작(致爵 : 술잔을 보낸다)'이라고 한 것이다〔酒乃己物, 不可以獻爲名, 故謂之致爵〕."라고 하였다.

대상(大祥)

> ① 기일 하루 전에 정(鼎)을 진설하고 제기를 닦는 것을 살피고, 대상
> (大祥)의 복(服)을 호(戶) 밖에 진설한다.

희생물은 특생(特牲) 삼정(三鼎)을 쓴다. 경(卿)과 대부(大夫)는 소뢰
(少牢) 오정(五鼎)을 쓴다. ○ 호관(縞冠)의 제도는 흰 비단을 써서 만든
다. 바깥을 깁지 않고, 압(厭)을 하지 않고,【무(武)를 관(冠) 밖에 두는 것을
말한다.】왼쪽을 꿰매고,【주름을 잡는데 왼쪽을 향하게 한다.】5개의 주름을
잡고,【그 너비는 8촌인데, 상관(喪冠)과 동일하게 한다.】가선〔紕〕이 있고,
【흰 비단으로 가장자리를 문식(文飾)한다.】갓끈〔緌〕이 있고,【영(纓)의 나머지
를 내려뜨린 것이다.】흰색 영(纓)과 흰색 무(武)가 있는데,【무의 높이는 4
촌이다.】세로로 꿰매는 것만은 상관(喪冠)과 같게 한다. ○ 복(服)은 15
승의 가느다란 베를 쓰고,【풍속에서는 '직령(直領)'[39]이라고 한다.】띠는 가
느다란 베를 쓴다. ○ 중의(中衣)는 여전히 마의(麻衣)를 쓴다. ○ 신발
은 흰색 가죽을 쓰는데, 신발에는 문식(文飾)이 없다. ○ 망건(網巾)에
흰색 문식을 하고, 백포립(白布笠)에 흰색 갓끈을 쓴다. ○ 부인(婦人)은
여전히 흰색 의복을 입는다.【자식의 부인 및 출가한 여자는 옥색(玉色)을 써
도 괜찮다.】

---

39 직령(直領) : 깃이 곧은 데에서 나온 명칭이다. 직령으로 된 포(袍)를 그대로 직령이라
하기도 한다. 포로서의 직령은 교임(交衽)에 중거형(重裾型)이었다. 우리 고유 복식의
포로서의 직령은 교임에 직수형(直垂型)이었고 착수(窄袖)였으며, 깃·도련·소맷부리에
가선(加襈)을 하고 띠를 맨다.

② 다음 날 날이 밝으면 주인은 의복을 갈아입고, 들어가 자리에 나아가 곡한다. 행사는 모두 소상(小祥)과 같게 한다.

축사(祝詞) 역시 동일하다. 다만 '엄급연기(奄及練期: 소상의 기일이 되었습니다.)'만을 '엄급상기(奄及祥期: 대상의 기일이 되었습니다.)'로 고쳐 말한다.

③ 천수례(薦羞禮)를 행한다. ○ 여수례(旅酬禮)[40]를 행한다.

여수례(旅酬禮)는 「제례고정(祭禮考定)」 시향(時享)의 의절(儀節)에 보인다. 의절의 말미에는 복(福)을 고하지 않고, 제사 지내고 남은 고기를 받지 않고, 대궁을 나누지 않는다.

④ 축(祝)이 호(戶)를 나와 예를 끝냈다고 고하면, 주인 이하는 2번 절한다.

이하는 모두 소상(小祥)과 같게 한다. ○ 예(禮)가 끝나면, 지팡이를 부러뜨리고, 모든 질(絰)과 대(帶)를 깨끗한 곳에서 불태운다.

---

40 여수례(旅酬禮): "무릇 '여수'는 젊은이와 연장자가 나이의 순서대로 술잔을 돌리는 것이다. 물을 부어서 손을 씻는 것으로 끝나는데, 젊은이에서 연장자까지 모두 하여 빠짐이 없다[初起旅酬也. 凡旅酬者, 少長以齒, 終於沃盥者, 皆弟長而無遺矣]."(『의례(儀禮)』, 「향음주례(鄕飮酒禮)」, 정현 주)

⑤ 제사가 끝나면, 주인 이하는 묘(廟)에 나아가 포와 해를 고하여 올리고, 조천할 신주(神主)를 받들어 내오고, 임시방편으로 호(戶) 밖에 안치한다.

다음과 같이 고한다. "이제 선고(先考) ○○관을 조묘(祖廟)에 올립니다. 고조고(高祖考) ○○관을 규범에 따라 조천(祧遷)합니다. 감히 고합니다." ○ 문 밖에 미리 의자를 진설하여 조천할 신주를 안치한다.

⑥ 이어 조천(祧遷)하고, 이어 안치하고, 이어 조천할 신주를 받들고 무덤에 나아가 묻고, 이어 무덤에 전(奠)을 진설하고, 곡하고 돌아온다.

옛 신주를 개제(改題)하는데, 가증(加贈)의 의절과 같게 한다. 이어 증조(曾祖)를 오른쪽 신위(神位)로 옮기고, 조(祖)를 그 다음 신위로 옮긴다. ○ 무덤이 먼 경우에는 임시방편으로 조천할 신주를 외사(外舍)에 봉안(奉安)하고 그 다음 날 길을 떠난다.

⑦ 주인 이하는 빈궁(殯宮)에 나아가 조천(祧遷)을 고하고, 신주를 받들어 묘(廟)에 들어가는데, 모두 2번 절하고 나온다.

다음과 같이 고한다. "묘(廟)에 조천(祧遷)하려고 합니다. 감히 고합니다."

> ① 대상(大祥)을 지내고 한 달 건너[中月] 담제(禫祭)를 지낸다. 기일 하루 전에 담제의 일을 당 가운데에 진설한다.

　날짜를 따지지 않고 대상(大祥)의 날로부터 61일이 되는 때를 계산하여 담제의 일을 진행할 수 있다. 대상이 초5일에 있을 경우 초5일에 행한다. 대상이 15일에 있을 경우 15일에 행한다. 【작은 달[小月]일 경우 61일을 채울 수 없다.】 혹 대상이 상순(上旬)에 있을 경우는 상정(上丁: 음력으로 매달 첫째 정丁의 날)을 쓰고, 대상이 중순(中旬)에 있을 경우 중정(中丁)을 쓰고, 대상이 하순(下旬)에 있을 경우 하정(下丁)을 쓴다. ○ 희생물은 특생(特牲) 삼정(三鼎)을 쓴다. 경(卿)과 재상(宰相)은 소뢰(少牢)를 쓴다. ○ 관(冠)은 검은색 비단[黑繒]을 써야 하는데, 그 제도는 호관(縞冠)과 같다. 가난한 집은 임시방편으로 흑립(黑笠)을 써도 괜찮다. ○ 의복은 청포(青袍)를 쓰고, 대(帶)는 검은색 비단을 쓰고, 신발은 길구(吉屨: 신코에 장식이 없는 신발)를 쓴다. ○ 망건(網巾)은 검은색 비단으로 문식을 하고, 흑립(黑笠)과 치영(緇纓)을 쓴다.

> ② 다음 날 날이 밝으면 주인은 의복을 갈아입고, 묘(廟)에 들어가 담제의 일을 고하고, 신주를 받들어 당(堂)을 나온다. 행사는 모두 대상(大祥)과 같게 한다.

　다음과 같이 고한다. "담제의 일을 행하려고 하여 신주를 당(堂)으로 내가려고 합니다. 감히 고합니다." ○ 축사 역시 동일하지만, '상기(祥期:

상제의 기일)'는 '담기(禫期: 담제의 기일)'라고 말하고, '상사(祥事: 상제의 일)'는 '담사(禫事: 담제의 일)'라고 말한다.

③ 제사가 끝나면, 신주를 받들고 묘(廟)로 되돌아가 호(戶)를 닫고 내려오면, 주인 이하는 나온다.

담제를 지냈다면 몸에 지니지 않는 것이 없다.[41] 술을 마시고 고기를 먹고, 부인을 거느릴 수 있는데, 여전히 이달에는 음악을 듣지 않고 정사(政事)에 종사하지는 않는다.

④ 이달은 중월(仲月: 계절의 가운데 달)에 해당한다. 제례(祭禮)와 천례(薦禮)는 길례(吉禮)를 쓰지만, 여전히 복(福)을 고하지 않고, 제사 지내고 남은 고기를 받지 않고, 대궁을 나누지 않는다.

만약 춘분과 추분 및 동지와 하지가 담제(禫祭) 이전에 있다면, 제례(祭禮)와 천례(薦禮)를 하지 않고【때로 하정(下丁)에 행사하는 것도 괜찮다.】 뒷차례의 중월(仲月)을 기다린다.【풍속에서는 이 제사의 명칭을 '길제(吉祭)'라고 하는데, 사계절의 정제(正祭)가 됨을 알지 못한 것이니, 잘못이다.】

----

41 담제를 지냈다면 …… 것이 없다: 담제를 지내고 나면 길례로 나아간 것이기 때문에 옥이나 노리개 등을 몸에 착용할 수 있게 된다는 말이다.

16 　**분상(奔喪)** 【의미가 『상례사전(喪禮四箋)』의 '분상(奔喪)' 조목에 상세하다. 여기에서는 핵심만을 추려내 글을 지었다.】

① 사자(使者)가 도착하면 서신을 보내고, 곡하고, 의복을 갈아입고, 머리를 풀어 내려뜨린다.

상(喪)을 들은 이는 관(冠)을 제거하고 먼저 곡하고, 옆에 있는 이가 그를 위해 의복을 갈아입는 것을 돕고, 그를 위해 머리를 푸는 것을 돕고, 【머리를 좌우로 갈래지어 준다.】 윗섶을 끼우고, 소복(素服)을 입는다.

② 까닭을 묻고, 또 곡하고, 이에 곡위(哭位)를 마련한다.

부모의 상(喪)이 외부에서 났다면, 내당(內堂)에 곡위를 마련한다. 【신위(神位) 아래에 곡위를 진설한다.】 문상자(聞喪者)가 외부에 있다면, 당(堂)이나 뜰에서 듣고, 주인(主人)은 곡위를 마련하지 않는다.

③ 장차 가는데, 풀었던 머리를 묶고, 상복(喪服)을 입고〔絻〕, 길을 나선다. 하루에 100리를 가는데 출입은 별을 보고 한다. 【수삼(水三)에 보인다.】

장차 가는데, 베의 끈으로 상투를 틀고, 백포(白布)와 두건(頭巾)을 착용하고, 【생포(生布)일 필요는 없고, 또 사각건(四脚巾)을 만들지도 않는다.】 위로는 패랭이〔涼笠: 해를 가리는 것〕를 쓰고, 【폐양자(蔽陽子)이다.】 때로 방립(方笠)을 쓰고 포대(布帶)를 차고, 【아버지의 상(喪)이라도 승대(繩帶)를 써서는 안 된다.】짚신[草履]을 신고 길을 나선다. 안장(鞍裝)의 도구는 모두 쓰는데, 풀을 엮고 베를 꼰 것으로 바꾼다. ○ 사각건(四角巾)은 결단코 사용해서는 안 되고, 또 머리를 풀어 내려뜨리고 길을 가서도 안 된다. ○ 하루나 이틀 만에 도착할 수 있는 경우 밤새 가더라도 괜찮다. 호행(護行: 길을 가는 데 따라가면서 보호하는 사람)하는 이가 없다면 밤늦게 함부로 다녀서는 안 된다.

④ 읍내의 저잣거리를 지날 때에는 곡하지 않고, 길을 가는 도중 슬픔이 이르면 곡하고, 고을의 경내에 들어가면 곡하고, 마을에 들어가면 곡하기를 소리가 끊이지 않게 한다.

이는 모두 먼저 곡하면서 길을 가는 것이지, 말에서 내려 막차[次]를 만들어 곡하는 것이 아니다.

⑤ 집에 당도하면 문을 들어가 서쪽 계단으로 올라가고, 빈소의 동쪽에 서면(西面)하고 앉아 곡하여 슬픔을 다하고, 머리를 풀어 내려뜨리고 윗섶을 꽂는데, 절하지는 않는다.【수(水)8에 보인다.】

옆에 있는 사람이 그를 위해 상복[縗]을 제거해 주고, 그를 위해 머리를 풀어 준다. ○ 빈(殯)을 했더라도 이때에서야 비로소 머리를 풀어 내려뜨리는 데 이른다. ○ 이것이 제일곡(第一哭)이다.【무릇 석곡(夕哭)은 곡의 수(數)에 들어가지 않는다.】

⑥ 이어 머리를 묶고, 단(袒)을 하고, 여막(廬幕)으로 내려와 곡하고

용(踊: 발을 3번 구르는 의식)을 이룬다.

소렴(小斂)에 이르지 않았다면, 머리를 묶어서는 안 된다. 소렴을 기다리는 것은 집안 사람들과 동일하다. ○ 무릇 머리를 묶은 위에 모두 두건(頭巾)을 착용한다. ○ 이것이 제이곡(第二哭)이고 제일단(第一袒)이다.

⑦ 이어 다시 옷을 입고, 이어 질(絰)을 하고, 이어 교대(絞帶)를 하고, 이어 빈(賓)에게 절한다.

'습(襲)'은 소매를 벗었던 것을 다시 입는 것이다. '질(絰)'은 허리와 머리를 묶는 마(麻)이다. ○ 집에 도착한 처음에 이미 집안 사람들과 똑같이 곡하였다면, 시마(緦麻)와 소공(小功) 및 먼 친족과 친한 빈(賓)의 조문은 이때에 행한다.

⑧ 다음 날 날이 밝으면 또 곡하고, 머리를 묶고, 단(袒)을 하고, 용(踊)을 이룬다. ○ 저녁에 곡하는데, 단(袒)을 하지는 않는다.

무릇 머리를 묶는 것은 한 번 묶어서 성복(成服)에 이른다. 여기에서 '괄발(括髮)'이라고 하는 것은 옛날 사람들은 관(冠)을 벗는 것을 괄발이라고 생각하였다. 오늘날 사람들은 괄발 위에 반드시 포건(布巾)을 쓰고서는, 우선 고문(古文)을 따른다고 하면서 '괄발'이라고 한다. 【괄발은 포건 위에 또 수질(首絰)을 더하는 것이다.】 이것이 제삼곡(第三哭)이고 제이단(第二袒)이다.

⑨ 다음 날 날이 밝으면 3번 곡하고, 머리를 묶고, 단(袒)을 하고, 용(踊)을 이룬다.

첫날의 단(袒)은 반함(飯含)의 단을 형상화한 것이다. 다음 날 아침의 단은 소렴(小斂)의 단을 형상화한 것이다. 이날의 단은 대렴(大斂)의 단을 형상화한 것이다. ○ 여기에서 말하는 '삼곡(三哭)'은 실제로는 제사곡(第四哭)이다. 그것이 제삼단(第三袒)이 되기 때문에 삼곡이라고 하는 것이다. 【금(金)1에 보인다.】

⑩ 다음 날 날이 밝으면 성복(成服)하고, 곡하고, 단(袒)을 하지 않는데, 평상시의 의례와 같게 한다.

성복(成服)의 곡을 『경(經)』에서는 '오곡(五哭)'이라고 하였다. 【금(金)1에 보인다.】 어머니의 상(喪)에 분상(奔喪)하는 경우 모두 아버지와 동일하게 한다. 곡하는 아침에만 【집에 도착한 다음 날 아침이다.】 괄발을 고쳐 상투[髻子]를 하고 포건(布巾)을 쓰는 것만이 다를 뿐이다. 분상을 처음할 때에는 마승(麻繩)으로 상투를 틀고 집에 도착한다.

⑪ 길이 멀어 힘이 부치는 이가 상(喪)을 들었다면 성복(成服)한 다음에 길을 간다.

갑일(甲日)에 부고(訃告)를 들었는데 정일(丁日) 아침에야 비로소 겨우 길을 떠날 수 있을 경우 곧바로 성복(成服)하고 가야 한다.

⑫ 처음 상(喪)을 들었다면 머리를 풀어 내려뜨리고 곡한다. ○ 까닭을 듣고 곡하고, 이어 곡위(哭位)를 마련하고, 머리를 묶고, 단(袒)을 하고, 용(踊)을 이룬다. ○ 이어 다시 옷을 입고, 이어 질(絰)을 하고, 교대(絞帶)를 하고, 곡위에 나아간다.

까닭을 듣고 곡하는 것은 제이곡(第二哭)과 제일단(第一袒)이 된다. ○ 무릇 곡위를 만드는 경우 전(奠)을 하지는 않는다. 【화(火)8에 보인다.】 만약 다른 나라에 갔는데, 여관(旅館)에서 죽고 상례를 준비하는 측에도 친속(親屬)이 없다면, 견전(遣奠)을 할 수 없다는 것을 분명히 알아야 한다. 아내와 자식, 부인과 여식이 집에서 상(喪)이 났다는 것을 들으면, 자식 및 아내는 그를 위해 죽은 이가 평일에 거처하던 실(室)에 전(奠)을 진설한다. 만약 사망한 이가 집에서 죽고 아내와 자식이 다른 나라에 있는 경우, 궤전을 진설하는 것은 만부당(萬不當)하다. 【화(火)8에 보인다.】 ○ 길을 가는 노상에서 전을 진설해서는 안 된다.

⑬ 다음 날 날이 밝으면 또 곡하고, 머리를 묶고, 단(袒)을 하고, 용(踊)을 이룬다. ○ 다음 날 아침 3번 곡을 하고, 머리를 묶고, 단을 하고, 용을 이룬다. ○ 다음 날 날이 밝으면 성복(成服)을 하고, 곡을 하지만 단을 하지는 않는다.

첫날에 2번 곡(哭)하고 1번 단(袒)을 한다. 다음 날과 또 다음 날에도 모두 곡하고 단을 한다. 성복한 날에는 곡을 하지만 단을 하지는 않는다. 이것이 이른바 '오곡(五哭)'과 '삼단(三袒)'이다. 【금(金)1에 보인다.】

⑭ 성복(成服)을 하고 길을 나섰다면, 모두 분상(奔喪)의 예(禮)와 같게 한다. ○ 집에 도착하여, 당(堂)에 올라 곡하는데, 예(禮)와 같게 한다. ○ 이어 머리를 묶고, 단을 하고, 여막으로 내려오고, 곡하고, 용(踊)을 이룬다. ○ 이어 다시 옷을 입고, 이어 상투를 틀고, 이어 관(冠)을 하고, 이어 질(絰)을 하고, 이어 교대(絞帶)를 하고, 빈(賓)에게 절한다.

이 사람이 저 때에 있으면, 조금 있다가 또 곡하는데, 소렴(小斂)을 상징화하기 위해서이다. 또 3번 곡하는데, 대렴(大斂)을 상징화하기 위해서이다. 지금 비록 빈소에 도착하였다고 하더라도 이 예(禮)를 다시 행하는 연유가 없기 때문에 첫날에 1번 단(袒)을 하고 괄발(括髮)을 할 뿐이다.

⑮ 상(喪)이 났다는 것을 듣고도 분상(奔喪)할 수 없는 경우, 그 예(禮) 또한 이와 같게 한다.

성복(成服)을 한 다음에 길을 가는 경우와 그 의절이 서로 동일하지만, 곧바로 길을 나설 수는 없는 경우이다.

⑯ 장례를 치르고 분상하는 경우, 먼저 무덤에 나아가 머리를 풀어 내려뜨리고 곡한다. ○ 이어 머리를 묶고, 이어 질(絰)을 하고, 이어 교대(絞帶)를 한다.

무덤에서 머리를 묶지만 단(袒)을 하지 않는 이는 오곡(五哭)과 삼단(三袒)을 장차 집에서 행한다. 【금(金)3에 보인다.】

⑰ 이어 관(冠)을 하고 돌아가 집에 도착하여 당에 올라 곡한다. ○ 이어 머리를 묶고, 단(袒)을 하고, 곡하고, 용(踊)을 이룬다. ○ 다음 날 날이 밝으면 또 곡하고 단을 한다. ○ 다음 날 날이 밝으면 3번 곡하고 단을 한다. ○ 다음 날 날이 밝으면 성복(成服)한다.

성복(成服)을 하고 분상하는 경우, 곡(哭)과 삼곡(三哭)의 단(袒)이 없다.

⑱ 제상(除喪: 상례의 기일을 마치거나 상복을 입고 있는 도중 상喪을 벗는 일)을 하고 귀가하는 이는, 먼저 무덤에 나아가 곡을 하고, 용(踊)을 이룬다. ○ 이어 머리를 묶고, 단을 한다. ○ 이어 질(絰)을 하고 곡을 하고, 상(喪)을 벗는다. 집에 도착하면 곡하지 않는다.

먼 곳으로 유배를 간 사람이 상(喪)을 만나면 돌아가 장례를 치르는 것을 허락하지 않으니, 언제나 상(喪)을 벗고 비로소 귀가해야 할 경우가 있다면, 이 예(禮)를 써야 한다.

⑲ 재최(齊衰)는 고향을 바라보고 곡하고, 대공(大功)은 문을 바라보고 곡하고, 소공(小功)은 문에 이르러 곡하고, 시마(緦麻)는 곡위에 나아가 곡한다.

세상이 후대로 내려오면서 풍속은 각박해져 무릇 부모의 상(喪) 이외에는 분상하고 곡할 필요가 없게 되었으니, 이는 모두 선왕(先王)께 죄짓는 일이다.

⑳ 문을 들어가 호(戶) 밖에 도달해서 곡한다. ○ 이어 문(絻)을 하고, 이어 질(絰)을 하고, 이어 단(袒)을 하고, 주인과 함께 곡하고, 용(踊)을 이룬다. ○ 우곡(又哭)과 삼곡(三哭)에 모두 문(絻)을 하고 단(袒)을 한다. ○ 다음 날 날이 밝으면 성복(成服)을 하고, 이어 오곡(五哭)을 한다.

만약 상(喪)이 갑일(甲日)에 있어 분상(奔喪)하는 사람 4~5인이 병일(丙日)에 함께 도착하였다면, 【곧 소렴(小斂) 이후이고 성복(成服) 이전이다.】 소공(小功) 이하는 정일(丁日)에 성복하고, 【주인과 함께 모두 성복한다.】 대공(大功) 이상은 기일(己日)에 성복한다. 【마(麻)의 일수(日數)를 마친 때부터이다.】 ○ 대공 이상이라고 하더라도 을일(乙日)에 도착하였다면, 을일에 속에 마(麻)를 입을 수 있으니, 역시 정일(丁日)에 성복해야 한다. 【을일에 상이 났다는 것을 들었더라도 무일(戊日)에 성복할 필요는 없다.】 소공 이하라고 하더라도 만약 정일에 비로소 도착하였고, 【주인이 성복한 뒤이다.】 비로소 정일에 마(麻)를 입는다면, 역시 경일(庚日)에 성복해야 한다. 【모두 성복할 수는 없기 때문이다.】 풍속에서는 때로 부고를 들은 제4일을 성복의 정해진 기일로 여기는데, 잘못이다. 이것은 분상을 하지 않는 이가 임시방편으로 행하는 의례이다. ○ 이와 같은 경우, 대공 이상은 반드시 오곡(五哭)과 삼단(三袒)의 의절을 갖추고자 해야 한다. 【그 의미가 목(木)3에 보인다.】

㉑ 재최(齊衰) 이하가 장례를 치른 뒤에 귀가하였다면, 먼저 무덤에 나아가 곡하고, 이어 문(絻)을 하고, 이어 질(絰)을 하고, 곡하고, 용(踊)을 이룬다. ○ 마치고 나면, 관(冠)을 하고 귀가하는데, 오곡(五哭)과

삼단(三袒)을 모두 예(禮)와 같게 한다. ○ 무릇 단(袒)은 반드시 문(絻)을 해야 한다.

만일 이미 성복(成服)하고 분상(奔喪)을 온 이라면, 제이곡(第二哭)을 할 때에 1번 문(絻)을 하고 단(袒)을 하는데, 우곡(又哭)과 삼곡(三哭)에는 다시 단(袒)과 관(冠)을 하지 않고 곡한다.

㉒ 재최(齊衰) 이하 가운데 상(喪)을 듣고도 분상(奔喪)하지 않은 이는 오곡(五哭)과 삼단(三袒)을 모두 예(禮)와 같게 한다. ○ 무릇 단(袒)은 반드시 문(絻)을 해야 한다.

소공(小功)과 시마(緦麻)의 경우, 달의 수가 이미 지난 뒤에 처음 상(喪)을 들었다면, 단(袒)을 하고 문(絻)을 하고, 한 번 곡한다.

㉓ 재최(齊衰) 이하 가운데 제상(除喪)한 뒤에 귀가한 이는 먼저 무덤에 나아가 곡한다. ○ 이어 문(絻)을 하고, 이어 단(袒)을 하고, 이어 질(絰)을 하고, 곡하고, 마침내 상복을 벗는다. 집에 도착하면 곡하지 않는다.

이상의 여러 조목은 그 경문(經文)과 의리(義理)가 모두 『상례사전(喪禮四箋)』 '분상(奔喪)' 조항에 보인다.

① 소렴(小斂)을 지내고 나면, 마을에서는 죽을 권한다. 대렴(大斂)을 지내면, 죽은 마시지만 채소와 과일은 먹지 않는다. 장례를 치르면, 거친 밥을 먹는다. 연제(練祭)를 지내면, 채소와 과일을 먹는데, 소금과 식초를 곁들인다. 상제(祥祭)를 지내면, 고기를 먹고 술을 마신다.

질병이 있으면 고기를 먹고, 질병이 그치면 이전으로 돌아간다. 다만 약을 복용하듯이 육즙(肉汁)을 마시는 경우는 괜찮다.

② 대렴을 지내고 나면, 의려(倚廬)에 거처하는데, 거적에서 자고, 흙덩이를 베고, 질(絰)과 대(帶)를 벗지 않는다. 장례를 지내고 나면, 의려에는 주미(柱楣: 들보를 받치는 것)가 있고, 침(寢)에는 하전(苄剪: 잘라 낸 부들자리)이 있다. 연제(練祭)를 지내고 나면 악실(堊室: 사방의 벽을 흰 진흙으로 바른 방)에 거처하는데, 침(寢)에는 자리[席]가 있다. 상제(祥祭)를 지내고 나면 악실의 벽을 희게 칠하고 침(寢)으로 돌아온다.

질병이 있는 이는 온돌[炕]에서 자는데, 여전히 거적에서 자고 자리를 깔지 않는다.

③ 대렴을 지내고 나면 더 이상 상사(喪事)가 아니다. 종상(終喪: 상이 끝남)이라고 말하지 않는 것은 안에서 부인을 거느리지 않기 때문이다.

이상의 여러 의절은 모두 『상례사전(喪禮四箋)』에 자세하다. ○ 기력

(氣力)이 예제(禮制)를 지킬 수 있는 사람이라면 힘써 따라야 한다. 체질(體質)이 허약한 사람은 때때로 출입(出入)이 있겠지만, 자의(恣意)로 예제를 뛰어넘어서는 안 된다.

IV. 『제례고정(祭禮考定)』

이번에 보내는 『제례고정』 1권은 내 평생의 뜻이 담겨져 있는 것이다. 태뢰(太牢)와 소뢰(少牢)의 명칭을 세상에서 알지 못하는 바는 아니다. 그러나 오직 소 1마리, 양 1마리, 돼지 1마리를 태뢰라 하고, 양 1마리, 돼지 1마리를 소뢰라 한다는 것만 알고 있을 뿐, 그 변(籩)·두(豆)·궤(簋)·형(鉶)의 정연함이 자연적으로 이루어졌다는 것은 알지 못한다. 옛사람들은 연향(燕饗)을 베풀고 제사를 지낼 때에 모두 품급이 있어서 항상 태뢰·소뢰·특생(特牲)·특돈(特豚) 각 일정(一鼎)과 포(脯)·해(醢) 등 6가지 중에서 골라 사용하였다. 그리고 나물 1개, 과일 1개도 마음대로 더하고 빼지 못하였으니, 선왕이 제정한 법제의 엄격하고 세밀함이 이와 같았다. 태뢰는 천자나 제후가 사용하는 것이다. 그런데 오늘날은 감사(監司)가 지방을 순시(巡視)하게 되면 그 연향에 쓰이는 그릇의 숫자가 태뢰의 5배를 넘는다. 옛말에 "술 마시고 고기 먹기를 물 흐르듯 하여 놀이를 좋아하며 주색에 빠진다."[1]고 했는데, 불행히도 이 말이 요즘 실정에 가깝다. 내가 만든 이 『제례고정』은 단지 제사에 관한 것만은 아니다. 이것은 서울과 지방에서 사신과 빈객의 접대 및 혼인과 회갑 등 일체 연향에 쓰이는 음식에 대해서 모두 제도를 만든 것이다. 이것을 공경히 준행하여 벗어남이 없게 할 수 있다면, 세도(世道)에 도움이 될 것이다. 가령 내가 수년 전에 이 책을 만들었다면 어찌 선조(先祖: 정조)께 올려 크게 시행하지 않았겠느냐? 이 책을 완성하고 나서 슬픈 마음이 일어남을 금치 못하겠구나.[2]

1 「제법고(祭法考)」

> ① 옛 성인의 제도를 상고해 보니, 신하 된 사람은 그 선조를 제사함에 3대에서 그쳤다.

『예기(禮記)』, 「왕제(王制)」에서 말한다. "천자는 7묘(廟)이고, 【3개의 소(昭)와 3개의 목(穆) 그리고 태조의 묘를 합해 7묘이다.】 제후는 5묘이고, 【2개의 소와 2개의 목 그리고 태조의 묘를 합해 5묘이다.】 대부는 3묘인데, 1개의 소와 1개의 목 그리고 태조의 묘를 합해 3묘이고, 【정현이 말한다. "태조는 별자(別子)이다. 『예기』, 「대전(大傳)」에서 '별자가 태조가 된다.'고 하였는데, 처음

---

1 술 마시고 …… 빠진다 : "지금은 그렇지 못하여 군대를 통솔하고 다니면서 양식을 먹어 굶주린 자는 먹지 못하고 수고로운 자는 쉬지 못해서 눈을 흘겨보며 서로 비방하여 백성들이 마침내 원망을 하는데도, 임금의 명령을 거역하고 백성을 학대하며 술 마시고 음식 먹는 것을 물줄기가 끝없이 흘러가는 것처럼 합니다. 이렇게 흘러가기만 하고 되돌아올 줄 몰라 제후들의 걱정거리가 되고 있습니다〔今也不然, 師行而糧食, 飢者弗食; 勞者弗息, 胥讒, 民乃作慝, 方命虐民, 飮食若流, 流連荒亡, 爲諸侯憂〕."(『맹자』, 「양혜왕하」)
2 『시문집(詩文集)』 권21, 「기양아(寄兩兒)」. 『제례고정』 원문에는 없지만 서문의 성격이어서 부기하였다.

작위를 받은 사람 또한 태조가 된다."】사는 1묘이고, 【고묘(考廟: 부친의 묘)만을 갖는다.】 서인은 침(寢)에서 제사한다." ○ 『예기』, 「제법(祭法)」에서 말한다. "임금은 7묘이고, 【고묘(考廟)·왕고묘(王考廟: 조부의 묘)·황고묘(皇考廟: 증조부의 묘)·현고묘(顯考廟: 고조부의 묘)·조고묘(祖考廟: 시조의 묘)는 모두 월제(月祭: 달마다 지내는 제사)를 지낸다. 원조(遠祖)[3]에 해당하는 2개의 조묘(祧廟)는 사계절에만 제사 지낸다.】 제후는 5묘이고, 【고묘·왕고묘·황고묘는 모두 월제를 지낸다. 현고묘·조고묘는 사계절에 제사하고 만다.】 대부는 3묘로 고묘·왕고묘·황고묘에 해당하는데 사계절에 제사하고 만다. 【월제는 없다.】 현고와 조고는 묘가 없는데 기도할 일이 있으면 단(壇)을 쌓고 제사한다. 【진호(陳澔, 1261~1341)가 말한다. "기도할 일이 있으면 이 제사를 행하고 기도할 일이 없으면 그만둔다."[4]】 적사(適士)는 2묘로 고묘·왕고묘에 해당하는데, 사계절에 제사하고 만다. 【월제는 없다.】 황고는 묘가 없는데, 기도할 일이 있으면 단을 쌓고 제사한다. 【적사는 정사(正士)를 말한다.】 관사(官師)는 1묘로 고묘에 해당하는데, 왕고는 묘 없이 제사한다. 【관사란 제후의 중사(中士)와 하사(下士)로 한 관부(官府)의 우두머리인 사람을 말한다.】 서사(庶士)와 서인(庶人)은 묘가 없고 죽으면 귀(鬼)라고 한다. 【서사는 부사(府史)에 속하는 사람을 말한다.】" ○ 『예기』, 「예기(禮器)」에서 말한다. "예(禮)에는 많은 것을 신분이 귀한 것으로 삼는다. 천자는 7묘이고 제후는 5묘이고 대부는 3묘이고 사는 1묘이다." ○ 『대대례(大戴禮)』에서 말한

---

3 원조(遠祖): 원조는 고조부 이상으로 친진(親盡)하여 체천(遞遷)할 대상에 해당하는 조상을 말한다.
4 기도할 일이 …… 그만둔다: "그러나 이 단과 선이라는 것은 반드시 기도할 일이 있어야 이와 같은 제사를 거행하는 것이고, 기도할 일이 없으면 그만두고 종래 제사 지내지 않는다〔然此壇墠者, 必須有祈禱之事則行此祭, 無祈禱則止, 終不祭之也〕."(『예기(禮記)』, 「제법(祭法)」, 진호 주)

다. "천하를 소유한 사람은 7세(世)를 섬기고, 나라를 소유한 사람은 5세를 섬기고, 오승(五乘)의 수레를 유지할 수 있는 땅을 소유한 사람은 3세를 섬기고, 삼승(三乘)의 수레를 유지할 수 있는 땅을 소유한 사람은 2세를 섬기고, 한 해의 소득을 얻어 생활하는 사람은 종묘(宗廟)를 세울 수 없다."【『순자(荀子)』, 「예론(禮論)」에 기초한 것으로 『사기』, 「예서(禮書)」에도 기재되어 있다.】 ○『춘추곡량전(春秋穀梁傳)』에서 말한다. "천자로부터 사에 이르기까지 모두 묘를 갖는다. 천자는 7묘이고 제후는 5묘이고 대부는 3묘이고 사는 2묘이다. 처음 봉해지면 반드시 시조가 된다."【은(殷)나라의 설(契)과 주(周)나라의 직(稷)이 여기에 해당한다.】 ○『국어(國語)』에서 관사보(觀射父)가 "경(卿)과 대부는 자신에게 해당하는 예(禮)에 따라 제사하고, 사와 서인은 조고를 넘지 않는다."고 하였다.【『국어』, 「초어(楚語)」에 보인다.】 ○『가어(家語)』에서 말한다. "천자는 7묘이고 제후는 5묘이고 대부는 3묘이고 사는 2묘이고 서인은 묘가 없다. 사계절에 드리는 제사는 침(寢)에서 지내는데, 우(虞)나라에서부터 주(周)나라에 이르기까지 변한 것이 없다."【역시 공자의 말씀이다.】 ○『예위(禮緯)』에서 말한다. "천자의 원사(元士)는 2묘이고 제후의 상사(上士) 역시 2묘이고, 중사와 하사는 1묘이다. 1묘란 조부〔祖〕와 부친〔禰〕을 함께 모시는 묘를 말한다."【『계명징(稽命徵)』의 글이다. ○『위서(魏書)』, 「예지(禮志)」에 보인다.】 ○ 내가 생각하건대, 주소(註疏)는 적사(適士)를 상사(上士)로, 관사(官師)를 중사와 하사로 여겼는데, 아마 반드시 그렇지는 않았을 것이다. 관사란 생사(笙師)·경사(磬師)·복사(卜師)·변사(弁師) 등과 같은 것으로 한 가지 기예(技藝)로 벼슬한 사람을 말한다.【우리나라의 삼의(三醫)·사역관(司譯官)·관상감(觀象監)의 관원(官員)과 같다.】 적사(適士)란 정직(正職)한 사를 말하는 것과 같으니, 3등급을 통틀어 말한 것이다.

② 태조의 묘는 체천(遞遷)하지 않으니, 실제로 제사하는 친(親)은 2대에 그친다. 사친(四親)을 제사하는 것은 천자의 예(禮)이다.

『예기』, 「상복소기(喪服小記)」에서 말한다. "왕(王)은 자신의 시조를 출생한 대상에게[所自出] 체(禘)제사를 지내는데, 그 시조를 배향하고 4개의 묘를 세운다."【정현이 말한다. "고조 이하의 시조를 합해 5묘가 된다."】 ○ 정현이 『예기』, 「왕제」의 주(注)에서 말한다. "천자 7묘란 태조 및 문왕과 무왕의 조묘(祧廟)에다가 친묘 4개를 합한 것이다.【태조는 후직(后稷)이다.】 대부는 태조의 별자이다.【『예기』, 「대전」에서 말한다. "별자는 시조가 된다."】 비록 별자가 아니더라도 처음 봉해진 자 역시 시조가 된다." ○ 왕숙의 『제법해(祭法解)』에서 말한다. "대부는 조고묘가 없다. 별자로 종(宗)이 된 자만이 조고묘가 있다. 그러나 조고묘가 있는 자라도 황고묘는 없다." ○ 내가 생각하건대, 천자가 비록 7묘를 세우더라도 그의 태조 및 문왕의 세실(世室)과 무왕의 세실은 공덕으로 있는 것이다. 친친(親親)으로 있으면서 공덕을 묻지 않는 경우는 오직 사친(四親)뿐이다. 【왕숙이 7세(世)를 말하면서 "제사는 6대(代)에까지 미치지만 문왕과 무왕은 7세에 들어가는 수(數)가 아니다."라고 하였는데, 그의 생각은 잘못되었다.】 제후 역시 문왕의 세실과 무왕의 세실이 있으니,【『예기』, 「명당위(明堂位)」에서 말한다. "노공(魯公)의 묘는 문왕의 세실처럼 하였고, 무공(武公)의 묘는 무왕의 세실처럼 하였다."】 사친에 제사하는 것은 천자의 예(禮)이다. 대부는 응당 2대에 제사해야 하는데, 별자를 계승한 종(宗)이 있기 때문에 3묘를 세울 수 있는 것이다. 그러므로 별자를 계승한 자가 아니면 역시 황고묘를 세워서 3묘의 수를 갖춘다. 이것이 『예기』, 「왕제」와 『예기』, 「제법」이 동일하지 않은 이유이다.

③ 당(唐)나라와 송(宋)나라의 제도에서 4개의 묘를 세우는 것을 인정하였던 것은 천자의 공(公)과 경(卿)을 제후에 비견할 수 있었지만, 처음 봉해졌을 때에 이미 태조가 없었기 때문에 오직 사친(四親)에 대해서만 제사를 지냈던 것이다.

『수서(隋書)』, 「예의지(禮儀志)」에서 말한다. "북제(北齊)가 나라를 세울 때에 임금 및 2품 이상은 5세를 제사하고, 5품 이상은 3세를 제사하고, 7품 이상은 2세를 제사하고, 8품 이하는 침(寢)에서 제사하게 하였다." ○『당서(唐書)』, 「예지(禮志)」에서 말한다. "1품과 2품은 4묘(廟)이고, 3품은 3묘이고, 5품은 2묘이고, 적사(適士)는 1묘이다. 【서인(庶人)은 침에서 제사한다.】 4묘는 시봉(始封)이 있어 5묘가 된다."【3품 이상은 신주(神主)가 있고, 5품 이상은 궤연(几筵)이 있다.】 ○『송사(宋史)』, 「예지(禮志)」에서 말한다. 【경력제(慶曆制)[5]이다.】 "정1품 평장사(平章事) 이상은 4묘를 세우고, 추밀사(樞密使)와 참지정사(參知政事) 이상은 3묘를 세우고, 나머지 관원은 침에서 제사한다."【대관제(大觀制)[6]에서는 집정관(執政官)은 옛 제후에 비견되어 5세를 제사하고, 문관과 무관 가운데 조관(朝官)에 오른 자는 3세를 제사하고, 나머지는 2세를 제사한다.】 ○『명회전(明會典)』에서 말한다. "국초(國初)에 품관(品官)의 묘제(廟制)는 임시로 송유(宋儒)의 제도를 모방하여 고조[高]·증조[曾]·조부[祖]·부친[禰]의 4세의 신주를 받들었다. 사(士)와 서인(庶人)은 그들의 조부모(祖父母)와 부모(父母)의 제사를 받들었다."【구준(丘濬)이 말한다. "국초에 호병중(胡秉中)의 의론(議論)을 이용하여 서인(庶人)들이 3대(代)에까지 제사 지내는 것을 허용하였다."】 ○ 내

---

5 경력제(慶曆制) : 송(宋)나라 경력연간(1041~1048년)의 제도를 말한다.
6 대관제(大觀制) : 송(宋)나라 대관연간(1100~1125년)의 제도를 말한다.

가 생각하건대, 당나라와 송나라의 신하였던 정국공(鄭國公) 위징(魏徵, 580~643),[7] 위국공(衛國公) 이정(李靖, 571~649),[8] 위국공(魏國公) 한기(韓琦, 1008~1075),[9] 온국공(溫國公) 사마광(司馬光, 1019~1086)[10] 같은 이들은 모두 옛날 제후의 작위를 가진 사람들이기 때문에 제후의 예를 사용한 것이다. 또 모두 시봉(始封)의 군주로 자신이 태조가 되기 때문에 제사가 4세에 그친 것이다. 그들의 현손(玄孫)에 이르러서는 시봉자(始封者)를 체천하지 않았으니, 마땅히 5세를 제사하는 것이다. 지금 제후의 신하로서 제사를 4대에까지 미친다면 괜찮겠는가?

④ 그러므로 우리나라에서 제도를 세울 때에는 비록 대부의 제사라고 하더라도 3대에 그친 것이니 제후의 나라이기 때문이다.

『경국대전(經國大典)』에서 말한다. "문관과 무관 6품 이상은 3세를 제사하고, 7품 이하는 2대를 제사하고, 서인은 고(考)와 비(妣)만을 제사한

---

7 정국공(鄭國公) 위징(魏徵, 580~643) : 당(唐)나라 초기의 공신이자 학자로 간의대부 등의 요직을 역임하였고 재상을 지냈다. 위군(魏郡) 내황(內黃) 사람으로 조적(祖籍)은 거록(鉅鹿) 곡성(曲城)인데, 관도(館陶)라고도 한다. 자는 현성(玄成)이고, 시호는 문정(文貞)이다.

8 위국공(衛國公) 이정(李靖, 571~649) : 당(唐)나라의 명장이다. 이세민의 부장으로서 군웅 평정에 활약했고 돌궐의 근거지를 공격, 힐리가한을 포로로 잡고 토욕혼의 침입을 막았다.

9 위국공(魏國公) 한기(韓琦, 1008~1075) : 중국 북송의 정치가이다. 사천(四川)의 기민(飢民) 190만 명을 구제하고, 서하(西夏)의 침입을 격퇴하여 변경방비에도 역량을 과시함으로써, 30세에 이미 명성을 떨쳐 추밀부사가 되었다. 이후 재상에 올랐으나 왕안석과 정면 대립함으로써 관직에서 물러났다.

10 온국공(溫國公) 사마광(司馬光, 1019~1086) : 중국 북송(北宋) 때의 학자로 온공(溫公)이라 불린다. 『자치통감(資治通鑑)』의 편자로, 이 책은 천자의 정치에 도움을 주기 위해 19년의 세월을 들여 전국시대에서부터 편년체(編年體)로 편찬한 것이다.

다."【종자(宗子)는 벼슬이 낮고 지자(支子)가 벼슬이 높으면, 대수(代數)는 지자를 따른다.】 ○ 동월(董越)[11]의 「조선부(朝鮮賦)」에서 말한다. "경(卿)과 대부 (大夫)는 3세를 제사하고, 사(士)와 서(庶)는 고비(考妣)만을 제사한다." 【홍치(弘治) 무신(戊申)에 작성한 것이다.】 ○ 내가 생각하건대, 우리나라의 예 제(禮制)는 대부분 사마온공(司馬溫公)의 『서의(書儀)』, 주자(朱子)의 『가 례(家禮)』, 구준(丘濬)의 『의절(儀節)』을 준용하였다. 그러나 이 3명의 현 인은 모두 천자의 신하이다. 어떤 때는 신분이 상상(上相: 재상)이 된 경 우도 있고, 국공(國公)으로 추봉(追封)된 경우도 있어서 그 신분이 모두 옛날 제후에 해당하기 때문에 그들이 저술한 예(禮) 가운데 그들 가문에 서 전해진 것들은 대부분 제후의 예에 사용되는 것들이다. 우리나라 사 람들은 그 본분을 잊고 따라하려는 욕망에 움직여 참람함을 범하는 자들 이 많으니, 『경국대전』을 삼가 지켜야 한다.

⑤ 그러므로 선정(先正)과 명유(名儒)들의 논의가 모두 3대를 제사하 는 것을 올바른 것으로 생각하였다.

회재(晦齋)가 말한다.【문원공(文元公) 이언적(李彥迪, 1491~1553)이다.】"문 공(文公)의 『가례』에는 '고조까지 제사한다.'고 하였는데, 이는 대개 정 씨(程氏: 程子)의 예에 기초한 것이다. 그러나 『예(禮)』에 '대부는 3묘, 사는 2묘'라고 하였지, '고조까지 제사한다.'는 글은 없다. 그러므로 주자 역시 고조를 제사하는 것은 참월(僭越)이라고 하였다.【어떤 사람이 묻는 다. "4대 이상을 제사 지내지 않으면 안 되는 것입니까?" 주자가 답한다. "오늘날

---

11 동월(董越): 명(明)나라 사신으로 조선에 왔다가 보고 들은 것을 기록하고, 또 관련 자료를 참고해 「조선부(朝鮮賦)」를 지었다.

4대를 제사하는 것은 이미 참월이다."】게다가 국제(國制)에서는 '6품 이상은 3대를 제사한다.'고 하였으니 어겨서는 안 된다."【고조 역시 그 제사를 완전히 폐기해서는 안 된다. 봄과 가을 속절(俗節)에 그들의 자손을 이끌고 묘소(墓所)에 나아가 제사하는 것은 근본을 잊는 데에 이르지 않기 위해서이다.】○ 퇴계(退溪)가 말한다.【문순공(文純公) 이황(李滉, 1501~1570)이다.】"사대(四代)를 제사하는 것은 고례(古禮)에는 그렇게 하지 않았다. 주자가 정자(程子)의 설(說)을 근거로 사대의 예(禮)를 세운 것이다. 오늘날의 사람들은 삼대(三代)를 제사하는데, 시왕(時王)의 제도이다."【또 말한다. "시왕의 제도는 진실로 준수해야 한다. 사대를 제사하는 것은 대현(大賢)께서 의리(義理)로 일으킨 예(禮)이다."】또 말한다. "오늘날은 삼대를 제사하는데, 고조(高祖)를 체천(遞遷)하고 나서 합제(合祭)를 하고자 한다면 마땅히 신위(神位)를 진설하여 제사해야 한다." ○ 율곡(栗谷)이 말한다.【문정공(文正公) 이이(李珥, 1536~1584)이다.】"삼대를 제사한다."【『격몽요결(擊蒙要訣)』의 「사당도(祠堂圖)」와 「시제도(時祭圖)」에 보인다.】성호(星湖)가 말한다.【징사(徵士) 이익(李瀷, 1681~1763)이다.】"국제(國制)에서 6품 이상은 삼세(三世)를 제사하는 것은 대부(大夫)의 예를 허용한 것이다. 7품 이하는 사(士)의 예를 써야 하는데, 오늘날의 사(士)와 서인(庶人)의 집에서는 모두 사세를 제사하니, 고례(古禮)를 어기고 오늘날의 제도를 어그러뜨리는 것이다. 송(宋)나라의 법을 준행하기만 하는 것은 의미가 없다. 하물며 제후의 사(士)와 서인(庶人)으로서 천자의 대부의 예를 참용(僭用)하는 것이 옳은 것이겠는가? 내가 가법(家法)을 확정하였으니, 단언컨대 삼세의 제도를 따라야 한다."【생각하건대, 사친(四親)의 묘(廟)는 바로 천자와 제후의 예이다. 여기에서 말하는 '대부의 예'라고 하는 것은 의심할 만하다.】○ 내가 생각하건대, 동유(東儒) 가운데 오직 사계(沙溪)만이【문원공(文元公) 김장생(金長生, 1548~1631)이다.】예(禮)를 가장 잘 알고 있었다. 그러나 사세의 제도를 좇았으니, 이것이 온 세상이 준용하게 된 까닭이다. 그러나 사계의 예는 대개 『가례』를 따른 것인데, 『가례』는 『서의(書儀)』에서 나왔다. 『서의』는 온국공(溫國公) 사마광(司馬光)이 지은 것이다. 저것은 진실로 천자의 상상(上相)이 상공(上公)의 예(禮)를 쓸 수 있었기 때문이다. 번방(藩邦)의 사(士)와 서인(庶人)들이 감히 여기에 의지할 수 있겠는가?

⑥ 이제 성경(聖經)·현전(賢傳)·국제(國制)·사설(師說)을 준수하여 모든 사환(仕宦)의 족속은 가묘(家廟)에서 3세의 신주를 받들고 【부·조부·증조부이다.】 참월해서는 안 된다.

고례(古禮)에는 대부만이 3묘(廟)가 있었고, 국제(國制)에는 6품 이상만이 3세를 제사하도록 하였다. 이제 관직이 있는지 없는지를 불문하고 모두 3대(代)를 제도로 삼는 것은 참월하는 것과 유사하다. 그러나 『예기』, 「상복(喪服)」, '전(傳)'에서 말한다. "대부 및 학사(學士)는 선조를 존귀하게 여길 줄 안다."【소(疏)에서 말한다. "학사는 상(庠)과 서(序) 및 국학(國學)의 사(士)를 말한다."】 선조를 존귀하게 여길 줄 아는 것이 동일하다면, 선조를 제사하는 정(情)에는 진실로 깊고 얕음이 없을 것이다. 게다가 나라의 풍속은 문벌(門閥)을 숭상하여 높은 지위에 있는 사람과 연결된 족벌(族閥)들은 비록 벼슬을 하지 않더라도 오히려 존귀한 체(體)를 갖추고 있다. 그러나 세대(世代)를 건너 흥성하였다가 쇠퇴하여 가세(家勢)의 부침이 일정하지 않다. 6품의 관원이 그의 관직이 오르고 내릴 때마다 반드시 2묘의 제도나 1묘의 제도를 준수해야 한다면, 신주를 조성했다가 신주를 훼철하고, 번갈아 가면서 올렸다가 내렸다가 해야 하니, 행례(行禮)에 걸리고 막힘이 있어서 그 형세에 반드시 행하지 못함이 있게 될 것이다. 옛날에는 1개의 신주에 1개의 묘였는데, 이제는 공

(公)의 묘가 오히려 1개의 신주에 1개의 실(室)이며, 사가(私家)의 묘제(廟祭)는 대체로 대충 처리하여[苟簡] 비록 3개의 신주나 4개의 신주라고 하더라도 모두 실을 함께 하니, 제사를 비록 3세까지 하더라도 묘는 오로지 1실이다. 1묘는 사(士)이고 3세는 대부이니, 번갈아 흥성하고 번갈아 바뀌더라도 피차 장애가 없으니, 그것을 절도로 삼더라도 통행할 수 있다. 국제(國制)에 추봉(追封)은 위로 3대까지 올라가고【무왕(武王)을 추왕(追王)하는 것도 역시 3대였다.】호적(戶籍)의 관계(貫系)도 역시 증조까지 올라간다.【과거(科擧)의 호명(糊名)[12] 역시 증조까지 올라간다.】일이 생겨 닥쳐 올 때, 종종 중(重)을 계승하니, 정리(情理)를 살피면 성급하게 조천(祧遷)할 수 없을 것이다. 그러나 또한 송나라 제도에 사(士)와 서인(庶人)은 모두 3세를 제사하였다.【『송사(宋史)』 태관(太觀) 2년 의례국(議禮局)에서 말하였다. "시종관(侍從官)으로부터 사와 서인에 이르기까지 3세를 제사함에 차등(差等)과 다과(多寡)의 구별을 두지 않는 것이 어찌 예의(禮意)이겠는가?"】명나라 초에 국전(國典)을 세우면서 3세 제사의 통행을 허용하였다.【호병중(胡秉中)의 일이 위에 보인다.】비록 고례의 이론을 고구(考究)하여 매번 분수에 넘치는 것을 꾸짖더라도 당시의 사정을 따라 마땅한 것을 제정한 것이고[因時制宜], 옛것을 참작하여 오늘날의 제도를 조절한다면, 대체로 명분과 의리의 정해진 분수에 크게 어긋나지는 않을 것이다. 무릇 법이란 여기저기 변동이 있으면 반드시 문제가 터져서 무너질 것이니, 『경국대전』의 3세의 제도가 시행되지 않는 것은 6품과 7품에 3세와 2세의 변동이 있기 때문이다. "예가 번거로우면 어지러워진다."[13]

---

12 호명(糊名): 과거(科擧) 때 응시(應試)하는 사람의 시지(試紙)에 쓴 성명(姓名)을 풀칠하여 봉하는 것을 말한다.
13 예가 번거로우면 어지러워진다 : "예가 번거로우면 어지러지고, 귀신을 섬기면 어려워진다

는 것이 바로 이를 두고 말한 것이다. 그러므로 3세로써 단정한다.

⑦ 그 나머지 잡직(雜職: 5품 이하의 관직)에 벼슬하는 자 및 향정(鄉
亭)의 관직에 있는 자들은 관사(官師) 1묘(廟)의 예를 쓰되, 묘를 세우
는 것을 허가하여 고(考)와 비(妣)를 제사한다. 서인(庶人) 가운데 묘를
세우는 자는 모두 허가해서는 안 된다.

'잡직(雜織)'은 삼의(三醫)·사역원(司譯院)·관상감(觀象監) 및 산
(算)·율(律)·서(書)·화(畵) 등을 말한다. '향정(鄉亭)의 관직'은 오늘날
의 향관(鄉官)과 토관(土官) 등을 말한다. 부(府)와 사(史)의 벼슬을 가진
자【바로 서리(書吏)와 향리(鄉吏)를 말한다.】역시 서인 가운데서 논의해야
한다.【여기에서의 서인은 사(士)이니,『맹자』에서 이른바 '서인(庶人) 가운데 관
직에 있는 자'[14]가 그것이다.】

⑧ 삼세를 넘으면 바로 조천(祧遷)하고 묻는다.【신주를 무덤 앞에 묻는
다.】오직 묘제(墓祭)만 거행한다.

정자(程子)가 말한다. "고조에게 복(服)이 있으니, 제사하지 않을 수
없다."【또 말한다. "정침(正寢)에서 제사 드릴 때에도 역시 고조에게까지 미친
다."】○ 주자가 말한다. "『예기』,「제법(祭法)」에 비록 '고조에게까지 미

〔禮煩則亂, 事神則難〕."(『서경(書經)』,「열명(說命)」)

14 서인(庶人) 가운데 관직에 있는 자: "서인 가운데 관직에 있는 자들은 봉록을 받는 것이
같지 않으니, 역시 다섯 등급이 있다〔庶人在官者, 其受祿不同, 亦有此五等〕."(『맹자(孟子)』,
「만장하(萬章下)」)

친다[祭及高祖]'는 예문이 없더라도, 월제(月祭) 및 향제(享祭: 봄 제사)
와 상제(嘗祭: 가을 제사)의 구별이 있으니, 옛날의 제사는 멀고 가까움
[遠近]을 따져 드물게 하고 자주하는 것[疏數]을 정했다는 것을 또한
알 수가 있다."【예가(禮家)가 또 말한다. "대부에게 대사(大事)가 있을 때에는
그 임금에게 여쭙고 간협(干祫)은 그 고조에게까지 미친다." 이것은 3개의 묘(廟)
를 세울 수 있고 제사는 고조에게까지 미친다는 것의 증험이다.】 ○ 회재(晦齋)
가 말한다. "고조 역시 그 제사를 전적으로 폐해서는 안 된다. 봄과 가
을의 속절(俗節)에는 무덤에 나아가 제사한다."【송(宋)나라의 이엄인(頤庵
寅)이 말한다. "시제(時祭)는 증조에서 그치고, 묘제(墓祭)는 모두 고조에게까지 미
쳐도 괜찮다."】 ○ 내가 생각하건대, 위로는 정자와 주자의 가르침을 준행
하고, 아래로는 회재의 의리를 좇아 묘제(墓祭)만 거행해야 한다. 그러
나 복술(服術)과 제도(祭道)가 본래 동일하지 않기 때문에 기년복(朞年
服) 및 대공복(大功服)과 소공복(小功服)에 대해서는 신분이 천한 자는
홀로【천자와 제후는 방친(旁親)의 기년복을 입지 않는다. 『중용』에서 말한다.
"기년복의 상례는 대부에게까지 도달한다."】 고조와 증조의 제사를 펴고, 신
분이 귀한 자는 홀로 행하지 않으니, 저것을 끌어다 이것을 증험해서는
안 된다. '제침(祭寢)'의 예문은 본래 『예기』, 「왕제(王制)」에서 나온 것
인데, 지금 『예기』, 「왕제」를 살펴보니, '고조제침(高祖祭寢)'의 예문이
없다. 월제 및 향제와 상제를 지내는 것은 본래 제후의 예인데, 중국의
여러 현인들은 그것에 대해 의론하면서 참월함이 없다고 생각했으나,
배신(陪臣)이 행할 수 있는 것이 아니다. 간협(干祫)의 예[15]는 본래 단선

---

15 간협(干祫)의 예 : "대부는 삼묘(三廟)이고 사(士)는 이묘(二廟)나 일묘(一廟)인데, 감히
마음대로 협제를 거행할 수 없고, 반드시 임금에게 물어서 임금이 허락하면 거행할 수
있다. 그 협제는 또한 위로 고조(高祖)에게까지 미친다. '간(干)'은 아래로부터 위에 간여한

(壇墠)[16]에 있는 것으로 그 예가 상세하지 않으니, 지금 비록 그것을 살펴보고 행하고자 해도 그럴 수가 없다.

> ⑨ 그 가운데 불천(不遷)하는 조상을 태조(太祖)로 삼는 경우, 별도로 녜묘(禰廟)를 세워서 2묘(廟)의 제도를 준행한다. 조묘(祖廟) 안에서는 3개의 신주를 넘어서서는 안 된다. 【태조(太祖) 및 황고(皇考)와 왕고(王考)이다.】

『경국대전(經國大典)』에서 말한다. "처음 공신(功臣)이 된 사람은 제사의 대수(代數)가 다 되었다고 하더라도 신주를 체천하지 않고 별도로 1칸의 감실(龕室: 사당 안에 신주를 모셔 두는 공간)을 마련한다." ○『국조보감(國朝寶鑑)』에서 말한다. "세조(世祖) 2년 정축(丁丑) 3월에 공신(功臣)의 자손에게 명하여 3묘 외에 별도로 1칸의 감실을 마련하여 제사를 받들게 하였으니, 예조(禮曹)의 청(請)을 따른 것이다." ○ 성호(星湖)가 말한다. "오늘날의 제도는 별자(別子) 이외에【별자는 바로 왕자(王子)와 대군(大君)이다.】 공훈(功勳)이 있는 자는 또 종(宗)을 세워 그 신주를 옮기지 않는 것을 허용하였으니, 시조(始祖)가 되는 것이다. 시조를 제사 지내면서 증조의 자리를 늘려서는 안 될 것 같다."【또 말한다. "좌소우목(左昭右穆)이 어찌 하나는 길고 하나는 짧은 것을 허용하겠는가?"】 ○ 내가 생각하

다는 뜻으로 지위가 낮은 자가 높은 자의 예를 행하는 것이기 때문에 간협의 예라고 한 것이다〔大夫三廟, 士二廟一廟, 不敢私自擧行, 必省問於君, 而君賜之, 乃得行焉, 而其祫也, 亦上及於高祖. 干者, 自下干上之義, 以卑者而行尊者之禮, 故謂之干祫禮〕."(『예기(禮記)』, 「대전(大傳)」, 진호 주)

16 단선(壇墠): "흙을 돋우면 단이 되고, 땅을 쓸어 낸 것을 선이라고 한다〔起土爲壇, 除地曰墠也〕."(『예기(禮記)』, 「제법(祭法)」, 진호 주)

건대, 국제(國制)에 신주를 체천하지 않는 것은 왕자(王子)나 훈신(勳臣) 이외에도 국구(國舅: 임금의 장인)와 부마(駙馬: 임금의 사위)가 있으니 모시던 곳에서 신주를 체천하지 않는다. 또 문묘(文廟)와 종묘(宗廟)에서 배사(配食: 배향하여 제사함)하는 자는 임금에게서 혈사(血食: 피 묻은 희생으로 제사함)하지만 사사로운 제사를 지내지 않는 것은 또한 미안한 듯하다. 【어떤 사람이 말한다. "상신(相臣)도 체천하지 않아야 한다."】 이와 같이 하는 것은 어째서인가? 만약 『예기』, 「왕제」의 글을 준용하여 증조의 신주를 체천한다면, 이는 평범한 벼슬을 한 집에서는 제사가 증조에게까지 미치지만 왕자와 훈신의 집에서는 단지 왕고(王考)에게까지만 제사하는 것이니, 의리에 맞는 사례(事例)가 되지 못한다. 만약 『경국대전』의 글을 준용하여 조묘(祖廟)를 별도로 세우면, 【곧 불천(不遷)하는 묘를 말한다.】 이는 태조는 별묘(別廟)로 옮겨가고 증조는 곧바로 조위(祖位)를 차지하는 것이니, '불천(不遷)'이라고 말하는 것은 무엇인가? 【태조가 옮겨 간다.】 선왕의 제도를 어긴 것이니 사용해서는 안 된다. 옛날에 적사(適士)는 2묘였으니 '조묘(祖廟)'와 '녜묘(禰廟)'가 그것이다. 【『의례(儀禮)』, 「기석례(既夕禮)」에 보인다.】 이제 조묘 안에 황고(皇考)와 왕고(王考)를 1개의 소(昭)와 1개의 목(穆)으로 삼고 별도로 녜묘를 세워서 고(考)와 비(妣)의 신주를 받들면 조묘 안에서는 3세의 제도를 어기지 않게 되고, 묘의 모양은 적사의 2묘가 된다. 옛 제도와 오늘날의 상황을 참작하였으니, 이치에 맞는다고 말할 수 있을 것이다. ○ 어떤 사람이 말한다. "공훈이 있는 신하의 자손이 또 공훈이 있는 신하가 되어 어떤 경우 국구(國舅)나 부마(駙馬) 등이 되었다면, 시간이 오래 지나고 대수(代數)가 멀리 떨어진 뒤에는 모두 조천(祧遷)을 하지 말아야 합니까? 아니면 마땅히 조천해야 합니까?" 답한다. "이 일에 대해서는 사계(沙溪)에게 이미 정론(定論)이 있으니, 의심할 것이 없다."【박사(博士) 강석기(姜碩期, 1580~1643)

가 말한다. "이광악(李光岳, 1557~1608)의 집안은 3대째 훈신이 되었는데, 이광악의 증손에 이르러 장차 그 조상에게 제사할 수 없습니까?" 갑(甲)이란 자가 답한다. "오직 처음 봉해질 때에 공훈이 있던 자만이 불천(不遷)하니, 그 나머지는 마땅히 체천해야 한다. 어떤지 모르겠다."】 사계가 말한다. "『경국대전』에서는 단지 처음 공신(功臣)이 된 경우만을 말하였으니, 2번째 이하는 조천(祧遷)해야 함을 그것으로부터 알 수 있다." 어떤 사람은 『경국대전』의 "별도로 1개의 감실을 세운다〔別立一室〕."는 예문으로 인하여 별도로 1묘(廟)를 세우려고 하는데, 묘(廟)와 실(室)이 과연 같은 것인가? 저것은 무지(無知)하고 망령된 것으로 말하기에 부족하다.

⑩ 최장방(最長房)으로 옮겨 받드는 법과 같은 데에 이르면, 이는 주자의 초년미정론(初年未定論)에 해당한다.

주자가 말한다. "친(親)이 다한 조상 가운데 그 별자(別子)는 【대종(大宗)의 조(祖)를 말한다.】 고하기를 마치면 묘소(墓所)로 옮기고 땅에 묻지 않는다. 그 지자(支子)는 【친이 다한 조(祖)를 말한다.】 족인(族人) 가운데 친이 아직 다하지 않은 사람이 있으면 【체천할 조상의 모든 손(孫)을 말한다.】 고하기를 마치고 최장방(最長房: 나이가 가장 많은 집)으로 【제2자의 파(派)를 말한다.】 옮겨 그 제사를 주관하도록 한다."【『가례』대상(大祥)의 '고천우사당(告遷于祠堂: 사당에 조천할 것을 고함)' 항목에 보인다.】 ○ 주자가 포양(包揚)에게 답하여 말한다. "제사는 고조 이하로부터 【종(宗)을 계승한 자의 고조를 말한다.】 그 아래 분들에게 지내는데, 친이 다하면 고조의 신주를 내와야 함을 청하여 【선고(先考)의 고조를 말한다.】 백부(伯父)와 숙부(叔父)의 신위(神位)로 나아가게 하고, 복(服)이 아직 다하지 않은 자가 그를 제사한다."【『주자어류(朱子語類)』에 보인다.】 ○『경국대전』에서 말한다. "증조의 대수가 다하면 마땅히 신주를 내와야 하니, 백부와 숙부의 신위(神位)에 나아가 복(服)이 다하지 않는 자가 제사한다." ○ 내가 생각하건대, 범중엄(范仲淹, 989~1052)[17]의 『의장규구(義莊規矩)』에 그가 '각방(各房)과 전방(全房)'이라고 하였는데, 이는 동인(東人)들이 '각파(各派)와 전파(全派)'라고 하는 것과 같다. 최장방(最長房)은 조천(祧遷)된 조상의 제2자의 집이다.【만약 두 번째 집의 친(親)이 다했다면, 세 번째 집이 최장방이 된다.】 동인(東人)들은 친속(親屬) 가운데 지위가 높은 사람을 거기에 해당시키니, 잘못이다. ○ 내가 생각하건대, 『경국대전』에서 말한 '증조'는 선고(先考)의 증조를 말한다. '백숙(伯叔)'은 후사가 된 사람의 여러 아버지를 말한다. 『경국대전』에서는 증조를 한계로 삼았는데, 오늘날에는 거슬러 올라가 고조에게까지 이르고, 『경국대전』에서는 여러 아버지를 한계로 삼았는데, 오늘날에는 끌어다 먼 종족에게까지 이르니, 모두 제도를 넘어선 것이다.

⑪ 주자의 만년정론(晩年定論)은 모두 조천(祧遷)을 바른 것으로 생각하였다.

이요경(李堯卿)이 묻는다. "집안의 가질(家姪)이 제사를 계승하여 고조를 조천(祧遷)하였습니다. 시제(時祭)가 끝났을 때에 음식을 조금 옮겨 저의 집에서 고조를 제사하고, 제가 주관하려고 합니다." 주자가 답한다. "이 일은 마땅히 예문(禮文)을 삼가 지켜야 하지, 갑자기 의리를 일으켜

---

17 범중엄(范仲淹, 989~1052) : 북송(北宋) 때의 정치가이자 학자이다. 인종의 친정이 시작되자 간관이 되었으나 곽 황후의 폐립문제를 놓고 찬성파인 재상과 대립해 지방으로 쫓겨났다. 서하 대책을 맡고 그 침입을 막은 공으로 승진하여 내정개혁에 힘썼으나 하송 일파의 저항으로 지방관을 지냈다.

서는 안 된다." 【순암(順庵) 안정복(安鼎福)이 말한다. "주자가 이요경에게 답변
한 앞의 편지에는 '구구남관, 득진안경(區區南官, 得陳安卿)'이라는 말이 있으니, '기
유수장주(己酉守漳州)'**18** 이후의 편지이다."】 ○ 호백량(胡伯量)이 묻는다. "선
형(先兄)이 이미 후사를 세웠다면, 아무개의 고조를 어째서 마땅히 조천
하지 않는 것입니까?" 주자가 답한다. "비록 인정(人情)이 편안하게 여기
지 않는다는 것을 알고 있더라도 별도로 처리하게 할 것이 없다." 【순암
이 말한다. "주자께서 호백량에게 답한 편지에는 '장래소손봉사(將來小孫奉祀)'라는
말이 있으니, '신해상장자숙(辛亥喪長子塾)'**19** 이후의 편지이다."】 ○ 심한(沈僩)
이 묻는다. "적손(嫡孫)이 제사를 주관하는데, 만약 숙조(叔祖)께서 아직
도 살아 계시면, 그 고조와 증조를 조천하는 것이 마음에 편안하겠습니
까?" 주자가 답한다. "역시 단지 이와 같이 해야 한다. 성인께서 법을
세우신 것은 일정(一定)하여 바꿀 수 없고, 또 당시 사람들의 관습 또한
다르다고 여기지 않았다." 【성호가 말한다. "『주자어류』의 목록(目錄)을 고구
(考究)해 보니, 이 편지는 무오(戊午) 이후에 들은 내용이다. 주자께서 경신(庚申)에
돌아가셨으니〔易簀〕, 이 편지가 최후의 정론(定論)이다."】 ○ 내가 생각하건대,
기유(己酉)에서 무오(戊午)까지 10년 간 주자의 논의에 조금도 엇갈린
것이 없으니, 최장방(最長房)으로 신주를 받들어 옮기는 것은 주자의 만
년의 뜻이 아니다.

⑫ 주자의 초년의 정론이 저와 같은 것은, 대개 송나라의 법이 귀(貴)
한 이를 귀하게 여기고 적(嫡: 적자계승)을 귀하게 여기지 않았기 때문
이다.

---

18 기유수장주(己酉守漳州) : 기유년(1189) 장주에서 직무를 수행할 때를 말한다.
19 신해상장자숙(辛亥喪長子塾) : 신해년 주자의 장자인 숙(塾)이 사망했을 때를 말한다.

송(宋)나라 인종(仁宗) 정화(鄭和)의 제도에서 말한다. "무릇 처음 묘(廟)를 세울 수 있었던 사람은 조천(祧遷)하지 않는다. 중자(衆子)에 의해 세워졌어도 적장자(嫡長子)가 살아 있다면 제사는 적자(嫡子)가 주관하게 한다. 적장자가 죽었다면, 바로 그 자식에게 전하지 않고, 묘를 세운 이의 장자(長子)에게 전한다." ○ 성호가 말한다. "명도(明道)의 세대에서도 여전히 묘(廟)를 세우지 않았고, 이천(伊川)에 이르러서야 비로소 세워졌다. 대중(大中)이 죽자 이천이 그 상(喪)을 주관하였는데, 마침내 그 자식에게 전하였고 명도의 자손에게는 전하지 않았다. 지금은 묘를 세우는 여부를 따지지 않고 이리저리 돌다 지자(支子)나 말자(末子)의 방으로 옮겨서 받드니, 이는 『가례』의 예문은 지키는 것이지만 주자의 뜻은 잃게 되는 것이다." ○ 내가 생각하건대, 예(禮)의 대경(大經)과 대법(大法)은 "지자(支子)는 제사하지 않는다."는 것이다. 이제 지자(支子)가 되어 가장 지위가 높은 조상의 제사를 받든다면, 종(宗)이 여기에 있게 되는 셈이다. 우리나라는 이미 종을 세우는 것을 허용하고 있다. 사람들이 적자(嫡子)를 귀하게 여기면서도 오히려 송나라 법을 준행하고 있으니, 옳겠는가?

⑬ 이제 주자의 만년의 논의를 따르니, 봉사(奉祀)의 예가 다했다면【삼대(三代)를 넘어섰다는 것이다.】바로 조천(祧遷)하고 신주를 묻는다. 친자(親子)나 친손(親孫)이 있다면 기일(忌日)마다 그 집에서 모시면 된다.

성호가 말한다. "주자의 만년의 정론(定論)을 위주로 해야 한다. 종자(宗子)의 친(親)이 다했다면, 장방(長房)에 신위를 진설하여 그 집에서 행사(行事)하는데, 장방은 조(祖)와 녜(禰)로 끝낸다." ○ 내가 생각하건대, 제사는 길례(吉禮)이다. 지자(支子)는 제사 지내지 않고, 오직 기일

(忌日)에만 사적인 슬픔을 편다면, 의리에 해(害)가 되지 않을 것이다. 그러나 『예기(禮記)』, 「증자문(曾子問)」에서 "종자(宗子)가 다른 나라에 있을 때에는 서자(庶子)가 대신 주관하는데, 염제(厭祭)[20]를 하지 않고, 여수(旅酬)를 하지 않고, 축복의 절차도 거치지 않으며, 수제(綏祭)[21]를 지내지도 않고, 배향(配享)하지도 않는다."라고 하였다. 이로써 추론해 보면, 기제(忌祭)라고 하더라고 그 의절과 문식은 간략해야 한다.

2 「제기고(祭期考)」

① 옛날 사계절의 제사를 고구(考究)해 보면, 오직 천자만이 모두 거행할 수 있고, 제후는 3번의 제사를 지내고, 대부는 2번의 제사를 지내고, 사는 1번의 제사를 지내고, 서인은 천례(薦禮)는 행하고 제사는 지내지 않았다.

『예기』, 「왕제(王制)」에서 말한다. "천자와 제후의 종묘(宗廟) 제사는 봄 제사를 '약(禴)'이라 하고, 여름 제사를 '체(禘)'라고 하고, 가을 제사

---

20 염제(厭祭): "'염(厭)'은 신에게 충분하게 음식대접을 하는 것이다. 염(厭)에는 음염(陰厭)이 있고 양염(陽厭)이 있다. 시동을 맞이하기 전에 축이 술잔에 술을 따라 올리고 흠향하는 것이 음염(陰厭)이다. 시동이 일어난 뒤에 제사도마를 거두어 서북쪽 모서리에 진설하는 것이 양염(陽厭)이다. 여기서 '염을 하지 않는다'는 것은 양염을 하지 않는다는 것이다〔厭, 厭飫神也. 厭有陰有陽. 迎尸之前, 祝酌奠, 奠之且饗, 是陰厭也. 尸謖之後, 徹薦俎敦, 設於西北隅, 是陽厭也. 此不厭者, 不陽厭也. 不旅, 不旅酬也〕."(『예기(禮記)』, 「증자문(曾子問)」, 진호 주)
21 수제(綏祭): 고수레하는 것을 말한다. '타(墮)' 또는 '수(綏)'는 음식을 덜어서 내려놓는다는 뜻으로 일반적으로 음식을 들기 전에 고수레하는 것을 뜻한다.

를 '상(嘗)'이라고 하고, 겨울 제사를 '증(烝)'이라고 한다. 【『예기』, 「제통(祭統)」과 『예기』, 「명당위(明堂位)」가 모두 동일하다.】 제후는 약을 지내면 체를 지내지 않고, 체를 지내면 상을 지내지 않고, 상을 지내면 증을 지내지 않고, 증을 지내면 약을 지내지 않는다. 【제사가 끝나면 조정으로 돌아온다.】 대부와 사는 종묘에 제사 지낼 때, 제전(祭田)이 있으면 제사하고 제전이 없으면 천(薦)만 한다. 【희생(犧牲)을 쓰지 않는 것을 '천(薦)'이라고 한다.】 서인(庶人)은 봄에는 부추를 올리고, 여름에는 보리를 올리고, 가을에는 기장을 올리고, 겨울에는 벼를 올린다." 【부추는 계란으로 보조하고, 보리는 물고기로 보조하고, 기장은 돼지고기로 보조하고, 벼는 기러기로 보조한다.[22]】 ○『예기』, 「제법」에서 말한다. "대부는 3묘를 세우고 향(享)과 상(嘗)을 지내고 그친다. 【봄과 가을 2번의 제사이다.】 적사는 2묘를 세우고 향(享)제사와 상(嘗)제사만 지낸다." ○『국어(國語)』에서 관사보(觀射父)가 말한다. "선왕께서는 일제(日祭)・월향(月享)・시류(時類)・세사(歲祀)를 지내고, 【조천보다 소략하게 지낸다.】 제후는 일제(日祭)를 지내지 않고, 【월향은 지낸다.】 경(卿)과 대부는 월제를 지내지 않고, 【시제(時祭)는 지낸다.】 사와 서인은 시제를 지내지 않는다." 【1년에 한 번 제사한다.】 ○『공양전(公羊傳)』의 주(註)에서 말한다. "천자는 4번의 제례(祭禮)와 4번의 천례(薦禮)를 지내고, 제후는 3번의 제례와 3번의 천례를 지내고,

---

22 부추는 계란으로 …… 보조한다 : "천자는 사직에 제사 지낼 때 모두 태뢰(太牢)를 쓴다. 제후는 사직에 제사 지낼 때 모두 소뢰(小牢)를 쓴다. 대부와 사는 종묘에 제사 지낼 때, 전록(田祿)이 있으면 제사를 지내고 전록이 없으면 천신만 한다. 서인은 봄에는 부추를 천신하고, 여름에는 보리를 천신하며, 가을에는 기장을 천신하고, 겨울에는 벼를 천신한다. 부추에는 계란을 함께 올리고, 보리에는 물고기를 함께 올리며, 기장에는 돼지를 함께 올리고, 벼에는 기러기를 함께 올린다〔天子社稷皆太牢. 諸侯社稷皆小牢. 大夫・士宗廟之祭, 有田則祭, 無田則薦. 庶人春薦韭, 夏薦麥, 秋薦黍, 冬薦稻. 韭以卵, 麥以魚, 黍以豚, 稻以雁〕."(『예기(禮記)』, 「왕제(王制)」)

대부와 사는 2번의 제례와 2번의 천례를 지낸다."【환공(桓公) 8년이다.】
○ 내가 생각하건대, 시제(時祭)의 명칭은 다양하여 동일하지 않다. 『주례』에서 말한다. "봄에는 사(祠)를 지내고 여름에는 약(礿)을 지낸다." 【정현이 말한다. "약(礿)과 약(禴)은 통하는 글자다."】「제의(祭儀)」에서 말한다. "봄에는 체(禘)를 지내고 가을에는 상(嘗)을 지낸다."【『예기(禮記)』, 「교특생(郊特牲)」에서도 이처럼 말한다.】『춘추공양전(春秋公羊傳)』에서 말한다. "봄에는 사(祠)를 지내고 여름에는 약(礿)을 지낸다."【『예기』, 「왕제(王制)」에서 말한다. "봄에 지내는 것을 약(礿)이라고 한다."】이것들은 본래 공적인 제사의 명칭이었을 것이지만, 사가(私家)에서도 간혹 통칭(通稱)하기도 한다. 【『춘추설(春秋說)』에 자세히 보인다.】○ 또 생각하건대, 「제법」에서 말한 '향(享)'이란 봄 제사이다. 【정현의 주(註)는 분명하지 않다.】후(郈)의 경자(敬子)는 상(嘗)·체(禘)·증(烝)·향(享)을 사계절의 제사라고 하였는데, 【위소(韋昭)가 말한다. "봄 제사를 향이라고 한다."】향은 봄 제사가 아닌가? 『중용』에서 말한다. "봄과 가을에는 그 계절의 음식을 올린다." 『효경』에서 말한다. "봄과 가을 2번 제사하여 때때로 사모(思慕)한다." 이는 모두 대부와 사의 예이다. 【한 번 제사할 경우 가을에 한다.】

> ② 사계절에 지내는 제사(祭祀)와 천신(薦新)의 기일은 반드시 중월(仲月)을 쓴다.

『안자춘추(晏子春秋)』에서 말한다. "천자로부터 사에 이르기까지 모두 제사는 계절의 첫 번째 달[首時]에 지낸다." ○ 정현의 『예기』, 「왕제」 주(註)에서 말한다. "제사는 계절의 첫 번째 달에 지내고, 천신은 중월(仲月)[23]에 지낸다." ○ 복건(服虔)의 『좌전』 주(注)에서 말한다. "하늘에 제사하는 것은 맹월(孟月)[24]을 썼고, 묘(廟)에 제사하는 것은 중월(仲

月)을 썼다."【환공(桓公) 5년의 일이다.】또 말한다. "임금이 된 자는 맹월을 쓰고, 신하가 된 자는 중월을 쓴다."【소공(昭公) 1년의 일이다.】○ 내가 생각하건대, 주(周)나라 달력의 맹월은 곧 하(夏)나라 달력의 중월이다. 『예기』, 「제의(祭義)」에서 말한다. "봄에 비와 이슬이 내려 땅을 적시면, 군자는 그것을 밟을 때 놀라는 마음이 생긴다. 가을에 서리와 이슬이 내리면, 군자는 그것을 밟을 때 슬픈 마음이 생긴다." 맹월은 계절의 음식물이 익지 않으니, 중월을 쓰는 것이 더욱 실정에 가까울 것이다. 그러므로 『주례』에서 금수(禽獸)를 바치기 위한 사냥은 모두 중월에 하는 것이다. 생각하건대, 임금의 제사 역시 중월에 하는데, 맹월에 하는 경우는 교제(郊祭)와 사제(社祭)뿐이다. 지금 국제(國制)는 태묘(太廟)에서 시향(時享)할 때는 맹월을 쓰고, 사가(私家)의 제사는 모두 중월을 쓰는데, 이는 『가례』에 근거한 것이다.

③ 지금 『예경(禮經)』을 준행하여 춘분(春分)과 추분(秋分)에 시향(時享)의 예(禮)를 행한다. 대부가 아닌 사람은 봄에 천신(薦新)하고 가을에 제사한다. 벼슬하면서 봉록을 받지 못하는 이는 모두 천신의 예(禮)를 행한다.

사마온공(司馬溫公)이 말한다. "맹선(孟詵)의 「가제의(家祭儀)」에서 '하지와 동지 그리고 춘분과 추분을 쓴다.'고 하였으니, 점칠 겨를이 없다면 맹선에 의거하여 동지와 하지 그리고 춘분과 추분을 쓰는 것이 일에도

---

23 중월(仲月) : 사계절의 가운데 달로 음력 2월·5월·8월·11월을 말한다.
24 맹월(孟月) : 사계절의 처음 시작하는 달로 맹삭(孟朔)·맹춘(孟春)·맹하(孟夏)·맹추(孟秋)·맹동(孟冬)의 총칭(總稱)이다.

편안할 것이다."【『가례보주(家禮補注)』에 보인다.】 ○ 주자가 말한다. "점치는 날은 정해진 것이 없으나, 경건하지 않다고 생각되면 사마온공이 말한 '춘분과 추분 그리고 동지와 하지를 쓴다.'고 한 것도 괜찮다."【『주자어류』에 보인다.】 ○ 내가 생각하건대, 『서의(書儀)』와 『가례(家禮)』에서 사계절의 제사를 모두 거행한 것은 천자의 경(卿)이 제후의 예(禮)를 사용할 수 있기 때문이다. 제후의 대부와 사가 감히 이것을 거행할 수 있겠는가? ○ 또 생각하건대, 하지와 동지 그리고 춘분과 추분은 장지(長至)·단지(短至)·일중(日中)·소중(宵中)의 큰 마디이다. 그러므로 맹헌자(孟獻子)는 "7월의 일지(日至)에 선조를 제사 지낼 수 있다."【『예기』, 「잡기(雜記)」의 글이다.】 라고 하였던 것이다. 비록 유자(儒者)들의 논의가 일치하지 않더라도 춘분과 추분 그리고 하지와 동지를 사용하여 제사 지내는 것은 고례에서 징험할 수 있으며, 날짜를 점치는 것을 보아도 더욱 이치에 부합한다.

④ 하지와 동지에는 천신(薦新)의 예(禮)가 있다. 대부와 사 모두 동일하다.

정현(鄭玄)이 말한다. "천신(薦新)은 중월(仲月)로 한다." ○ 고당융(高堂隆)이 말한다. "중월(仲月)은 천신하는 달이다." ○ 후위(後魏)의 조칙에서 말한다. "전지(田地: 제전祭田)가 없는 사(士)는 중월에 천신한다." ○ 내가 생각하건대, "희생이 있는 것을 제(祭)라 하고 희생이 없는 것을 천(薦)이라 한다."【하휴(何休)가 말한 것이다.】 그러므로 『예기』, 「왕제」에서는 비록 서인(庶人)이라고 하더라도 역시 사계절에 천신하는 예가 있다. 천신을 보조하는 물품은 보리를 물고기로 보조하고, 벼를 기러기로 보조하고,【오늘날에는 닭으로 대신한다.】 계절 과일과 계절 채소로 보조하는데, 이것이면 물품을 충분히 갖출 수가 있다. 또 천(薦)과 헌(獻)의 의절은 정제(正祭)보다 간략하게 한다. 그러므로 『예기』, 「단궁(檀弓)」에서 말한다. "천신(薦新)은 삭전(朔奠)과 같이 한다." 『의례』, 「사상례(士喪禮)」 삭월(朔月)의 전(奠)을 고구하여 알 수가 있다. ○ 내가 생각하건대, 『예기』, 「월령(月令)」에서 말한다. "중춘(仲春)에는 얼음을 바치고, 계춘(季春)에는 다랑어를 바치고, 맹하(孟夏)에는 보리를 바치고, 중하(仲夏)에는 앵두를 바치고, 중추(仲秋)에는 마(麻)를 바치고, 계추(季秋)에는 벼를 바치고, 계동(季冬)에는 물고기를 바친다." 이는 모두 천자와 제후의 예이다. 월제(月祭)가 있을 수 있기 때문에 그 제사로 인해 바치는 것이지, 특별히 이 하나의 물품을 바치는 것을 말한 것이 아니다. 오늘날의 사람들은 이 예문에 잘못 의거하여 보리를 바치고, 벼를 바치고, 오이를 바치고, 물고기를 바치는 것들이 모두 단일한 하나의 물품을 올리는 것이라고 생각한다. 또 올리는 대상을 삶거나 데치지 않으니, 크게 예가 아니다. 비린 쌀과 비린 물고기는 날것으로는 먹지 못하는데, 사망자가 어떻게 그것을 흠향하겠는가?【제례에서 비록 비린 것을 바치는 의절이 있다고 하더라도, 정제(正祭)에는 반드시 익힌 것을 바친다.】춘분과 추분 그리고 동지와 하지 이외에 비록 신물(新物)이 있다고 하더라도, 천(薦)과 헌(獻)을 연속적으로 진행해서는 안 된다. 왜냐하면 신리(神理)를 모독하는 것이기 때문이다.

⑤ 초하루에 참례(參禮)하는 것은 오직 맹월의 초하루에만 대부가 거행한다. 대부가 아닌 사람은 오직 월정(月正: 음력 1월)의 원일(元日: 1일)에만 참례할 수 있다.

주자의 『가례』에서 말한다. "정지(正至)[25] · 초하루 · 보름에는 참례한다." ○ 내가 생각하건대, 월제(月祭)는 신하된 사람의 예(禮)가 아니다. 『가례』에 "초하루에 참례한다."는 것을 둔 것은 천자의 신하는 제후의 예를 쓸 수 있기 때문이다. 【주자 역시 국공(國公)으로 추봉(追封)되었다.】 옛날에는 오직 천자와 제후만이 월제를 지낼 수 있었다. 그러므로 『국어』에서 공모보(公謀父)를 제사할 때 '일제(日祭) · 월사(月祀) · 시향(時享) · 세공(歲貢)'의 말이 있었다. 【『국어』, 「주어(周語)」에 보인다.】 그리고 관사보(觀射父)는 "제후는 일제(日祭)를 없애고, 대부는 월사(月祀)를 없애고, 사와 서인은 시향을 없앤다."고 하였으니, 신하가 된 사람은 감히 월제를 지낼 수 없음이 분명하다. 그러므로 오직 천자와 제후만이 곡삭(告朔)의 예[26]를 갖출 수 있는 것이다. 【『주례(周禮)』, 「춘관(春官)」에서 말한다. "태사(太史)는 방국(邦國)에 곡삭을 반포한다." ○ 『좌전(左傳)』의 주(注)에서 말한다. "제후는 매월 초하루에 특양(特羊)으로 묘(廟)에 제사한 다음 삭(朔)을 반포하여 그것을 따르게 한다." ○ 또 『논어(論語)』 주(註)에 보인다.】 이제 제후국의 신하로서 달마다 제사를 지낸다면 끝내 참월하고 말 것이다. 그러므로 단지 사계절의 맹월의 초하루에 그것을 행하여 '월사를 없앤다.'는 글을 준행하고, 사와 서인은 다만 정조(正朝: 정월 초하루)를 씀으로써 '시향을 없앤다.'는 글을 준행하도록 한다. ○ 또 생각하건대, 제사와 천신의 예(禮)는 비록 감히 분수를 넘길 수 없지만 묘(廟)의 모양이 이미 갖추어졌고 예에 비고 빠진 것이 없으면 초하루와 보름마다 『가례』의 "보름에 참례한다."는 것에 의거하여 【술과 과일을 올리는 예(禮)가 없다.】

---

25 정지(正至): 정월 초하루와 동지를 말한다.
26 곡삭(告朔)의 예: 옛날 천자가 매년 계동(季冬)에 다음 해 열두 달의 책력(冊曆)을 제후에게 나눠 주었는데, 제후는 이것을 받아서 선조(先祖)의 종묘(宗廟)에 간직해 두고 매월 초하루에 양(羊)의 희생을 바치고 종묘에 고한 후 그달의 책력을 꺼내어 정사(政事)를 폈던 예를 말한다.

실(室)과 당(堂)을 청소하고 참례하지만 천신하지는 않는 것을 그쳐서는 안 된다. 【오늘날의 풍속에서는 예물을 충분히 갖춘 집에서는 보름에도 천신의 예를 행하는데, 그것은 예(禮)가 아니다.】

⑥ 기일(忌日)에는 전헌(奠獻)의 예(禮)가 있다.

『예기』, 「제의(祭義)」에서 말한다. "군자에게는 종신토록 지내는 상(喪)이 있는데 기일(忌日)을 말한다. 【정현이 말한다. "기일은 부모가 돌아가신 날이다."】 문왕의 제사는 죽은 이를 섬기기를 마치 살아 있는 사람 섬기듯 하였고, 죽은 이를 생각하면서 마치 살고 싶지 않은 듯이 하여 기일에는 반드시 슬퍼하였다." ○『예기』, 「단궁(檀弓)」에서 말한다. "기일에는 음악을 연주하지 않는다." ○『예기』, 「상대기(喪大記)」에서 말한다. "부모의 상(喪)에는 연제(練祭)를 마치고 각자의 집으로 돌아간다. 초하루와 기일(忌日)에는 종실(宗室)로 돌아와 곡(哭)한다." ○『공총자(孔叢子)』에서 말한다. "계절(季節)이 자순(子順)을 알현할 때, 술을 내리니 사양하였다. 그 까닭을 물으니 대답하였다. '오늘은 집의 기일(忌日)이어서 감히 마시지 못합니다.'" ○『속한서(續漢書)』에서 말한다. "신도반(申屠蟠)의 부모가 죽었는데, 기일(忌日)에 매우 슬퍼하여 삼일 동안 음식을 먹지 못하였다." ○ 내가 생각하건대, 옛날에는 소상(小祥)과 대상(大祥)을 모두 점쳐서 행하였으니, 기일(忌日)에는 제사가 없었다는 것을 알 수 있다. 그러나 슬픔과 그리움이 지극하여 그때에 맞는 음식을 진설하여 맺혔던 울음과 눈물을 다하는 것도 역시 효자가 맺혔던 마음을 푸는 것이다. ○ 또 생각하건대, 『개원례(開元禮)』에서는 백관(百官)의 사적(私的)인 기일(忌日)에 하루의 휴가를 주었다. 판단하건대, 당나라 초에 이미 기제(忌祭)가 있었던 것이다. 【장횡거(張橫渠)가 말한다. "옛 사람들은 기일에 천신(薦新)과 헌작(獻爵)의 예를 행하지 않았고, 다만 슬픔을 다하여 평소와는 다름을 보였을 뿐이다."】

⑦ 묘제(墓祭)는 고례(古禮)이다. 대부는 2번의 제사를 지냈는데 청명(淸明)과 한로(寒露)에 지냈으며, 사와 서인은 1번의 제사를 지냈는데 한식(寒食)에 지냈다.

『사기(史記)』, 「주본기(周本紀)」에서 말한다. "무왕(武王)은 제사를 마치고 병사를 사열(査閱)했다."【문왕(文王)의 묘지(墓地)에서 마친 것이다.】 ○ 증자(曾子)가 말한다. "소를 몽치〔椎〕로 쳐서 잡아 묘(墓)에 제사를 지내는 것은 어버이가 살아 계실 때에 닭과 돼지를 바치는 것만 못한다."【『한시외전(韓詩外傳)』에 나온다.】 ○ 『사기』, 「공자세가(孔子世家)」에서 말한다. "고제(高帝)가 노(魯)나라 성(城)을 지나갈 때 태뢰(太牢)의 예(禮)로 공자의 무덤에 제사를 지냈다."【「장량전(張良傳)」에서 말한다. "매번 무덤에 올라갈 때마다 모두 황석(黃石)에 제사를 지냈다."】 ○ 「주매신전(朱買臣傳)」에서 말한다. "옛 처(妻)를 위해 부부(夫婦)가 무덤에 올라갔다." ○ 내가 생각하건대, 묘제(墓祭)의 예(禮)는 『주례』에 분명하게 기록되어 있다.【『주례』, 「총인(冢人)」의 글이 아래에 보인다.】 다만 선유(先儒)들의 오해(誤解)로 인하여 한(漢)나라와 당(唐)나라의 제현(諸賢)이 모두 평의(評議)가 있었다.【채옹(蔡邕)이 말한다. "옛날에는 묘제를 지내지 않았다." ○ 황보밀(皇甫謐)이 말한다. "예(禮)에 묘제를 지내지 않았다." ○ 한문공(韓文公)이 말한다. "묘(墓)는 선조를 묻는 곳이고 묘(廟)는 제사를 지내는 곳이니, 어지럽혀서는 안 된다."】 정자(程子)와 주자(朱子) 이래로 항상 의문사항〔疑案〕으로 놓아두었다.【정자가 말한다. "가례(嘉禮)는 야합(野合)하지 않는 것이다. 태어날 때 야합하지 않았으니, 죽어서도 묘제(墓祭)를 지내지 않는다." 주자가 말한다. "만약 묘(墓)에서 제사를 지내면, 이는 자신의 선조를 거짓으로 섬기는 것이다."】예(禮)에는 정해진 제도가 없고, 사람들은 스스로 의리를 일으키니〔義起〕, 마침내 소박했던〔原野〕 풍속이 어지럽게 되어 따를 수 없게 되었다. 설명하는 사람들은 "묘제(墓祭)가 전례(典禮)에 기록된 것은 한(漢)나라 명제(明帝)의 원릉조(原陵朝)에서 시작되었다."고 한다. 【광무제(光武帝) 역시 매번 장안(長安)에 행차하여 십일릉(十一陵)에 제사하였다.】 대개 한나라는 진(秦)나라의 제도를 사용해서 종묘(宗廟)를 세우지 않았고, 오직 산릉(山陵)에만 각각 침묘(寢廟)를 세웠을 뿐이다. 종묘를 세우는 데에 이르러서도 능침(陵寢)을 없애지 않았다. 그러므로 선유(先儒)는 이것을 묘제(墓祭)가 생겨나게 된 이유로 생각하였으나, 전혀 그렇지가 않다. ○ 또 생각하건대, 묘제(墓祭)의 기일(期日)은 대수(代數)가 각각 동일하지 않다. 어떤 경우에는 복일(伏日)과 납일(臘日)을 썼다. 【「장량전」에서 말한다. "복일과 납일에 황석(黃石)에 제사를 지낸다." ○ 「한관의(漢官儀)」에서 말한다. "제릉(諸陵)은 삼복(三伏)·사일(社日)·납일(臘日)을 쓴다."】 어떤 경우에는 절기(節氣)를 썼다. 【「한관의」에서 말한다. "제릉(諸陵)은 24절기를 쓴다." ○ 당(唐)나라 제도에서 제릉은 동지(冬至)·하지(夏至)·청명(淸明)·복일·납일·사일을 썼다.】 사가(私家)에서는 오직 한식(寒食)에만 1번 제사하였다. 【개원(開元) 20년의 제도에서 말한다. "한식(寒食)에 묘소를 올라가는 것은 근대에 이루어진 풍속으로 오례(五禮)[27]에 편입되어서 항구적인 예식(禮式)이 되었다."】 송나라 한위공(韓魏公)에 이르러 또 10월 1일을 더하였고, 【장자(張子)와 정자(程子)는 한위공의 예식을 썼다.】 주자의 『가례』에서는 3월 상순(上旬)만을 썼다. 【주자의 집안 제사에서는 한위공의 예식을 썼다.】 명나라〔皇明〕의 상릉(上陵)에서는 청

---

27 오례(五禮) : 길례(吉禮)·흉례(凶禮)·군례(軍禮)·빈례(殯禮)·가례(嘉禮) 등 국가에서 지내던 다섯 가지 왕조의례를 말한다.

명(淸明)과 상강(霜降)을 썼고, 【또 중원(中元)과 동지(冬至)를 썼다.】 사와 대부는 청명(淸明)과 중양(重陽)을 썼다. 【요려(姚旅)가 말한다. "청명과 중양은 해내(海內)에서 풍속을 이루었다."】 조선의 풍속에서는 한식(寒食)과 추석(秋夕)을 썼고, 【영남(嶺南)에서는 한위공의 예식을 썼다.】 때로 정조(正朝)와 단오(端午)를 더하였다. 【율곡(栗谷)은 한식(寒食)과 추석(秋夕)에 은제(殷祭: 정식 제사)를 지내고, 정월 초하루와 단오에는 일헌(一獻)만 하게 하였다.】 대개 『예경(禮經)』에 명문규정이 없기 때문에 사람들이 스스로 제도를 만들어 뒤섞은 것이 이와 같다. 이제 여러 글을 참고해 보니, 오직 청명(淸明)과 상강(霜降)만이 가장 실정에 가깝다. 그러나 이 두 제사의 시간적 차이가 오히려 균정(均正)하지 않기에, 【청명(淸明)이 다가오면 상강(霜降)이 멀고, 상강이 다가오면 청명이 가깝다.】 청명(淸明)과 한로(寒露)에 묘제를 지내는 것만 못할 것이다. 【3월과 9월의 절기이다.】

⑧ 묘제(墓祭)는 고조(高祖)에 그친다. 그러나 먼 조상으로서 처음 벼슬하여 자손의 시조가 되는 조상에게는 한 번의 제사가 있어야 한다.

주자가 말한다. "묘제(墓祭)는 명문규정이 없으니, 비록 친이 다했지만 제사하는 것도 또한 해(害)가 없을 듯하다." ○ 내가 생각하건대, 인정(人情)에는 한계가 없고 예제(禮制)에는 한계가 있다. 만약 한계를 정해 놓지 않으면 장차 천세(千歲)를 가게 될 것이다. 그러나 두보(杜甫)는 한식(寒食)에 먼 조상인 당양군(當陽君)에게 제사하였으니, 【곧 두예(杜預)를 말한다.】 이미 당(唐)나라 때부터 그의 현조(顯祖)에게 제사를 지낸 것이다. 1년에 1번 제사하는 것은 한위공(韓魏公)의 예식에 따라 10월 1일을 쓰는 것이 괜찮다.

⑨ 후토(后土)의 제사에 이르러서는 본래 정현의 주석으로 인해 오류가 있게 되었기 때문에 논의할 것이 못 된다.

『주례』, 「춘관」, '총인(冢人)'에서 말한다. "무릇 묘(墓)에 제사를 지낼 때에는 시동(尸童)을 둔다."【정현이 말한다. "묘혈(墓穴)을 파기 시작할 때에 후토(后土)에게 제사한다."】 ○『예기』, 「단궁(檀弓)」에서 말한다. "반곡(反哭)을 하고 나서 유사(有司)는 궤연(几筵)을 가지고 묘(墓)의 왼쪽에 전(奠)을 차려 놓는다."【정현이 말한다. "토지신(土地神)에게 예를 올리는 것이다."】 ○『가례』에서 말한다. "또 묘(墓)의 왼쪽에 땅을 고르게 하여 후토에게 제사를 지낸다."【묘제장(墓祭章)이다.】 ○ 내가 생각하건대, 옛날의 산림(山林)과 천택(川澤)에 지내는 제사에서는 모두 묻고 빠뜨리는 예를 썼다.【산(山)에서는 묻고 천(川)에서는 빠뜨렸다.】 오직 사람이 죽었을 때 지내는 제사에만 황시(皇尸)를 둘 수 있었으니, 정현의 의리는 잘못된 것이다. 산천의 제사는 오직 제후만이 거행하였으니, 평소에 백성들이 감히 할 수 있는 것이 결단코 아니다. 게다가 후토는 공공(共工)의 아들인 구룡(句龍)인데 어떠하겠는가?【『예기』, 「제법(祭法)」에 보인다.】 처음 구덩이를 파고 구룡에게 제사한 것은 아마 역시 의리가 없는 것 같다. 만약 '대지(大地)의 기(示: 땅의 귀신)'라고 말한다면, 이 또한 천자가 제사할 수 있는 대상이니, 더욱 감히 해서는 안 되는 대상이다. 정자는 여기에 대해 본래 정론(定論)이 있었는데,【정자가 말한다. "구설(舊說)에 '후토를 제사한다면 시동을 세운다.'고 한 것은 잘못되었다. 대개 옛 사람이 사직(社稷)에 제사하는 것 이외에 다시 후토에 제사하는 의절은 없다."】 학자들이 이를 자세히 살피지 못한 것뿐이다.【남헌(南軒) 장식(張栻) 역시 총인(冢人)을 묘제(墓祭) 가운데 왕(王)으로 생각하였다.】 이것이 바로 묘제(墓祭)의 정문(正文)이니, 산신(山神)에게 제사하는 것이 아니다.【내가 지은 『단궁잠오(檀弓箴誤)』에 자

세히 보인다.】『맹자』에 등장하는 동쪽 성곽의 무덤 사이에서 하는 제
사[28] 역시 무덤구덩이를 처음 팔 때 지내는 제사이다.

⑩ 나머지의 속절(俗節)은 모두 풍속을 따라 인정에 맡겨서는 안 되는
데, 신리(神理)를 모독하는 것이기 때문이다.

삼원(三元)의 절기는 불가(佛家)에서 나왔다. 상원(上元)에는 점등법
(點燈法)이 있고,【이는 '여래(如來)가 하늘에 탄생한 날'을 말한 것이다.】중원
(中元)에는 우란분(盂蘭盆)[29]이 있고, 하원(下元)에는 수륙회(水陸會)[30]가
있는데, 모두 선조(先祖)를 제사하는 의미가 없다. 사중(四重)의 설(說)은
경전(經傳)에 보이지 않는다. 5월 5일(단오)에 쑥호랑이를 만들어 귀신을
물리치는 것과 7월 7일(칠월칠석)에 직녀(織女)에게 절하여 베 짜는 기술
을 구걸하는 것 등은 모두 궁궐 안에서 무당이 굿하는 풍속에서 나온
것이다. 이날 선조를 제사하는 것은 적절하지가 않다. 오직 중삼(重三)과
중구(重九)만이 세상에서 칭하는 아름다운 절기이다. 그러나 때가 청명
(淸明)·한로(寒露)와 서로 가까우니, 이미 무덤에 제사하였다면, 제사를
모독할 필요는 없다.【군(郡)과 현(縣)에서 장려하는 것이라면, 간략하게나마 천
신(薦新)의 의식(儀式)을 갖추는 것도 괜찮다.】○ 오늘날의 사람들은 여러 세
대를 받드는 것에 힘쓴다. 아버지〔禰〕만을 제사해야 하는 사람이나 할아
버지까지만 제사해야 하는 사람들도 모두 4세(世)를 제사하지만 시향(時

---

28 동쪽 성곽의 무덤 사이에서 하는 제사:『맹자』,「이루하」33장.
29 우란분(盂蘭盆):음력 7월 보름을 중심으로 조상의 영혼을 제사 지내는 불교 행사를 말
한다.
30 수륙회(水陸會):수륙재(水陸齋)라고도 하는데, 샘을 정결히 하고 습지에 사는 생물에게
음식을 베풀어서 성불을 기원하는 행사를 말한다.

享)은 폐지한다. 이는 구획을 넓게 잡기는 하였지만 거두어들이지 못하는 것과 같다. 오늘날의 사람들은 천신(薦新)을 빈번하게 하는 것을 효(孝)라고 생각한다. 삼원(三元)과 사중(四重)에 천신(薦新)하고 헌작(獻爵)하여 신(神)을 번거롭게 하고 모독하면서도 시향은 폐지한다. 이는 시마복(緦麻服)과 공복(功服: 대공복과 소공복)은 살피면서도 삼년복은 폐기하는 것과 같다. 만일 오늘날의 사람들이 예의(禮意)에 통달할 수만 있다면, 반드시 속절(俗節)의 제사로 시향(時享)을 대체하지는 않을 것이다.

3 「제의고(祭儀考)」

> ① 옛날 제사의 예(禮)를 고구(考究)해 보면 장황하고 번다하여 예에 관한 규정이 크게 갖추어져 있기는 하지만 준행(遵行)하기는 쉽지가 않다.

옛날에 대부와 사가 지내는 제례에 관한 것은 지금도 모두 『의례(儀禮)』에 보존되어 있다. 그러나 옛날에는 제사에 시동(尸童)을 썼으나 지금을 시동을 쓰지 않는다. 옛날에는 제사에 희생(犧牲)을 썼으나 지금은 서수(庶羞: 여러 음식)를 쓴다. 옛날에는 제사에 빈(賓)을 청했지만 지금은 형제(兄弟)가 빈을 대신한다. 옛날에는 제사에 주부(主婦)가 여러 차례 음식을 올렸지만 지금은 묘제(廟祭)가 옛날과 달라 그렇게 하지 않는다. 예(禮)가 대부분 불편하여 고례(古禮)가 아름답다고 하더라도 모두 준행할 수는 없다. 이미 시동을 쓰지 않기 때문에 뇌제(挼祭)·진제(振祭)·거폐(擧肺)·거간(擧幹)·유염(擩鹽)·연해(挻醢)·쵀주(啐酒)·제간(嚌肝)과 같은 예는 모두 현행 제의(祭儀)에 붙여 행할 곳이 없다. 또 이미 빈을 쓰지 않기 때문에 서빈(筮賓)·숙빈(宿賓)·헌빈(獻賓)·수빈(酬賓)의 예와 같은 것은 모두 본떠 행할 곳이 없다. 나머지는 모두 이를 따른다.

② 이제 고금(古今)을 참작(參酌)하여 행할 수 있는 것은 준행하고 변화가 있는 것은 제거하되 대의(大義)를 잃지 않게 한다.

고례(古禮)는 너무 번다하고 금례(今禮)는 너무 간소하여 적절하게 시행하기가 쉽지 않다. 그러나 우선 천자와 제후의 예가 대부분 서로 섞여 있기 때문에 제의(祭儀)를 익히면서 가려내지 않으면 분수를 어기는 것이 많게 된다. 여기에서는 『의례』, 「소뢰궤사례(少牢饋食禮)」와 『의례』, 「특생궤사례(特生饋食禮)」 및 『주문공가례(朱文公家禮)』를 취하여 제의를 다음과 같이 채록(採錄)하였다.

③ 시향(時享)의 예(禮)와 같은 것은 기일 3일 전 아침에 재숙(齋宿)의 예가 있다. 【숙(宿)은 숙(肅)을 말한다.】

정일(丁日)에 제사를 행한다면, 을일(乙日)에는 재계(齋戒)한다. ○ 주인(主人)은 의복을 갖추고 【조관(朝官)은 조복(朝服)을 갖춘다.】 여러 집사(執事)를 인솔하여 묘(廟) 앞으로 간다. 【당(堂)에 오르지 않는다.】 주인은 동쪽 계단으로 가서 남면(南面)하고 여러 집사는 계단 아래로 가서 북면(北面)한다. 【차례대로 서는데 평상시 의식과 같게 한다.】 주인은 절하고 다음과 같이 고한다. "내일 정해(丁亥)에 장차 세사(歲事)를 올리려 합니다. 감히 고합니다."【여러 집사가 모두 항렬이 낮거나 나이가 어리다면 주인은 절하지 않는다.】 여러 집사는 답배(答拜)한다. ○ 집사자(執事者)는 축(祝)

1인, 【형제 가운데 예(禮)를 익힌 사람이다.】아헌자(亞獻者) 1인, 【친형제 가운데 1인이다.】삼헌자(三獻者) 1인, 【먼 친척의 형제 1인이다.】좌식자(佐食者) 1인, 【진설(陳設)을 담당한다.】찬자(贊者) 1인, 【홀기(笏記)를 잡고 예(禮)를 돕는다.】집준자(執尊者: 술잔을 담당한 사람) 1인, 【준(尊) 앞에 서서 술을 따른다.】천조자(薦俎者) 1인, 【희생을 올리는 것을 담당한다.】집사자(執事者) 몇 사람이다. 【변(籩)과 두(豆) 등의 제기를 올리고 술잔을 드리고 올리는 일을 담당한다.】○ '숙(宿)'이란 치재(致齋)[31]를 말한다. 【음악을 듣지 않고 출입을 하지 않고 제사드릴 대상만을 생각한다.】기일 7일 전에는 산재(散齋)[32]한다. 【조상(弔喪)하지 않고, 문병(問病)하지 않고, 비린내 나는 것을 먹지 않고, 술을 마시되 어지러운 데에까지 이르지 않고, 흉(凶)하고 더러운 일에 관여하지 않는다.】묘(廟)에 가서 재계하지는 않는다. ○ 생각하건대, 옛날에는 주부(主婦)가 아헌(亞獻)을 행하고 빈(賓)이 삼헌(三獻)을 행했으나 지금은 우선 풍속을 따른다.

④ 다음 날 저녁에는 시탁(視濯)의 예(禮)[33]가 있다.

주인 이하는 의복을 갖추고 묘(廟)에 나아가 당(堂)에 올라 그곳을 청소하고 연석(筵席)을 진설하고, 【여기에는 궤(几: 안석)가 없다.】황톳불을 진설하고, 【삼위(三位)에 각각 1촉(燭)씩 진설한다.】동쪽 계단에 어금(梌禁)

---

31 치재(致齋) : 제사 전 3일 동안 몸가짐을 조심하는 것을 말한다. 이때에는 제복(祭服)을 입고 오로지 제사 대상만 생각한다.
32 산재(散齋) : 제사 전 7일 동안 몸가짐을 조심하는 것을 말한다. 이때에는 평상시의 일을 하면서 조심한다.
33 시탁(視濯)의 예(禮) : "시탁은 제기(祭器)의 세척 상태를 살피는 것이다〔視濯, 視祭器之滌濯也〕."(『예기(禮記)』, 「상복소기(喪服小記)」, 진호 주)

을 진설하고, 【준(尊) 1개와 작(勺) 1개를 갖추는데, 덮개가 있다.】 서쪽 계단
에 관세(盥洗)를 진설하고, 【세건(洗巾)이 있다.】 이어서 가당(家堂)에 나아
가 그릇을 닦고 희생(犧牲)을 담을 정(鼎)을 닦는다.

⑤ 다음 날 날이 밝아 일찍 일어나면 시임(視飪)의 예(禮)[34]가 있다.

주인 이하는 의복을 갖추고 가당(家堂)에 나아가 시갱임(視羹飪)의 예
(禮)[35]를 행한다. 【궤(簋)·형(鉶)·변(籩)·두(豆) 등도 아울러 그것이 정결한지
본다.】 주부는 시희찬(視饎爨)의 예[36]를 행한다. 【반(飯)을 '희(饎)'라고 한
다.】 ○ 생각하건대, 고례(古禮)에는 일찍 일어나기만 했는데, 지금은 닭
이 울 때를 사용하니, 반드시 그럴 필요는 없다.

⑥ 이어 묘(廟)에 나아가 찬(饌)을 진설한다.

묘(廟)에 들어가 호(戶)를 열고 촉(燭)을 피우고 위패(位牌)를 연다. 주
인 이하는 2번 절한다. ○ 먼저 변(籩)을 진설하고, 그 다음 두(豆)를 진설
하고, 그 다음 형(鉶)을 진설하고, 그 다음 궤(簋)를 진설한다. ○ 좌식(佐
食)이 회(會)를 열면, 【반궤(飯簋)의 뚜껑을 제거한다.】 주인은 향(薌)을 올린

---

34 시임(視飪)의 예(禮) : 시임은 제사음식의 상태를 살피는 예를 말한다.
35 시갱임(視羹飪)의 예(禮) : 국물의 상태를 살피는 예를 말한다.
36 시희찬(視饎爨)의 예 : "서직(黍稷)을 삶는 것을 '희(饎)'라고 한다. 희는 북쪽을 상석으로
   하여 위로 처마와 가지런하게 한다. 우제(虞祭) 때 서직을 찌는 아궁이를 두는 것은 더욱
   길례(吉禮)에 가까워지기 때문이다〔炊黍稷曰饎. 饎北上, 上齊於屋宇. 於虞有亨饎之爨,
   彌吉〕."(『의례(儀禮)』, 「사우례(士虞禮)」). 희찬은 서직을 익히기 위해 불을 때는 일을
   담당한 사람을 가리키기도 한다.

다. ○ 생각하건대, '승향(升香: 향을 올리는 것)'은 고례가 아니다. 【『의례』, 「소뢰궤사례(少牢饋食禮)」와 『의례』, 「특생궤사례(特牲饋食禮)」에는 이 예(禮)가 없다.】 지금은 우선 대중(大衆)을 따른다. 축주(縮酒)를 땅에 붓는 데에 이르면, 이는 천자와 제후의 예(禮)에 기초한 것으로 논의하기 쉽지 않다. 만약 두(豆) 사이에 지내는 제사[37]를 말한다면, 【처음으로 음식을 만든 사람에게 제사 지내는 것이다.】 역시 그것을 명명(命名)하여 '강신(降神)'이라고 해서는 안 된다. 【술을 붓지 않았기 때문에 모사(茅沙)를 진설하지 않는다.】 ○ 주자가 말한다. "뇌주(酹酒: 술을 땅에 붓는 의절)에는 2가지 설이 있다. 하나는 울창주(鬱鬯酒)를 땅에 부어 신을 강림하게 하는 것이니, 천자와 제후의 예에만 있는 것이다. 다른 하나는 술을 고수레[祭]하는 것이니, 대개 옛날에는 음식을 먹을 때 반드시 고수레하였는데, 이제 귀신이 스스로 고수레를 할 수 없으므로 대신하여 고수레하는 것이다."

⑦ 이어 석축(釋祝)의 예(禮)를 행한다.

주인은 2번 절하고 계수(稽首: 머리를 땅과 수평이 되게 함)하고 증조(曾祖)의 신위(神位)에 나아가 꿇어앉는다. 【여러 형제와 집사는 모두 꿇어앉는다.】 축(祝)은 주인의 왼쪽에서 고한다. "유세(維歲) 갑자(甲子) 8월(八月) 정해(丁亥)에 효증손(孝曾孫) 아무개가 감히 아름다운 보뇨(普淖)·청작(淸酌)·서수(庶羞)로 올리고 증조고(曾祖考) 아무개 관(官)에

---

37 두(豆) 사이에 지내는 제사 : 옛사람들은 식사 때마다 근본을 잊지 않는다는 뜻으로 상위에 있는 음식을 조금씩 덜어 내어 두간(豆間)에 놓고서 선대(先代) 때 처음으로 음식을 만든 사람에게 제사하였는데, 이를 제식(祭食)이라 한다. 두간은 자리를 간 곳과 흙바닥을 그대로 둔 곳의 사이이다.

게 세사(歲事)를 올리며, 증조비(曾祖妣) 아무개 봉(封) 아무개 씨(氏)를 배향합니다. 흠향하소서." ○ 그 다음 왕고(王考)의 자리에 나아간다. 축은 고한다. "효손 아무개가 세사를 조고(祖考) 아무개 관에게 올리고, 조비(祖妣) 아무개 봉 아무개 씨를 배향합니다. 흠향하소서."【왕고(王考) 이하는 년(年)·월(月)·일(日)을 기술하지 않고 자호(粢號)를 거론하지 않는다.】 ○ 그 다음 고(考)의 자리에 나아간다. 축은 처음과 같게 한다. ○ 끝나고 축이 일어나면, 주인은 2번 절한다. ○ 생각하건대, 오늘날의 예(禮)에서 축(祝)을 읽는 것은 초헌(初獻) 뒤에 하는데, 이제 고례(古禮)에 의거하면 축(祝)을 먼저 읽고 헌(獻)을 그 뒤에 한다.

⑧ 이어 유식(侑食)의 예를 행한다.

천조자(薦俎者)는 먼저 4개의 조(俎)를 바치고,【좌우(左右)에 4개의 조를 바친다.】 간번(肝燔)의 조(俎)는 동쪽 계단 위에 두고,【삼헌례에 사용된다.】 절곡(折穀)의 조는 서쪽 계단 위에 둔다.【여수(旅酬)에 사용된다.】 ○ 이어 숟가락을 꽂고 젓가락을 바르게 놓는다. ○ 생각하건대, 옛날에 유식(侑食)하는 예(禮)는 시동이 1번 밥을 뜰 때마다 축(祝)이 곧바로 음식을 권유하면서 말한다. "황시(皇尸)께서 아직 차지 못하셨다."【'유(侑)'란 음식을 권유하는 것이다.】 좌식(佐食)은 곧바로 희생(犧牲) 고기를 들어서 근조(胹俎) 위에 놓는다.【시조(尸俎)를 말한다.】 이것을 유식(侑食)이라고 한다. 지금은 시동이 없으므로 오직 조(俎)를 바치는 것으로써 이 예(禮)에 해당시킨다. 『가례』에서는 숟가락을 꽂는 것을 유식할 때에 두었으니, 역시 이 뜻에 부합한다. 그러나 고례의 유식은 삼헌하기 이전에 두었는데, 『가례』에서는 유식을 삼헌의 뒤에 두었고, 또 첨작(添酌)으로 유식을 삼아서 고례와는 다르다.【고례에는 첨작이 없다.】

⑨ 초헌례(初獻禮)를 행한다.

주인은 관세(盥洗)하고 증조의 신위에 나아가 꿇어앉는다. 집준자(執
尊者)는 덮개를 들어 술을 따르고,【집사는 술잔을 받들어 주인에게 준다.】
작(爵)을 올리고 작을 놓는다. 집조자(執俎者)는 간조(肝俎)를 올리고,
【간적(肝炙)을 말한다.】간을 바치고 간을 놓는다.【좌식자(佐食者)는 4개의 조
가운데에 간을 놓는다.】주인은 2번 절한다. ○ 그 다음 왕고(王考)의 신위
에 나아간다. 올리기를 처음과 같게 한다. ○ 그 다음 고(考)의 신위에
나아간다. 올리기를 처음과 같게 한다.

⑩ 아헌례(亞獻禮)를 행한다.

헌자(獻者)는 관세(盥洗)하고 작을 올리고 번(燔)을 올린다.【육적(肉
炙)을 말한다.】초헌례의 의식과 같게 한다. 헌자는 2번 절한다.【번조(燔
俎)는 올리지 않고 곧바로 육적(肉炙)을 간조(肝俎) 위에 놓는다.】

⑪ 삼헌례(三獻禮)를 행한다.

위의 의식과 같게 한다. 헌자(獻者)는 2번 절한다. ○ 삼헌례가 끝나
면, 오늘날의 예(禮)에서처럼 물을 올린다.

⑫ 천수례(薦羞禮)를 행한다.

주부(主婦)는 관세하고,【차부(次婦) 2인이 따른다.】증조의 신위에 나아

가 가두(加豆)와 가변(加邊)을 올린다. 【차부(次婦) 2인이 도와서 놓는다.】 주부는 2번 절한다. 【왕고(王考)의 신위와 고(考)의 신위는 모두 같다.】 ○ 생각하건대, 고례(古禮)에서는 주부가 아헌례를 행하면서 주부가 궤(簋)와 형(鉶)을 바쳤다. 주부가 두(豆)와 변(邊)을 바치는 것은 지금 모두 생략하고 오직 이 예를 남겨 둔 것은 부부(夫婦)가 함께 제사 지내는 뜻을 밝히기 위해서이다. ○ 만약 가두와 가변이 없는 경우라면 또한 천수(薦羞)의 예(禮)도 없다.

⑬ 수조례(受胙禮)를 행한다.

주인은 앞으로 나아가 북면(北面)하고 꿇어앉는다. 축은 작(爵)을 취하여 주인에게 준다. 축복하면서 고한다. "내가 너의 효손(孝孫)에게 다복(多福)을 주노니, 너희 효손은 하늘에서 주는 복록(福祿)을 받아서 전지(田地)를 경작하고 오래도록 살아서 바꾸지 말라." ○ 주인은 술을 맛보고 일어나 2번 절한다. ○ 생각하건대, 『가례』에는 '밥을 떠서 왼쪽 소맷자락에 넣는' 의절이 있는데, 이는 고례(古禮)이다. 지금은 우선 생략한다.

⑭ 여수례(旅酬禮)를 행한다.

주인(主人) 및 아헌자(亞獻者)와 삼헌자(三獻者)는 서면(西面)하고 북쪽을 윗자리로 삼는다. 축(祝) 및 유식자(侑食者)와 찬자(贊者)는 동면(東面)하고 북쪽을 윗자리로 삼는다. 【여러 형제와 여러 집사는 모두 북면(北面)하고 서쪽을 윗자리로 삼는다.】 모두 앉는다. 주인은 일어나 축(祝)에게

작(爵)을 올린다. 【자제(子弟) 1인이 올리는 것을 돕는다.】 축은 작을 받아 다 마신다. 주인이 절하면 축은 답배한다. 【한 번 숙배(肅拜)한다.】 주인은 작을 좌식에게 바치는데, 앞에서의 의식과 같게 한다. 【좌식(佐食)이 비록 신분이 낮더라도 주인은 절한다.】 작을 찬자(贊者)에게 받치는데, 앞에서의 의식과 같게 한다. ○ 축은 일어나 주인에게 초례(酢禮)한다. 【집사 1인이 초례하는 것을 돕는다.】 주인은 작을 받아 다 마신다. 축이 절하면 주인은 답배한다. 축이 아헌자에게 초례하고, 삼헌자에게 초례하는데, 모두 앞에서의 의식과 같게 한다. ○ 집사자는 절조(折俎)를 취하여 【서쪽 계단 위에서 취한다.】 동쪽 열(列)로 나아가 차례대로 맛보게 한다. 【조금 맛본다.】 서쪽 열로 나아가 차례대로 맛보게 한다. ○ 집사자는 작(爵)을 취해 남쪽 열로 나아가 여러 형제에게 올린다. 여러 형제는 각각 작을 받아 다 마시고, 【집사자 역시 스스로 1개의 작(爵)을 취해 북면하고 마신다.】 절조를 취해 차례대로 맛본다. ○ 주인이 고한다. "조고(祖考)께서 기쁜 마음으로 흠향하셨으니 너희와 더불어 기뻐하노라." 여러 형제가 북면하고 절하면, 주인은 답배한다. 【서면(西面)하고 절한다.】

⑮ 절차를 다 했다고 고하고〔告利成〕 위패를 닫는다.

축(祝)은 동면(東面)하고 절차를 다 했다고 고하고 숟가락과 젓가락을 치운다. 【이어서 회(會)를 덮는다.】 주인 이하는 2번 절한다. ○ 이어 위패를 닫는다. ○ 생각하건대, 주소(注疏)는 '절차를 다 했다고 고하는 것〔告利成〕'을 시동에게 알려 일어나게 하는〔諷尸使起〕 예(禮)로 보았기 때문에 후유(後儒) 가운데 혹 "시동이 없는 제사에서는 절차를 다 했다고 고하지 않는다."고 하는 경우도 있다. 그러나 『의례』, 「특생궤사례」에서는 시동이 일어난 뒤에 다시 절차를 다 했다고 고하여 마침내 치우고 내려온다. 『의례』, 「소뢰궤사례」 또한 그렇다. 【『의례』, 「유사철(有司徹)」
에서 말한다. "다시 절차를 다 했다고 고한다."】 결단코 시동에게 알리는 뜻이
아니다.

⑯ 준(餕: 대궁)을 나누어 주는 예를 행하고, 변(籩)과 두(豆)를 치운다.
【형(鉶)·조(俎)·궤(簋)·작(爵)은 그 다음에 치운다.】

축(祝)은 1개의 궤(簋), 1개의 조(俎), 1개의 두(豆), 1개의 변(籩)을 치
워서 집사자에게 주고, 집사자는 그것을 주인에게 준다. 주인은 준(餕)을
나누어 대광주리에 넣는다. 【4개의 그릇에 있는 내용물을 매번 조금씩 덜어
대광주리에 넣는다.】 집사자(執事者)는 대광주리를 받들어 서쪽 열(列)로
나아가 준(餕)을 바치고, 【사람이 각기 1인분씩 취한다.】 그 다음 동쪽 열로
나아가고, 그 다음 남쪽 열로 나아간다. 빈 대광주리를 받들어 주인에게
나아간다. 주인은 또 준을 나누어 대광주리를 채운다. 【앞에서의 법식(法
式)과 같게 한다.】 집사자는 대광주리를 받들어 주부 앞으로 나아간다. 주
부는 대광주리를 받아 준을 여러 부인에게 나누어 주는데 남자들이 한
의식과 같게 한다. 【『가례』에 근거한 것이다. 고례에는 부인들에게 준을 나눠
주는 예가 없다.】 ○ 생각하건대, 『예기』, 「제통(祭統)」에서 준을 나눠 주
는 법식은 아래로는 휘(煇)·포(庖)·적(翟)·혼(閽)에게까지 미친다.
【모두 천한 신분이다.】 『가례』 역시 미천한 신분에 있는 이들에게까지 두
루 미치는 것을 경계로 삼았으니, 지극한 뜻이라 하겠다. 그러나 『예기』,
「소뢰궤사례」에서는 준(餕)이 4인이고, 『예기』, 「특생궤사례」에서는 준
이 2인이다. 【상준(上餕)과 하준(下餕)이 있다.】 대개 대부의 은혜는 이성(異
姓)을 넘지 않고, 【가공언(賈公彦)이 말한 것이다.】 사례(士禮)의 은혜는 족친
(族親)을 넘지 않는다. 【정현이 말한 것이다.】 지금은 우선 고례를 따른다.

예가 끝난 다음에는 이어 그 은혜를 균등하게 베풀어야 마땅하다. 【종과 첩(妾)에게까지 미친다.】 ○ 또 생각하건대, 준(餕)의 법도는 본래 여수(旅酬)와 서로 유사하여 【역시 헌례(獻禮)와 초례(酢禮)가 있다.】 또한 하사(嘏辭)[38]가 있으나, 지금은 모두 생략한다.

⑰ 축은 호(戶)를 닫고 내려온다. 찬자(贊者)는 일이 끝났음을 고한다. 주인 이하는 나온다.

『예기』, 「소뢰궤사례」와 『예기』, 「특생궤사례」에서 유호(牖戶)를 닫는 것은 모두 예(禮)가 끝나고 내려와 나오는 때에 행하는 것이다. '닫는 것(闔)'은 장차 나오기 위해서이다. 오늘날의 예에서 문을 닫는 것은 제례(祭禮)의 큰 절차이니, 대개 『의례』, 「사우례(士虞禮)」에 시동이 없는 글에 기초한 것이다. 그러나 『의례』, 「사우례」에서 호(戶)를 닫는 것은 본래 상제(殤祭)의 예(禮)이다. 【『상례사전(喪禮四箋)』에 자세히 보인다.】 무릇 제사에서 문을 닫는〔闔門〕 의절은 폐지해도 의심이 없다. 오늘날 공가(公家)의 제사에서는 모두 합문(闔門)의 법식이 없다. ○ 생각하건대, 주자의 『가례』의 문을 닫는 의절에서 말한다. "주인은 문 동쪽에 서고 주부는 문 서쪽에 선다." 문을 여는 의절에서 말한다. "이어서 문을 연다. 주인 이하는 모두 들어가 자리에 나아간다." 이를 통해 보면, 문을 닫는 것은 묘(廟)의 중문(中門)을 닫는 것이니, 어찌 묘실(廟室)의 유호(牖戶)를 말한 것이겠는가? 【유호 안에는 본래 주인 이하의 자리가 없으니, "모

---

38 하사(嘏辭) : 제사에서 축(祝)이 시동(尸童)을 대신해 주인에게 복을 주는 말을 가리킨다. 사례(士禮)에서는 축이 대신하지 않고 시동이 직접 행한다(『삼례사전(三禮辭典)』, 983쪽 '嘏辭' 항목 참조).

두 들어가 자리에 나아간다."고 말할 수 없다.】 우리나라 사람들은 합호(闔戶)
를 합문(閤門)이라고 생각하니 잘못됨이 심하다.【양신재(楊信齋)가 『의례』,
「사우례」를 인용하여 '합유호(闔牖戶)'라는 글에 '합문(閤門)'이라고 주(注)를 달았는
데, 본래 잘못된 것이다.】 문(門)과 호(戶)가 같은 것이겠는가?

⑱ 동지와 하지에 천신(薦新)하는 데에 이르러서는 그 예(禮)가 마땅히
간소해야 한다.【사(士)가 봄에 지내는 천신(薦新)의 예(禮)도 동일하다.】 삭
참(朔參) 역시 그렇다.

기일 하루 전 재계(齋戒)하고 묘(廟)에 계고(戒告)하지 않는다. ○ 시
탁(視濯)과 시임(視飪)은 제례(祭禮)와 같게 행한다. ○ 찬(饌)과 조(俎)
를 진설하는 것도 동일하게 올린다. ○ 석축(釋祝)하지 않고 유식(侑食)
하지 않고 일헌(一獻)만 행한다. ○ 천수(薦羞)·수조(受胙)·여수(旅酬)
의 예(禮)는 없다. ○ 다 끝냈다고 고하지 않는다. ○ 준(餕)을 나누어 주
지 않는다. ○ 생각하건대, 오늘날의 풍속에서 지내는 삭참(朔參)의 예
(禮)는 찬(饌)을 진설하고 작을 올리면서 부복(俯伏)을 식경(食頃)처럼
한다. 비록 고례에서 징험할 것이 없지만,【『가례』에도 관련된 글이 없다.】
겨우 진설하였다가 곧바로 치웠다는 것은 또한 글이 될 수 없으니, 우선
풍속을 따라야 한다.

⑲ 기일(忌日)의 제사는 모두 시향(時享)과 같게 한다. 다른 것은 몇
가지 의절뿐이다.

기일 3일 전 재숙(齋宿)하고 묘(廟)에 계고(戒告)하지 않는다. ○ 남자
와 여자 모두 옅은 검은색 의복〔淺黔服〕을 하고,【없는 사람은 흰색 옷을

사용한다.】 변(籩)과 두(豆)를 정침(正寢)에 진설하고, 이어 묘(廟)에 나아
가 신주(神主)를 내온다. 【주자의 『가례』와 같다.】 ○ 2번 절하고 나서 형
(鉶)과 궤(簋)를 진설한다. ○ 향(薌)을 올리고 술을 붓지 않는다. 【모사
(茅沙)가 없기 때문이다.】 ○ 이어 석축(釋祝)을 하고, 【축사(祝辭)는 『가례』와
같다.】 유식(侑食)은 조(俎)를 바친다. 【절조(折俎)는 없다.】 ○ 삼헌(三獻)
을 하고 나서는 물을 올린다. ○ 천수(薦羞)를 하고 나서는 이어 곡(哭)
을 한다. 【주자의 『가례』에서는 오직 고(考)와 비(妣)의 제사에서만 곡이 있다.】
○ 한 식경(食頃) 정도 문을 닫지 않는다. ○ 한 식경 정도 부복(俯伏)하
지 않는다. 【곡을 하지 않는다면, 천수(薦羞)하고 나서 잠시 부복(俯伏)해야 한
다.】 ○ 곡(哭)이 끝나고, 일이 다 끝났다고 고하고, 이어 치운다. ○ 수
조(受胙)하지 않고, 여수(旅酬)하지 않고, 준(餕)을 나누어 주지도 않는
다. ○ 묘(廟)에 나아가 신주(神主)를 들여놓는다.

⑳ 묘제(墓制)는 천신례(薦新禮)와 같게 한다. 【상례(喪禮)와 제례(祭禮)
에 별도로 저술해 놓은 것이 있다.】

오늘날의 예(禮) 가운데 묘제(墓制)에는 역시 삼헌(三獻)이 있고 석축
(釋祝)이 있다. 그러나 이미 고례(古禮)대로 하지 못한다면, 간소함을 따
르는 것도 괜찮다. 삼정(三鼎)을 쓰는 경우 석축(釋祝)이 방해가 되는
것은 아니다. 【축사(祝辭)는 『가례』와 같게 한다.】 이어 일헌(一獻)을 해야
한다.

> ① 옛날 제사의 음식을 고구해 보면 원래 5등급이 있었다. 태뢰(太牢)·소뢰(少牢)·특생(特牲)·특돈(特豚)【역시 3정(鼎)이다.】·1정(鼎)이【역시 특돈이다.】 그것이다. 그 가운데 정(鼎)이 없는 것은 포(脯)와 해(醢)뿐이다.

제사 음식〔祭饌〕에는 5등급이 있는데, 상복(喪服)에 5등급이 있는 것과 같다.【참최(斬衰)·재최(齊衰)·대공(大功)·소공(小功)·삼월(三月)이고, 한 달이라도 상복을 입을 수 없는 사람은 단문(袒免)만 한다.】이 5가지에 해당하지 않는데도 복을 입는 것은 예복(禮服)이 아니다. 이 5가지에 해당하지 않는데도 음식을 올리는 것은 예찬(禮饌)이 아니다. 오늘날의 사람들은 태뢰(太牢)와 소뢰(少牢) 2가지와 특생(特牲)이라는 명칭만 알고, 거기에 쓰는 변(籩)·두(豆)·궤(簋)·형(鉶)의 수(數)에 대해서는 오히려 대부분 모르고 있으며, 3정(鼎)과 1정의 품목에 이르러서는 그 명칭까지도 아울러 알지 못하고 있다. 이에 사람들은 스스로 제도를 만들어서 법도는 어지럽게 되고 분열되었으며, 분수와 법식을 넘어서서 화려하게 사치하는 데에만 힘써서 선왕(先王)의 절약하는 제도와 효자의 슬퍼하고 공경하는 예문(禮文)이 모두 사라져 버리게 되었다. 옛날 제사의 예(禮)는 원래 잔치하는 의식을 모방한 것이다. 살아 계시면 잔치를 통해 기쁘게 해 드렸고, 돌아가시면 제사를 지내 공경함을 다했으니, 그 의미가 동일하다. 그러나 제사의 예에 높이고 낮추는 등급은 한결같이 희생(犧牲)과 정(鼎)의 많고 적음으로써 제도와 명칭을 세운 것이다. 그러므로 맹자(孟子)의 제사[39]에서는 앞의 제사는 3정(鼎)으로 하고【곧 특생(特牲)을 말한다.】 뒤의 제사는 5정으로 하였다.【곧 소뢰(少牢)를 말한다.】 정(鼎)

으로써 명칭을 구분한 것이 이와 같았다. 이른바 '3정'·'1정'과 같은 것은 특시(特豕)와 특돈(特豚)의 구분을 3등급으로 하는 것이다.【3정에는 2등급이 있으니, 하나는 특시이고 하나는 특돈이다.】혼례(昏禮)의 동뢰(同牢) 및 상례(喪禮)의 빈전(殯奠)·삭전(朔奠)은 모두 특돈을 쓴다.【3정을 쓴다.】관례(冠禮)에서 자식에게 초례(醮禮)를 할 때〔醮子〕와 혼례에서 신부가 손을 씻고 음식을 올리는 것〔盥饋〕 및 상례의 소렴전(小斂奠)·조조전(朝祖奠)은 모두 1정을 쓴다.【이상은『의례(儀禮)』에 보인다.】정(鼎)이 그것의 통기(統紀)가 되고, 변·두·궤·형 등은 그것에 따라 늘어나기도 하고 줄어들기도 한다. 모두『경례(經禮)』에 기록되어 있는데 질서가 정연하게 구별되어 있다. 이것이 선왕의 커다란 법이요, 성인의 지극한 가르침이니, 천년 동안 마땅히 준행해야 하는 것이다. 무릇 제사의 음식을 놓게 되면, 이 5가지 가운데에서 택하여 써야 마땅하고, 물정(物情)에 따라 더하는 것이 있거나 줄이는 것이 있어서는 안 된다.

② 특정(特鼎)은 천신(薦新)과 헌작(獻爵)을 통어(統禦)하는 기물(器物)인데, 대략 6종이 있다. 작(爵)·궤(簋)·형(鉶)·조(俎)·두(豆)·변(籩)이 그것이다. 내용물이 다르기에 명칭으로써 세운 것이다.

---

39 맹자(孟子)의 제사: "악정자가 들어가 평공을 뵙고 말하였다. '군주께서는 어찌하여 맹가를 만나 보지 않으셨습니까?' '어떤 사람이 과인에게 말하기를, 맹자의 뒤 초상이 앞 초상보다 지나쳤다고 하였기 때문에 가서 보지 않았노라.' '무엇입니까? 군주께서 이른바 지나쳤다는 것은 앞에서는 사(士)의 예로써 하고 뒤에서는 대부(大夫)의 예로써 하며, 앞에서는 삼정(三鼎)을 쓰고 뒤에서는 오정(五鼎)을 쓴 것을 말씀하십니까?' '아니다. 관곽(棺槨)과 의금(衣衾)의 아름다움을 말한 것이다.' '아닙니다. 이것은 이른바 지나쳤다는 것이 아니라, 빈부가 같지 않기 때문입니다.'〔樂正子入見曰: '君奚爲不見孟軻也?' 曰: '或告寡人曰, 孟子之後喪, 踰前喪, 是以不往見也.' 曰: '何哉? 君所謂踰者, 前以士, 後以大夫; 前以三鼎, 而後以五鼎與?' 曰: '否. 謂棺槨衣衾之美也.' 曰: '非所謂踰也, 負富不同也.'〕."

작(爵)은 그 내용물이 청주(淸酒)와 예주(醴酒)이다. 【술잔[尊]과 술병 〔甒〕은 밖에 있는 것으로, 천헌(薦獻)하는 것이 아니다.】 궤(簋)는 그 내용물이 메기장[黍]과 찰기장[稷]이다. 【우(虞)나라에서는 돈(敦)이라고 하였고, 주 (周)나라에서는 궤(簋)라고 하였는데, 오곡(五穀)이 모두 내용물이 된다.】 형(鉶) 은 그 내용물이 채소국물[羹]과 육수국물[湇]이다. 【형은 채소국물과 나 물을 조미하여 합해 놓은 것을 담는 기물이다.】 조(俎)는 그 내용물이 날고기 〔牲〕와 익힌 고기[肉]이다. 【정(鼎)에서 꺼내 와 곧바로 조(俎)에 올려놓는 다.】 두(豆)는 그 내용물이 채소절임[菹]과 젓갈[醯]이다. 【무릇 물[水]과 흙[土]에서 나온 생산물 가운데 젖은 것[濕物]은 모두 두에 담는다.】 변(籩)은 그 내용물이 포(脯)와 밤[栗]이다. 【무릇 물과 흙에서 나온 생산물 가운데 말 린 것[乾物]은 모두 변에 담는다.】 이 6가지에 해당하지 않는 기물은 예기 (禮器)가 아니고, 이 6가지에 해당하지 않는 생산물은 예물(禮物)이 아니 다. ○ 생각하건대, 이 6가지 종류의 기물은 그 수가 각기 동일하지 않 다. 작(爵)은 홀수[奇數]를 쓰고, 【1헌·3헌·5헌·7헌이 있다.】 궤(簋)는 짝수[偶數]를 쓰고, 【천자는 8궤, 제후는 6궤, 대부는 4궤, 사는 2궤를 쓴다.】 형(鉶)과 조(俎)는 홀수를 쓰고, 변(籩)과 두(豆)는 짝수를 쓴다. 【『예기』, 「교특생(郊特牲)」의 글이다.】 여기에는 음양(陰陽)의 뜻이 있다. 오늘날은 명칭과 기물을 고려하지 않고, 홀수와 짝수를 묻지 않고, 오직 진수성찬 만을 생각하여 이리저리 어지럽게 늘어놓고서 자랑하는 데에만 힘써서 예(禮)에서 너무 멀어지고 말았다. 고례(古禮)가 비록 무너져 부족하지 만 삼례(三禮)[40]를 고구해 보면, 그 여러 물품의 수(數)가 오늘날에 이르 기까지 갖추어져 있고, 질서가 정연하게 구별되어 있었으니, 여기에 다 음과 같이 채록하여 둔다.

---

40 삼례(三禮): 『주례』, 『의례』, 『예기』를 말한다.

③ 태뢰(太牢)에는 2등급이 있다. 상등급에는 9정(鼎)이 있으니, 작(爵)은 9헌(獻)이고【혹 7헌과 5헌도 있다.】음식은 8궤(簋)·7형(鉶)·9조(俎)·8두(豆)·8변(邊)이다.

태뢰(太牢)는 천자와 제후의 예(禮)이다. 『의례(儀禮)』, 「빙례(聘禮)」에 향빈(享賓)【곧 상빈(上賓)을 말한다.】역시 태뢰를 쓴다고 했는데, 모두 상등급이다.【상등급 가운데에도 조금 차이 나는 등급이 있다.】○9정(鼎)은 『의례』, 「빙례」에 근거한 것이다. 소·양·돼지·물고기【곧 말린 물고기이다.】·포【들짐승고기로 만든 말린 포이다.】·내장【소에서 취한다.】·갈빗살【소고기의 미세한 살결이다.】·신선한 물고기【막 잡은 신선한 물고기이다.】·신선한 포【막 잡은 들짐승으로 만든 것이다.】등이 그 내용물이다. ○9헌(獻)은 『주례』에서 "천자는 9헌,【상공(上公)도 동일하다.】후(侯)와 백(伯)은 7헌, 자(子)와 남(男)은 5헌, 대부(大夫)와 사(士)는 3헌이다."【『주례』, 「대행인(大行人)」의 말이다.】라고 하였고, 또 『예기』, 「예기(禮器)」에서 "1헌(獻)을 하는 예는 질박하고,【여러 작은 제사를 지내는 것을 말한다.】3헌을 하는 예는 문식을 하고,【사직(社稷)과 오사(五祀)를 제사하는 것을 말한다.】5헌을 하는 예는 현저히 성대하고 자세히 드러나며,【사망(四望) 및 산천(山川)을 제사하는 것을 말한다.】7헌을 하는 예는 충만하게 신이 머무르는 듯하다."【곧 종묘(宗廟)의 제사를 말한다.】라고 하였다. 이로써 추론해 보면, 태뢰의 작(爵)은 어떤 경우에는 9개를, 어떤 경우에는 7개를, 어떤 경우에는 5개를, 어떤 경우에는 3개를 쓴다.【『의례』, 「빙례」에서 향빈은 3헌만을 한다고 하였다.】모두 등급에 차이가 있으니, 서로 등급을 넘어서는 안 된다. ○8궤(簋)는 『의례』, 「빙례」【벼와 기장은 궤에 담는다.】및 『의례』, 「공사대부례(公食大夫禮)」에 근거하였다.【상대부(上大夫)는 8궤이다.】○7형(鉶)은 『의례』, 「빙례」 및 『의례』, 「공사대부례」에 모두 '6형(鉶)'이라고 되어 있다. 【소·양·돼지·물고기·포·내장을 말한다.】 그러나 대갱(大羹) 1등(鐙) 【『의례』, 「공사대부례」에 보인다.】 역시 갱기(羹器)가 있으니, 그것을 합하면 7형이 된다. ○ 9조(俎)는 제사의 희생(犧牲)을 쓰는 법은, 처음에는 가마〔鑊〕에 삶는데, 【『의례(儀禮)』, 「소뢰궤사례(少牢饋食禮)」에 '양가마〔羊鑊〕·돼지가마〔豕鑊〕'라고 말한 것이 있다.】 익으면 정(鼎)으로 이동하고, 【『의례』의 주(注)에 보인다.】 전(奠)을 했으면 조(俎)에 올려놓는다. 【순가락으로 희생의 몸체를 떠내어 올려놓는다.】 그러므로 정(鼎)이 9개면 조(俎)도 9개이고, 정이 3개이면 조도 3개이다. 『의례』, 「공사대부례(公食大夫禮)」에서 말한다. "상대부(上大夫)는 9조(俎)이다." ○ 8두(豆)는 「빙례」【부추〔韭〕·채소절임〔菹〕·육장〔醢〕·젓갈〔醯〕 등이다.】 및 「공사대부례」에 의거하였다. 【상대부는 8두(豆)이다.】 『주례』 해인(醢人)의 직무에 조사(朝事)의 두(豆), 【곧 부추·채소절임·육장·젓갈·창본(昌本)·큰사슴젓갈〔麋臡〕·순무절임〔菁菹〕·작은사슴젓갈〔鹿臡〕·순채절임〔茆菹〕·큰사슴젓갈〔麋臡〕 등을 담는다.】 궤사(饋食)의 두, 【곧 해바라기절임〔葵菹〕·소라젓갈〔蠃醢〕·비석(脾析)·조개젓갈〔蠯醢〕·무명조개〔蜃〕·개미알젓갈〔蚳醢〕·돈박(豚拍)·물고기젓갈〔魚醢〕 등을 담는다.】 가두(加豆)의 실(實)이 있는데, 【곧 미나리절임〔芹菹〕·토끼고기젓갈〔兔醢〕·긴 부들〔深蒲〕·탐해〔醓醢〕·이끼절임〔菭菹〕·기러기젓갈〔雁醢〕·죽순절임〔筍菹〕·어물젓갈〔魚醢〕 등을 담는다.】 그것들이 동일하지 않지만 그 수(數)는 모두 8이니, 【수두(羞豆)는 이식(酏食)과 삼식(糝食) 2개의 두뿐이다.】 또 징험할 수 있다. ○ 8변(籩)은 『주례』 변인(籩人)의 직무에 조사의 변(籩), 【볶은 들깨〔麷蕡〕·볶은 쌀〔熬稻〕·볶은 메기장〔熬黍〕·형염(形鹽)·포〔膴〕·어물절임〔鮑魚〕·말린 고기〔乾鱐〕 등을 담는다.】 궤사의 변, 【곧 말린 대추〔乾棗〕·젖은 대추〔濕棗〕·말린 매화〔乾梅〕·젖은 매화〔濕梅〕·말린 복숭아〔乾桃〕·젖은 복숭아〔濕桃〕·개암〔榛〕·밤〔栗〕 등을 담는다.】 변에 더하는 내용물은 【가시연밥〔菱芡〕·밤〔栗〕·쌓아올린 포〔脯糗〕 등을 쓴다.】 사용되는 것이 동일하지 않으나 그 수는 모두 8이다. 【변을 바치는데, 구이(糗餌)와 분자(粉餈) 3개의 변뿐이다.】 태뢰에 8개의 변이 있음을 알 수가 있다. 그러나 변을 바치는 제도는 천자가 8을 쓰고, 제후는 6을 쓰며, 대부는 4를 쓰고, 사는 2를 쓴다. 【『의례』의 주(注)에 보인다.】 그러므로 8개의 변을 쓴다는 글은 다른 경전(經傳)에 보이지 않는다. ○ 생각하건대, 『의례』, 「빙례」에 또한 "수정(羞鼎)은 3개이고 성정(腥鼎)은 7개이다."라는 글이 있다. 【신선한 물고기와 신선한 포는 없다.】 수정은 곧 배정(陪鼎)이다. 이는 3개의 고깃국〔臛〕을 끓이는 것이다. 【3개의 고깃국은 쇠고깃국〔膷〕·양고깃국〔臐〕·돼지고깃국〔膮〕을 말한다.】 성정(腥鼎)은 삶거나 익히지 않기 때문에 그 명칭을 별도로 세운 것이고, 그것은 실제로 9개의 정이다. 【곧 정정(正鼎)이라는 것이다.】 『의례』, 「공사대부례」에서 말한다. "상대부(上大夫) 또한 서수(庶羞) 20개가 있다." 【꿩〔雉〕·토끼〔兔〕·메추라기〔鶉〕·세가락메추라기〔鴽〕 등이 있다.】 서수(庶羞)는 3가지의 고깃국, 【소고깃국을 향(膷)이라 하고, 양고깃국을 훈(臐)이라 하고, 돼지고깃국을 효(膮)라고 한다.】 3가지의 고깃점〔胾〕, 【곧 소고깃점·양고깃점·돼지고깃점을 말한다.】 3가지의 구운 고기, 【곧 구운 소고기·구운 양고기·구운 돼지고기를 말한다.】 2가지의 회(膾) 【소젓갈〔牛鮨〕과 어회(魚膾)에 겨자와 된장이 있다.】 등을 말한다. 그러므로 『예기』, 「예기(禮器)」에서 말한다. "천자의 두(豆)는 26개이고, 제공(諸公)은 16개이고, 제후는 12개이고, 상대부는 8개이고, 하대부는 6개이다." 정두(正豆)와 수두(羞豆)를 합하여 계산한다. 【『춘추공양전(春秋公羊傳)』의 주(注)에서 말한다. "경(卿)과 상대부(上大夫)는 8개의 두, 하대부(下大夫)는 6개의 두, 사(士)는 2개의 두이다."】 ○ 또 생각하건대, 보궤(簠簋)에 넣을 내용물은 메기장〔黍〕·찰기장〔稷〕·쌀〔稻〕·기장밥〔粱〕뿐이다. 비록 음식을 진열하는 것은 8궤이지만 【『시경』, 「소아(小雅)」의 글이다.】 4가지를 2번 사용하는 것이지 다른 곡식을 쓰는 것은 아니다. ○ 또 생각하건대, 『좌전(左傳)』에서 초자(楚子)

가 정(鄭)나라에서 연향(燕饗)을 베풀었는데, 【희공(僖公) 22년이다.】 9헌으로 연향하였고, 【변(籩)과 두(豆) 6품을 더하였다.】 또 중이(重耳)가 초자에게 연향을 베풀었는데, 9헌으로 연향하였으니, 【『국어(國語)』에 보인다.】 이것은 상공(上公)의 예(禮)이다. ○ 또 생각하건대, 『예기』, 「예기(禮器)」에서 말한다. "종묘의 제사에는 5헌의 술잔〔尊〕을 두는데, 문밖에는 부(缶)를 두고, 문안에는 호(壺)를 둔다."【소(疏)에서 말한다. "자(子)와 남(男)의 예(禮)이다."】 이것이 자(子)와 남(男)의 예(禮)이다. 【『의례』, 「특생궤사례(特牲饋食禮)」에서 말한다. "큰 형제는 술잔을 씻고 술동이를 더한다." 가공언(賈公彦)의 소(疏)에서는 9헌·7헌·5헌·3헌의 수(數)를 기록하였다.】

> ④ 하등급에는 7정(鼎)이 있으니, 작(爵)은 3헌(獻)이고, 음식은 6궤(簋)·5형(鉶)·7조(俎)·6두(豆)·6변(籩)이다.

빙향(聘享)의 예(禮)는 공(公)이 하대부(下大夫)를 먹일 때 쓴다. 『예기』, 「잡기(雜記)」에서 말한다. "상대부(上大夫)의 부제(祔祭)와 졸곡제(卒哭祭)에도 태뢰(太牢)를 쓴다."【대부(大夫)의 견전제(遣奠祭)에도 써야 한다.】 ○ 7정(鼎)은 9정 가운데 신선한 물고기〔鮮魚〕와 신선한 포〔鮮腊〕를 제거한 것이다. ○ 3헌(獻)은 빙례(聘禮)는 3헌을 넘지 못하기 때문에 계손숙(季孫宿)이 진나라에 연향을 베풀 때에 "하사품을 받는 것은 3헌을 넘지 않았다."라고 하였으니, 【소공(昭公) 5년이다.】 무릇 신하 된 사람의 제사는 3헌뿐이다. ○ 6궤(簋)는 『의례』, 「공사대부례(公食大夫禮)」에 근거하였다. 【『예기』, 「옥조(玉藻)」의 소(疏)에서 말한다. "천자가 삭사(朔食)[41]할

---

41 삭사(朔食) : 제왕과 귀족들이 매월 초하루에 평상시보다 더 풍성하게 식사하는 것을 가리킨다.

때에도 태뢰(太牢) 6궤(簋)를 쓴다.”】 메기장과 찰기장을 2번 쓰고, 쌀과 기장은 각각 1번씩 쓴다. ○ 5형(鉶)은 4형과 1등(鐙)으로 그것을 합치면 5가 된다. 형에는 반드시 나물〔芼〕이 있어야 국을 만들게 된다. 【소는 콩잎〔藿〕을 쓰고, 양은 씀바귀〔苦〕를 쓰고, 돼지는 고미〔薇〕를 쓰는데, 모두 근(董)과 환(萱)으로 부드럽게 한다.】 ○ 7조(俎)는 7정(鼎)의 음식을 올려놓는 제기(祭器)이다. ○ 6두(豆)는 『의례』, 「공사대부례(公食大夫禮)」에 근거하였다. 그것은 조사(朝事)의 두(豆)와 같지만 순채절임〔茆菹〕과 큰사슴고기젓갈〔麋臡〕을 제외한다. ○ 6변(邊)은 소뢰(少牢)에도 6변이 있으니, 태뢰의 경우도 알 수 있다.

⑤ 소뢰(少牢)에는 5정(鼎)이 있으니, 작(爵)은 3헌(獻)이고, 음식은 4궤(簋) · 3형(鉶) · 5조(俎) · 6두(豆) · 6변(邊)이다.

소뢰(少牢)는 대부(大夫)의 예(禮)이다. 【『의례』, 「소뢰궤사례(少牢饋食禮)」에 보인다.】 『의례』, 「빙례(聘禮)」에서 중개(衆介)가 치손(致飧)할 때에도 소뢰 5정을 쓴다. 『국어』에서 말한다. “대부는 소뢰로 제사한다.” 【『국어』, 「초어(楚語)」에 보인다.】 그러나 『예기』, 「옥조(玉條)」에서 말한다. “제후의 삭월(朔月)의 음식에는 소뢰를 사용한다.” 『의례』, 「사상례(士喪禮)」에서 말한다. “견전(遣奠)에도 소뢰를 사용한다.” ○ 5정은 『의례』에 근거한다. 【「소뢰궤사례」이다.】 그 내용물은 양 · 돼지 【모두 오른쪽 몸체〔右胖〕를 쓴다.】 · 물고기 · 포 【물고기는 붕어〔鮒〕를 쓰고, 포는 사슴고기[麋]를 쓴다.】 · 갈빗살〔倫膚〕이다. 【양고기를 쓴다.】 ○ 3헌은 『의례』에 근거하였다. 【『주례』에서 대부와 사는 모두 3헌이다.】 ○ 4궤는 『본례(本禮)』에서 4돈(敦)이라고 하였다. 【와(瓦)를 돈(敦)이라고 말한다.】 ○ 『예기』, 「옥조」에서 말한다. “소뢰에는 4궤(簋)를 쓴다.” 【『의례』의 소(疏)에서 말한다. “천자는 8궤이고 제후는 6궤이고 대부는 4궤이고 사는 2궤이다."】『의례』,「빙례」에서 중개(衆介) 역시 4궤뿐이다. 【곧 메기장·찰기장·쌀·기장밥이다.】 ○ 3형은『본례(本 禮)』및『의례』,「빙례」에서 모두 2형(鉶)에 그친다. 【양형(羊鉶)과 시형(豕 鉶)이다.】 그러나 태갱(泰羹)의 국물을 거기에 합하면 3이 된다. ○ 5조 (俎)는 5정(鼎)을 올리는 제기이다. 【『예기』,「옥조」에서 말한다. "소뢰(少牢) 는 5조(俎)이다."】『본례(本禮)』에 근거하면, 5조 이외에 또 기조(胏俎)· 간조(肝俎)·번조(燔俎)라는 명칭이 있다. 그러나 기조는 시조(尸俎)이 다. 【기(胏)의 음은 기(祈)인데, 염통과 혀〔心舌〕를 올려놓는 조(俎)를 말한다.】 오늘날에는 시동을 쓰지 않으니 소용이 없다. 간과 번은 3헌할 때 올리는 것이니 정조(正俎)가 아니다. ○ 6두(豆)는『본례(本禮)』와『의례』,「빙례 (聘禮)」 모두 4두에 그친다. 【곧 부추절임〔韭菹〕·고기젓갈〔醓醢〕·아욱절임 〔葵菹〕·달팽이젓갈〔蠃醢〕이다.】 그러나『본례(本禮)』의 4두 이외에 또 저민 양고기〔羊胾〕와 저민 돼지고기〔豕胾〕를 담은 2개의 두가 있으니, 【곧 양 고깃국과 돼지고깃국을 담는다.】 그것을 합하여 6두가 된다. ○ 6변은『본례 (本禮)』에 근거하면, 그 내용물은 풍(麷)·분(蕡) 【풍은 볶은 보리이고, 분은 마자(麻子)이다.】·대추·밤 【대추는 찌고 밤은 골라낸 것이다.】·구(糗: 미숫 가루)·단(腶: 약포)인데, 【구는 쌀과 콩을 볶아 만들고, 단은 포에 생강과 계피 를 넣어 만든다.】 모두 주부(主婦)가 바치는 것들이다. ○ 생각하건대,『의 례』,「기석례(旣夕禮)」의 견전(遣奠)하는 물건 역시 4두와 4변에 불과하 다. 이는 대개 소뢰의 올바른 사례이다. 그것들을 더해 6개를 쓰는 것은 문식을 번거롭게 하는 것이다. ○ 주자의 「시제의(時祭儀)」에서 과일은 6품을 쓰는데, 이는 6변이다. 채소〔蔬菜〕·포〔脯〕·젓갈〔醢〕은 각각 3품 을 쓰니, 이것이 6두이다. 【생각하건대, 포는 바로 변에 올리는 것으로 과일의 품급에 넣어야 한다.】

⑥ 특생(特牲)에는 3정(鼎)이 있으니, 작(爵)은 3헌이고, 음식은 2궤
(簋)·3형(鉶)·3조(俎)·4두(豆)·4변(籩)이다.

특생(特牲)은 사(士)의 예(禮)이다. 【『예기』, 「잡기(雜記)」에서 말한다. "하
대부(下大夫)의 우제(虞祭)에도 특생을 쓴다."】 ○ 3정(鼎)은 『본례』에 의거하였
다. 【『의례』, 「특생궤사례(特牲饋食禮)」이다.】 거기에는 돼지【돼지를 9조각으로
만든다.】·물고기【15마리이다.】·포【정현이 말한다. "사(士)는 토끼고기를 쓴
다."】를 담는다. 『의례』, 「사우기(士虞記)」에서 희생을 담은 것을 상정(上
鼎)이라 하고, 【희생을 9조각으로 만든다.】 물고기를 담은 것을 중정(中鼎)이
라 하고, 【물고기는 9마리에 그친다.】 포를 담은 것을 하정(下鼎)이라 한다.
【포는 오른쪽 몸통을 쓴다.】 ○ 3헌(獻)은 『본례』에 의거하였다. ○ 2궤(簋)
는 『본례』에 의거하였다. 주부(主婦)는 2돈(敦)을 진설한다. 『주역』에서
말한다. "2궤는 잔치에 쓸 수 있다." 【'손괘(損卦)'의 단사(彖辭)이다.】 ○ 3형
(鉶)은 정(鼎)에 이미 음식이 올려 있으면, 국물은 태갱(太羹)으로 만들고,
【『경(經: 의례)』에서 말한다. "좌식(佐食)은 태갱을 진설하고, 국물은 생정(牲鼎)
에서 취한다."】 나물〔芼〕은 2갱(羹)으로 만드니, 【『경(經)』에서 말한다. "주부
(主婦)는 2개의 형(鉶)을 진설한다."】 모두 3형(鉶)이다. 『의례』, 「사우례(士虞
禮)」에 제형(祭鉶)·상형(嘗鉶)이 있고, 또 태갱(泰羹)이 있다. 【형(鉶)에
담긴 고깃국〔羹〕에 첨가하여 넣는 나물은 씀바귀나 고사리를 사용한다. 또 여름에는
아욱을 사용하고 겨울에는 제비꽃을 사용하여 부드럽게 한다.】 ○ 3조(俎)는 3정
을 올려놓는 것이다. 『예기』, 「옥조」에서 말한다. "특생(特牲)은 3조이다." 3조
이외에 또 절조(折俎)【마디를 자른 것이다.】 및 간조(肝俎)·번조(燔俎)가
있는데, 이는 정조(正俎)가 아니다. ○ 4두(豆)는 『본례』에 의거하였다.
주부의 천신은 단지 2개의 두(豆)만 쓴다. 【곧 아욱절임〔葵菹〕과 달팽이젓갈
〔蝸醢〕이다.】 좌식(佐食)이 올리는 것은 오히려 4개의 두에 이른다. 【정현은

4개의 두를 돼지고깃국〔膮〕·적(炙)·저민고기〔胾〕·젓갈〔醢〕이라고 생각하였다.】
이제 4개의 두를 올바른 것으로 삼는다. 『의례』, 「사우례」의 '찬양두(饌兩
豆: 2개의 두를 차림)'는 2번 나오는데, 바로 4개의 두를 썼다는 명확한
증험(證驗)이다. 【「사우례」에 또 "저민 고기 4개의 두는 왼쪽에 진설한다."는 말이
있으니, 이것이 가두(加豆)이다.】 ○ 4궤(簋)는 『본례』에 의거하였다. 주부는
2개의 변(籩)을 진설한다. 【대추와 밤이다.】 그러나 「사우례」에서는 4개의
변(籩)을 분명하게 쓰고 있으니, 이것이 특생의 정례(正例)이다. 만일 4개
의 변을 쓴다면, 대추·밤·포·미숫가루는 그 내용물이다.

> ⑦ 특돈(特豚)에는 2등급이 있다. 3정(鼎)을 쓰는 것에는 작(爵)은 1헌
> (獻)이고, 음식은 2궤(簋)·1형(鉶)·3조(俎)·2두(豆)·2변(籩)이다.

특돈 3정은 사의 정식 전〔殷奠〕[42]이다. 【전(奠) 가운데 가장 성대한 것이
다.】 특생(特牲)은 시(豕)를 쓰고, 특돈(特豚)은 돈(豚)을 쓴다. 【돈(豚)은
새끼돼지를 말한다.】 크고 작은 것이 동일하지 않다. 【『의례』, 「사상례(士喪禮)
」의 대렴전(大斂奠)·계빈전(啓殯奠)·삭전(朔奠)엔 모두 특돈 3정을 쓴다.】 ○ 3정
의 내용물은 새끼돼지를 7조각으로 만든 것에 그친다. 【합쳐서 올린다.】
물고기는 9마리를 쓰고, 【전어와 붕어이다.】 포는 오른쪽 갈빗살을 쓴다.
【「사례(士禮)」에 보인다.】 ○ 1헌(獻)의 경우 상전(喪奠)은 모두 1헌이고,
【상전에는 반드시 2개의 술단지〔甒〕를 쓰고, 청주(淸酒)와 예주(醴酒)를 모두 진설
한다. 그러나 그 가운데 1개를 쓰고 2개를 쓰지는 않는다.】 길제(吉祭)와 가례
(嘉禮) 역시 1헌(獻)이 있다. 그러므로 『예기』, 「예기(禮器)」에서 말한다.

---

42 정식 전〔殷奠〕: 은(殷)은 성대하다 또는 정식으로 갖춘다는 의미다. 은전은 성대하게
차린 전, 즉 갖추어야 할 음식을 모두 갖춘 정식의 전을 의미한다.

"1번의 헌을 하는 예는 질박하다." 【여러 작은 제사들을 지내는 것을 가리킨다.】 혼례의 궤(簋) 역시 특돈 3정이지만 작(爵)은 1헌이다. ○ 2궤(簋)는 「사례(士禮)」에 근거하였다. 삭전(朔奠)에는 메기장과 찰기장이 있다. 【각각 1돈(敦)이다.】 혼례의 4돈(敦)은 부부(夫婦)가 공유한다. ○ 1형(鉶)은 「혼례」에 근거하였다. 혼례가 비록 태갱(太羹)을 쓰지만 제례(祭禮)에서는 모갱(芼羹)을 써야 한다. ○ 3조(俎)는 3정(鼎)을 올려놓는 것이다. 【새끼돼지·물고기·포이다.】 ○ 2두(豆)·2변(籩)은 '빈전(殯奠)'의 예문에 근거하였다. 【「사상례(士喪禮)」이다.】 거기에 넣는 것은 채소절임〔菹〕·젓갈〔醢〕·밤〔栗〕·포(脯)이다. 【삭전(朔奠)에는 변(籩)이 없다.】 혼례에서 채소절임과 젓갈을 담는 4개의 두는 부부가 공유한다.

⑧ 특돈(特豚) 1정(鼎)을 쓰는 경우 작(爵)은 1헌(獻)이고 음식은 1조(俎)·2두(豆)·2변(籩)이다.

1정(鼎)은 예(禮)를 줄인 전(奠)이다. 【『의례』, 「사상례(士喪禮)」의 소렴전(小斂奠)과 조녜전(朝禰奠)은 모두 1정을 쓴다.】 『의례』, 「사관례(士冠禮)」 역시 특돈 1정을 쓴다. ○ 1헌은 간략한 것이다. 관례(冠禮)의 예빈(醴賓) 역시 1헌이다. ○ 1조(俎)는 정(鼎)의 내용물을 조(俎)에 올려놓은 것이다. ○ 2두(豆)·변(籩)은 「사상례」의 소렴전에 단지 포와 젓갈만이 있기 때문에 정현 역시 "1두·1변이다."라고 하였다. 그러나 기문(記文)에서 "두(豆)는 2개를 병렬로 놓고, 변(籩) 역시 이와 같게 한다."고 하였는데, 거기에서 쓴 것이 2두·2변임을 알 수 있다. 【어떤 사람이 말했다. "이것은 조석전(朝夕奠)에 음식을 병렬로 놓는 것이다."】 관례에서 아들에게 초례(醮禮)를 함에 별도로 희생을 줄이는 예가 있으니, 역시 특돈 1정·2두 【미나리절임〔葵菹〕과 소라젓갈〔蠃醢〕이다.】·2변(籩)이니, 【밤과 포이다.】

또 하나의 분명한 증험이다. ○ 혼례의 관궤(盥饋) 역시 특돈 1정에 2궤·1형·1조·1두를 쓰는데, 이것은 별도의 사례로, 기준이 되어서는 안 된다.

⑨ 포(脯)와 젓갈[醢]을 바칠 때에는 생정(牲鼎)이 없다. 작(爵)은 1헌이고 1두(豆)·1변(籩)이다. 대례(大禮)를 행할 때에는 반드시 절조(折俎)가 있다.

포와 젓갈은 희생이 없는 전(奠)을 말한다. 【『의례』, 「사상례」에서 시사전(始死奠)과 조석전(朝夕奠)에는 모두 이 품목을 쓴다.】 유자(有子)가 말한다. "상전(喪奠)에 올리는 것은 포와 젓갈일 뿐이다."[43] 그러나 관례에서 아들에게 초례(醮禮)할 때와 혼례에서 신부에게 예례(醴禮)할 때는 모두 포와 젓갈의 품목을 쓴다. 【모두 1두(豆)와 1변(籩)이다.】 대부의 빙례(聘禮) 또한 포와 젓갈을 올리는데, 【『예기』, 「예기(禮器)」에서 말한 것이다.】 적게 해서는 안 된다. ○ 1헌(獻)은 예주(醴酒)가 아니면 청주(淸酒)를 쓴다. ○ 1두·1변은 포 1변이고 젓갈 1두이다. ○ 옛날에는 특생(特牲)의 희생을 체천(體薦)이라 하고, 【그 전체를 해체하여 바쳤다.】 마디를 잘라 대접하는 것을 절조(折俎)라 하였다. 【뼈마디를 잘라 올린 것이다.】 주(周)나라 정왕(定王)이 사회(士會)에 잔치를 베풀면서 【선공(宣公) 16년의 일이다.】 말했다. "향례(享禮)에는 체천(體薦)이 있고, 【왕(王)이 공(公)에게 베푸는 것이다.】 연례(宴禮)에는 절조(折俎)가 있다."【왕이 경(卿)에게 베푸는 것이다.】라고 했으니, 그 예(禮)의 등급이 같지 않다. 【『국어(國語)』에서는 이

---

43 상전(喪奠)에 …… 뿐이다 : "유자가 말한다. '예가 아니다. 상전에 올리는 것은 포해(脯醢)일 뿐이다.'〔有子曰: '非禮也. 喪奠, 脯醢而已.'〕."(『예기(禮記)』, 「잡기상(雜記上)」)

를 주나라 양왕(襄王) 때의 일로 여겼다.】 그러므로 조문자(趙文子)가 송(宋)나라에서 향례(享禮)를 베풀 때【양공(襄公) 27년이다.】 역시 절조(折俎)를 올렸으니, 반드시 특생의 희생고기를 예(禮)로 삼은 것은 아니다. 그러므로 연례(燕禮)는 군주와 신하가 연음(燕飮)하는 예(禮)로 거기에 사용되는 물품은 포와 젓갈 그리고 절조이다. 대사(大射)는 제후가 사(士)를 선발하는 예로【자주 적중시킨 사람이 제사에 참여한다.】 그 물품은 포와 해 그리고 절조이다. 향음주례(鄕飮酒禮)와 향사례(鄕射禮)에 이르면, 모두 포와 젓갈 그리고 절조를 썼고, 그것을 기록하여 법식을 삼았는데, 간이(簡易)하면서도 천박(淺薄)하지 않고 조화로우면서도 번거롭지 않았으니, 이것이 성인(聖人)의 은미한 예문(禮文)이다. 후세의 필부(匹夫)의 집에서 하나같이 연음(燕飮)에 저민 고기를 올리고, 여러 가지를 진설하여 매우 사치스러우니, 나라를 경영하는 자만은 멀리 생각하지 않으면 안 된다는 것에 뜻을 두어야 한다.

⑩ 오로지 이 5가지 등급의 음식은 등급이 엄격히 구별되어 있고, 그에 관한 법도가 뚜렷하게 열거되어 있어서 백성의 뜻〔民志〕을 막고 있으니, 참월해서는 안 된다.

『대대례(大戴禮)』에서 말한다. "제후의 제사에는 소를 희생으로 쓰는데 태뢰(太牢)라고 한다. 대부의 제사에는 양을 희생으로 쓰는데 소뢰(少牢)라고 한다. 사의 제사에는 돼지를 희생으로 쓰는데 궤사(饋食)라고 한다. 봉록이 없는 자는 찰기장을 올리고, 찰기장을 올릴 경우에는 시동이 없고, 시동이 없는 것은 대상이 눌리는 것〔厭〕에 해당한다."【『대대례』,「증자천원(曾子天圓)」편이다.】○『국어(國語)』에서 굴건(屈建)이 말한다.【그의 아버지 굴도(屈到)는 세발마름〔芰〕을 좋아하였다.】"제전(祭典)에는 다음과 같은 말이 있다. '국군(國君)에게는 우향(牛享)이 있고, 대부에게 는 양궤(羊饋)가 있고,【소뢰(少牢)를 말한다.】사에게는 돈전(豚奠)과 견전 (犬奠)이 있고, 서인(庶人)에게는 어적(魚炙)을 올리는 예가 있다.'"【『국 어』,「초어(楚語)」에 보인다.】○ 또 관사보(觀射父)가 말한다. "제사에는 정 찬(正餐)을 더한다.【인군(人君)이 지내는 삭망(朔望)의 성찬(盛饌)을 말한다.】 천자는 태뢰(太牢)를 정찬으로 삼고 회(會)로 제사한다.【태뢰에 더하는 것 이 있다.】제후는 특우(特牛)를 정찬으로 삼고 태뢰로 제사한다. 경(卿)은 소뢰(少牢)를 정찬으로 삼고 특우로 제사한다. 대부는 특생(特牲)을 정 찬으로 삼고 소뢰로 제사한다. 사는 어적(魚炙)을 먹고 특생으로 제사한 다. 서인은 채소를 먹고 물고기로 제사한다."○『춘추공양전(春秋公羊 傳)』의 주(註)에서 말한다. "천자·제후·경·대부는 3마리의 희생을 태 뢰라고 한다.【소·양·돼지이다.】천자의 원사(元士), 제후의 경과 대부 는 2마리의 희생을 소뢰(少牢)라고 한다.【양과 돼지이다.】제후의 사는 특시(特豕)이다."【환공(桓公) 8년이다.】○ 또 말한다. "예(禮)로 제사를 지 낼 때에는 천자는 9정(鼎), 제후는 7정, 경과 대부는 5정, 원사는 3정이 다."【환공 2년이다.】○ 내가 생각하건대, 명(名)으로 의(義)를 제정하고 예(禮)로 명을 변별한다. 예(禮)란 상하를 구별하고 귀천을 달리하는 것 으로 법도[軌度]를 백성에게 들여놓는 것이다. 그러므로 "천자(天子)는 구면(裘冕)을 하고, 상공(上公)은 곤면(袞冕)을 하고, 후백(侯伯)은 별면 (鷩冕)을 하고, 고경(孤卿)은 희면(希冕)을 하고, 대부는 현면(玄冕)을 한 다."고 했으니,【『주례』,「사복(司服)」의 예문(禮文)이다.】감히 참월할 수 있 겠는가? "천자는 옥로(玉路)를 타고, 고경(孤卿)은 하전(夏篆)을 타고, 열 경(列卿)은 하만(夏縵)을 타고, 대부는 묵거(墨車)를 타고, 사는 잔거(棧 車)를 탄다."고 했으니,【『주례』,「건거(巾車)」의 예문이다.】감히 참월할 수 있겠는가? 기유(旗斿)에는 수(數)가 있고, 번영(樊纓)에는 차등이 있고,

무일(舞佾)에는 등급이 있고, 옥류(屋霤)에는 도수(度數)가 있다. 백체(百體)가 가지런해야 온 백성이 바르게 된다. 돌아보면 유독 제사(祭祀)와 연향(燕饗)의 절차에 대해서만 어지러이 등급이 없었겠는가? 태뢰와 소뢰는 군(君)과 대부(大夫)가 쓰는 것이다. 특생(特牲)·돼지·물고기는 사와 서인이 편안해하는 것이다. 조금이라도 참월함이 있으면 마침내 크게 잘못되는 데에 빠지게 될 것이다. 그러므로 옛날에는 대부가 이웃 나라에 빙례(聘禮)를 갈 때에는 변(邊)·두(豆)·청주(淸酒)·예주(醴酒)의 수(數)에 하나라도 부족하거나 넘치게 되면, 두려워 뒷걸음치며 감히 편안하게 접대를 받지 못하였다. 조무자(趙武子)가 정나라에서 향례(享禮)를 베풀었는데, 5헌(獻) 가운데 변과 두가 빠져 있었다. 그러자 조맹(趙孟)이 고사(固辭)하고 마침내 1헌만을 받았다.【소공(昭公) 원년(元年)이다.】계손숙(季孫宿)이 진(晉)나라에서 향례를 베풀었는데, 가변(加邊)이 향례(饗禮)에 빠진 것이 있었다. 계손(季孫)이 고사하고 이르러 말하였다. "하신(下臣)은 감당하지 못하겠습니다."【소공 5년이다.】주(周)나라의 공자(公子) 열(閱)이 진(晉)나라에서 향례를 베풀었는데, 창촉(昌歜)의 천신(薦新)을 힘써 사양하였고,【희공(僖公) 30년이다.】관이오(管夷吾)가 주(周)나라에서 향례를 베풀었는데, 반드시 하경(下卿)의 예(禮)를 받으려 하였다.【희공 12년이다.】무릇 물과 땅에서 생산된 순무[菁]·순채[茆]·아욱[葵]·부추[韭] 등의 채소[菜]와 방합[蜌]·소라[蠃]·달팽이[蝸]·대합[蛤] 등의 젓갈[醢] 등에 혹 1변(邊)을 더하거나 혹 1두(豆)를 더하여 만약 의리에 크게 해가 됨이 없었다면, 당시 예를 아는 신하가 전전긍긍 두려워하며 죽더라도 감당해 내지 못한 것이 바로 이러한 데에까지 이르렀는데, 어찌 이름을 모독하지 않고 의미를 떨어뜨리지 않은 것이 아니겠는가? 어찌 이것뿐이겠는가? 옛날 진(晉)나라 도공(悼公)은 정(鄭)나라를 도모할 때 폐경(幣更)으로 기도(祈禱)하였고,

【희생을 쓰지 않았다.】 특생(特牲)으로 빈(賓)하였다. 【양공(襄公) 9년이다.】 정(鄭)나라 공손흑굉(公孫黑肱)이 장차 죽음에 임박했을 때 실로(室老)를 불러 말하였다. "특양(特羊)으로 제사하고 소뢰(少牢)로 은제(殷祭)를 지내게 하십시오." 【양공 22년이다.】 나라를 흥성하게 하는 군주와 가문을 보호하는 신하들은 이와 같이 박(薄)한 제사를 지내고자 하였다. 그러므로 『주역』에서 말한다. "동쪽 이웃에서 소를 잡아 성대하게 제사를 지냄이 서쪽 이웃에서 검소한 제사가 실제로 그 복을 받음만 못하다."[44] 『주역』에서 말한다. "정성〔孚〕이 있어야 약(禴)을 씀이 이로우리라."[45] 【췌(萃)와 승(升)이다.】 약(禴)은 대친 나물〔瀹菜〕이다. 【희생을 잡지 않고 제사하는 것이다.】 박하게 제사하는 것이 이와 같다. 『주역』에서 말한다. "중부(中孚)는 돼지와 물고기에 미치면 길(吉)하다."[46] 『주역』에서 말한다. "2개의 궤(簋)만을 가지고도 제향(祭享)할 수가 있다."[47] 【손괘(損卦)의 단사(彖辭)이다.】 정성(精誠)에 대해서는 후(厚)하게 하고 제물(祭物)에 대해서는 박(薄)하게 하려는 것이 이와 같다. 『시경』에서 "이에 마름을 뜯기를 저 흐르는 물에서 하도다. 이에 올리기를 종실(宗室)의 창문 아래에서 하도다."[48]라고 하였으니, 제물은 박하게 쓰고도 정성은 분명하게 드러남을 말한 것이다. 『시경』에서 "펄럭이는 박 잎을 뜯어 요리한다. 토끼 한 마리를 그슬리며 굽는다."[49]라고 하였으니, 제물은 박하게 쓰고도 뜻은 후하게 한 것임을 말한 것이다. 오늘날 필서(匹庶)의 제사에서는

---

44 동쪽 이웃에서 …… 못하다 : 『주역(周易)』, '기제(旣濟)' 참조.
45 정성〔孚〕이 …… 이로우리라 : 『주역』, '췌(萃)' 참조.
46 중부(中孚)는 …… 길(吉)하다 : 『주역』, '중부(中孚)' 참조.
47 2개의 …… 수가 있다 : 『주역』, '손(損)' 참조.
48 이에 마름을 …… 하도다 : 『시경』, 「국풍」, '소남', 채빈(采蘋) 참조.
49 펄럭이는 …… 굽는다 : 『시경』, 「소아」, '도인사지십', 호엽(瓠葉) 참고.

소를 잡는 것이 풍속이 되었고, 대부의 집안에서는 왕실(王室)을 숭상한다. 명칭(名)이 이미 어지러워졌으니, 뜻(義)이 어디에 있겠는가? 혼인(婚姻)과 연음(燕飮)은 사치함이 법도를 잃어버려서 감사행부(監司行部)에 이르면, 그들이 군(郡)과 현(縣)에서 받는 제향(祭享)이 태뢰의 10배를 넘고, 백성들의 고혈(膏血)을 빼먹어서 자기 한 입을 기쁘게 하고, 왕장(王章)을 범하기를 무릅쓰면서 자기 한 배를 채우면서도, 여전히 즐겁게 그렇게 하는 것을 스스로 편안하게 여기고, 자신들의 다복(多福)을 자랑스럽게 생각하니, 이는 작은 일이 아니다. 지금 비록 예제(禮制)가 문란하고 무너졌더라도 대부가 곤수구장(袞繡九章)을 하면 육사(六師)로 징치(懲治)하지 않은 적이 없고, 서인이 승거하전(乘車夏篆)을 하면 삼척(三尺)의 줄로 사로잡지 않은 적이 없다. 제사(祭祀)의 물품과 연향(宴饗)의 음식에 이르러도 이리저리 문란하여 절제(節制)하는 것이 없다. 나라는 썩고 백성은 가난하여 뜻을 둘 데가 없다. 이것이 국가(國家)를 경영하는 자가 숙고하여 깊이 따져 보아야 하는 이유이다.

⑪ 이제 옛것을 고구하고 오늘날의 것을 참작하여 모든 제사와 천신에는 매번 5등급 가운데서 가려 뽑아 사용하여 정해진 제도를 넘어섬이 없어야 하고, 제기(祭器)를 만드는 법식과 거기에 담는 내용물은 모두 상세히 살펴서 결정함이 있어야 한다.

옛날에는 연향(燕饗)의 그릇은 제사 그릇을 썼고 연향(燕饗)의 음식은 제사 음식을 썼다. 그러므로 죽은 이 섬기기를 산 이 섬기는 것처럼 하여 그 예(禮)에 다름이 없었다. 지금에는 연향의 그릇과 연향의 음식이 모두 옛날과 다르고, 제사 그릇과 제사 음식에 대해서 한결같이 옛날의 제도를 준행하고자 하지만, 역시 통용되지 않는 논의이다. 군자가 예를 행함에는 풍속을 변화시키려는 것을 구하지 않는다. 다만 옛날 사람들이 제재(制裁)한 명분(名分)의 근본을 구하여 삼가 그 뜻을 지키고 감히 그것을 넘어서지 않으려고 했을 뿐이니, 소덕(小德)에 비록 출입이 있다고 하더라도 괜찮았다. ○ 옛날에는 대부와 사의 희생은 모두 양과 돼지를 썼는데, 우리나라에는 양이 없다. 【옛 문헌에 "조선에는 양이 없다."고 했는데, 이는 양이 없는 것이 아니라, 양의 생육(生育)이 많지 않은 것이다.】관청의 푸줏간에서 소를 잡아 백성들이 함께 먹는 것을 허가하였다. "살아서는 기르고 죽으면 제사하지 않는다."는 이치는 없다. 【성호(星湖)가 말한 것이다.】 그러므로 오늘날 사가(私家)의 제사에서는 희생을 특별히 잡지 않으면 모두 푸줏간의 쇠고기를 쓰는데, 감히 허위로 참칭하는 것이 아니라 나라의 풍속이 그렇기 때문이다. 게다가 나라의 풍속에서는 전렵(畋獵)을 일삼지 않고 들짐승을 먹지 않으니, 곧 큰사슴고기 포〔麋腊〕와 토끼고기 포〔兔腊〕 역시 얻기 어려운 형편이다. 그렇다면 생정(牲鼎)의 수(數)에는 제도가 없어서는 안 된다. 제도가 없다면 어지럽기 때문이다. 이제 생정의 내용과 6개의 그릇에 들어가는 여러 품목은 모두 옛것을 고구하고 오늘날의 것을 참작하여 다음과 같이 조례(條例)를 만든다.

⑫ 정(鼎)은 희생을 담는 것이다. 옛날에는 정으로 바쳤는데, 오늘날에는 정에 담지 않고 곧바로 형(鉶)과 조(俎)에 담는다.

정(鼎)의 제도는 시의(時宜)를 따른다. ○ 소뢰(少牢)는 고기〔肉〕 1정(鼎), 【우(牛)라고 하지 않는 것은 참월의 혐의 때문이다.】 돼지 1정, 【공적인 제사에서 돼지를 썼다면 소뢰도 역시 그것을 갖추어 놓아야 한다.】 물고기 1정, 【반드시 전어(鱄)와 붕어〔鮒〕일 필요는 없다.】 닭 1정, 【『예기』, 「곡례(曲禮)」에

서 말한다. "한(翰)이라고 발음한다."】 내장 1정을 【소의 밥통〔脾〕·폐(肺)·심장
〔心〕·간(肝)을 모두 쓸 수 있다.】 쓴다. ○ 특생(特牲)은 고기 1정, 【쓰기를
좋아하는 이는 예(禮)대로 돼지를 써야 한다.】 물고기 1정, 닭 1정 이렇게 3개
의 정을 쓴다. ○ 특돈(特豚)의 정은 위와 동일하다. 【역시 조금씩 줄여야
한다.】 ○ 특돈 1정은 어떤 경우 돈(豚)만을 쓰기도 하고, 【없으면 소고기
를 쓴다.】 어떤 경우 닭만 쓰기도 한다. 【닭이 없으면 물고기를 쓴다.】

⑬ 작(爵)의 제도는 술잔 둘레의 직경이 5촌이고 【지척(指尺)을 써야 하
는데, 아래 그림[50]에 보인다.】 깊이가 2촌으로 【발의 높이는 3촌이 약간 안
된다.】 모든 높이가 5촌이다. 2개의 귀가 있고 승반(承槃)은 없다. 【옛
날의 제도와 차이가 난다.】

작(爵)의 내용물은 옛날에는 오제(五齊)[51]가 있었지만 【곧 앙제(盎齊)와
예제(醴齊) 등의 부류이다.】 지금은 단지 청주(淸酒)만을 쓴다. 상전(喪奠)
에는 혹 예주(醴酒)를 쓰기도 한다. 【율곡(栗谷)은 하월(夏月)에 소주(燒酒)를
쓰는 것을 허용하였는데, 소주는 향기가 강해 제사에 쓰기가 적합하다.】 ○ 오늘
날 예(禮)의 아헌(亞獻)에서는 초헌(初獻) 때에 쓴 작(爵)을 치운다. 그러
나 인수(酳酬)가 아니면 삼헌(三獻)의 술은 3개의 작을 배열해야 하고,
예가 끝나고 나서 치운다. 【오늘날의 공적인 제사는 모두 그렇게 한다.】

---

50 아래 그림 : 『부건가례지식(附見嘉禮之式)』, '지척지반(指尺之半)' 참조(265쪽).
51 오제(五齊) : 『주례(周禮)』, 「천관(天官)」, '주정(酒正)'에서는 범제(泛齊)·예제(醴齊)·
   앙제(盎齊)·제제(醍齊)·침제(沈齊)를 '오제(五齊)'라고 하였는데, 정현의 주에 "'침(沈)'
   은 숙성되어 앙금이 가라앉은 술이니, 오늘날의 조청(造淸)과 같다〔沈者, 成而滓沈, 如今
   造淸矣〕."고 하였다.

⑭ 궤(簋)는 대나무 그릇이다. 와(瓦)는 돈(敦)이라고 한다.【오늘날에
는 자기(磁器)나 동기(銅器)를 쓴다.】돈의 제도는 입구 둘레의 직경이 8촌
이고, 높이가 4촌으로【발의 높이는 1촌이 약간 안 된다.】모든 높이가
5촌이다.

궤(簋)의 내용물은 메기장과 찰기장으로 정례(正例)를 삼는다. 지금
쌀과 기장밥을 쓰는 것은 시의(時宜)를 준행한 것이다.【오곡(五穀)은 모두
궤의 내용물이다.】옛날에는 4개의 궤(簋)와 6개의 궤에 모두 익힌 밥[飯
饐]을 담았는데, 구이(糗餌)와 분자(粉餈) 모두 변(籩)을 채우는 내용물
이다.【『의례』에 보인다.】오늘날의 풍속에서는 밥은 1궤에만 넣는데, 참
월해서는 안 된다.【공가(公家)는 옛날의 제도를 쓴다.】사마온공의「제의(祭
儀)」에도 미식(米食)과 면식(麵食)이 있다.【『가례』에도 인용하고 있다.】미
식은 자이(餈餌)의 종류이고, 면식은 만두의 종류로 모두 밥을 넣은 궤
와 동일하게 배열한다. 4개를 배열하거나 6개를 배열하는데, 이렇게 갖
추어진 예문(禮文)을 써야 한다. ○ 소뢰(少牢)에서는 도반(稻飯) 1궤,
【메기장이나 찰기장을 윗면에 입히기도 한다.】양자(粱餈) 1궤,【도미(稻米)를
떡으로 만들어서 그것을 양(粱)으로 입혀야 하는데, 메기장이나 찰기장을 쓰기도
한다.】숙자(菽餈) 1궤,【도미를 떡으로 만들고 그것을 숙분으로 입히는데, 녹두
(綠豆)와 적두(赤豆)를 쓰기도 한다.】맥면(麥麪) 1궤로【조면(條麪)을 써야 한
다. 만두는 어육(魚肉)이 안에 들어간 것이 있는데, 궤의 내용물로는 적당하지 않
다.】4개의 궤이다. ○ 특생(特牲)과 특돈(特豚)은 도반 1궤와【서북쪽 사
람들은 메기장이나 찰기장을 쓴다.】양자 1궤로【숙(菽)이나 두(豆)를 쓰기도 한
다.】2개의 궤를 쓴다. ○ 오늘날의 풍속에서는 병이(餠餌)와 자고(餈糕)
를 완조(梡俎) 위에 올리는데, 높이는 4~5척에 이르고 올린 모양이 기괴
하니,【성호가 말한 것이다.】크게 예(禮)가 아니다.【또 봉밀(蜂蜜)을 쓰는데,

1종(鍾)으로 돕는 것은 예가 아니다. 여기에서는 그것을 제거하는데, 다만 윗면에 조금 바를 수는 있다.】이에 근거하여 떡그릇과 밥그릇은 동일한 제도를 쓰고, 내용물의 높이는 돈구(敦口) 위로 2촌이 나오게 한다.

⑮ 형(鉶)의 제도는 입구 둘레의 직경이 6촌이고 깊이가 3촌으로【발의 높이는 2촌이 약간 안 된다.】모든 높이가 5촌이다.

형(鉶)의 내용물은 채소지 고기가 아니다. 희생고기가 이미 올라가 있다면, 이는 조(俎)의 내용물이 된다. 이에 생정(牲鼎)에서 나온 육즙(肉汁)을 취하고,【바로 고깃국을 말한다.】익힌 채소로 조미한 것을 써서 국을 만들어야【바로 모(芼)를 말한다.】비로소 옛날의 법도가 된다. 오늘날의 풍속에서는 순수하게 어육(魚肉)만 쓰고 채소(菜蔬)를 섞지 않는데, 이는 학(臛)이지 갱(羹)이 아니다.【무릇 순전히 고기만을 넣고 끓인 것을 '학'이라고 하고, 채소를 섞어 넣고 끓인 것을 '갱'이라고 한다.】○ 소뢰(少牢)에는 청모(菁芼) 1형,【소고기 육수로 조미한 것이다.】근모(芹芼) 1형,【물고기 육수로 조미한 것이다.】미모(薇芼) 1형으로【닭고기 육수로 조미한 것이다.】3개의 형이다. 무릇 채소나 오이의 부류는 모두 통용할 수 있고, 육수를 취하기 불편한 경우에는 채소나 오이만을 써서 갱을 만드는데, 윗면에 고기 부스러기를 조금 뿌린다. ○ 특생(特牲)의 형(鉶)은 위와 동일하다.【소뢰와 같다.】특돈은 선택하여 1형을 쓴다. ○ 오늘날의 풍속에서는 5개의 형이나 3개의 형을 앞열에 둔 상태에서 별도로 1개의 형을 갖추어 반궤(飯簋)와 대치해 놓고 그것을 반갱(飯羹)이라 하는데, 이것은 더욱 크나큰 잘못이다. 정(鼎)과 조(俎)는 홀수를 쓰는데, 5개나 3개 이외에 또 1개의 형을 놓으면 짝수가 되니, 제거해야 한다.

⑯ 조(俎)의 제도는 구(矩)에 맞추어야 한다. 오늘날에는 환(圜)을 쓰는데,【또한 자기(磁器)나 동기(銅器)를 쓴다.】둘레의 직경은 9촌이고 높이는 1촌으로【발의 높이는 4촌이 약간 안 된다.】모든 높이가 5촌이다.【오늘날의 사람들은 살아 있을 때에는 수육〔熟肉〕과 번육(燔肉: 구운고기)에 모두 접시〔碟子〕를 쓰니, 제기(祭器) 역시 그렇게 해야 한다.】

조(俎)의 내용물은 바로 정(鼎)의 내용물에 해당한다. 옛날의 제사에서는 희생을 중시하였고, 희생은 반드시 조에 올려놓았다. 그러므로 정과 조가 있는 것을 '제(祭)'라고 하였고, 정과 조가 없는 것을 '천(薦)'이라고 하였다.【『의례』의 소(疏)에 보인다.】오늘날의 풍속에서는 조(俎)를 형(鉶)으로 바꿔서 쓴다. 형은 순육(純肉)을 쓰지만 조는 폐지하였으니, 크게 예(禮)가 아니다. ○ 소뢰(少牢)에는 익힌 고기〔熟肉〕 1조,【등뼈〔脊〕·갈빗대〔脅〕 등의 뼈가 있는 부위를 써야 한다.】익힌 물고기〔熟魚〕 1조,【큰 것은 1개를 쓰는데, 그것을 절단하여 9촌으로 만들어 쓰고, 작은 것은 3촌이나 5촌 혹은 7촌이나 9촌으로 만들어 쓴다.】익힌 닭〔熟雞〕 1조,【전체를 올려야 한다.】익힌 내장〔熟腸胃〕 1조,【소의 내체(內體)이다.】구운 고기〔燔肉〕 1조로【돼지고기이다. 초헌에는 간(肝)을 쓰고, 아헌과 삼헌에는 모두 번(燔)을 쓴다. 합하여 1조가 된다.】4개의 조를 동쪽과 서쪽에 놓는데, 번조(燔俎)는 중앙에 해당하는 곳에 놓으니, 5개의 조가 된다. 구운 고기는 자체로 1가지가 되어 5개나 3개 안에 해당하지 않으니, 옛날과 오늘을 참작한다면 역시 조를 채워야만 한다. ○ 특생(特牲)에는 익힌 물고기 1조, 익힌 닭 1조, 구운 고기 1조이다.【소고기이다. 삼헌은 각각 일관(一串)을 쓴다.】○ 특돈(特豚)의 조는 위와 동일하다.【번육(燔肉)은 돼지를 쓰기도 한다.】○ 1정(鼎)에는 본래의 희생을 쓰고, 한 맛으로 익힌 것이 1조가 된다. ○ 풍속에서는 1조를 쓰는데, 여기에서는 5개나 3개의 조를 더하니, 이미 풍성한 것이다.

올린 높이는 1촌을 넘지 않게 한다. 【닭은 전체를 쓴다.】 번육(燔肉)은 각각 길이 9촌과 넓이 3촌을 넘어서는 안 된다.

⑰ 두(豆)의 제도는 입구 직경이 7촌이고 깊이가 1촌으로【발의 높이는 4촌이 약간 안 된다.】 모든 높이가 5촌이다.

두(豆)의 내용물은 채소절임〔菹〕과 젓갈〔醢〕을 정례(正例)로 삼는다. 가두(加豆)는 예문(禮文)이 아니다. ○ 소뢰(少牢)는 식해(食醢) 1두,【쌀을 숙성시켜 식혜를 만드는데, 어육(魚肉)을 써서 맛을 돋운다.】 염해(鹽醢) 1두,【바로 물고기와 새우 등의 부류이다.】 초채(酢菜) 1두,【바로 생채(生菜)이다.】 함채(鹹菜) 1두,【바로 염저(鹽菹)이다.】 숙채(熟菜) 1두,【불로 볶은 것이다.】 엄채(淹菜) 1두로【바로 심채(沈菜)인데 즙을 조금 쓴다.】 6두이다.【세속에서는 시장(豉醬: 된장)을 1종지 쓰는데, 두(豆) 사이에 배열하는 것은 예(禮)가 아니다. 여기에서는 제외한다.】 ○ 특생(特牲)은 식혜 1두, 염해 1두, 초채 1두, 엄채 1두로【숙채(熟菜)를 쓰기도 한다.】 4두이다. ○ 특돈(特豚)은 젓갈과 채소절임을 담을 2개의 두를 준비한다. ○ 두를 너할 경우〔加豆〕【대부 및 군과 현의 수령을 말한다.】 『예(禮)』에서 "이식(酏食)과 삼식(糝食) 역시 두의 내용물이다."라고 한 것이 있다. 모두 고육(膏肉)과 미분(米粉)으로 조미하거나 뿌려서 볶는다.【요리법이 『예기』, 「내칙(內則)」의 소(疏)에 보인다.】 오늘날 풍속에서의 물고기전〔魚煎〕과 고기전〔肉煎〕이 그것이다.【풍속에서의 명칭은 '간남(肝南)'이다.】 물고기전과 고기전을 써서 2개의 두를 갖추어야 한다.【바로 '수두(羞豆)'라고 하는 것이다.】 『예(禮)』에 또 비석(脾析)과 돈박(豚拍)이 있다.【『주례』, 「혜인(醢人)」의 예문(禮文)이다.】 비석은 소의 백엽(百葉: 천엽)이고, 돈박은 돼지의 견갑 부위〔豚肩〕이다.【『안자(晏子)』에서 말한 "돼지 견갑 부위는 두에 가득 채우지 않았다."고 한 것이다.】 그러나 재물이 있거나 봉록이 있는 이가 아니면 감히 두를 더하지 않는다. 대부가 아니더라도 두를 더할 때에는 2개의 두를 넘지 않는다. ○ 무릇 두의 내용물은 쌓은 높이가 1촌이다. 【오늘날의 풍속에서는 심채(沈菜)의 경우 별도의 작은 그릇을 마련하는데, 그럴 필요는 없다. 두의 제도를 통용해야 한다.】

⑱ 변(籩)은 대나무 그릇이다. 오늘날에는 자기(磁器)를 쓰는데, 둘레의 직경이 7촌이고 깊이가 5푼으로 【발의 높이는 4촌 5푼이 약간 안 된다.】 모든 높이가 5촌이다.

변(籩)의 내용물은 옛날에는 대추·밤·포·볶은 쌀〔糗〕을 썼지만, 오늘날에는 구이(糗餌)와 분자(粉餈)를 쓰고 궤(簋)의 내용물로 삼는다. 오직 거여(粔籹) 【밀이(蜜餌)이다. 세속에서는 '유밀과(油蜜果)'라고 부른다.】· 장황(粻餭) 【역시 '산자(饊子)'라고 부르는데, 여기에서는 빌린 이름을 사용하였다.】· 견병(繭餅) 【풍속에서는 '강정(羌飣)'이라고 부른다.】 의 부류로 변구(籩糗)가 되어야 한다. ○ 소뢰(少牢)에는 포숙(脯鱐) 1변, 【포를 쓰기도 하고 숙을 쓰기도 하는데, 1가지를 쓰는 것이 좋다.】 밀구(蜜糗) 1변, 【모두 쌓아 올린 높이가 1촌이다.】 계절 과일 2변, 【오이〔瓜〕와 자두〔李〕이다.】 간료(乾橑) 2변으로 【곧 대추와 밤이다.】 6변이다. ○ 특생(特牲)에는 포숙 1변, 밀구 1변, 과일 2변으로 【1개는 제철 과일이고 1개는 말린 과일이다.】 4변이다. ○ 특돈(特豚)에는 1개의 포, 【거(腒)나 숙(鱐)을 쓰기도 한다.】 1가지 과일로 2변을 갖춘다. 【3정(鼎)과 1정도 동일하다.】 ○ 변을 더하는 경우〔加籩〕, 『주례』에서 능(菱)·검(芡)·밤〔栗〕·포(脯) 등을 가변(加籩)이라고 하였다. 【『주례』, 「변인(籩人)」의 예문이다.】 오늘날의 풍속에서는 연근(蓮根)과 밀전(蜜煎)을 써서 전과(煎果)라고 하는데, 【소동파(蘇東坡)의 시(詩)에서 말한 '밀우(蜜藕)'이다.】 중국에서 말하는 '과니(果泥)'이다. 【산사(山楂)나 목

과(木瓜)를 쓰기도 하는데, 모두 과니라고 부른다.】 밤가루〔栗粉〕를 사용하여
이(餌)를 만들어 인병(印餠)이라고 하는데, 【호마(胡麻)나 송화(松花) 등을
쓰기도 하는데, 모두 차식(餈食)이라고 한다.】 과니와 인병을 써서 2개의 변
을 갖추어야 한다. 재력이 있거나 봉록이 있는 이가 아니면 가변할 수
없다. ○ 생각하건대, 『주례』에 "여름에는 거(腒)와 숙(鱐)을 행한다."고
했으니, 【『예기』, 「내칙(內則)」의 주(注)에서 말한다. "거는 말린 꿩고기이고, 숙
은 말린 물고기이다."】 즉 말린 닭을 쓰고 말린 물고기를 써서 포와 숙에
해당시켜도 무방하다. 궁벽한 고을의 가난한 선비들이 어떻게 갑자기
소고기로 만든 포를 사용할 수가 있겠는가? ○ 무릇 변의 내용물은 쌓
은 높이가 1촌이 되게 한다. 【오이는 1개를 쓰고, 배와 감은 5개를 쓴다. 5개
를 쓰는 것은 아래에 있는 4개 위에 1개를 쓴 것이다.】

⑲ 이상에서 열거한 6개의 그릇은 모두 백자(白磁)를 사용하고 척촌
(尺寸)의 규모에 어김이 없어야 한다. 【부유한 사람은 구리와 철을 녹여
만든 것을 사용한다.】 거기에 담기는 물건들은 쌓은 높이가 기껏해야 몇
촌이니, 모두 이를 준행하여 경건하고 정결함을 다해야 한다.

평상과 탁자는 너무 높게 해서는 안 된다. 다만 3척의 높이를 쓰는
것이 좋다. 중국 사람들은 살아 있을 때에 모두 의자에 앉는데, 높은 탁자
에서 제사 지내는 것 역시 그러한 이유이다. 우리나라는 살아 있을 때에
는 땅에 자리를 펴고 앉지만 죽어서는 의자에 앉는다.[52] 이미 고례가 아니
고 또 살아 있을 때를 형상화한 것이 아니니, 그다지 의미가 없는 것이다.

52 죽어서는 의자에 앉는다 : 장례를 치르고 난 다음에 신위를 만들어 사당으로 와서는 의자
에 안치되기 때문이다.

⑳ 춘분(春分)과 추분(秋分)에 시향(時享)의 예(禮)를 행할 때에 대부는 소뢰(少牢)를 쓰고 사는 특생(特牲)을 쓴다.

대부는 통정(通政) 이상으로 경(卿)과 재상(宰相) 역시 대부이다. 사는 통훈(通訓) 이하로 조정에서 벼슬하는 자이다. 벼슬길에 들어가지 않은 자는 천신(薦新)만 하고 제사(祭祀)하지 않는다. 【삼헌(三獻)하지 않는다.】 학사(學士)와 【상(庠: 지방 학교)과 태학(太學: 서울 학교)에 있는 사(士)이다.】 관사(官師)는 【의관(醫官)·역관(譯官)·산관(算官)·율관(律官) 등이다.】 특돈(特豚) 삼정(三鼎)을 쓰고, 【1형(鉶)만 쓴다.】 서인(庶人)은 일정(一鼎)을 써야 한다. ○ 사가 봄에 천신하는 것 역시 특돈 삼정이다. 【사(士)에게 상제(嘗祭)는 있지만 향제(享祭)는 없다.】

㉑ 하지(夏至)와 동지(冬至)에 천신(薦新)의 예를 행하는데, 대부는 특돈(特豚) 삼정(三鼎)을 하고 사(士)는 일정(一鼎)을 한다.

학사(學士)와 관사(官師)는 포와 해를 써서 천신(薦新)한다.

㉒ 정월 초하루 및 맹월 초하루에 삭참(朔參)의 예(禮)가 있는데, 대부는 특돈(特豚) 일정(一鼎)을 하고, 사는 포와 해뿐이다. 군(郡)과 현(縣)에 있는 관리는 절조(折俎)를 써야 한다.

학사와 관사는 사(士)와 동일하게 해야 하고 정월 아침에 행하는 천신(薦新)의 예가 있다.

㉓ 기일(忌日) 제사의 경우 대부는 소뢰(少牢)를, 사는 특생(特牲)을, 학사와 관사는 특돈(特豚) 삼정(三鼎)을 한다.

기일(忌日) 제사는 사사로운 아픔을 펴는 것으로 본래 고례(古禮)가 아니니, 문식을 갖추어서는 안 된다. 그러나 습속(習俗)에서는 그것을 따르고 있기 때문에 박(薄)하게만 할 수도 없다. 서사(庶士)와 서인(庶人)은 일정(一鼎)에 궤(簋)와 형(鉶)이 있어야 한다.

㉔ 청명(淸明)과 한로(寒露)에 전묘(展墓)의 예(禮)[53]를 행하는데, 대부는 특돈(特豚) 삼정(三鼎)이고 사는 일정(一鼎)이다.

학사와 관사는 포와 해를 쓰는 것이 좋다. ○ 주자가 말한다. "묘제(墓祭)는 다만 습속에서 연유한 것이지만 의리(義理)에 해가 되지 않으면, 시제(時祭) 때에 간소화해서 지내도 괜찮다."

㉕ 큰 일이 있은 다음 묘(廟)에 고하는 예(禮)[有事告由]에 대부와 사는 모두 포와 해를 쓴다. 아주 경사스러운 일을 고할 때에는 절조(折

---

53 전묘(展墓)의 예(禮) : "자로(子路)가 노나라를 떠날 때 안연(顏淵)에게 '어떻게 나를 송별하겠는가?'라고 말했다. 안연이 대답했다. '내가 듣건대, 나라를 떠날 때는 조상의 묘에 곡을 한 후에 떠나고, 나라로 돌아와서는 곡은 하지 않고 성묘만 하고 들어간다고 하였다.' 안연이 자로에게 '어떻게 나를 편안하게 해 주겠는가?'라고 말했다. 자로가 대답했다. '내 듣건대, 남의 묘를 지나면 식례(式禮)를 하고, 사당을 지나면 수레에서 내린다고 하였다.' 〔子路去魯, 謂顏淵曰: '何以贈我?' 曰: '吾聞之也, 去國則哭于墓而后行, 反其國, 不哭, 展墓而入.' 謂子路曰: '何以處我?' 子路曰: '吾聞之也, 過墓則式, 過祀則下.'〕."(『예기(禮記)』, 「단궁하(檀弓下)」)

俎)가 있어야 한다.

'아주 경사스러운 일'이란 조부(祖父: 할아버지와 아버지)가 추봉(追封: 돌아가신 뒤에 존호를 올리는 일)되거나 자손(子孫: 자식이나 손자)이 등과(登科: 과거에 급제하는 일)하는 일 등이 그것이다.

⑯ 상례와 제례의 법식에 이르러 시졸(始卒)에 전(奠)이 있는데, 포와 해만 쓴다.

이는 '여각(餘閣: 방안 시렁)'[54]의 전(奠)을 말한다. 【『예기』, 「단궁(檀弓)」에 보인다.】 기각(庪閣)에는 포와 해가 있을 필요가 없다. 다만 제철 과일 1궤(簋)와 익힌 채소 1두(豆)【모름지기 어육(魚肉)을 첨가해야 한다.】 역시 예의(禮意)에 부합한다. 포가 있는 경우 2정(脡: 20개의 포)을 쓰는데, 길이는 7촌이고 너비는 2촌이다. 【무릇 포는 모두 그렇게 해야 한다.】 ○ 술은 예주(醴酒)를 쓰고, 【청주(淸酒) 또한 써도 괜찮다.】 그릇은 길기(吉器)를 쓴다. 【「사례(士禮)」에 보인다.】

⑰ 이날에 습(襲)한다. 습이 끝나면 전(奠)이 있는데, 역시 포와 해를 쓴다.

『예경(禮經)』에는 여기에서 말하는 전(奠)이 없지만, 『의례(儀禮)』의

---

54 여각(餘閣: 방안 시렁): 병든 사람은 음식을 먹을 때 병석에서 떠나지 못하기 때문에 방 안의 시렁 위에 음식을 놓아두었다가 먹고, 그가 사망하면 시렁 위에 남은 것을 그대로 사용하여 전을 드린다.

주(注) 및 『서의(書儀)』에 의거하여 행한다. 【『상례사전(喪禮四箋)』에 상세히 보인다.】 조석전(朝夕奠)을 행할 경우에도 별도로 전(奠)이 있는 것은 아니다.

㉘ 시사(始死)의 날로부터 아침저녁으로 전(奠)이 있는데, 역시 하실(下室)의 궤(饋)가 있다. 【「사례(士禮)」에 보인다.】 아침에 지내는 전에는 포와 해만 쓰고, 【과일로 포를 대체하기도 한다.】 식사 시간에 음식을 올리고, 【진정(辰正: 오전 8시)이다.】 저녁 때에 지내는 전에는 모두 아침에 음식을 올릴 때의 품목을 쓴다.

오늘날의 풍속에서는 상복을 입은 뒤에 처음 상식(上食)이 있는데, 크게 예(禮)가 아니다. 『의례』, 「사상례(士喪禮)」에서는 소렴(小斂)한 다음에 분명히 조석전(朝夕奠)이 있으니, 시사(始死)의 전(奠)과 그 예가 서로 이어진다. 【『상례사전(喪禮四箋)』에 보인다.】 후세의 조석(朝夕)에 올리는 상식(上食)은 이미 조석전(朝夕奠)의 유의(遺義)이니, 시사(始死)에 조석으로 올리는 것은 없을 수 없다. ○ 성호가 말한다. "촉광(屬纊)을 하고 곧이어 여각(餘閣)의 전(奠)을 진설한다. 대렴을 하지 않았을 때에 궤사(饋食)를 평상시와 같이 하는 것은 모두 근거가 있어서 그렇게 하는 것이다." ○ 옛날에는 상식이 없었고 하루에 4번 궤사(饋食)하는 것도 없었다. 지금은 주자의 『가례』에 의거하여 하루 3번의 전(奠)을 행한다. 【『상례사전(喪禮四箋)』에 보인다.】 그러나 『가례』에는 아침에 행하는 상식(上食)은 있고 저녁에 행하는 상식은 없다. 지금 이에 준하여 저녁에 행하는 상식이 있고 그것을 석전(夕奠)이라고 부르면, 【별도의 석전(夕奠)이 있는 것이 아니다.】 거의 옛날과 지금을 참작한 것이 되기에 주자의 본의(本意)를 잃지 않게 될 것이다. 상식의 음식은 고례에 근거가 없다. 지금은 우선 풍속을 따라 그것을 제도화하니, 1개의 작(爵), 【술은 예주(醴酒)를 쓰고, 기물은 작은 잔을 쓴다.】 1개의 궤(簋), 【도미반(稻米飯)을 담는다.】 1개의 형(鉶), 【모갱(芼羹)을 담는다.】 4개의 두(豆)를 【젓갈과 된장 각각 1두씩이고, 심채(沈菜)와 숙채(熟菜) 각각 1두씩이다.】 쓰는데, 2개의 두를 쓰기도 한다. 【경(卿)과 재상(宰相)의 집에서는 6개의 두를 써야 한다.】 ○ 조전(朝奠)은 치우지 않고 상식(上食)할 때에 이르러 1개의 두만 바꾼다.

> ㉙ 다음 날 날이 밝으면 소렴(小斂)을 행한다. 소렴이 끝나면 전(奠)이 있는데, 특돈(特豚) 일정(一鼎)이다.

「사례(士禮)」에 근거하였다. ○ 무릇 상전(喪奠)은 모두 평소에 쓰던 그릇을 쓴다. 【소렴 이후부터이다.】 『예기』, 「단궁(檀弓)」에서 말한다. "전(奠)은 평소에 쓰던 그릇을 쓰는데, 살아 있는 이가 슬퍼서 꾸미지 않는 마음이 있기 때문이다." ○ 무릇 상전(喪奠)은 치우지 않는데, 조육(俎肉)이 있다면 건(巾)으로 덮어 놓는다.

> ㉚ 다음 날 날이 밝으면 대렴(大斂)을 행한다. 빈소(殯所)에 전(奠)이 있었다면 특돈(特豚) 삼정(三鼎)이다.

「사례(士禮)」에 근거하였다. ○ 무릇 대렴(大斂)과 소렴(小斂)의 전(奠)은 빠르고 늦음[早晚]에 따라 조석(朝夕)의 궤사(饋食)대로 크게 지내는데, 별도로 거행하는 것은 아니다.

> ㉛ 성복(成服)할 때에는 전(奠)이 없다.

'성복(成服)'은 살아 있는 사람이 의복을 꾸미는 일이다. 살아 있는 사람의 복식으로 죽은 사람에게 음식을 드리는 것은 예(禮)에 들어맞지 않는다. 오늘날의 풍속에서는 소렴과 대렴에 은전(殷奠)을 하지 않고 오직 성복할 때에만 그 예(禮)를 장대하게 하는데, 근거가 없는 것이다.

㉜ 초하루에 전(奠)이 있는데, 특돈(特豚) 삼정(三鼎)이다.

「사례(士禮)」에 근거하였다. 아침에 음식을 올리는 것에 따라 은전(殷奠)을 행하는 것이다. 【궤(饋)는 상식(上食)이다.】 ○ 생각하건대, 「사상례(士喪禮)」에는 형(鉶)도 없고 변(籩)도 없이 2개의 두(豆)만 쓴다. 그러나 이미 아침의 상식과 겸했다면, 1개의 형과 4개의 두(豆)가 있어야 한다. 만약 2개의 변(籩)이 있다면, 조전(朝奠)을 행할 때에 치우지 않은 것으로 해당시켜야 한다.

㉝ 보름[月半]에는 전(奠)이 없다. 전을 행한다면 특돈(特豚) 일정(一鼎)이다.

「사례(士禮)」에 근거하였다. 주소(注疏)에서 말한다. "대부 이상은 월반(月半)에 전(奠)이 있다." 【'월반'은 보름을 말한다.】

㉞ 동지와 하지 및 춘분과 추분에 천신(薦新)의 예(禮)가 있는데, 춘분과 추분에는 특돈(特豚) 삼정(三鼎)을 쓰고, 동지와 하지에는 일정(一鼎)을 쓴다.

『예(禮)』에서 말한다. "천신(薦新)이 있는데, 삭전(朔奠)과 같이 행한다.”【「사례(士禮)」 및 「단궁(檀弓)」의 예문이다.】 천신(薦新)은 바로 「왕제(王制)」에서 말한 사계절에 계절 음식을 올리는 것이다. 상제(祥祭)와 담제(禫祭) 이전에는 모두 천신(薦新)의 예를 쓴다. ○ 생각하건대, 대부의 제사(祭祀)와 천신(薦新)의 예는 사례(士禮)보다 풍성하다. 상(喪) 중에 올리는 천신 역시 등급이 있어야 한다. 그러나 상전(喪奠)에는 본래 모두 예를 줄이니, 봄과 가을에는 특생을 쓰고, 가을과 여름에는 특돈을 써도 괜찮다.

㉟ 빈궁을 열어 아침에 조묘(祖廟)를 뵐 때 전(奠)이 있는데,【일명 '계빈전(啓殯奠)'이다.】 특돈(特豚) 삼정(三鼎)을 쓴다.

고례(古禮)에서는 널을 받들고 조묘(祖廟)를 뵈었는데, 조묘 가운데서 밤을 지낸 다음 그 다음 날에 전(奠)이 있었다.【「사례(士禮)」에 보인다.】 그러므로 '천조전(遷祖奠)'이라고 불렀다.【묘(廟) 가운데 전을 진설하였다.】 오늘날의 풍속에서 행하는 조조(朝祖)의 경우 널이 계단을 올라갈 수 없기 때문에 빈궁(殯宮)를 열어 전(奠)하고 그것을 '계빈전(啓殯奠)'이라고 부른다.【빈궁에 전을 진설한다.】 지자(支子) 가운데 종자와 동거하지 않는 자는 비록 조묘(朝廟)를 하지 않더라도 이와 같은 전(奠)이 있다. ○ 고례에는 궤(簋)도 없고 형(鉶)도 없었지만, 아침의 상식을 겸해서 행할 때에는 궤도 있고 형도 있다.

㊱ 다음 날 날이 밝으면 널을 문식한다. 수레를 고을 밖으로 돌릴 때 조전(祖奠)이 있는데,【해가 기울면 행사를 한다.】 특돈(特豚) 일정(一鼎)을 쓴다.

조전(祖奠)의 음식에 대해서는 『예경(禮經)』에 예문이 없다. 가공언(賈公彦)과 공영달(孔穎達)이 말한다. "천조전(遷祖奠)과 동일하게 행한다."【특돈 삼정을 말한다.】 그러나 고례(古禮)의 두 가지 전(奠)은 동일하게 같은 날에 행하였다.【「사례(士禮)」에 보인다.】 하루에 은전(殷奠)을 2번 하는 이치는 없으니, 마땅히 일정(一鼎)을 써야 한다.

㊲ 다음 날 날이 밝으면 빈소를 열고 발인을 한다. 그때에는 견전(遣奠)이 있는데, 소뢰(少牢) 오정(五鼎)을 쓴다. 상대부(上大夫)는 태뢰(太牢) 칠정(七鼎)을 쓴다.【경(卿)과 재상(宰相)을 말한다.】

가공언이 말한다. "시사(始死)에서부터 빈(殯)에 이르기까지와, 빈소를 열고 매장하는 데에 이르기까지는, 그 예(禮)가 동일하기 때문에 메기장과 찰기장이 없다.【고례(古禮)에는 궤(簋)와 형(鉶)이 없다.】 그때에는 소뢰(少牢)를 쓰는데, 이는 대부의 예를 섭성(攝盛)하기 때문이다." ○ 내가 생각하건대, 고례에는 비록 궤(簋)와 형(鉶)이 없지만 지금 겸하여 행하는 아침상식의 2궤(簋)와 1형(鉶)은 적게 해서는 안 된다. 고례에는 4개의 두(豆)와 4개의 변(籩)을 썼으니,【소뢰(少牢)와 부합하지 않는다.】 상례(喪禮)의 일은 간략하게 해야 하는 것이 인정(人情)을 잘 헤아리는 것이니, 그것을 따라야 한다. ○ 또 생각하건대, 『예기』, 「잡기(雜記)」에서 우제(虞祭)와 부제(祔祭)의 음식은 상대부와 사가 동일하지 않다고 하니, 견전(遣奠)의 음식에도 등급이 있어야 한다.

㊳ 하관(下官)하고 나서 무덤 왼쪽에서 지내는 전(奠)이 있는데, 특돈(特豚) 일정(一鼎)을 쓴다.

'무덤 왼쪽에서 지내는 전'은 첫 번째는 『예기』, 「단궁(檀弓)」에 보이고, 두 번째는 『주례』, 「총인(冢人)」에 보이고, 세 번째는 『주례』, 「소종백(小宗伯)」에 보이는데, 【『경(經)』에서 말한다. "장례를 치르고 묘소(墓所)에 제사하는 데에는 위차(位次)가 있다."】 이는 분명 묘제(墓祭)의 시작으로, 정현이 말한 지신제(地神祭)[55]는 크게 잘못된 것이다. 【오늘날 풍속에서는 그것을 '평토제(平土祭)'라고 한다.】 그때의 음식에 대해서는 예문이 없으니 우선 일정(一鼎)을 쓴다.

> ㉟ 신주(神主)를 만들었으면 고유(告由)의 전(奠)이 있게 되는데, 포와 해를 쓴다.

고례(古禮)에 신주(神主)를 만드는 것은 졸곡일(卒哭日)이라고 해도 전(奠)의 명칭이 없었다. 오늘날의 풍속에서 신주를 만드는 것은, 막 하관했을 때에 곧바로 은전(殷奠)을 행하는데, 크게 예(禮)가 아니다. 우제(虞祭)를 막 행하려고 할 때, 어떻게 먼저 명칭도 없는 은전을 행할 수가 있겠는가? 결단코 불가하다.

> ㊵ 반곡(反哭)을 했다면 초우제(初虞祭)가 있게 되는데, 특생(特牲)을 쓴다. 상대부(上大夫)는 소뢰(少牢)를 쓴다. 【『예기』, 「잡기(雜記)」에 보인다.】

학사(學士)와 관사(官師)는 우제(虞祭)와 부제(祔祭)에 모두 특돈(特豚) 삼정(三鼎)을 써야 한다.

---

55 지신제(地神祭) : 땅을 맡고 있다는 신을 위(爲)하여 지내는 제사(祭祀)를 말한다.

㊶ 하루 걸러 다시 우제를 지낼 때는 처음의 예식과 같게 한다.

옛날에 장례는 유일(柔日)을 썼기 때문에 2번째 우제(虞祭)도 유일이
된다. 오늘날 장례에 강일(剛日)을 쓰는 사람은 2번째 우제도 마땅히 하
루를 미루어야 한다. 【갑일(甲日)에 장례를 치르는 자는 정일(丁日)에 2번째 우
제를 지내야 한다.】

㊷ 3일을 넘어 삼우제(三虞祭)가 있는데, 【바로 사(士)의 졸곡(卒哭)에 해
당한다.】 사(士)는 특생(特牲)을 쓰고, 하대부(下大夫)는 소뢰(少牢)를
쓰고, 상대부(上大夫)는 태뢰(太牢) 칠정(七鼎)을 쓴다.

『예기』, 「잡기(雜記)」에서 말한다. "상대부(上大夫)가 우제(虞祭)를 지
낼 때에는 소뢰(少牢)를 쓰고, 졸곡(卒哭)과 부제(祔祭)를 행할 때에는
모두 태뢰(太牢)를 쓴다." 【부(附)와 부(祔)는 통하는 글자이다.】 하대부(下大
夫)가 우제를 지낼 때에는 특생(犆牲)을 쓰고, 【특(犆)과 특(特)은 통하는 글
자이다.】 졸곡과 부제를 행할 때에는 모두 소뢰(少牢)를 쓴다. ○ 내가 생
각하건대, 옛날에는 천자(天子)는 9번의 우제(虞祭)를 지냈고, 대부는 5
번의 우제를 지냈고, 사는 3번의 우제를 지냈다. 【『예기』, 「잡기」의 예문이
다.】 오늘날에는 경(卿)과 대부(大夫)의 집에서는 모두 3번의 우제로 그
친다. 예(禮)에 덜고 보탬이 있는 것이 동일할 필요는 없다. ○ 옛날에는
재우(再虞)와 삼우(三虞)를 날을 연접해서 할 필요가 없었으나, 【『상례사
전(喪禮四箋)』에 보인다.】 오늘날의 풍속에서는 반드시 모두 날을 연접해서
하니 번거롭고 귀신을 모독하는 것이 심하다. 이제 이에 준하여 정일(丁
日)에 재우(再虞)를 행하면, 3일을 건너뛰어 경일(庚日)에 삼우(三虞)를
행하고 졸곡(卒哭)을 행한다.

㊸ 이날 저녁 부제(祔祭)의 일을 고할 때 고유(告由)하는 예(禮)가 있는데, 포와 해를 써야 한다.

새로 죽은 이의 신주(神主)에게 고하는 것으로 「사우기(士虞記)」에 보인다.

㊹ 졸곡(卒哭)은 없다.

구우(九虞)·칠우(七虞)·오우(五虞)·삼우(三虞)는 모두 말우(末虞)를 졸곡(卒哭)으로 삼아 성사(成事: 일을 이룸)라고 하는데, 【『상례사전(喪禮四箋)』에 보인다.】 별도의 제사는 없다. 오늘날에는 삼우 이후에 또 졸곡을 행하는데, 정현의 잘못된 생각 때문에 이렇게 된 것이다. 그에 해당하는 제사 명칭이 없으니, 대중의 생각과 어긋나는 것이 있더라도 행해서는 안 된다.

㊺ 다음 날 날이 밝으면 조묘(祖廟)에 부제(祔祭)하는데, 사(士)는 특생(特牲)을 쓰고, 하대부(下大夫)는 소뢰(少牢)를 쓰고, 상대부(上大夫)는 태뢰(太牢) 칠정(七鼎)을 쓴다.

옛날 부제(祔祭)의 법은 단지 1가지 음식만을 써서 조손(祖孫)에 합제(合祭)하였다. 【「사우례(士虞禮)」의 주(注)에 보인다.】 하순(賀循) 이래로 나누어져 2가지가 되었는데, 이것이 이른바 "위(衛)나라 사람이 부제(祔祭)를 분리하였다."고 한 것이다. 【『상례사전(喪禮四箋)』에 보인다.】 비록 대중과 어긋나는 것이 있더라도 고례를 준행하지 않을 수 없다.

㊻ 하관(下官)을 하고 나서는 조석전(朝夕奠)이 없다.

고례(古禮)를 준행한다. 주자가 거상(居喪)할 때에 한천정사(寒泉精舍)에 있었는데, 초하루와 보름마다 집으로 돌아갔으니, 장례를 치르고 나서는 조석전(朝夕奠)이 없음을 알 수가 있다.

㊼ 장례를 치렀으면, 초하루에 올리는 전(奠)이 있는데, 특돈(特豚) 일정(一鼎)을 쓴다.

「상대기(喪大記)」에서 말한다. "대부와 사는 부모의 상(喪)에 연제(練祭)를 행하고 돌아온다. 초하루와 기일(忌日)이 되면 돌아와 종실(宗室)에서 곡(哭)한다." ○ 생각하건대, 이 예문은 연제(練祭)를 지내고 나면 초하루의 곡(哭)이 있다는 것이니, 장례를 치르고 나면 초하루의 궤사(饋食)가 있음을 알 수 있다. 반월(半月: 보름)의 전(奠)에 대해서는 경전에 예문이 없다.

㊽ 생일에는 전(奠)이 없다. 행하는 경우에는 특돈(特豚) 삼정(三鼎)을 쓴다.

생일에 지내는 제사는 고례에서 징험할 수 있는 것이 없다. 그러나 인정(人情)을 살펴보면, 궤사(饋食)가 없을 수 없다.

㊾ 1년이 지나고 연제(練祭)를 지내면 소상제(小祥祭)가 있게 된다. 또 1년이 지나고 호제(縞祭)를 지내면 대상제(大祥祭)가 있게 된다. 한 달

> 을 건너 섬제(襂祭)를 지내면 담제(禫祭)가 있게 된다. 모두 특생(特牲)
> 을 쓰는데, 대부는 소뢰(少牢)를 쓴다.

연제(練祭)·상제(祥祭)·담제(禫祭) 때에는 대부의 음식에 대해 경문에 정문(正文)이 없다. 그러나 대부의 성제(盛祭)에는 모두 소뢰(少牢)를 쓰는 것을 【『본례(本禮)』에 보인다.】 의심할 수는 없다. 학사(學士)와 관사(官師)는 모두 특돈(特豚)을 써야 한다.

㊿ 길제(吉祭)는 없다.

「사우기(士虞記)」에서 말한다. "한 달을 건너뛰어 담제(禫祭)를 지낸다. 이달은 길제(吉祭)를 지내지만 오히려 배향하지 않는다."【정현이 말한다. "이달은 담제(禫祭)를 지내는 달이다. 사계절에 드리는 제사의 달에 해당한다면 제사를 지내지만, 오히려 아무개 비(妃)로 배향하지는 않는다."】 ○ 생각하건대, 길제(吉祭)는 약(禴)·사(祠)·상(嘗)·증(烝) 등 사계절에 드리는 정제(正祭)이다. 담제를 지내고 난 뒤에 만약 제월(祭月)을 둔다면, 묘(廟)에서 제사하는 것이다. 옛날에는 예(禮)를 줄여 나가는 제사였기에 술잔을 돌리지 않으면 배향하지 않았다. 【『예기』, 「증자문(曾子問)」의 예문이다.】 담제(禫祭)를 중월(仲月)에 한 것이 비록 묘제(廟祭)를 행한 것이라고 하더라도 오히려 예(禮)를 갖추지 않은 것이다. 【술잔을 돌리지 않으면 배향하지 않는다.】 그러므로 "오히려 배향하지 않는다〔猶未配〕."라고 말한 것이다. 오늘날의 사람들은 이러한 의미를 모르기 때문에 삼년상(三年喪)을 마치고도 별도로 길제(吉祭)를 행하니 예(禮)가 아닌 것 같다. 『춘추전(春秋傳)』에서 "진(晉)나라가 체(禘)제사를 지내지 않았다."고 했는데, 이는 또한 봄 제사를 가리켜 말한 것이고, 두예(杜預)가 "소목(昭穆)의 큰 제사를 살핀다."고 하였는데, 이것은 오늘날 풍속에서 으뜸으로 삼고 있는 것이다. 그러나 시제(時祭)를 이미 행했다면, 소목(昭穆)은 저절로 드러났을 것이니, 또 별도의 제사를 세울 필요가 있겠는가?【『상례사전(喪禮四箋)』에 보인다.】오늘날의 사람들은 평소에는 본래 시제(時祭)가 없다가, 상(喪)이 끝났을 경우에만 한 번 이 제사를 거행하는데, 역시 의미가 없다. ○ 만약 평소에 시제를 행하고 상(喪)을 치르는 3년 동안 제사를 거행하지 않았던 이가 상이 끝나서 제사를 행한다면, 평상시의 예식과 같게 하면 된다.

『부견가례지식(附見嘉禮之式)』[1]

관례(冠禮)에서 자식에게 초례(醮禮)를 거행할 때에는 특돈(特豚) 일정
(一鼎)을 쓴다. 예빈(醴賓)의 음식에도 일정을 써야 한다.

「사관례(士冠禮)」 예빈(醴賓)의 의절에는 '일헌귀조(一獻歸俎: 일헌을
하고 조를 보냄)'라는 예문이 있다. 【빈(賓)에게 조(俎)를 주어 돌려보내는 것이
다.】 정현(鄭玄)이 말한다. "일헌(一獻)의 예(禮)에는 천(薦)도 있고 조
(俎)도 있다." 【가공언(賈公彦)이 말한다. "일헌 역시 포와 해를 올린다."】 희생
에 대해서는 들어 본 적이 없다. 그러나 이미 일헌을 했다고 하면 또한
일조(一俎)에서 그쳐야 하니, 특돈(特豚) 일정(一鼎)을 써야 함을 알 수
있다.

---

1 『부견가례지식(附見嘉禮之式)』: 관례와 혼례의 의식(儀式)을 보기 쉽게 정리한 것을 첨부
한 글이다.

> 혼례(婚禮)의 동뢰(同牢)에서는 특돈(特豚) 삼정(三鼎)을 쓴다. 신부에게 예례(醴禮)를 행할 때에는 포와 해뿐이다. 관궤(盥饋)에는 특돈(特豚) 일정(一鼎)을 쓴다.

동뢰(同牢)의 음식은 메기장과 찰기장 4돈(敦)이고,【부부가 각각 2궤(簋)씩 쓴다.】 태갱(太羹) 1형(鉶)이고, 3조(俎)와 4두(豆)를 쓰고,【부부가 각각 2두(豆)씩 쓴다.】 또 젓갈과 된장이 있는데,【각각 1두씩 쓴다.】 이것은 고례이다. ○ 관궤(盥饋)의 음식은 비록 일정(一鼎)을 쓴다고 하더라도, 2궤【찰기장을 담은 궤는 없다.】·1조(俎)로【말린 물고기는 없다.】 나머지는 동뢰(同牢)와 같으니,【「사례(士禮)」에 보인다.】 별도의 한 사례(事例)이다. ○ 생각하건대, 며느리에게 예주(醴酒)를 따라 줄 때 포와 해를 넘지 않는 것은 높은 사람이 낮은 사람을 봉양하는 것이 아니므로 음식물을 갖추지 않는 것이다. 손을 씻고 음식을 바칠 때에도 1정(鼎)을 넘지 않는 것은【며느리가 시부모를 대접하는 것을 '관궤(盥饋)'라고 한다.】 순종함을 효도로 간주하여 감히 많은 물건으로써 방자함을 보이지 않는 것이다. 오늘날의 풍속에서 예부(醴婦)의 음식은 태뢰(太牢)보다 배나 되고, 관궤의 음식은【세속에서는 '장반(長盤)'이라고 한다.】 희뢰(饎牢)보다 풍성하여 시아버지는 그 존엄함을 잃고 며느리는 그 부유함을 과시하니, 풍교(風敎)가 퇴락하고 사라지는 것은 모두 이러한 부류들이 그렇게 만든 것이다. 세상의 교화를 지키려는 사람들은 그것을 바로잡을 수 있어야 한다.

밥과 면을 각각 진설하는데, 이것이 각각 2궤(簋)이다. 떡은 일량(一粱)과 일속(一菽)을 합해 진설한 것으로 또 2궤이다. 배열한 것이 비록 6개이지만, 그 내용물은 실제 4궤일 뿐이다.

고비합사지도(考妣合食之圖)	○ 초헌(初獻)	○ 아헌(亞獻)	○ 삼헌(三獻)	○ 초헌(初獻)	○ 아헌(亞獻)	○ 삼헌(三獻)	소뢰가두가변(少牢加豆加籩)
	○ 떡[餠]	○ 면(麵)	○ 밥[飯]	○ 밥[飯]	○ 면(麵)	○ 떡[餠]	
	○ 국[羹]		○ 국[羹]			○ 국[羹]	
	○ 닭[雞]	○ 내장[腸]	○ 구운고기[燔]		○ 고기[肉]	○ 물고기[魚]	
	○ 식해(食醢)	○ 채소절임[菹]	○ 채소절임[菹]	○ 채소절임[菹]	○ 채소절임[菹]	○ 염해(鹽醢)	
	○ 밤떡[栗糕]	횃불[燭]	○삼육(糝肉)	○ 이어(酏魚)	횃불[燭]	○ 능이(菱飴)	
	○ 미싯가루[糗]	○ 과일[果]	○ 과일[果]	○ 과일[果]	○ 과일[果]	○ 포(脯)	

진설하는 법식(法式)은 풍속에서는 "날 것은 동쪽으로 하고, 익힌 것은 서쪽으로 한다."라고 하였다. 그러나 「소의(少儀)」에서는 "겨울에는 뱃살 부분이〔腴〕 오른쪽에 놓이도록 하고, 여름에는 지느러미 부분〔鰭〕이 오른쪽에 놓이도록 한다."고 하였고, 「곡례(曲禮)」에서는 "뼈에 살점이 붙어 있는 고기를〔殽〕 왼쪽에 놓이도록 하고, 저민 고기를〔胾〕 오른쪽에 놓이도록 한다."고 하였으니, 곧 무릇 아름다운 것을 서쪽에 놓는다.

고비합사지도(考妣合食之圖)							특생가두가변(特牲加豆加籩)
	○초헌(初獻)	○아헌(亞獻)	○삼헌(三獻)	○초헌(初獻)	○아헌(亞獻)	○삼헌(三獻)	
	○떡[餠]		○밥[飯]	○밥[飯]		○떡[餠]	
	○국[羹]	햇불[燭]	○국[羹]	햇불[燭]		○국[羹]	
	○계조(雞俎)		○번조(燔俎)			○어조(魚俎)	
	○해(醢)	○숙저(熟菹)	○삼육(糝肉)	○이어(酏魚)	○침저(沈菹)	○해(醢)	
	○미싯가루[糗]	○밤떡[栗糕]	○과일[果]	○과일[果]	○능이(菱飴)	○포(脯)	

밥과 떡은 모두 진설하는데, 배열된 것이 비록 4개이지만 그 내용물은 실제 2궤(簋)이다. 특생(特牲) 이하는 면(麵)을 쓰지 않는다.

삼헌(三獻)의 작(爵)은 비록 모두 치우는 것은 아니지만, 만약 시제(時祭)를 지낼 때에 제기(祭器)가 충분치 않으면, 초헌(初獻)과 아헌(亞獻)에 쓰인 작(爵)은 제거하고, 삼헌(三獻)에 쓰인 작은 남겨 두어도 괜찮다.

소뢰특향도(少牢牸享圖)						
○떡[餠]	○면[麪]	○초헌(初獻)	○아헌(亞獻)	○삼헌(三獻)	○밥[飯]	○떡[餠]
○국[羹]			○국[羹]			○국[羹]
○닭[雞]	○고기[肉]		○번[燔]		○내장[腸]	○물고기[魚]
○해(醢)	○채소[菜]	○채소[菜]	○채소[菜]		○채소[菜]	○해(醢)
○미싯가루[糗]	○과일[果]	○과일[果]	○과일[果]		○과일[果]	○포(脯)

가두(加豆)와 가변(加籩)이 있는 경우 변(籩)과 두(豆) 사이에 다시 1
격(格)을 더해야 하는데, 동쪽과 서쪽에는 두(豆)를 더하고 중앙에는 변
을 더한다.

무릇 숟가락과 접시는 가운데에 두고, 형(鉶)의 서쪽에는 돈(敦)을 두
고, 회(會)는 가운데 형(鉶)의 동쪽에 둔다.

특생도(特牲圖)				
○ 밥[飯]	○ 초헌(初獻)	○ 아헌(亞獻)	○ 삼헌(三獻)	○ 떡[餠]
○ 국[羹]		○ 국[羹]		○ 국[羹]
○ 계숙(雞熟)		○ 간번(肝燔)		○ 어숙(魚熟)
○ 해(醢)	○ 채소절임[菹]		○ 채소절임[菹]	○ 해(醢)
○ 미싯가루 [糗]	○ 말린 과일[乾果]		○ 계절 과일[時果]	○ 포(脯)

가두(加豆)와 가변(加籩)이 있는 경우 다시 1격(格)을 더하는데, 소뢰
(小牢)와 같게 한다.

특돈도(特豚圖)		
○ 밥[飯]	○ 술[酒]	○ 떡[餠]
	○ 국[羹]	
○ 계숙(雞熟)	○ 육저(肉菹)	○ 어숙(魚熟)
○ 해(醢) ○ 채소절임[菹]	○ 과일[果]	○ 포(脯)

무릇 진설하는 법은 정제(整齊)에 힘써야 한다. 다만 형(鉶)·조 (俎)·변(籩)·두(豆)는 홀수와 짝수의 형식(形式)을 잃어서는 안 되지 만, 그렇다고 정해진 사례(事例)가 있는 것은 아니다.

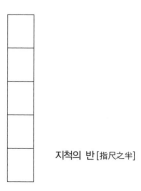

지척의 반[指尺之半]

길제(吉祭)

길제(吉祭)의 예(禮)는 고례와 부합하지 않는다. 만일 풍속을 따르려고
한다면, 모름지기 대상(大祥)으로부터 풍속의 예를 진작시켜야 한다.

길제(吉祭)와 체천(遞遷)의 의식(儀式)은 별도로 한 가지 사례를 만들

---

1 길제설(吉祭說) :『길제설』전문은 신조선사본·규장각본A에는 빠져 있으나 규장각본B에
따라 보충한다. 규장각본B에는『제례고정(祭禮考定)』과『가례작의(嘉禮酌儀)』사이에 있
다.『길제설』은 "吉祭之禮, 不與古合. 如欲從俗, 須自大祥, 勉作俗禮."라고 하여 길제(吉
祭)가 고례(古禮)에 어긋나는 속례(俗禮)라는 점을 지적하였는데, 신조선사본·규장각본
A는 이에 따라『길제설』을 생략한 것으로 추측된다. "吉祭·遞遷之儀, 別爲一事, 錄于第
六篇之末."이라는 기록으로 볼 때,『길제설』은 내용상『사례가식(四禮家式)』에 포함되지
만 상의(喪儀) 및 제례(祭禮)와는 구별되는 별도의 부분으로서 제6편의 끝부분에 위치해
야 하는데, 규장각본B를 따른다면 현재 위치로 볼 때 제6편은『상의절요(喪儀節要)』6권
뒤에 부록으로 이어지는『독례서차기(讀禮書箚記)』,『오복도표(五服圖表)』2편과『제례
고정』의『제법고(祭法考)』,『제기고(祭期考)』,『제의고(祭儀考)』,『제찬고(祭饌考)』4편
을 합친 6편을 가리키는 것으로 보인다.

어 제6편의 끝에 기록해 놓았다.

『시용길제의(時用吉祭儀)』

① 담제(禫祭)를 지내고 한 달을 넘겨서 길제(吉祭)를 행한다. 기일 하루 전에 당(堂) 가운데에 협사(祫事)를 진설한다.

주자의 『가례』에서는 천묘(遷廟)를 대상(大祥)의 날에 행하는데, 그 날에 이르러 조묘(祧廟)의 신주(神主)를 받들고 나와 묘소(墓所)로 옮긴다고 하였다. 대개 『대대례(大戴禮)』의 예문(禮文)을 준수하였기 때문에 원편(原編)이 그것에 의거하게 된 것이다. 그 뒤에 양신제(楊信齋)가 여러 사람에게 "길제(吉祭) 때에 합사(合祀)의 제향(祭享)을 드린 뒤에 이어 체천(遞遷)의 예(禮)를 행한다."고 말하였으니, 오늘날의 풍속은 그것에 의거한 것이다. ○ 만약 오늘날의 예를 따른다면 대상(大祥)에서는 체천의 의절이 없게 될 것이다.

『가례보주(家禮補註)』에서 말한다. "주자가 이계선(李繼善)에게 답하여 말한다. 횡거(橫渠)께서 '3년 후 태묘(太廟)에 협제(祫祭)를 지내고, 그 제사가 끝나면 신주(神主)를 돌려보낼 때 곧바로 조주(祧主)를 받들어 협실(夾室)로 보내고, 【고조(高祖)의 신주이다.】 자리를 옮길 신주와 【증조 이하의 신주이다.】 새로운 신주를 【고(考)와 비(妣)의 신주이다.】 모두 그 묘(廟)로 돌려보낸다.'라고 하였다. 【여기까지가 한 구절이다.】 그러나 상제(祥祭)를 지내고 궤연(几筵)을 치웠다면, 그 이하는 우선 조묘(祖廟)와 부묘(父廟)에 부묘(祔廟)해야 하니, 협제가 끝나기를 기다린 다음에 옮기면 될 것이다." ○ 양신재(楊信齋)가【이름은 복(復)이다.】말한다. "『가례』의 부제(祔祭)와 체천(遞遷)은 모두 상일(祥日)에 있다. 기일 하루 전에 술과 과일로 고하고, 끝나면 개제(改題)하고 체천하여 서쪽으로 가는데, 동쪽 1개의 감실(龕室)을 비워 두고 새로운 신주를 기다린다. 다음 날 날이 밝으면 상제(祥祭)를 끝내고 새로운 신주를 받들고 사당(祠堂)으로 들어온다. 또 선생께서 학자들에게 보내신 편지를 살펴보니, 부제와 체천은 2가지 일이다. 상제를 지내고 궤연을 치웠으면, 그 신주는 우선 조묘와 부묘에 부제하였다가, 삼년상이 끝날 때를 기다려 협제를 하고 난 뒤에 체천한다. 대개 세차(世次)는 번갈아 체천하는데, 소목(昭穆)이 순서를 이으니, 그 일이 매우 중요한데, 어떻게 제사 없이 고하는 예가 있어 다만 술과 과일로 고하고 갑작스럽게 번갈아 체천을 행할 수가 있겠는가? 횡거의 설명은 용의주도하여 이것이 예(禮)를 얻었으니 선생께서 따르신 것이다." ○ 또 말한다. "새로운 신주는 우선 조묘와 부묘에 부제하고 마땅히 길제 하루 전 저녁을 기다려 체천을 고한다. 체천이 끝나면, 바로 새로운 신주를 개제한다. 다음 날 날이 밝으면 협제를 끝내고 조주(祧主)를 받들고 묘소(墓所)에 묻는다. 체천할 신주와 새로 들일 신주를 받들고 묘(廟)로 돌아온다."【이상은 『가례』, 대상(大祥) 조목의 끝에 상세하게 보인다. 지금은 절록(節錄)해 둔다.】

생각하건대, 구준(丘濬)의 『가례의절(家禮儀節)』은 이를 근거로 예(禮)를 만들었기에 절문(節文)이 더욱 완비되었다. 그러나 여전히 자못 번거롭고 의혹된 것이 있으니, 이제 그것을 바로잡아 다음과 같이 의절을 만들었다.

길제(吉祭)는 날짜를 미리 의논하지 않고 초하루에 행해야 하니, 오늘날의 풍속과 같게 한다. ○ 제물(祭物)은 특생(特牲) 삼정(三鼎)을 쓴다. 경(卿)과 재상(宰相)은 소뢰(少牢)를 쓴다. ○ 주인은 현관(玄冠)으로 의복을 갖추고 길대(吉帶)와 길구(吉屨)를 착용하는데, 시제(時祭) 때의 의절과 같게 한다. ○ 북쪽 벽에 삼세(三世)의 의자와 탁자를 진설하는데,【오늘날의 사람들은 사세(四世)를 제사하기 때문에 사세의 의자와 탁자를 진설한다.】묘(廟)에서 행하는 의절과 같게 한다. 동쪽 방향으로 새로 들어올 신주 및 의자와 탁자를 진설한다.【시좌(侍坐)하는 경우와 같게 하지만 서향(西向)하게 해야 한다.】

② 묘(廟) 가운데 조사(祧事)를 진설한다.

'조사(祧事)'는 체천(遞遷)의 일이다. 구주(舊主: 옮겨질 신주)를 개제(改題)하여 새로운 독(櫝)에 배합(配合)하는 것이 바로 그 일이다. ○ 필묵(筆墨: 붓과 먹)·분교(粉膠)·목적(木賊)·쇄자(刷子)의 부류는 대나무 광주리에 담아 동쪽 방향에 놓는다.

③ 이어 조사(祧事)를 고하고, 이어 신주(神主)를 쓴다.

장차 신주(神主)를 개제(改題)할 때 체천(遞遷)의 예(禮)가 있다. 제물(祭物)은 2두(豆)와 2변(籩)이다.【채소는 2그릇이고 과일도 2그릇이다.】○ 고하는 말은 다음과 같다. "유○○년 ○○월 ○○일〔維年月日〕에【다른 법식(式)과 같다.】효현손 ○○은 감히 현고조고 ○○(관직)부군〔孝玄孫某敢昭告于顯高祖考某官府君〕,【다른 법식과 같다.】현증조고 ○○부군〔顯曾祖考府君〕,【다른 법식과 같다.】현조고 ○○부군께〔顯祖考府君〕【다른 법식과 같다.】밝게 고합니다. 이제 선고 ○○부군이〔先考某官府君〕상기(喪期)가 이미 다하여 예(禮)대로 부묘(祔廟)하려고 하니,【본문에서 "예대로 신주를 체천하여 묘에 들여야 한다〔禮當遷主入廟〕."고 하였으나 여기에서는 그것을 고쳤다.】현고조고 ○○부군께서는〔顯高祖考某官府君〕【다른 법식과 같다.】예대로 조천(祧遷)해야 합니다. 녜(禰)가 조(祖)로 올라가는 것은 세차가 번갈아 체천되는 것입니다. 삼가 신주를 받드나이다. 이제 글을 고쳐 쓰려고 하니 삼가 술과 과일로 경건하게 고합니다." ○ 생각하건대, 본문의 '당조(當祧)' 아래에 또 고조(高祖) 이하 삼대(三代) 관호(官號)를 배열하는 것은 번거롭고 복잡한 듯하니, 이제 그것을 위와 같이 고쳤다.【오늘날의 사람들은 사대를 제사하기 때문에 위로 고조까지 배열한다.】

고하는 말이 끝나면 작(爵)을 치우고 그 다음 변(籩)과 두(豆)를 치운다. 증조 이하 신주의 글을 고쳐 쓰는데 평상시의 사례(事例)와 같게 한다.【사계(沙溪) 김장생(金長生)의 『상례비요(喪禮備要)』에 보인다.】 ○ 개제(改題)가 끝나면 본래의 자리에 돌려보내 안치시킨다. 주인 이하는 2번 절하고 물러난다.

신주(神主)가 묘(廟)에 있으면,【대상일(大祥日)에 이미 부묘(祔廟)하였다.】일체(一體)가 함께 체천하니, 고하는 말이 없다.【이는 부상(父喪)의 예(禮)이니, 어머니는 아직 사망하지 않은 것이다.】 ○ 만약 어머니가 먼저 사망하여 지금 합독(合櫝)해야 한다면, 고하는 말이 있게 된다. ○ 고위(考位)에 고하기를 다음과 같이 한다. "이제 상기(喪期)가 이미 다하였습니다. 합사(合祀)는 선비(先妣) ○○(봉호)씨를 예대로 배향해야 하니, 삼가 신주를 받들어 올려 합사하고자 합니다. 삼가 술과 과일로 경건하게 고합니다." ○ 비위(妣位)에 고하기를 다음과 같이 한다. "이제 선고(先考) ○○(관직)부군께서 상기가 이미 다하였습니다. 합사는 현비(顯妣)를 예대로 배향해야 하니, 삼가 신주를 받듭니다. 이제 개제(改題)를 하고【본래 '망실(亡室)'이라고 써야 하지만, 여기에서는 '현비(顯妣)'라고 썼다.】이어 올려 합사하고자 합니다. 삼가 술과 과일로 경건하게 고합니다." ○ 고하는 말이 끝나면, 체천할 신주를 치우고, 새로 들어올 신주를 개제(改題)하고, 이어 합독(合櫝)하여 동쪽 방향으로 되돌려 안치시킨다. ○ 지자(支子) 가운데 동거하지 않는 이는 조묘(祖廟)가 없다. 다만 신주에게 고한다면, 고하는 말 처음에 '유년월일(維年月日)'을 거론해야 한다.

만약 아버지가 먼저 사망하였다면, 이제 장차 비(妣)의 신주로 합독하는데, 역시 고하는 말이 있다. ○ 고위(考位)에 고하는 말은 다음과 같다. "이제 선비(先妣) ○○(봉호)씨가 상기가 이미 다하였습니다. 합사를 장차 거행해야 하는데, 예대로 현고(顯考)에 배향(配享)해야 하니, 삼가 신주를 받들어 장차 합사하는 데에 오르려 합니다. 삼가 술과 과일로 경건하게 고합니다." ○ 비위(妣位)에게 고하는 말은 다음과 같다. "이제 상기가 이미 다하였습니다. 합사를 장차 거행해야 하는데, 예대로 선고(先考) ○○(관직)부군께【관직의 명칭은 단함(單銜)을 쓴다.】배향해야 하니, 삼가 신주를 받들어 장차 합사하는 데에 오르려 합니다. 삼가 술과 과일로 경건하게 고합니다." ○ 고하는 말이 끝나면, 이어서 신주를 받들어 합독(合櫝)하여 돌아가 동쪽 방향에 안치시킨다. 이어 올리고, 이어 치우는데 이상의 예(禮)와 같게 한다.【여기에는 개제(改題)의 절차가 없기 때문에 먼저 합독하고 뒤에 두(豆)를 올린다.】

④ 다음 날 날이 밝으면 주인은 의복을 갖추고 묘(廟)에 들어간다. 여러 신주를 받들고 나와 당(堂)에서 행사하는데, 시제(時祭)와 같게 한다.

신주(神主)를 내오면서 고하는 말은 다음과 같다. "효현손 ○○은 이제 조천(祧遷)의 예(禮)에 따라 조(祖)와 녜(禰)에게 일이 있어 감히 현고조고비·현증조고비·현조고비께 청합니다."【다른 법식과 같다.】 신주를 내어 정침(正寢)으로 가지고 가서 공경하게 천례(薦禮)와 헌례(獻禮)를 편다. ○ 또 신주에게 고하는 말은 다음과 같다. "이제 합사를 거행하려고 합니다. 예대로 부사(祔食)해야 하니, 감히 현고께 청합니다." 신주를 내와 정침으로 가지고 가서 동일하게 천례와 헌례를 편다. ○ 만약 어머니가 먼저 사망했을 경우라면 고(考)와 비(妣)를 모두 거론하는데, 아버지가 먼저 사망했을 경우에도 고와 비를 모두 거론한다.

합제(合祭)의 축사(祝辭)는 다음과 같다. "유○○년 ○○월 ○○일 효현손 ○○은 감히 현고조고비·현증조고비·현조고비께 밝게 고합니다.【다른 법식과 같다.】 삼가 생각하건대 선고 ○○부군이〔先考某官府君〕 상기(喪期)가 이미 다하여 예(禮)대로 부묘(祔廟)해야 합니다. 원묘(遠廟)를 장차 조천(祧遷)하는데 소목(昭穆)으로 체천하려고 합니다. 삼가 청작(淸酌)과 서수(庶羞)를 드려 공경히 합사하여 선고(先考)에 부사(祔食)하겠습니다. 흠향하소서." ○ 생각하건대, 본문(本文)에서는 삼대(三代)가 각각 판(版)을 달리하여 축(祝)하였다. 이제 이에 준하여 1개의 판으로 합하여 고한다. ○ 또 살펴보건대, 본문의 "죄(罪)가 다 가시지 않았는데 세월은 상(喪)을 벗을 날이 다가왔습니다. 선왕께서 제정한 예에 감히 맞추지 않을 수가 없습니다." 등의 여러 구절은 모두 체면을 살리는 구절로, 엄숙하고 공경한 뜻이 아니다. 지금은 이를 고쳐 위와 같게 하였다.

만약 어머니가 먼저 사망하신 경우라면 마지막 구절에는 "선고(先考)와 선비(先妣)로 부사(祔食)하겠습니다."라고 말한다. ○ 만약 아버지가 먼저 사망하신 경우라면, 축사(祝辭)는 다음과 같이 한다. "유○○년 ○○월 ○○일〔維年月日〕이라 운운하고, 삼가 생각하건대 선비(先妣) ○○(봉호)씨가 상기가 이미 다하여 예대로 부제(祔祭)하려고 합니다. 선고(先考)에 합사하여 소목(昭穆)이 차례를 잡으면 배사(配食)가 같을 것입니다. 삼가 청작(淸酌)과 서수(庶羞)를 바쳐 공경하게 합사하겠습니다. 흠향하소서." ○ 만약 어머니가 먼저 사망하시고 아버지가 생존해 있는 경우라면 처(妻)의 상(喪)이기에 길제(吉祭)가 없다.

새로 들이는 신주의 길제(吉祭) 때 하는 축사(祝辭)는 다음과 같다. "유○○년 ○○월 ○○일 효자 ○○은 감히 현고 ○○(관직)부군께 밝게 고합니다. 상기가 이미 끝나 예대로 부제하려고 합니다. 소목이 차례를 잡으면 배사가 같을 것입니다. 삼가 청작과 서수로 공경히 합사하겠습니다. 흠향하소서."

⑤ 예(禮)가 끝나면 증조(曾祖)·조(祖)·녜(禰)의 신주를 받들고 사당(祠堂)으로 돌아온다. 조천(祧遷)할 신주는 정침(正寢)에 머문다.

이미 묘(廟)에 들어왔다면, 증조(曾祖)의 신주는 제1좌(座)로 올라가고, 조고(祖考)의 신주는 제2좌로 올라가고, 신주는 녜(禰)의 자리로 올라간다.

⑥ 다음 날 날이 밝으면 조천(祧遷)할 신주를 받들고 무덤에 가서 묻는다.

장차 떠날 때 고하는 말이 있다. ○ "이미 조천(祧遷)하였으니, 예대로 묻어서 안치해야 합니다. 청컨대 무덤길로 나아가십시오."

이미 무덤에 도착했다면, 음식을 올리고 고하는 말이 있다. ○ 다음과 같이 고한다. "유○○년 ○○월 ○○일 현손 ○○은 감히 현고조고 ○○ (관직)부군과 현고조비 ○○(봉호)씨께 밝게 고합니다. 이미 조천(祧遷)하였으니 예대로 묻어서 안치해야 합니다. 조상을 추모하는 것이 미칠 길이 없어 슬픔을 이루 다 표현할 길이 없습니다. 삼가 술과 과일을 바쳐 공경하고 경건하게 고합니다. 삼가 고합니다."【『가례의절(家禮儀節)』에서는 "삼가 청작(淸酌)과 서수(庶羞)를 바쳐 백배(百拜)하고 고합니다."라고 하였는데, 그 예문이 아름답지도 따를 만하지도 못하다.】

앞서서 이미 조천(祧遷)하여 최장방(最長房)에서 받들고 있으면서 이제 장차 묻어서 안치하려고 한다면, 행례에 임해서는 모름지기 정식 조천이 있어야 한다. ○ 축사(祝辭)는 다음과 같다. "유○○년 ○○월 ○○일 현손 ○○가 감히 ○○고(考)와 ○○비(妣)께 밝게 고합니다. 이미 조천(祧遷)을 행하였으니, 어디를 가시더라도 편안하지 않을 것이기에 예대로 묻어 안치하려고 합니다. 조상을 추모하는 것이 미칠 길이 없어 슬픔을 이루 다 표현할 길이 없습니다. 삼가 술과 과일을 바쳐 공경하고 경건하게 고합니다. 흠향하소서." ○ 무덤에 도착하면 고하는 말이 있다. 그 말에서 '년(年)'·'월(月)'·'고(考)'·'비(妣)' 등의 글자를 뺀다. 다만 "이미 조천을 행하셨다."는 말을 하고 "흠향하소서."라는 말은 없다.

장차 예(禮)를 행하려고 할 때에는 미리 목합(木盒) 1매(枚)를 준비해 놓고 고(考)와 비(妣)의 두 신주를 안치한다. ○ 무덤에 도착하면 독(櫝)을 제거하고, 도자(韜藉)를 제거하고, 부방(祔方)을 제거하고, 이어서 깨끗한 흰 종이로 2개의 신주를 싸서 목합에 넣어 묻는다. 부방 2조각은 별도로 기름종이로 싸서 옆에 묻는다.

부 록

I.『관례작의(冠禮酌儀)』[1] 원문

祭禮未易正, 以國俗難變也. 喪禮未易正, 以父兄·宗族多議也. 昏禮未易正, 以兩家好尙不同也. 唯冠禮, 最宜釐正, 是在主人, 孰能禦之? 但古之冠禮, 繁縟備文, 今人未易遵用, 朱子『家禮』雖比古簡省, 然冠服異制, 人猶病之. 我星湖先生有『刪節冠儀』, 又恐太簡. 余在茶山, 適主人之子加冠, 謹取『儀禮』·『家禮』, 參酌雅俗, 苟備三加之文如左, 貧而好禮者, 庶有取焉.【嘉慶十五年庚午首春, 茶山病夫書.】

1　고묘(告廟)

前期三日, 主人告廟. ○ 辭曰: "某之子某, 將以某月干支, 加冠於其首, 敢告."

古禮筮日·筮賓·冠子·醮子, 皆於其廟, 故無告廟之節. 後人行之於家堂, 故

---

1 『관례작의(冠禮酌儀)』: 신조선사본에는 '관례(冠禮)'로 되어 있으나 규장각본에는 이 뒤에 '작의(酌儀)'가 있다. 규장각본에 따라 '작의'를 보충한다.

朱子『家禮』有"告廟"之文. 今且從簡, 不用酒果, 【『家禮』有酒果.】 亦所以遵古也. 【古禮無酒果.】

2 　계빈(戒賓)

是日, 戒賓. ○辭曰: "某有子某, 將加冠於其首, 願吾兄之教之也." 【賓若尊德, 稱'夫子'.】 ○賓對曰: "某不敏, 恐不能共[2]事. 吾兄有命, 某敢不從?"

古禮始請而辭, 再請而從, 今且從簡. ○又按『家禮』戒賓之辭, 以書致之, 於事爲便. 賓若尊德, 宜遣子弟. ○古禮朋友相稱'吾子', 今云'吾兄', 亦從俗也.

3 　숙빈(宿賓)

前一日, 宿賓. ○辭曰: "來日, 某將加冠於子某之首, 吾兄將涖之, 敢宿." ○賓對曰: "某敢不夙興?"

賓若寢於其家, 宜以書致之; 若寢於主人家, 宿賓之禮宜闕之. ○'宿'者, '肅'也, '戒'也. 【鄭玄云: "宿, 進也." 賈云: "宿之, 使進也." 其義非也.】

4 　세(洗)·복(服)·즐(櫛)·관(冠)의 진설

厥明, 夙興, 設洗于阼階東. 【卽盥洗之具.】 ○陳服于房中, 皆西領南上. 【房若在堂東, 東領南上.】 ○櫛陳于席南.

古禮始加緇冠, 則玄衣·玄裳. 再加皮弁, 則素衣·素裳. 三加爵弁, 則純衣·纁

---

2 共 : 규장각본에는 '其'로 되어 있다.

裳. ○朱子『家禮』, 始加冠, 用深衣, 【不用緇布冠, 疑用時冠.】 再加帽, 用皂衫, 三加襆頭, 用公服.【或襴衫.】 ○今擬, 貧士之子, 始加緇布冠,【制見下.】用靑敞衣,【如俗制.】再加席帽,【黃草笠也. 老蒼者, 用漆布笠.】用靑道袍, 竝施緇帶,【古禮三服, 皆緇帶.】三加烏紗帽,【有紋角.】用紫朝袍,【卽團領.】未可已也. ○卿 · 大夫顯官之子, 始加緇布冠 · 靑道袍,【用緇帶.】再加烏紗帽【無紋角.】· 綠團領,【用角帶.】三加玄爵弁【卽今之祭冠.】· 緇衣 · 纁裳,【卽今之祭服.】仍具方心 · 曲領 · 後綏.【佩玉不必用.】

○案 古禮士之子之冠也, 其再加 · 三加, 明用皮弁 · 爵弁. 朱子之爲『家禮』, 明用襆頭 · 公服. 其禮之必令攝盛如此, 而吾東雖卿相 · 勳戚之大家, 其爲三加, 唯以草笠 · 靑袍用爲上服, 尙可曰「好禮之俗」乎? 星翁『冠儀』, 尤從菲薄, 蓋慮貧士之不能辦盛服, 因以廢禮也. 余唯窮鄕僻村至貧之士, 其子逆女, 無不用紗帽 · 緋袍 · 犀帶 · 黑靴, 獨奚冠禮慮其難得哉? 冠之與婚, 事必相連, 此之所無, 彼何得有? 但使本人好禮, 公服不難得也. 窮鄕尙然, 況於京輦乎? 貧士尙然, 況於朝官乎? 三加之必用公服, 無可疑也.

○又按 古禮三服皆用緇帶. 緇帶者, 大帶也.【其制見「玉藻」.】今公服不用緇帶, 則犀帶 · 角帶, 無所不可.【金 · 銀帶, 亦可.】其用緇衣 · 纁裳者, 可用緇帶, 蓋我邦朝祭之服, 例有絛帶也. 今之金冠, 在古無徵. 三加宜用玄弁.【今謂之祭冠.】玄弁者, 古爵弁之遺制也. 其屨宜用黑靴.

○又按 古禮用靺韐 · 素韠 · 爵韠, 今唯三加宜用纁韠.【蔽膝也.】 ○古禮三冠 · 三服, 無一時竝著之理. 再加則脫緇冠 · 玄服, 三加則脫皮弁 · 素積,【乃服爵弁服.】故「士冠禮」旣三加, 有"徹皮弁 · 緇冠"之文.【賈云: "冠, 卽緇布也."】今擬, 再加脫初加之冠服, 三加脫再加之冠服, 唯屨不必改也. 其以靑敞衣爲初加之服者, 仍於其上, 加以靑袍.

〔「士冠禮」注〕鄭云: "童子任職, 居士位, 年二十而冠."【賈疏云: "士身加冠."】 ○鏞案 嘉禮攝盛,【如墨車 · 命服之類.】故「士昏禮」曰"下達用鴈", 謂大夫之贄, 士得用之也. 【鄭注, 以下達爲通媒之義, 非也.】 爵弁·皮弁, 雖爲朝士之服, 士之子弟未必不攝盛, 鄭必以爲任職者之冠禮, 未必然也. 或曰: "古者世祿士之子爲士, 【鄭亦云.】 宜用公服, 今雖士族, 未必爲士, 【士者, 朝官也.】 所以冠禮不用公服." 此又不通之論也. 今之士族, 卽古之學士, 【謂庠·學之士, 見「喪服」, '傳'.】 其用士禮, 本不爲僭. 況士[3]族·賤流, 其婚皆用一品之公服, 婚禮之所許用, 奚獨於冠而禁之乎? 甚無謂矣.

5 **초례(醮禮) 도구의 진설**

陳醮具于堂北. ○ 酒樽一, 【古用醴.】 觶一, 【又有勺.】 脯楪一, 【用四脡, 其長五寸, 無則用䐐或鱐.】 醢楪一. 【用食醢.】

古禮有乾肉·折俎, 【折俎, 如今之熟肉.】 又或"殺牲有特豚·離肺"之文. 【離, 割也.】 今竝略之者, 爲貧者慮也. 若家力可辦, 宜亦備文. 【有牲俎者, 無折俎.】 殺牲者, 具二豆·二籩. 【卽脯·栗·菹·醢.】

6 **주인·빈·찬·장관자의 위치**

主人盛服, 立于阼階下, 西面. 【據南向之堂以立文.】 衆兄弟序立于其後. ○ 將冠者如常服, 【童子服.】 在房中, 南面. ○ 賓至門, 【大門外.】 主人出迎, 西面, 拜. 【古禮則再拜.】 賓答拜. ○ 主人揖, 賓入. 【賓答揖.】 贊者從. 【賓黨一人爲贊者.】 ○ 至階, 相揖. 主人升自阼[4]階, 坐于堂東. 【衆兄弟亦升, 立于其後.】 ○ 賓升自西階, 坐于堂西. 【贊者亦升, 立于其後.】 ○ 將冠者出, 坐于堂中, 南面.

---

3 士 : 신조선사본과 규장각본B에는 '土'로 되어 있으나 규장각본A에 따라 바로잡는다.
4 阼 : 신조선사본과 규장각본 모두 '西'로 되어 있으나 고례(古禮) 및 『가례(家禮)』 등에 따라 '阼'로 바로잡는다.

'盛服'者, 朝官用公服, 其餘用靑袍. ○古禮賓與主人升, 立于序端, 終不升堂, 又不遽坐, 以行禮在廟也. 今行禮于家堂, 故『家禮』亦云"升堂".

7 빈·찬·장관자의 시가례 이전 의절

贊者就將冠者, 北面, 坐, 櫛, 束髻, 施網巾.【徹梳箟.】 ○將冠者興, 就阼階上, 【在主人之南.】 西面, 坐. ○賓興, 就阼階上, 東面, 坐. ○贊者取緇冠以授賓. 【凡執冠之法, 右執項, 左執前.】 ○贊者復位.【位在西.】

此適子禮也.【適子冠於阼.】 若庶子, 則將冠者就賓前, 西面, 坐.【賓不動.】 贊者授冠, 遂於西方行事也.

8 시가례(始加禮)

行始加禮. ○賓執冠, 乃祝.【句.】 辭曰: "令月吉日, 始加元服, 棄爾幼志, 順爾成德, 壽考維祺, 介爾景福." ○乃冠,【加于首.】 興, 復位.【位在西.】 ○贊者取笄, 簪之. ○冠者興. 賓揖之, 冠者入房, 服靑微衣, 出, 坐堂中, 南面.

星湖『禮式』合三加而爲一, 故三加之祝, 合爲一辭. 今從古禮. ○案 緇布冠之制, 經無明文, 人自爲制, 僅可容髻, 非禮也. 考古弁冕之制, 皆冠長一尺六寸, 其廣八寸,【『士冠禮』之疏.】 武之崇四寸,【見陳氏『禮書』.】 其圍視頭, 未嘗無法也. 喪冠三辟積縫向右, 則吉冠之辟, 或五或七. 其縫向左也. 宜用極細布, 染緇爲冠如古法.

9 재가례(再加禮)

行再加禮. ○賓揖之,【皆坐揖.】 冠者就阼階如初.【賓亦就阼階如初.】 ○贊者取冠,【黃草笠.】以授賓如初.【退, 復位.】賓取冠, 執如初,【賓先取緇冠去之.】乃祝.【句.】辭曰:"吉月令辰, 乃申爾服, 敬爾威儀, 淑愼爾德, 眉壽萬年, 永受胡福."○乃冠. 興, 復位如初. ○冠者興. 賓揖之, 冠者入房, 服靑道袍, 出房, 坐堂中,⁵ 南面.

古禮有三屨, 故『家禮』始加入房, 納屨而出. 星湖曰:"今人堂上不用屨, 故廢之."【如有皁靴, 宜用之.】

10   삼가례(三加禮)

行三加禮. ○賓揖之,【亦坐揖.】冠者就阼階如初.【賓亦就阼階如初.】○贊者取紗帽, 以授賓如初.【退, 復位.】○賓取紗帽, 執如初,【賓先取冠去之.】乃祝.【句.】辭曰:"以歲之正,【正, 善也.】以月之令, 咸加爾服, 兄弟具在, 以成厥德, 黃考無疆, 受天之慶." ○冠者興. 賓揖之, 冠者入房, 服朝袍,【用角帶 · 黑靴.】出房, 坐堂中, 南面.

古禮初加 · 再加, 賓皆盥手, 敬其事也.【『家禮』亦有"賓盥"文.】今姑略之, 蓋以賓盥之時, 升降 · 揖讓之節, 甚繁也.

11   초례(醮禮)

乃醮. ○賓興, 北面, 坐.【於本位北面.】○贊者盥,【洗在阼階下.】升酌酒.【古用醴.】○賓揖之, 冠者興, 就賓前, 南面, 坐. ○贊者授⁶觶,【西向坐以授.】賓受觶, 乃祝.【句.】辭曰:"旨酒旣淸,【用醴, 則曰'甘醴唯厚.'】嘉薦令芳, 拜受祭之, 以定

---

5 中: 규장각본B에는 빠져 있다.
6 授: '受'로 되어 있으나 문맥상 '授'로 바로잡는다.

爾祥, 承天之休, 壽考不忘." ○ 乃授觶. 冠者拜, 受觶.【既拜而受之.】賓東面, 答拜. ○ 贊者薦脯醢.【執二椀, 奠于冠者之左. ○ 食醢之上, 建一匕.】○ 冠者左執 觶, 右祭脯醢.【取脯一脡, 醢一匕, 祭于椀. ○ 執事者先以一椀措于地, 以受祭.】又祭 酒,【少許注于椀.】乃啐酒.【'啐', '嘗'也, 小入口.】興, 奠觶于槃,【在堂北.】取一 脯, 授冠者. ○ 冠者受脯, 懷之.【納袖中, 終以獻母.】○ 贊者復位.

此適子之禮也.【唯適子醮于客位.】若庶子則直於堂中南面之位坐, 受醮.【『家 禮補注』云: "凡酌而無酬酢曰醮."】○ 贊者盥,【升如初.】直授[7]觶于冠者,【不授 賓.】冠者受觶. 以下皆與適子同也. ○ 按『家禮』但祭酒, 不祭脯醢. 然祝曰: "嘉薦令芳, 拜受祭之." '嘉薦'者, 脯醢之號也. 若不祭脯醢, 則與祝辭不合. 今 且從俗.

12 부(父) · 제부(諸父) 등을 알현(謁見)

冠者見于父, 特拜. ○ 見諸父兄在座者, 旅拜.【'旅拜'者, 以一拜禮衆人.】若有尊 者, 亦特拜.【兄弟皆答拜.】

古禮此時無拜父兄之文, 今且從俗, 補之如此.

13 자관(字冠)

乃字. ○ 冠者復位,【堂中位.】南面, 坐. ○ 賓字之. ○ 辭曰: "禮儀既備, 令月吉 日, 昭告爾字, 爰字孔嘉, 髦士攸宜, 宜之于假,[8] 永受保之."【'假', '大'也.】○ 曰 "某甫." ○ 冠者對曰: "某雖不敏, 敢不夙夜祗奉?"

---

7 授: '受'로 되어 있으나 문맥상 '授'로 바로잡는다.
8 假: 신조선사본에는 '暇'로 되어 있으나 '假, 大也.'라고 한 세주(細註)와 규장각본A · 규장 각본B에 따라 바로잡는다.

古禮賓主皆降, 冠者亦降, 然後字之, 以行禮在廟也. 今旣不然, 則不必降而后
字之也.【『家禮』則降而後字之.】○ 古禮先見母, 後受字, 今亦不便, 故先受字.

14 예빈(醴賓)

乃醴賓. ○ 執事者進饌.【物之多少, 隨其宜.】○ 主人酌酒, 獻賓. ○ 賓拜,【東向
拜.】主人答拜.【西向拜.】○ 賓坐, 飮. ○ 執事者進饌于主人. ○ 旣饗, 徹盤.
○ 執事者進幣.【物之厚薄, 隨其宜.】○ 主人獻幣于賓. ○ 賓拜, 主人答拜. ○
贊者徹幣. ○ 執事者告事畢. ○ 賓出, 主人送. 至門, 拜, 賓答拜.

古禮醴賓, 用一獻之禮.【文不具.】『家禮』云: "賓贊有差."【賓贊皆有饌與幣.】今
且從俗. 凡與禮者, 皆宜分饌. ○ 古禮酬賓用束帛·儷皮, 貧士病之. 今擬, 用白
紙爲幣, 無不可也.【備家自當如禮.】

15 모(母)·고자(姑姊) 등을 알현(謁見)

冠者見于母,【獻其脯.】母答.【坐而答.】○ 見姑姊, 如見母禮. ○ 主人以冠者見
于廟. ○ 冠者徧拜于父兄宗族及鄕先生.

古禮無見廟之文, 以行禮在廟也. ○ 古禮用醴則一醮, 用酒則三醮.【鄭以爲夏·
殷之禮.】'三醮'者, 一加一醮, 醮各有辭.【見『儀禮』.】始醮·再醮用脯醢, 三醮用
乾肉·折俎. 若殺牲, 則其禮尤盛, 卿相之家宜探諸文, 益備儀也.

Ⅱ. 『혼례작의(婚禮酌儀)』¹ 원문

婚禮親迎, 陽往陰來之意也. 吾東之俗, 婚禮成於女氏, 『漢』·『魏』諸史, 竝有譏
貶, 讀之可愧. 近世先輩因俗爲禮, 著之爲書. 余謂兩家儀乖, 未易歸一, 則苟且
因循, 容或無怪, 其必立言垂後, 使爲成法, 大不可也. 今京城貴家, 一日之內,
壻旣委禽, 婦亦薦贄, 謂之'當日新婦', 斯豈非親迎哉? 特合巹在女家耳. 若於是
稍加釐正, 巋巋乎古禮也. 今取古禮及朱子『家禮』, 檃括爲文如左.

1 납채(納采)

納采之禮, 權以庚帖代之.

古禮納采用雁, 賓主成禮, 在於女氏之廟. 其辭曰: "吾子有惠, 貺室某也. 某有
先人之禮, 使某也請納采." 【鄭云: "納其采擇之禮." ○ 朱子曰: "今俗所謂'言定'."】對
曰: "某之子憃愚, 又弗能敎, 吾子命之, 某不敢辭." 【女氏對.】致命曰: "敢納采."

---

1 『혼례작의(婚禮酌儀)』: 신조선사본에는 '혼례(婚禮)'로 되어 있으나 규장각본에는 이 뒤
에 '작의(酌儀)'가 있다. 규장각본에 따라 '작의'를 보충한다.

○朱子『家禮』, 壻家告廟, 乃遣使者, 女氏奉書, 亦以告廟. ○鏞案 古者納采之禮, 行於廟中, 朱子易之以告廟, 古禮使者口傳致辭, 朱子易之以書牘, 皆所以順俗而合情也. 今檃括爲文曰: "伏承嘉命, 許以婚姻之好, 某有先人之禮, 謹獻庚帖, 庸替納采之儀."【庚帖, 俗謂之四柱單子, 卽壻之生·年·月·日也. 今俗竝錄生時, 無義. 今擬, 只書年·月·日.】答書曰: "伏承嘉命, 貺以庚帖, 某不敢辭, 謹玆祗受. 伏唯鑑念." ○古禮有"貺室", "凂愚"諸文, 然納采之禮, 必前期行之, 兩家變故, 不可預度, 故稍變其文, 用副俗情. ○又按 古者賓主皆服玄端, 故『家禮』亦云"賓主皆盛服." 今俗使者, 率用賤人, 亦無拜揖之節, 盛服不必爲也. ○其必告廟者, 告辭宜遵『家禮』.【告曰: "某之子某議娶某人之女, 今月納采. 敢告."】然若非宗子之長子, 恐不必告廟.

2 　문명(問名)과 예빈(醴賓)

是日, 仍行問名之禮, 亦權以庚帖代之.

古者問名, 將以歸卜吉凶也.【鄭注云.】其辭曰: "某旣受命, 將加諸卜. 敢請女爲誰氏."【使者問.】對曰: "吾子有命, 且以備數而擇之, 某不敢辭."【女氏答.】○『家禮』無問名之節. ○鏞案 東俗行禮於女氏, 故女氏選日. 今旣親迎, 當自壻家選日. 若然, 女之庚帖, 不可不相示, 以此當問名之禮, 誠合古意. 但古者納采之行, 仍以問名, 今不可別作層節, 然且使者旣是賤人, 無以致辭於主人. 今擬, 別作單子,【用小牘.】其文曰: "今旣受命, 敢問女年."【只八字.】旣納采, 使者獻之. 女氏亦以單子答之,【用小牘.】曰: "備數有命, 某不敢辭."【只八字.】紙末書女之生·年·月·日,【如壻例.】以授使者, 庶乎其近古也. ○乃行醴賓之禮. ○古者醴賓之物, 醴一甒·一脯·一醢而已. 『家禮』云: "乃以酒饌禮使者." ○古者醴賓, 有升降·祭崒之節. 其辭曰: "子爲事, 故至於某之室, 某有先人之禮, 請醴." 從者對曰: "某旣得將事矣, 敢辭." "先人之禮, 敢固以請."【主人請.】"某辭不得命, 敢不從也?" ○庚帖來者, 必賜銅錢, 非禮也. 然物情不可咈, 宜以布帛代之, 或贈二三尺, 或贈八九尺, 無所不可. 若使知禮之家, 原用子弟・族人以爲使者, 則無此弊也.

3 납길(納吉)

後數日, 行納吉之禮.

古禮納吉用鴈如納采禮. 其辭曰: "吾子有貺命, 某加諸卜, 占曰'吉'. 使某也敢告." 對曰: "某之子不敎, 唯恐不堪. 子有吉, 我與在, 某不敢辭." ○『家禮』無納吉. ○ 鏞案 古人重卜筮以紹天明, 今不可泥. 今擬, 納吉之辭,【亦致書.】曰: "伏承嘉貺, 詢謀宗族, 用替龜筮, 僉曰'吉哉'. 敢告." 答書曰: "伏承申命, 謂言有吉, 某不敢辭." ○ 今俗婿家先以衣服尺度錄送于女氏, 謂之'衣樣', 宜於納吉之行, 帶去也.

4 청기(請期)

後數日, 行請期之禮.

古禮請期用鴈. '請期'者, 婿家請日于女氏. 女氏辭之, 婿氏乃告吉期. 其禮在納徵之後. 今且從俗, 先請期而後納徵. ○『家禮』無請期之節. 楊信齋云: "婚禮有六,『家禮』略去問名・納吉, 只用納采・納幣, 以從簡便. 但親迎以前, 更有請期一節, 有不可得而略者." ○ 古者請期之辭, 曰: "吾子有賜命, 某旣申受命矣. 唯是三族之不虞, 使某也請吉日."【鄭云: "三族, 謂父昆弟・己昆弟・子昆弟. 此三族者, 己及子皆爲服期." ○『家禮』云: "身及主昏者, 無朞以上喪, 乃可成昏."】對曰: "某旣前受命矣, 唯命是聽." 曰: "某命某聽命于吾子." 對曰: "某固唯命是聽." 使者曰: "某使某受命, 吾子不許, 某敢不告期? 曰'某日'." 對曰: "某敢不敬須?" ○ 今擬, 直自婿家致書, 曰: "吾兄有賜, 旣申受命. 敢請吉日. 如未蒙許, 敢不告期? 伏唯鑒念." 紙末書某年・月・日,【或別用一紙如俗例, 亦可.】答曰: "某前旣受命矣, 唯命是聽. 今又蒙示吉日, 敢不敬須?"

5 　납징(納徵)

前期一日, 行納徵之禮.

古禮納徵, 用玄纁束帛・儷皮.【鄭云: “徵, 成也. 使者納幣以成婚禮. 用玄纁者, 象陰・陽備也. 束帛, 十端也.”】『周禮』云: “凡嫁子娶妻, 入幣純帛, 無過五兩.”【賈云: “『雜記』云‘納幣一束, 束五兩, 兩五尋.’ 然則每端二丈.”】○ 朱子曰: “幣用色繒, 貧富隨宜, 少不過兩, 多不踰十.”○ 星湖曰: “『禮』云‘皮帛必可製.[2] 帛以四十尺爲匹, 大約準今二十尺. 宜用棉布二疋, 一玄・一纁.”【包以采袱, 盛以小漆函, 亦用采袱包之.】○ 鏞案 束帛者, 五匹也. 古者謂匹爲兩, 蓋一匹之帛, 實有兩端. 十端者, 五兩也. 五兩之中, 玄三・纁二,【「雜記」注.】參天而兩地也. 今之棉布, 不讓繒帛, 貧士之家, 斷當用之. 但二匹之布, 貧士猶然病之. 朱子曰“少不過兩, 多不踰十”, 則朱子許以一兩, 析之爲玄・纁矣. 況束布一匹, 可當古帛之二匹哉? 至貧之家, 宜以一匹之布, 析之爲兩, 二十尺爲淡靑, 二十尺爲淡紅, 猶可以行禮也. 有無過禮, 竇不備文, 古之道也. 近世會賢坊 鄭氏, 世傳鹿皮二領. 雖富貴之家, 只得用此爲幣, 無敢用繒帛, 亦美法也.

古禮納徵之辭, 曰: “吾子有嘉命, 貺室某也. 某有先人之禮, 儷皮・束帛, 使某也請納徵.” 致命曰: “某敢納徵.” 對曰: “吾子順先典, 貺某重禮, 某不敢辭. 敢不承命?”○ 今擬, 致書曰: “伏承嘉命, 許以令女,【姊・妹・姪女, 隨所稱.】爲某之子某貺室. 某有先人之禮, 玄・纁二帛, 使人納徵. 伏惟鑒念.” 答曰: “伏蒙嘉惠, 克順先典, 貺以重禮. 弱息蠢愚, 又弗能敎, 吾兄命之, 某不敢辭. 敢不承命?”○ 星湖曰: “『家禮』言‘幣’而不言‘徵’. 按古者納采用鴈, 納徵用幣. 贄幣者, 不過導其誠敬而已. 是使也爲納徵, 故以幣行也, 非爲納幣也. ‘徵’, 成也, 納幣以成婚禮. 若但云‘納幣’, 則幣之所將者, 果何物? 故改幣爲徵, 從古也.”

2　製: 『의례(儀禮)』, 「사혼례(士昏禮)」에는 ‘制’로 되어 있다.

전안례(奠雁禮)

至期, 女氏設筵于正堂, 【卽內堂.】 以待奠鴈, 設次于門外, 【中門外.】 以待下馬.

古禮女氏設几筵于廟中, 以爲神席. 【疏云: "將告神, 故女父先於廟設神席, 乃迎婿也."】 『家禮』女氏先告祠堂, 今皆略之. ○『家禮』壻家醮其子而命之, 女氏亦醮其女而命之. 【設女席, 醮以酒如壻禮.】 然古有醴女, 未有醮女, 此或傳寫之誤也.

7 **합근례(合巹禮)**

壻家陳設于正堂之側, 以待共牢 · 合巹之禮.

共牢之饌, 其物, 用特豚三鼎, 其實, 豚一俎也, 魚一俎也, 腊一俎也; 【星湖曰: "以雞代之." ○夫婦各三俎.】 大羹二鐙, 【卽肉汁. ○夫婦各一鐙.】 黍稷四敦, 【夫婦各二簋.】 菹醢四豆, 【夫婦各二豆.】 醯醬二豆, 【夫婦各一豆, 以醯和醬.】 又設淸酒一罇, 巹杯一胖[3], 皆在正堂之側. 【古禮饌于房中, 今且從便.】 唯玄酒一樽, 【卽明水.】 設於堂北墉之下. 【巾羃之.】 ○ 案 黍稷四敦, 恐不諧俗. 今擬, 一飯 · 一餠, 以充兩敦, 庶乎酌古今而得宜也. 【星湖云: "今以米麵食代黍稷."】 ○ 又按 古者夫婦之饌, 各爲一具, 豚之右胖升於壻俎, 其左胖升於婦俎. 以此推之, 魚 · 雞亦當劈而胖[4]之, 各用其半也. 其法如是也, 而吾東之俗, 夫婦共桌, 方稱同牢, 大非禮也. ○ 星湖曰: "今人必中設一桌, 以應同牢之義. 然夫婦齊體, 夫用上牲, 婦亦如之, 是爲同其牲牢也. 豈有男女一桌共食之理? 据「士昏禮」及『家禮』, 皆東西各設, 不可違也." ○ 古禮先饌于房中, 夫婦坐定, 移饌室中; 『家禮』直饌于室中. 今先饌于堂側, 所以從古也. 【房者, 旁室也.】

設二席于堂中. ○溫公曰: "古者同牢之禮, 壻在西, 東面, 婦在東, 西面."【賈疏

---

3 胖: 규장각본A에는 '胖'으로 되어 있다.
4 胖: 규장각본A에는 '胖'으로 되어 있다.

云.】蓋古人尙右, 故壻在西, 尊之也. 今人旣尙左, 且從俗. ○ 星湖曰: "古禮‧
『家禮』, 兩皆有義. 今人堂室, 未必同制, 隨便行之."

8　초자(醮子) 및 친영(親迎)

日旣晡, 父醮子于正堂. 旣醮, 壻盛服, 乘馬, 以行親迎之禮.

古禮醮子之辭曰:【父命之.】"往迎爾相, 承我宗事,【朱子曰: "非宗子, 則改'宗事'
爲'家事'."】勖帥以敬,【'帥', 循也.】先妣之嗣, 若則有常."【'先妣'者, 通指先世之
妣.】子曰: "諾. 唯恐弗堪, 不敢忘命." ○ 案 醮子儀節, 不載經文. 朱子『家禮』
但以啐酒爲禮, 然旣有酒, 不得無脯醢. 今擬, 醮子之禮, 一依冠禮之醮,【文見
上.】無可改也. ○ 古禮用初昏, 今用日晡者, 恐行事窘束也.

壻旣乘馬, 二燭在前, 從者皆玄服. ○ 女盛服, 立于房中, 南面. 姆立于其右, 女
御二人, 立于其後. ○ 古禮婿服, 爵弁‧纁裳緇袘,【鄭云: "'袘', 緣也."】女服, 髮
次‧【首飾也.】純衣纁袡.【鄭云: "'袡', 緣也."】'緇袘'者, 象天玄也. '纁袡'者, 象地
黃也. 東俗婿服, 紗帽‧緋袍‧犀帶,【一品服.】女服, 花冠‧【方言'簇頭里'.】霞
帔‧【方言曰'圓衫'.】大帶,【著紅裙.】今且從俗. 然貧士之家, 安得盡然? 宜用夾
袖長衣,【方言曰'唐衣.'】以代霞帔.

女旣盛服, 父有醴女之禮. ○ 此『家禮』所謂"醮其女而命之"也. 父於堂[5]北, 酌醴
授之, 母薦脯醢.【見賈疏.】女拜受之, 祭之, 啐之, 一如冠禮.【文見上.】○ 案
吾東之人, 誤以共牢稱之曰'醮禮', 甚謬也.

婿至門, 女氏主人, 吉服迎于中門之外.【古以玄端迎于大門外.】○ 婿下馬, 主人
西面拜. 賓東面答拜. 主人揖入門, 贊者授賓鴈. ○ 賓執鴈從, 至于正堂之下.
主人揖, 賓升階. 賓升自西階, 至中堂, 北面, 奠鴈, 再拜, 稽首, 降, 出. ○ 婦從,

---

5 堂: 규장각본A에는 '室'로 되어 있다.

降自西階.【主人不降送.】○ 婿至轎前, 褰簾以代授綏之禮.【古禮婿御婦車, 授綏, 『家禮』婿擧轎簾以俟, 姆.[6] ○ 東人不用車, 無以從古也.】

婿出, 女於堂西, 東向, 立. 父坐堂上, 命之.【『穀梁傳』曰: "送女, 父不下堂, 母不出祭門."】母至西階, 送女. ○ 古禮父送女之命, 曰: "戒之敬之, 夙夜毋違命."【賈疏云: "無違舅命."】母於西階上,【「士昏」'記'云: "母戒諸西階上, 不降."】施衿結帨, 曰: "勉之敬之, 夙夜無違宮事."【賈疏云: "毋違姑命."】庶母至門內, 施鞶, 申之以父母之命, 曰: "敬恭聽爾[7]宗爾父母之言, 夙夜無愆, 視諸衿鞶."【『家禮』庶母之命, 改之爲諸母・姑・姊之命. 今當從之.】○ 又按『家禮』婿至門, 俟于次, 於是主人告廟, 醮女而命之, 恐多窘滯. 『孟子』・『穀梁[8]傳』, 皆有送女之文, 詳味此文, 可知命女之辭, 在於乘轎之時, 而或醮或醴, 必在婿至之前矣. ○[9]婿乘馬, 先回, 俟于大門之外, 婦至, 婿先入. 至中門, 婦下轎, 婿揖, 入, 導行, 升自西階. ′

9 공뢰(共牢)

婿婦旣升, 乃行共牢之禮.

婿升自西階,【鄭云: "道婦入.[10]"】就正堂之左, 西面, 立.【從『家禮』.】婦升自西階, 遂於正堂之右, 東面, 立.【若姑室在東者, 從『家禮』. 若姑室在西者, 從古禮. 婿在西而婦在東.】贊者告'拜', 婦先再拜, 婿答再拜, 婦又再拜.【此『家禮』所謂'交拜'也. 溫公曰: "男子以再拜爲禮, 女子以四拜爲禮. 古無婿婦交拜之儀, 今從俗.[11]"】

---

6 姆:『가례(家禮)』,「혼례(婚禮)」에서 "婿擧轎簾以俟, 姆辭曰: '未敎, 不足與爲禮也.'"라고 하였으니, 모(姆)는 연문(衍文)이다.

7 爾:『의례』,「사혼례」에는 없다. 연문(衍文)이다.

8 梁: 신조선사본에는 '粱'으로 되어 있으나 규장각본A・규장각본B에 따라 바로잡는다.

9 ○: 신조선사본에는 빠져 있으나 규장각본B에 따라 보충한다.

10 入: 신조선사본에는 '人'으로 되어 있으나 규장각본A・규장각본B에 따라 바로잡는다.

11 從俗: 사마광(司馬光)의『서의(書儀)』권3,「혼의상(婚儀上)」, '친영(親迎)'에는 '世俗始相

贊者告'坐', 夫婦皆坐. 贊者告'進饌', 如下圖.¹²

「共牢合巹圖」

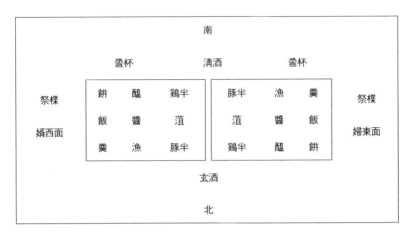

女御二人, 爲之佐食,【女家來者, 佐于婿, 婿家之人, 佐于女.】各執一楪, 措于卓下.
夫取飯祭之,【一匕祭于楪.】婦亦如之. ○ 案 古禮饌列, 與此不同, 今且從俗.
【其用九品者, 古禮也.】

贊者告'三飯',【新婦必不肯飯, 備文而已.】乃告'三酳'. 三酳之禮, 贊者取巹杯酌
酒, 以授女御, 使授婿婦.【先婿而後婦.¹³】又進二楪, 措于卓前. 婿祭酒,【少許注
于楪.】婦亦如之. 婿啐酒,【古卒爵.】婦亦如之. ○ 案 古禮初酳 · 再酳, 皆用爵,
三酳乃用巹. 今三酳, 皆用巹者, 從俗, 又從簡也.

贊者告'興', 婿婦皆興. 婿就婦前, 揖之, 入室. 婿先入, 婦隨入. 於是婿脫服于室.

<hr />

見交拜'로 되어 있다.

12 贊者告 …… 如下圖: 규장각본B에는 「共牢合巹圖」 뒤에 위치하여 '下'가 '上'으로 되어
있다.

13 婦: 신조선사본에는 '楪'으로 되어 있으나 규장각본A · 규장각본B에 따라 바로잡는다.

【女御受之.】既出, 婦脫服于室. 【亦女御受之.】○案 古禮三酳之禮, 行于室中, 今且從俗, 行于正堂. 故三酳既畢, 壻導婦而入室也. ○徹俎豆. 婦御餕壻餘, 壻御餕婦餘. 【古禮也.】

至夕, 壻還入室, 燭出. ○古有'說縭'之禮. 【在'設衽'之後.】

10　현구고(見舅姑)

夙興, 婦盛服, 行見舅姑之禮.

古禮婦纚·笄·宵衣. '宵衣'者, 綃衣也. 其服降於純衣. 今擬, 用夾袖長衣, 【方言曰'唐衣'.】以見舅姑.

贊者設二席于堂東, 舅席當阼階之上, 【西向坐.】姑席在其右, 【亦西向.】各置一卓於前. 【將以受棗脯.】○按 古禮姑則南面, 『家禮』舅姑東西相嚮. 今且從俗, 竝坐以受之.

婦降自西階, 至中庭, 立. 贊者授笲, 【棗栗器.】婦執笲, 升自西階. 進至舅前, 坐奠于卓, 舅坐撫之. 【撫棗栗以表嘉悅.】婦小退, 肅拜, 【今四拜.】舅坐答揖. 【古禮則答拜.】婦又退, 至西階上, 立. 【東嚮立.】贊者授笲, 【腶脩器.】婦執笲, 進至姑前, 坐奠于卓, 姑坐撫之. 【古禮姑舉以授人.】婦小退, 肅拜, 【今四拜.】姑坐答揖. 【古禮姑亦拜.】婦又退, 徧拜, 諸舅·諸姑皆特拜之; 【每人各一拜.】諸叔·諸妹皆旅拜之. 【多人摠一拜.】婦退, 入于室, 【卽西房.】女御徹二卓. ○按 古禮婦拜于堂上; 『家禮』婦拜于階下. 【溫公曰: "古者拜于堂上, 今拜于下, 恭也, 可從衆."】吾東之俗, 却與古合, 故今從俗. ○又按 '腶'者, 鍛也. '脩'者, 長也. 鍛治而加薑桂曰'腶', 條割而爲乾腊曰'脩'也. 今俗唯一棗·一腶, 【卽乾雉.】以獻舅姑, 蓋從簡也. 貧士之家, 不得棗脯者, 雖用一栗·一鱐, 未爲失也. 棗栗·腶脩, 只是物名, 賈疏取其諧聲, 各言字義, 拘曲甚矣. 【賈云: "棗栗, 取其早, 自謹敬; 腶脩, 取其斷斷, 自修."】

11 예부(醴婦)

乃行醴婦之禮.

舅姑坐如舊, 設婦席于姑前.【宜南向.】婦出, 坐于席,【南向坐.】乃進饌. ○ 醴婦之物, 一醴‧一脯‧一醢而已. ○ 贊者以一楪措于卓前. 婦取醴祭之,【酌三匕祭于楪.】乃啐醴.【小入口.】興, 四拜,【古禮止一拜.】退入于室. ○ 按 古禮文繁, 今皆刪之, 以從『家禮』.【『家禮』云: "如父母醮女之儀."】

12 관궤(盥饋)

乃行盥饋之禮.

贊者設二席于室中,【卽正室.】舅姑坐定, 乃進饌也. ○ 盥饋之物, 特豚一鼎.【無魚腊.】飯止一簋【有黍而無稷.】‧一鉶‧二豆,【卽菹醢.】佐以一醬,【卽醯醬.】六品而已. 淸酒一酳, 無三獻也. 其用特豚者, 右胖載之舅俎, 左胖載之姑俎,【鄭注云.】與共牢同也.

「盥饋圖」

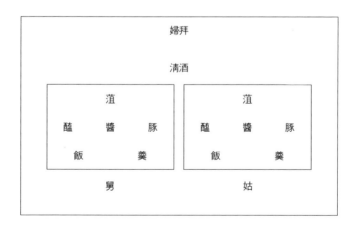

其饌列之法, 不見經文, 今且從俗, 爲圖如上. ○ 星湖曰: "古今異宜, 不必用其物. 只米食·麪食【卽餅麪.】·棗·栗·魚·肉, 以具六品." ○ 按 經例, 有飯曰'饋', 無飯曰'饗'. 旣曰'盥饋', 不得無飯; 旣已有飯, 不能無脯醢, 余謂古禮不可改也.

婦盥手, 進饌于舅姑. 又酳酒, 進爵于舅姑. 小退, 肅拜, 【止一拜.】侍立于姑側. ○ 徹饌. ○ 婦坐于姑傍, 餕姑之餘.

『家禮』云: "是日食時, 婦家具盛饌·酒壺, 婦從者設蔬果卓子于堂上." ○ 按 禮者, 節文也. 太牢·少牢·特豕·特豚·三鼎·一鼎, 其節級森然, 盥饋之物, 亦當於是乎選而用之. 今人只靠'盛饌'二字, 窮極奢靡, 以耀人目, 淩轢貧窶, 以驕婦志, 此大亂之道也. 卿·大夫之家, 祭用少牢, 則盥饋宜用特牲·三鼎; 命士之家, 祭用特牲, 則盥饋宜用特豚·一鼎·一菹·一栗, 豈可使任意增減乎? 此等小禮, 雖若微文, 傷風敗俗, 國亂民貧, 皆由於潰防踰節. 知禮者宜以「盥饋圖」一副, 豫送婦家, 俾勿壞也.

「士昏」, '記'云: "庶婦則使人醮之, 婦不饋." ○ 按 古今異宜. 今擬, 庶婦亦行盥饋. 其舅姑亦不必使人醮之也.

13 향부(饗婦)

乃行饗婦之禮.

醴婦之禮, 所以報棗脯也; 饗婦之禮, 所以報盥饋也. ○ 饗婦之物, 不見經文. 然『經』云"歸俎于婦氏", 則有折俎矣. 「記」云"饗婦姑薦", 【鄭云: "薦脯醢."】 則有脯醢矣. 『經』云"饗婦以一獻之禮", 則有淸酒矣. 三品·一獻之外, 不可加也. ○ 饗畢, 歸俎于婦氏, 仍宜從古.

舅姑坐定, 婦坐于姑側, 女御進饌于婦前. ○ 舅洗酳, 姑酳酒, 授婦. ○ 婦受酒醋之.【小入口.】○ 按 古禮饗畢, 舅姑降自西階, 婦降自阼階, 以明傳代. 今竝略之.

凡自婦家來者, 其男子, 皆舅饗之; 其婦人, 皆姑饗之, 皆用一獻之禮, 其歸也, 皆酬以束錦, 古之道也. 今不能然, 饗以酒果, 酬以尺布, 亦可以備文也. 富貴之家, 仍宜從厚.

14 현묘(見廟)

若舅姑旣沒, 婦來三日, 乃見于廟.

古禮婦入三月, 乃奠菜, 注疏謂"用菫荁." 今人皆三日而廟見, 其用棗栗‧腶脩, 亦與本禮同, 今且從俗. ○ 主人祝曰: "某氏來婦, 敢奠棗栗于皇舅某公." 婦拜于階下.【今四拜】又祝曰: "某氏來婦, 敢奠腶脩于皇姑某氏." 婦拜于階下.【今四拜.】○ 案 古禮祝者, 不知何人. 今擬, 主人率新婦自祝之.

15 현조묘(見祖廟)

舅姑雖存, 婦來三日, 宜見祖廟.

『家禮』: "三日, 主人以婦見于祠堂."【朱子曰: "三月而廟見, 今以其太遠, 改用三日."】○ 案 古禮之三月廟見, 卽舅姑之廟也. 『家禮』之三日廟見, 卽先祖之廟也. 後儒妄加譏斥. 今擬, 一遵『家禮』, 未爲失也.

16 척제비리지속(滌除鄙俚之俗)[14]

凡係鄙俚之俗, 竝宜滌除, 以重人道之始.

---

14 척제비리지속(滌除鄙俚之俗): 이하의 글은 성호(星湖)의 글이다.

星湖曰: "今俗用玉刻童子, 奉香設於卓上南北. 形貌象人, 奢而近妖, 不可用." ○ 今俗有交拜長席, 有文曰: "二姓之合, 百福之源." 已成同風, 無此不可. 然本非見於禮者, 且同席而拜, 不合於義, 故廢之. ○ 今俗有刺燭四條. 卽以紙纏葦, 塗以麻油, 列照於奠鴈時, 因導而入. 按「秋官」, '司烜'疏云: "以葦爲中心, 以布纏之, 飴蜜灌之, 若今刺燭." 蓋古者用燭如此. 禮所以不忘其本, 則斯亦近之. 然今旣用蠟燭, 廢亦無妨. 如紅大燭, 麗朝以禁中所用, 禁之. ○ 今俗有所謂'徵氏'者, 必有靑衣·黃笠. 壻帶二人導前, 婦家亦出二人往迎, 此又未有考. 意者, 因納徵而成俗也. 似不必用, 然旣以賓禮將之, 使人往迎, 其意亦至. 故亦從俗, 只用吉衣·冠. ○ 今俗壻至門, 婦家必命親僕遞執靮, 或至閧爭, 此又無義. 宜呵止. ○ 今俗合졸必有紅繩兩連盞盤. 婦女之福祐者, 理其繩, 謂之'解紅絲'. 此必由小說家月老事, 而襲謬不改也, 藝不可從. 且壻婦再酌換盞, 益不可. ○ 今俗旣就坐飮, 少年必取卓上栗顆, 勸壻啖, 亦不知何故. 直廢之無疑. ○ 今俗行禮於中堂, 壻旣入室脫服, 引婦至室, 對坐移時, 然後復出. 意者, 因室中行禮之規而爲之也. 姑休別處無妨.

茶山

Ⅲ.『상의절요(喪儀節要)』 원문

余箋釋喪禮, 旣有年矣. 博而不約, 覽者病之, 願有節要文字. 顧謙讓不敢爲此
者, 誠以貴賤異位, 富貧殊力, 古今異宜, 華東殊俗, 性好各偏, 識趣隨別, 參酌
會通, 其事實難也. 嘉慶乙亥冬, 學稼來養疾, 亟有請焉. 余曰: "公諸一世, 非余
所敢, 戒子訓孫, 又何辭焉?" 遂錄如左, 以備一家之用. 其有同好者, 與之修潤,
議共行之, 亦所不辭.【喪儀諸義, 竝在『四箋』中, 有訟有斷, 不能盡錄. 但標甲·乙·
丙·丁, 以資平時考檢.】

1　시졸(始卒)

①　有疾, 男子居外寢, 婦人居內寢.【上甲一·上乙二.】

卑幼各居于小寢, 唯內外宜謹也.

②　疾革, 內外皆掃.【上甲四.】

氣已絶也, 侍者掃室堂, 賤者掃庭宇, 多塵則汛水.

③ 徹褻衣, 加新衣, 屬纊. 【上甲五·上甲八.】

無新衣, 則用垢汚不甚者. 在衾而卒, 則不必加衣.

④ 收體. 【從今俗.】

古禮'扶體', 今且從俗, 侍者爲之. ○用白紙條裂而擥之. 【或用敝布條, 亦可.】先
收上體, 次收下體.

⑤ 男女改服. 【上甲七.】

去華采而已. 男子著素袍, 【無者, 素敝[1]衣.】婦人著淺色襦裙. 【卽玉色無采飾
者.】

⑥ 立喪主, 披髮, 扱上衽, 交手, 哭. 【上乙三. ○'披髮', 唐禮也.】

親子女在室中, 【雖外喪許婦人出, 外寢發哀.】親者在閾外, 【期·大功之親.】小
功·緦在戶外. 但於室中粗分男女, 【未正東西位.】旣發哀, 婦人還內, 哭. 【內喪
則男子不還于外.】○親子啼, 【從俗叫[2]'哀苦'.】出後子·出嫁女不披髮. 婦爲舅
披左髮, 爲姑披右髮. 【其餘妻·子女全披.】凡披髮之法, 解髻而中分之, 垂之於
左右, 不蒙面也. ○扱上衽者, 攝上衣之前裾[3], 插之於帶. ○不去帶, 據『家
禮』也. 【孔疏亦有據. 見上乙三.】不偏袒, 據古禮也. 【旣襲, 乃左袒.】○期·大
功以下, 旣不披髮, 尤宜不去冠, 不去帶, 以遵古禮.

---

1 敝: 신조선사본에는 '敞'으로 되어 있으나 규장각본·버클리본에 따라 바로잡는다.
2 叫: 규장각본·버클리본에는 '呌'로 되어 있다. 속자(俗字)다.
3 裾: 신조선사본에는 '裙'으로 되어 있으나 규장각본·버클리본에 따라 바로잡는다.

⑦ 設牀第, 遷尸于牖下, 以衾覆之. 【上乙四·五·六.】

'牖'者, 南牕也. 唯遷半席之地, 使尸南首. 【尸首當南牕.】 ○ 無牀者, 取閣板用之. 【俗謂之'懸板'.】 板狹, 則用稻稈一握大. 【句.】 以白紙包裹之, 爲長條以支尸體之左右, 【爲短條, 左右各用數枚, 亦可.】 板短, 則用他物承其下. 【當尸足.】 ○ 第用寢席, 【用狹者.】 有枕. 【宜低平.】 衾之厚薄, 隨時令也. 古用斂衾, 今用病衾.

⑧ 復. 【上乙八至上丙三.】

哭止. ○ 侍者爲之, 內喪用女御. ○ 用死者平日之上服曾經服著者. ○ 不必升屋, 但於北庭, 北向招之. ○ 男子曰"某曹某官某公, 復." 【如所云"禮曹佐郞李公, 復."】 婦人曰"某封某郡某氏, 復." 【如云"淑夫人安東 金氏, 復."】 ○ 左執領, 右執腰, 【衣之中.】 招而左. 【麾之自左始.】 旣三招, 以其衣覆尸. 【在衾上.】

⑨ 不楔齒, 不綴足. 【古禮見上丙四·五·六.】

不楔齒, 禮不必泥古也. 不綴足, 爲已收體也. ○ 今俗設限斗. '限斗'者, 取淨黃土, 滿木斗以限兩足, 所以防辟戾也.

⑩ 設奠. 【上丙八·九.】

此所謂'餘閣'之奠也. 其物一脯·一醢【或用一腒[4]·一菜】, 一戔而已. 【或用酒, 或用甘酒.】 用桼盤, 【平日所食者.】 陳于尸右. 【當其肩.】 ○ 侍者奠之, 有哭無拜. 主人伏哭如前.

---

4 腒: 신조선사본에는 '鱊'으로 되어 있으나 규장각본·버클리본에 따라 바로잡는다.

⑪ 値朝夕, 則上食. 【上寅三·房八九.】

日出有朝奠, 辰正有上食, 日入有夕奠. 【據朱子『家禮』.】朝奠用餘閣之品, 辰正
及夕奠並用上食之品. ○ 上食之饌, 一䑋【酒若醴.】·一敦【飯.】·一鉶【羹.】·
四豆.【菜一豆, 沈菜一豆, 醬一豆. 其一豆, 或用醢, 或用鱐, 或用炙, 或用臡. ○ 醬一豆,
或用淸, 或用滓, 勿用小鍾, 用楪子.】卿相之家, 宜用六豆. ○ 亦用槃盤, 奠于尸右,
有哭無拜. ○ 始卒, 雖當朔望, 是日無殷奠. ○ 未小斂, 主人伏哭而已, 不與奠.

⑫ 帷堂. 【上丙十.】

設布帳于堂. 帳小, 則但設於近尸處.【或用射帳, 無則廢之.】

⑬ 正男女哭位. 【上丁四·五·六·七.】

男子設哭位于戶外, 【今宮室異制, 坐向從便.】設藁薦·藁枕. 主人居前列, 衆子
居其後, 期親居其後, 大功·小功·緦又次之, 袒·免又次之. ○ 若母喪, 父爲
主, 則父子同服. 齊衰杖期又父爲主人. 然仍使其子居前列, 父居後列.【若父喪,
母爲主婦, 則母居前列, 子婦居後列.】

婦人還內, 於其戶外, 設哭位, 如男子例.【以親疎爲先後.】內喪, 則婦人哭位在
室中, 男子哭位在戶外.【內寢之戶外.】

親子女皆坐哭, 其餘立哭. 尊者雖疎, 亦坐哭. ○ 總之, 哭位雖設於戶外, 未小
斂, 其啼哭恒在室中. 唯賓至, 出哭位, 接之.

⑭ 立護喪·司書·司貨. 【見『家禮』.】

護喪以子弟知禮能幹者爲之, 【『家禮』文.】司書以嫺書者爲之, 司貨以綜核者爲
之. ○ 備家令親賓護喪.

⑮ 告訃. 【上丁一・二.】

朝官先告于禮曹. 【單子見下編.】 親者 【大功以上親.】 以訃書授使者, 拜送于西
階之上. 〇 乃告于親戚・僚友. 【依『家禮』.】

⑯ 有賓來弔, 主人不起不拜, 稽顙哭, 不答言.

古禮拜賓, 今不起不拜者, 披髮故也.

⑰ 治棺. 【見『家禮』.】

松・檜・楡・槐・桐・梓・楓・檀, 無所不可, 唯五鬣松最善. 〇 天板之厚三
寸, 或二寸七分. 【用指尺, 見篇末.】 地板與四圍, 無過二寸, 【參天而兩地.】 或
一寸八分. 〇 護喪執竿以度尸, 務從狹小, 取周身而已. 〇 松脂・和蠟塡其縫.
〇 旣治備家用漆, 好禮者不用漆, 但用松煤黑之. 碎松脂鋪之, 以區刀燴之.
【法詳「喪具訂」.】 〇 古人多以秫灰爲不潔, 不用秫灰, 則七星板亦無所用[5]. 其
或用之者, 如俗例.

⑱ 設銘. 【上戊八. 〇義詳「喪具訂」.】

用布若苧若紬, 上緇一尺, 下經二尺, 其廣五寸. 【古用三寸, 今增之.】 書于其經
曰"某曹某官某公之柩", 內喪則曰"某封某郡某氏之柩". 【雖未入棺, 古禮書柩.】
竹杠長三尺有五寸, 【五寸入于重.】 上下有橫框. 【無竹者用荊.】 〇 古[6]法墨書之,
今俗粉書之, 宜從其便. 〇 設重, 用一矩堅重之木, 上下四方, 皆廣五寸. 當中鑿
孔徹底, 乃以銘杠建于重孔, 權置于戶外.

---

5 用: 신조선사본에는 '作'으로 되어 있으나 규장각본・버클리본에 따라 바로잡는다.
6 古: 신조선사본에는 '右'로 되어 있으나 규장각본・버클리본에 따라 바로잡는다.

2 　습함(襲含)

① 掘坎于隱處, 設二盆于戶外.【上戊九·上己一】

掘坎者, 爲棄浴水也. 盆宜用新, 無則淨洗而用之.【旣用, 毁之.】

② 陳襲事于室中.【上己二.】

幎目之制, 用緇帛絸裏,【貧家宜用布.】方尺二寸, 四角有組系. ○ 握手之制, 用緇帛絸裏,【貧家宜用布.】長尺二寸, 廣五寸. 當其腰左右, 各削一寸,【沿邊削一寸, 其犯亦一寸, 宜斜犯之. 其所削之片, 爲三角形.】以當兩手之間虛處也. 注疏作'兩枚', 設於兩手, 今正之, 通作一枚.【義見「喪具訂」.】○ 瑱用白纊,【卽充耳.】其形如棗核. ○ 單衫·單袴, 用棉布.【古之明衣裳也, 今用紬帛, 非也.】○ 裏衣竝用袷,【不著絮.】冬·夏宜同也. 不用短襦, 但用長襦,【俗名'小敵衣'.】袴管宜窄.【雖婦人之袴, 務從窄小, 僅容股也. 單袴亦然.】○ 中衣用禪, 朝官用白衫,【朝服之所著.】儒生用敝衣.【不後坼[7].】貧者仍以中衣爲上服, 亦無不可. ○ 上服, 朝官用祭服,【緇衣而纁裳.】或朝服,【纁衣而纁裳.】或黑團領,【紅團領·藍團領, 亦無不可.】去脅褶之繡.【其用朝服者, 只留曲領·方心, 去後綬·佩玉·牙笏.】進士用襴衫,【無則用道袍.】儒生用道袍,【深衣, 生所不服, 不必用.】竝用緇帶【博二寸, 紳三尺, 不雙垂.[8]】·白屨.【用繒紙糊爲之.】古禮無冠而有掩. 掩之制用白繒, 廣二尺, 長五尺, 四角有組系,【古禮析末而無組.】所以掩面繞腦, 還結于前也.【幅巾不宜用.】○ 襪一對有組, 男子有腰帶.【宜單薄.】

婦人於明衣之上, 用袷襦【布帛隨其力.】·袷袴.【宜用棉布, 窄小宜如男袴.】其上服, 命婦宜用圓衫, 其餘宜用唐衣,【竝用紬帛. 貧者宜別製短襦, 其長及腰, 以爲上

---

7 坼: 규장각본·버클리본에는 '𡍨'으로 되어 있다. 이형자(異形字)다.
8 垂: 규장각본·버클리본에는 빠져 있다.

服.】仍用裹肚.【俗名曰'腰帶'.】〇 總之, 衣服皆用平日之所服, 非全闕, 勿取於市, 又貴澹素. 若靑紅鮮楚之物, 只益慘惻也.

③ 陳含具於其次.【上庚九·十, 上辛一.】

珠一枚·米三粒實于笲, 置于衣側.【無珠者, 只用米.】〇 沐巾一·浴巾二·櫛一【宜用疏齒者.】·刀一, 陳于[9]其次. 〇 綠囊四, 又次之.

巾皆用布, 其方一尺. 浴巾用二者, 上體下體, 其巾不同也. 〇 櫛以批髮, 刀以剪爪. 綠囊四者, 亂髮一也, 落齒一也,【取平日所落, 先實之.】手爪一也, 足爪一也. 〇 勒帛不必用.

④ 侍者受二盆入, 主人出戶外.【上辛十·上壬一.】

沐水用米泔,【或用稻若黍.】浴水用香湯.【今俗煎紫檀, 無者仍用淸水.】其出戶外者, 據古禮也. 〇 內喪則女御受盆入.

⑤ 乃沐, 乃櫛, 乃鬠, 乃振, 乃浴, 乃振, 乃剪.【上壬二至壬七.】

'鬠'者, 括也.【括髮而已, 不如鬠之堅實.】婦人去假髮而鬠之.【他人之髮, 不可同藏也, 分爲二條, 摠括于頂上而已.】鬠有組.【用黑繒細條, 總結之. 男女同.】'振'者, 晞也. 〇 凡沐浴之法, 濡巾三拭而已.【見『荀子』.】唯面及手足, 宜去黑垢. 其櫛髮之法, 濡櫛三批而已.【見『荀子』.】〇 不用笄.【古禮唯男子有之.】〇 剪爪之法, 亦剪其長者, 備文而已. 〇 沐浴訖, 以其水棄于坎, 竝巾櫛而納之, 以其壞掩之.

沐剪旣訖, 取亂髮及手爪·足爪, 實于三囊, 別置于尸側.

---

9 于: 신조선사본에는 빠져 있으나 규장각본·버클리본에 따라 보충한다.

⑥ 乃設明衣, 主人入, 卽位. 【上壬七·八·九.】

今用單衫·單袴, 以當明衣. ○主人哭而入. 旣卽位, 不哭.

⑦ 乃襲. 【上壬十.】

就尸側之前, 先設襲席. 【稍前半席之地.】其上橫縰帶, 次設上服·中衣·裏衣. 【此三服一時穿袂, 鋪于大帶之上. ○婦人最上設裹肚.】乃遷尸, 安于衣上. 先襲袷袴, 乃穿襪結組, 結腰帶. ○乃襲裏衣. 【袷長襦袷袴.】

⑧ 主人出戶外, 袒. 衆子皆袒. 入卽位, 乃含. 【上癸一至八.】

'袒'者, 左袒也. 【古者肉袒, 今但以上服之左袂繞胸, 插之于右掖之下, 以帶束之. ○諸親皆袒.】主人入, 坐于尸左. ○侍者授珠米, 主人受之以左手. 先取珠一枚, 納于口中, 次取米三粒, 納于左右中. 【各一粒.】其齒已堅不可含者, 納于齒之外·屑之內.

⑨ 主人襲, 反位. 【上癸九.】

'襲'者, 穿袂也. 衆子皆襲. 【諸親有服者, 與主人同袒同襲.】

⑩ 親者, 坐于尸左, 乃瑱, 乃幎, 乃掩, 乃屨, 乃帶, 乃握, 還安于牀, 以衾覆之. 【上癸十至上子七.】

'親'者, 期·大功之親. 無則主人仍爲之. ○'瑱'者, 以纊核充耳也. ○'幎'者, 掩其目而結于後. ○'掩'者, 掩面包腦, 還結于頂上及頤下. ○屨有系, 左屨之系·右屨之系, 交過于踵, 還結于跗上. 【兩足連結之.】○帶有組, 當心束之, 垂其紳. ○握有二組, 左組·右組入于掌底. 左組, 出于右手二·三指之間. 右組, 出于左手二·三指之間. 各繞中指一匝, 還出于本指間, 交結于掔腕間. 【'掔'者,腕也, 卽肘節之後.】 ○ 旣襲, 略用收體之法, 以防辟戾. ○ 病衾不潔, 則宜用斂衾覆之.

還安于牀上, 仍以尸牀移安于浴處.【遷一席之地.】 ○ 若値暑月, 則宜於此時, 設冰如法. 然設冰者, 卿·大夫之禮也,【上辛九.】 無位者不宜用.

⑪ 侍者取銘重, 置于尸側.【上丑三.】

宜於尸首之側, 北面而立之, 令受奠食. ○ 旣設銘重, 不設魂帛.

⑫ 主人以下哭, 乃設奠.【見『家禮』.】

古禮無奠, 其有奠者, 據注疏也. 宜用朝·午·夕三時, 不別設奠. ○ 自此以後, 奠饌二品, 或參用果榛.【卽乾果.】 親者設奠, 主人仍宜伏哭.

⑬ 宵爲燎于庭.【上丑四.】

堂上一燭,【無燭者, 油燎.】 堂下一燎.【備家用二燎.】

3 소렴(小斂)

① 厥明, 陳斂事于室中.【上丑五.】

豎絞一幅, 長十尺.【短者, 用九尺. ○凡絞布, 以布帛尺計之.】 橫絞三幅, 長四尺.【或用三尺餘.】 每幅析其兩端, 各爲三條. ○ 其豎者, 兩端析入, 各一尺六寸,【其用九尺者, 兩端析入, 各一尺五寸.】 所以結也. ○ 其橫者, 兩端析入, 亦各一尺六寸,【其用三尺餘者, 兩端析入, 各一尺數寸.】 所以結也. ○ 總之, 視尸之長短·肥瘠, 每其當背·當腋者, 用全幅. 其當前對結者, 析之爲三. 其長, 不可定也. ○

或用麻布, 或用棉布.【沙溪許用棉布.】若有單衾者, 毁之爲絞布, 甚爲合理, 不必用新布.【斂衾不疊, 用單衾.】

散衣宜用敝破者, 其或垢汚者, 濯而用之. ○ 其無散衣者, 或用敝絮, 或用紙物. 唯以塡虛, 無所不可, 備家宜用美物. ○ 倒衣用於膝下宜用短襦之有絮者. 凡用倒衣之法, 不嫌左衽,【上卯七.】又凡上服, 不以爲倒衣.【如朝服·團領·幱衫·道袍之等.】

小斂之衾, 或布, 或帛, 或緇, 或綠, 隨有用之, 皆去其絮, 只用袷衾. ○ 衾裏或有垢汚, 宜濯而用之, 備家宜用美物.

② 陳奠事于堂東. 其物用特豚一鼎.【上寅一至六.】

禮用特豚, 以爲俎實. 今宜或用牛肉,【東俗不用羊家.】或用鷄, 或用魚, 但用熟肉一器, 以爲俎實, 以其潘【肉汁也.】爲羹也. 兼行上食, 則又有飯. ○ 其物一盞【酒若醴.】·一敦·一俎·一鉶·二豆【菹與醢.】·二籩.【脯若鱐一籩, 棗若栗一籩.】○ 小斂之奠, 古用素器素盤.【上寅三.】不備之家, 仍用吉器. ○ 旣饌, 以巾冪之.【無者, 以油紙覆之.】

③ 陳絰帶于堂東.【上寅七·八·九.】

上自斬衰, 下至緦麻, 旣小斂, 皆著首絰·腰絰·絞帶·布帶. 其括髮·免髽之具, 亦宜同設. ○ 首絰交結, 宜在項後. 斬衰絰, 左本在下.【古用純麻, 故麻根偏向一邊. 今以稻稈爲骨, 當以中屈處爲本, 以尾散處爲末.】齊衰以下之絰, 右本在上.【謂中屈處在麻尾之上.】○ 要絰小於首絰, 斬衰至大功, 散帶垂,【小功以下, 無散垂.】竝詳「喪服商」. ○ 諸親所著, 宜以序陳列于東方.

絞帶兩紏之.【今俗四紏之, 謂之'三重四股', 其義非也. 古云'葛帶三重'者, 受服之帶, 三紏之也, 亦非四股.】○ 齊衰三年, 下至緦麻, 其布帶皆博二寸,【東俗重服其帶廣, 輕服其帶狹, 大非禮也.】唯其升數有麤細. ○ 婦人要絰, 雖斬衰, 亦用牡麻, 結本而不散垂, 竝詳「喪服商」. ○ 諸親所著, 宜以序陳列于二経之次.

括髮, 唯親子爲之. 其法用麻繩束髮, 以爲髻, 不作髻也. 【古禮小斂始解髻, 爲括髮, 此凶服之始也. 今俗先披髮, 至小斂而括髮, 有漸吉之象也. 古今之禮大不同.】 ○ 免者, 絻也, 今俗之頭巾也. 古者齊衰以下, 乃用免. 今人於括髮之上, 直著首経, 深恐駭俗. 今擬, 斬衰以下至袒免之親, 竝於小斂之後, 頭著布巾, 不必泥也. ○ '鬠'者, '坐髻'也, 亦'矬髻'也. 其法有笄有總, 婦人之服也. 今宜減去假髮, 【減其半.】 不高大如平日而已, 竝詳「喪服商」. ○ 諸親所著, 宜以序陳列于経帶之次.

中衣宜用生麻布. 【俗名'中單衣'.】 古禮不言其節, 今俗皆於小斂著之. 【著中衣, 則脫白袍.】 且當從俗, 唯親子先製之. ○ 陳列于諸服之末.

④ 鋪席于尸側, 鋪絞, 鋪衾. 【上卯六・七.】

就尸側之前, 先設斂席, 【又前半席之地.】 當南牖之中. 【尸東・尸西, 其地均.】 次鋪橫絞, 【布三幅.】 次鋪竪絞, 【長一幅.】 次鋪袷衾.

⑤ 男女哭. 【句.】 踊無節. 【上卯八.】

斂事, 每用男子, 【雖內喪, 亦然.】 婦人宜於內堂哭. 【戶外之哭位.】 若內喪, 則婦人却於戶外哭.

⑥ 遷尸于衾上, 乃衾, 乃絞. 【上卯九・十.】

散衣・倒衣, 隨宜用之. ○ 斂衾之法, 先掩足, 次掩首, 次掩右, 次掩左. 【今俗先掩左, 左衽之義也, 謬.】 結絞之法, 先結下絞, 次結中, 次結上. ○ 凡結絞, 不宜太緩, 亦不宜太急, 又凡結絞, 不紐. 【上卯七.】

⑦ 卒斂, 憑尸哭. 【上辰二.】

主人自尸右而憑之, 【衆子同.】 主婦自尸左而憑之. 【諸女 · 諸婦同.】 ○ 尊長於
卑幼之喪, 以撫爲憑. ○ 旣憑尸, 婦人還內.

⑧ 乃袒, 乃括髮, 免, 髽, 乃帶. 【上辰三 · 四 · 五.】

'袒'者, 左袒也. 【以左袂插於右掖之帶間.】 衆主人皆袒. ○ 斂髮而不髻, 以麻繩束
之, 乃著孝巾. 婦人斂髮爲髽, 【法見上.】 皆絞帶. ○ 諸有服之親, 皆袒而巾帶.
其袒免之親, 袒而巾而已. 【不布帶.】 ○ 袒免之親者, 緦親之一轉者也. 【俗所云
'八寸大父 · 九寸 · 十寸'.】 降而無服者, 亦袒免也.

⑨ 奉尸安于牀, 以衾覆之. 【上辰六.】

古禮俟堂, 今所不用. 【受風, 則尸體變動.】 權以移牀, 當俟堂之節. ○ 侍者奉尸,
還安于牀上, 【自襲以來只一牀.】 還以尸牀安于斂處. 【當室之中央.】 ○ 古用夷
衾, 【制見「喪具訂」.】 今擬, 就故衾, 裂取二幅而覆之. 【若用單衾, 則全用之.】 旣入
棺, 增飾之, 以作柩衣, 可也. 備家宜作夷衾.

⑩ 主人出, 卽位, 乃襲, 乃絰, 以拜賓. 【上辰八 · 九 · 十.】

卽戶外之位也. 【衆子 · 諸親, 從而出.】 襲者, 穿袂也. 絰者, 首絰 · 腰絰也. 賓,
外賓之來弔者. ○ 古者弔賓亦旣小斂, 用白葛一股之環絰, 【具首絰 · 要絰.】 其
節在此時.

⑪ 乃奠, 主人哭, 成踊. 【上已一至八.】

大夫使家臣執奠, 士朋友執奠, 無則緦 · 小功之親執奠. 【義見「曾子問」.】 親者卽
位, 立哭而已. ○ 執事者皆盥, 先陳脯栗, 【卽二籩.】 次陳菹醢, 【卽二豆.】 次陳俎,

【卽熟肉.】次陳飯羹,【兼行上食故.】次陳酒,【或用醴.】哭而不拜. ○ 執事者進水,
旣而徹饌, 唯脯栗留之.【脯栗者, 腒·鱐·菓·穬之通稱.】 ○ 凡奠, 皆于銘重之前.

⑫ 乃代哭.【上己十.】

'代哭'者, 更迭脊哭, 令聲不絶也. 主人與衆子·諸親同之.【非謂倩人替哭.】

⑬ 宵爲燎于中庭.【上午五.】

亦堂上一燭, 堂下一燎.【已見上.】

4　대렴(大斂)

① 厥明, 陳斂事于室中.【上午十.】

散衣·故絮,【備家用新絮.】陳于尸西.【室中之深處.】或用黃土者, 陳于其次.
【細篩之如粉.】 ○ 天衾·地褥, 非禮也.【古禮所無, 星翁亦禁之.】

絞布陳于尸東.【室中之淺處也, 不必束.】 ○ 絞布三幅, 各長四尺.【布帛尺.】古以
爲絞, 今用擧尸也. 其布, 宜就故單衾, 裂取數幅用之.【或用複衾之裏, 亦無不可.
麻布·棉布, 皆可用.】其或垢汚, 濯而用之.

綠囊四枚, 實于筓, 陳于散衣之次.

② 升棺于堂.【上未三.】

棺旣成, 用松煤黑之, 用松脂燴[10]之,【法見上.】乃自外入. ○ 棺升安于中堂之

---

10 燴: 규장각본·버클리본에는 '�'으로 되어 있다.

上.【卽兩楹之間.】棺衽安于上.【俗名曰'隱丁'.】○ 其欲漆棺者, 或以白棺升, 或以黑棺升. 旣入棺, 乃漆. ○ 其欲用七星板者, 七星板·秫灰從而升安于棺側.

'三鼎'者, 熟肉一俎【古用豚, 今用牛肉.】·熟鷄一俎·熟魚一俎也. ○ 其酒一獻, 其食二簋【飯一器·餠一器, 用米二升以作餠.】·一鉶·三俎【肉汁·雜菜以爲羹.】·四豆·二籩,【醢·醬·菹·菜爲四豆, 鱐·菓爲二籩.】 兼行上食, 故其物頗殷也.【古禮只三俎·二瓶·二豆·二籩而已.】

尸左, 謂尸牀之後也. 旣鋪絞, 先以細繩六條,【用葛繩.】鋪于絞上,【三絞各二條.】乃奉尸安于絞上.【入棺之後, 以繩擧尸, 乃出其絞.】

執事者以空牀出戶, 倚于堂隅. ○ 棺入, 安于牀處, 南首,【不出堂, 故猶南首.】啓蓋倚之于棺北,【當棺之足.】衽在下.【卽隱丁.】

親者六人, 分立左右,【各三人.】各執絞端, 奉尸納尸于棺中, 乃以六繩, 微擧尸體, 以拔三絞. ○ 三絞旣出, 乃拔六繩. ○ 乃取散衣·故絮,【或用紙物.】塡其空缺.【其用黃土者, 不用衣絮.】○ 乃取綠囊四枚. 髮, 納于上隅[11],【左上角.】齒, 納于頤旁,【右之旁.】手足爪, 分納于下隅.【手[12]右而足左.】

---

11 隅: 신조선사본에는 '隔'으로 되어 있으나 규장각본·버클리본에 따라 바로잡는다.
12 手: 신조선사본에는 '乎'로 되어 있으나 규장각본·버클리본에 따라 바로잡는다.

⑥ 乃袒, 男女俠棺哭, 乃蓋, 乃衽. 【上句見『家禮』, 下句上申十.】

'袒'者, 左袒也. 衆主人皆袒, 下至袒免之親皆袒.

男子於東方, 西面南上,【主人當尸首, 衆子以次列坐.】婦人於西方, 東面南上,【主婦當尸首, 衆婦女以次列坐.】平爲一列.【與哭位不同.】哭訖, 婦人還內,【內喪則婦人出戶.】乃召匠, 加蓋, 設衽.【卽隱丁.】○ 乃取二楮, 支棺之上下.

⑦ 乃襲, 乃奠, 主人哭, 成踊. 【上酉七至上戌四.】

'襲'者, 穿袂也. ○ 奠儀如小斂奠.

⑧ 徹帷, 造倚廬.

旣殯, 主人拜賓, 當於倚廬. 明日將殯, 故豫爲之.

5 　 성복(成服)

① 厥明, 陳衰 · 杖于戶外.

大斂之明日, 死之第四日也.【生與來日, 故『經』云'三日成服'.】若四日而大斂者, 大斂之日, 遂成服.

喪冠用布,【升數隨服不同.】本廣一尺六寸, 摺之爲三輒, 其廣八寸, 其長倍之.【十六寸.】跨頂如虹, 不急折.【今俗急折之, 名曰'屈冠', 非也.】○ 喪冠有武, 其崇四寸, 兩段相合, 交於耳後. ○ 外纓以壓之, 所謂'厭冠'也, 不崎嶇反屈向上. ○ 竝詳「喪服商」, 宜檢之.

喪衣如祭服之衣, 唯針縫向外也. 不對襟,【有交衽, 勿使如褂子.】不燕尾,【不後垂, 亦不左右垂.】不橫㡇,【俗云'帶下尺'.】當心綴衰, 當背綴負. ○ 辟領之制, 姑從鄭玄之法,【今俗之所用.】而期 · 大功以下, 只依朱子『家禮』, 作領如常法, 別綴布以爲曲領, 如今朝祭之服.【親喪宜從凶儉, 而古法則必如『家禮』.】○ 上自斬衰, 下至緦麻, 皆有衰 · 適 · 負. ○ 袂之末, 屬半幅而圓殺之, 亦五服皆同. ○ 裳如俗制. ○ 竝詳「喪服商」, 宜檢之.

竹杖, 其大毋過一搤,【大指與第二指相遇.】苴其口. ○ 桐杖亦圓削之,【勿上圓下方.】其大如竹杖. ○ 斬 · 齊竝用疏屨.【疏者, 麤也. 今俗用疎豁之屨, 非也.】○ 竝詳「喪服商」, 宜檢之.

② 將朝哭, 主人以下入, 卽位, 哭, 乃裳, 乃衰, 乃冠, 加絰帶, 絞垂, 乃奠.

'卽位', 卽戶外之位也. '絰帶', 小斂之所已服也.【頭巾 · 中衣, 亦已具.】○ '絞垂'者, 絞散帶之麻也. ○ '奠者, 朝奠也. 一脯 · 一醢, 如他日不殷奠. ○ 主人以下哭, 再拜.

③ 奠畢, 主人降就廬, 乃杖, 哭, 拜賓.

侍者先以藁薦 · 藁枕徙于倚廬. 主人降自西階, 以就倚廬.【廬宜在東階之下, 西向.】侍者授杖. ○ 主人居前列, 衆子居其後, 上賓居前列, 衆賓居其後.

期 · 大功以下, 不就廬, 於堂上受慰.

是日, 結棺. ○ 去柩衣, 用白紙, 連糊爲帷, 以周棺. 又用白紙, 連糊爲蓋, 以罩棺. 乃用草席, 爲帷, 爲罩,【先度棺周及上面, 織藁爲席.】乃用蒯索以結之.【蒯索宜精絢之.】○ 備家宜用油單麻索.

6　성빈(成殯)

① 厥明, 掘殯坎于西庭之北.

'殯坎'者, 將殯之坎也. 其深見衽而止.【隱丁在地平之上.】○ 地席一, 其長廣如棺.【用藁草厚織之, 如莞席.】牆席一, 其崇如棺牆, 其廣能周棺.【包棺之四圍.】罩席一, 其長廣如棺蓋. ○ 搘木二設于坎上.【所以支棺之兩耑.】

② 旣朝哭, 親者啓戶, 告由, 主人以下哭.【句.】踊無節.

告曰: "將適殯所, 敢告."

③ 御者八人入, 奉柩適于殯, 安于坎側, 北首.

方出戶, 首先行,【柩之首向前.】旣就殯柩, 北首.

④ 設搘, 乃奉柩安于坎, 乃席, 乃塗, 乃屋.

將設搘, 先鋪地席. 旣安柩, 乃帷, 乃罩. ○ 本壤未善, 別用淨黃土, 厚覆之. 上面用黃泥塗之. ○ 作屋取掩殯爲準, 四柱一梁, 如常法, 以苫蓋之. 四壁無牖, 皆用黃泥塗之. ○ 備家宜用疊墼之制.

⑤ 親者設椅桌于室中, 乃置銘重.

交椅一, 其崇三尺. 奠桌一, 其崇三尺. 香案一, 其崇二尺.【皆以指尺計.】具一爐·一盒. ○ 備家宜用素帳.

其設靈寢者, 亦此時設之. ○ 褥席衾枕, 夕設朝斂, 又湯沐之具, 每朝設之.【其地則於室中從便. ○『家禮』云: "設靈牀于柩東."】

⑥ 主人以下哭, 反位, 乃饋. 親者執事, 主人哭于廬次.

'位'者, 室戶外之位也. ○'饋'者, 辰正之上食也. ○凡奠, 主人不執事. 其孤子無親者自爲之.

⑦ 旣殯, 哭晝夜無時.

哀至則哭. ○晨起, 一哭. 【今俗謂之'朝哭'.】日出, 一哭. 【卽古之朝哭, 兼行朝奠.】辰時, 一哭. 【以行朝上食.】午時, 一哭. 【有弔賓, 則不又哭.】日晡, 一哭. 【有弔賓, 則不又哭.】日沒, 一哭. 【以行夕上食, 卽古'夕奠'.】黃昏, 一哭. 【今俗謂之'夕哭'.】

⑧ 朔日有殷奠, 月半則否. 【氐六至房二.】

朔奠用特豚三鼎, 其物如大斂奠. 【旣葬, 用一鼎.】○大夫以上有望奠, 用特豚一鼎, 其物如小斂奠.

⑨ 若值仲月, 有薦禮. 【房三至房九.】

春分·秋分行薦禮, 用特豚三鼎. 【其物如朔奠.】夏至·冬至行薦禮, 用特豚一鼎. 【其物如望奠.】其籩·豆·簠·鉶之中, 宜用新物一種. 【春用韭, 夏用麥, 秋用黍, 冬用稻類.】皆兼行朝上食.

⑩ 生日無奠. 其或行之, 勿殷.

生辰之祭, 非古也, 權用特豚三鼎.

① 旣殯之越十日, 就兆域營之, 乃定日期, 必用柔日.

宗子就祖塋, 辨昭穆之位, 以營新宅. 庶子就新塋, 自作太祖, 以營新宅. ○ 太祖
之墓, 南向. 【東向·西向, 無不可.】其子爲左昭, 西向. 其孫爲右穆, 東向. 庶子
無後者, 在左昭之後. 【男女殤者, 皆從葬.】庶孫無後者, 在右穆之後. 【男女殤者,
皆從葬.】曾孫·玄孫, 皆照此例.

大夫·士三月而葬. 貴族無官而有後者, 踰月而葬. 【旣死三十日, 乃稱踰月'.】庶
人及貴族之無官無後者, 或二九而葬, 【十八日.】或三五而葬, 【十五日.】或九日
而葬. 殤與賤者, 七日·五日, 無所不可. 【殤, 或三日葬】竝不諏風水邪說, 不拘
陰陽俗忌. ○ 凡三月而葬者, 以旣死之六十一日爲葬期. 【如二朞之爲三年.】凡
踰月而葬者, 以旣死之三十一日爲葬期. 【若遇小月, 當各減一日.】假如喪在初五
日者, 便以來月之初五日爲葬期. ○ 若其葬期, 不値柔日, 或退一日, 或進一日,
必以柔日葬. 【乙·丁·己·辛·癸日.】

② 旣及期, 前期三日, 穿壙, 築埖.

葬在丁日者, 甲日穿壙. ○ 相事者, 就新塋, 削土, 設金井欄. 欄之長廣, 於棺之
四周, 【棺之牆】繞加一尺. 【用周尺.】其壙之深, 【俗所云'穴深'.】於棺之崇, 更而
四尺. 【土厚·水深者, 五尺亦可.】假如棺崇二尺, 則壙深六尺. ○ 乃於壙底, 布炭
末厚一寸, 【築[13]堅之.】乃於其上, 築埖厚一尺. 【'埖'者, 三和土也. 石灰·細沙·黃
土三物交合以成之.】 ○ 乃設灰隔之欄, 【其長·廣及崇, 一如本棺, 但無天地板.】乃
築四周之埖, 其厚一尺. 【四周皆一尺.】竇家不能設欄, 權且設板. ○ 築訖, 去欄
埖之餘者, 旣空而築之. ○ 有雨則設草屋. 【俗稱'墓上閣'.】

---

13 築: 신조선사본에는 '絮'로 되어 있으나 규장각본·버클리본에 따라 바로잡는다.

③ 前一日朝, 執事者取銘重, 詣殯, 告啓殯, 哭, 乃啓.

丙日之朝也, 執事者告曰: "今將啓殯. 敢告." ○ 執事者噫歆, 毀殯出柩, 拂柩拭柩. ○ 銘重置于柩左.

④ 主人及衆主人皆散帶垂. 婦人髽, 主人袒, 踊無算.

方毀殯, 大功以上皆散帶.

⑤ 奉柩, 朝于廟, 乃襲, 乃奠.

奉柩詣廟, 【首先行.】升于堂, 北首, 正于兩楹間設掕. ○ 銘重立于東階之上, 西面. ○ 啓殯奠, 亦稱朝祖奠, 其物用特豚三鼎, 【與大斂奠同.】兼行朝上食. ○ 將奠, 主人襲. 【穿其所祖者.】○ 庶子別居者, 無朝廟之節. 啓殯出柩, 移安于外廳, 【外舍之廳上.】內喪移安于內宇, 【堂之南.】皆於大斂之處, 稍益向外.

8 조전(祖奠)

① 日旣晡, 掌輿者納輿于宇下. 主人入, 就位, 祖.

于時, 執事者徹奠. ○ 祝取銘重, 置于階下. ○ '宇下', 簷下也. 簷短者, 宜設油棚, 以備雨. 【或草廬亦可.】

② 執事者, 奉柩下堂, 乃載, 乃束, 哭, 踊無算.

下堂之時, 柩仍北首. ○ '載'者, 載柩于輀車也. '束'者, 束柩于輿杠, 令勿脫也.

③ 乃祖, 旋車. 祝取銘, 建于柩前, 乃襲, 乃奠.

'祖'者, 始也, 行之始也. 旋車向外, 示將行也. 於是柩南首. 【首向外.】 ○ 銘建于柩當首, 重懸于車後. ○ 祖奠之物, 特豚一鼎. 【與小斂奠同.】 或加二籩, 亦可. 【棗·栗·脯·糗等.】 兼行夕上食. ○ 奠設于柩車之西. 【無祝告之詞.】

④ 宵爲燎于庭, 乃代哭.

更迭以哭, 使哭不絕聲.

9 발인(發引)

① 厥明, 陳奠具于中庭之西. 【句.】 奠席東面.

'中庭', 卽停輴之處也. ○ '奠'者, 遣奠也. 其物用少牢五鼎, 【奎二·三.】 肉一鼎, 【牛肉也.】 豕一鼎, 魚一鼎, 鷄[14]一鼎, 腸胃一鼎, 【牛之內藏.】 竝作濡肉, 實於五俎·四豆·四籩. 【古禮也.】 兼行朝上食, 有二簋·一鉶. 【飯羹也.】 二簋者, 一飯·一餠也. 【餠之高無過二寸.】 一鉶者, 肉汁芼以菜也. 其爵一獻. ○ 卿·相用太牢七鼎; 官師以下仍用特牲三鼎; 庶人一鼎.

② 主人入, 卽位, 祖. 掌輿者奉柩車, 止于中庭, 乃蓋, 乃帷, 乃飾, 乃翣, 哭, 踊無算, 乃襲, 乃奠.

'乃飾'者, 褚紐·披戴之屬. ○ 奠旣進爵, 祝跪告曰: "靈輴旣駕, 往卽幽宅, 載陳遣禮, 永訣終天." 【'載', 或作'式'.】

---

14 鷄: 규장각본·버클리본에는 '雞'로 되어 있다. 같은 글자다.

③ 乃啓引, 銘先行, 次功布, 次翣, 柩車乃行.

卿·大夫之喪轜先行,【曲柄旗.】次丹旐,【今俗謂之'銘旌'.】次鞍馬,【今謂之'魂馬'.】次銘旌,【長三尺.】次功布, 次黻翣, 次雲翣, 柩乃行. ○堂下官只有雲翣[15], 儒生·庶人竝無一翣.

④ 不作明器·下帷[16], 不苞牲, 不罌, 不筲, 不茵, 不挽詞, 不幕次, 不贈幣.

'下帳', 卽牀帳·茵席·椅卓之類.

⑤ 主人以下哭步從柩. 將行, 主人祖, 旣出門, 襲.

斬衰者在前, 朞年次之, 大功次之, 小功次之, 緦次之, 袒免次之, 無服之親次之, 賓客次之. 其服同者序其列,【叔先而姪後.】其列同者序其齒. ○墓在十里之內者, 依古禮步從. 墓遠者, 從俗騎馬. 京城亦宜騎馬.

10 폄(窆) · 반곡(反哭)[17]

① 柩至壙[18], 主人袒, 止哭.

'止哭', 爲整理窆事.

② 乃窆, 乃堲, 乃築, 乃炭, 乃土, 乃築, 乃襲.

---

15 翣 : 신조선사본에는 '霎'으로 되어 있으나 규장각본·버클리본에 따라 바로잡는다.
16 帷 : 규장각본·버클리본에는 '帳'으로 되어 있다.
17 폄(窆)·반곡(反哭) : 규장각본·버클리본에는 소제목이 빠져 있다.
18 壙 : 규장각본·버클리본에는 '壙窆'으로 되어 있다.

先以油紙作柩衣. 旣下棺, 罨以油紙, 乃下竁,【三和土.】厚二尺. 旣築, 鋪炭末,
厚一寸, 乃實土築之. ○ 不贈幣, 不用夷衾,【今之柩衣, 宜去之.】不用銘旌, 不用
抗折.【今之橫帶, 宜不用.】

> ③ 旣盈坎, 乃奠于墓左, 因以立主, 乃埋銘.

'盈坎', 卽平土也. 其奠用特豚一鼎, 兼行題主奠, 不殷奠. ○ 旣立主, 祝告曰:
"形歸窀穸, 神不寧處, 是憑是依, 適于皇祖."【不年·月·日, 無尙饗.】○ 銘埋于
墓左, 重與翣與功布之等, 竝燒于墓前.【銘則摺疊, 裹以白紙埋之. 杠則燒之.】

> ④ 乃反哭. 旣入門, 主人袒, 升堂自西階, 婦人下堂, 哭, 升自東階. 遂適殯
> 宮, 哭盡哀, 襲.

賓弔如禮. ○ 宗子之喪, 反哭于廟, 自廟而降, 適于殯宮.

> ⑤ 日中而虞. 士三虞; 卿·大夫亦三虞; 庶人一虞.

葬於遠地者, 仍於墓下行初虞. 還家之後, 但取柔日行再虞. 不必隔日, 雖隔十
日, 路中不宜行祭. ○ 貴族·庶人, 一虞之明日, 遂行祔祭. 其賤者, 一虞而止,
無祔祭也. ○ 旣窆, 無朝夕奠上食. 唯朔祭及四時之薦, 皆與未葬同.【朔祭用一
鼎.】大夫有月半之祭. ○ 朝夕之哭, 猶自如也.

11 우제(虞祭)

> ① 執事者布席于室中, 設几于席右, 陳祭事于室外.

席用素席, 几用書案.【或用隱囊, 尤合宜.】○ 祭饌用特牲三鼎.【大夫同.】卿·
相少牢五鼎; 學士·官師特豚三鼎; 庶人特豚一鼎.

② 主人以下入, 就位, 哭, 再拜.

其位, 以服之精麤爲序.

③ 執事者薦籩·豆, 薦簋, 薦鉶. 主人襲, 灌酒于茅, 乃釋祝哭.

祝曰: "維年·月·日, 哀子某敢昭告于某位, 哀子某夙興夜處, 哀慕不寧, 謹以淸酌庶羞, 哀薦祫事, 尙饗." ○ 設茅, 如今之茅沙.

④ 乃薦俎以侑食, 乃初獻, 乃亞獻, 乃三獻.

俎者, 三鼎所升之熟肉三俎也. 【其用一鼎者, 以一俎侑食】 旣薦俎, 乃扱匙. ○ 初獻如祭禮, 獻炙一串. ○ 次子亞獻. 好禮之家, 主婦行之, 獻炙如初. ○ 次子三獻. 好禮之家, 親賓爲之, 獻炙如初. ○ 不薦羞, 不受胙, 不旅酬, 不闔門.

⑤ 執事者進水, 主人以下哭.

進水者, 三抄飯, 如俗禮. ○ 主人及尊長伏而哭.

⑥ 祝出戶, 西面, 利告成, 主人以下再拜. 執事者徹饌, 闔牖戶, 主人以下出.

旣闔戶, 遂出不俯, 伏如食頃.

⑦ 再虞之禮, 皆如初.

惟祝詞改一字, 曰"哀薦虞事". '虞'者, 安也.

12　졸곡(卒哭) · 부(祔)

① 剛日, 三虞以卒哭, 其禮皆如初.

三虞, 卽卒哭, 無二祭也.【下子八.】再虞之後, 隔二日, 以取剛日.【丁日葬者, 己日再虞, 壬日三虞.】○ 禮如初, 惟祝詞改一字, 曰"哀薦成事." ○ 其物用特牲三鼎. 下大夫用少牢五鼎, 卿 · 相之家用太牢七鼎, 官師 · 學士用特牲三鼎.

② 旣進水, 哭, 興, 祝告祔期, 乃出戶, 告利成.

祝西面, 告曰: "來日癸酉, 將隮附于曾祖考某官. 敢告." ○ 以下禮如初. ○ 不受服.

③ 日夕, 陳祔事于堂, 皆如卒哭.

設一席 · 一几 · 一椅 · 一桌, 不設兩位. ○ 牲品如卒哭, 亦不兩饌. 唯酒兩獻, 唯飯用二簋. 少牢四簋者, 稻飯二簋, 餠一簋, 麵一簋. 太牢六簋者, 稻飯二簋, 稷飯二簋, 餠一簋, 麵一簋. ○ 特牲二簋者, 稻飯二簋, 餠一簋, 麵一簋. 其例與「考妣合食之圖」【見「祭禮考定[19].】大略相似.

④ 厥明, 主人以下入殯宮, 哭.

祝告曰: "將行祔事. 敢告."

⑤ 出于堂, 陳籩 · 豆. 主人以下再拜, 乃薦簋, 薦鉶.

---

19 定 : 신조선사본 · 규장각본 · 버클리본에는 모두 '正'으로 되어 있으나, 『자찬묘지명(自撰墓誌銘)』 등 다산의 저술에는 '定'으로 되어 있어 '定'으로 바로잡는다.

不奉新主, 亦不設皇祖之位. 但用空椅一具, 合祭之, 此之謂'祔'. ○ 惟酒與飯, 兩獻之.

⑥ 主人灌酒于茅, 乃釋祝哭.

祝曰: "維年·月·日, 孝子某敢昭告于顯考某官. 孝子某夙興夜處, 哀慕不寧, 謹用淸酌庶羞, 以適于顯·曾·祖·考某官, 以隮祔其孫某官. 尙饗." ○ 宗子· 庶子皆同. 無詣廟出主之法.【庶子之祔, 亦不以宗子來爲主人.】

⑦ 乃薦俎以侑食, 乃初獻, 乃亞獻, 乃三獻.

其禮皆與虞祭同. 唯三獻之爵, 皆獻二盞,【其炙則三獻, 各只一串.】與考妣合食 者同. ○ 旣薦俎, 乃扱匙. 旣三獻, 乃進水.

⑧ 旣進水, 主人以下哭. ○ 行薦羞禮.

主婦盥洗,【次婦二人從.】獻加豆·加籩,【卽酏·魚·糝·肉·菱·飴·栗·餠.】 次婦二人助奠. ○ 薦訖, 主婦再拜. ○ 不受胙, 不旅酬, 不分餕[20].

⑨ 祝出戶, 告利成.

以下皆如虞祭之禮.

---

20 餕: 규장각본·버클리본에는 '餕'로 되어 있다. 이하 모두 같다.

13 　소상(小祥)

① 前期一日, 陳鼎視濯, 陳練服于戶外.

其物用特牲三鼎. 卿·大夫小牢五鼎. ○ 練冠用八升練布,【母喪用九升.】其條
屬右縫, 外縪繩纓,【齊衰用布纓.】三辟積之等, 皆與成服之冠不殊. ○ 衰裳用七
升布,【母喪用八升.】其衰·適·負之法, 皆與成服之衰不殊, 仍不緝邊. ○ 葛要
絰, 差小於故絰.【圍四寸六分, 母喪三寸七分.】婦人葛首絰,【圍五寸七分, 母喪三
寸七分.】參糾之.【俗謂之'三甲'.】 ○ 葛絞帶, 亦參糾之, 其圍四寸.【母喪用練布
九升.】 ○ 練中衣, 稍細於故衣. ○ 繩屨, 惟杖不易. ○ 凡葛, 皆用白筋, 先輩或
言用蠱葛, 非也.

② 厥明, 主人改服, 入就位哭. 行事, 皆如虞祭.

祝曰: "維年·月·日, 孝子云云, 日月不居, 奄及練期, 夙興夜處, 哀慕不寧, 謹
以淸酌庶羞, 薦此祥事. 尙饗."

③ 行薦羞禮, 如祔祭. ○ 行致爵禮.

薦羞訖, 主人獻酌於祝,【子弟一人助獻之.】祝受爵. 卒飮, 主人拜, 祝答拜.【一
肅拜.】不受胙, 不旅酬, 不分餕.

④ 祝出戶, 告利成.

已下皆爲虞祭.

⑤ 無朝夕哭, 有朔祭. 春分·秋分有祭. 冬至·夏至有薦.

旣練, 哭無時.【「喪服」, '傳'.】猶當每日晨起一哭, 如朝哭之禮. ○ 大夫以上, 有

月半之祭. ○ 凡時祭, 皆殺禮. 【牲品與旣葬同.】

14 대상(大祥)

① 前期一日, 陳鼎視濯, 陳祥服于戶外.

其物用特牲三鼎. 卿・大夫少牢五鼎. ○ 縞冠之制, 用素帛爲之. 不外縪, 不厭, 【謂武在冠外.】 左縫, 【其辟積向左.】 五辟積, 【其廣八寸, 與喪冠同.】 有紕, 【以素帛飾其邊.】 有緌, 【纓餘之垂者.】 素纓素武, 【武之崇四寸.】 唯縮縫如喪冠. ○ 其服用十五升細布, 【俗謂之'直領'.】 其帶用細布. ○ 其中衣猶用麻衣. ○ 其屨用白皮, 屨無雕飾. ○ 其網²¹巾素飾, 白布笠素纓. ○ 婦人猶素服. 【子婦及出嫁女, 或玉色, 亦可.】

② 厥明, 主人改服, 入就位, 哭. 行事皆如小祥.

祝詞亦同, 惟'奄及練期'改之曰'奄及祥期'.

③ 行薦羞禮. ○ 行旅酬禮.

旅酬之禮, 見「祭禮考定」時享之儀. 唯其末不告嘏, 不受胙, 不分餕.

④ 祝出戶, 告利成, 主人以下再拜.

已下皆如小祥. ○ 禮畢, 斷杖, 竝絰帶, 燒之于淨處.

---

21 網: 신조선사본에는 '綱'으로 되어 있으나 규장각본・버클리본에 따라 바로잡는다.

⑤ 祭畢, 主人以下詣廟, 以脯 · 醢告遷, 奉祧主出, 權安于戶外.

告曰: "今以先考某官隮附祖廟, 高祖考某官式遷以祧. 敢告." ○ 戶外豫設椅子,
以安祧主.

⑥ 乃遷, 乃安, 乃奉祧主, 詣墓埋之, 乃設奠于墓, 哭而反.

改題舊主, 如加贈之儀. 乃以曾祖遷于右位, 祖遷于次位. ○ [22]若墓遠者, 權以
祧主, 奉于外舍, 以明日行.

⑦ 主人以下詣殯宮, 告遷, 奉新主入廟, 皆再拜, 出.

告曰: "將遷于廟. 敢告."

15 담제(禫祭)

① 中月而禫. 前期一日, 陳禫事于堂中.

不諏日, 惟自大祥之日, 計至六十一日, 可行禫事. 祥在初五者, 行於初五. 祥在
十五者, 行於十五. 【若直小月, 不能滿六十一日.】或祥在上旬者, 用上丁; 祥在中
旬者, 用中丁; 祥在下旬者, 用下丁. ○ 其物用特牲三鼎. 卿 · 相少牢. ○ 其冠
宜用黑繒, 其制如縞冠. 褰家權用黑笠, 亦可. ○ 其服靑袍, 其帶黑繒, 其屨吉
屨. ○ 其網巾飾以緇帛, 黑笠 · 緇纓.

② 厥明, 主人改服, 入廟告事, 奉新主出于堂. 行事皆如大祥.

告曰: "將行禫事, 出主于堂. 敢告." ○ 祝詞亦同, 唯'祥期'曰'禫期', '祥事'曰'禫事'.

③ 祭畢, 奉主, 還于廟, 闔戶, 降, 主人以下出.

既禫, 無所不佩. 飲酒·食肉, 可以從御, 猶於是月, 不聽樂, 不從政.

④ 是月值仲月. 祭·薦用吉禮, 猶不告骹, 不受胙, 不分餕.

若分·至在禫祭之前, 仍不得祭·薦, 【或以下丁行事, 亦可.】 以待後序之仲月.
【俗以此祭名之曰'吉祭', 不知爲四時之正祭, 非也.】

16　분상(奔喪) 【義詳『四箋』奔喪條. 今撮要爲文.】

① 使者至, 發書, 哭, 改服, 披髮.

聞喪者, 去冠先哭, 旁人爲之贊改服, 爲之解髮. 【披之於左右.】 扱上衽, 著素服.

② 問故, 又哭, 於是爲位.

親喪在外, 則於內堂爲位. 【神位之下設哭位.】 聞喪者在外, 則或堂或庭聽, 主人
不爲位.

③ 將行, 括髮, 絻, 遂行. 日行百里, 出入見星. 【見水三.】

將行, 用麻繩撮髻, 著白布·頭巾, 【不必生布, 又不爲四脚.】 上戴涼笠, 【蔽陽子.】
或方笠布帶, 【雖父喪, 不宜繩帶.】 草屩以就道, 鞍具竝用, 編草絢麻以易之.
○ 四脚巾, 決不可用, 又不可披髮以行路. ○ 一日二日而可至者, 雖達夜行邁,

可也. 若無護行, 不可犯夜.

④ 過邑市, 不哭; 道中, 哀至則哭; 入其郡境, 哭; 入其鄕里, 哭不絶聲.

是皆且哭且行, 非下馬爲次而哭也.

⑤ 至於家, 入門, 升自西階, 殯東, 西面坐, 哭盡哀, 披髮, 扱上衽, 不拜. 【見水八.】

旁人爲之去絻, 爲之解髮. ○ 雖已殯, 始至披髮. ○ 此第一哭也. 【凡夕哭, 不在哭數.】

⑥ 乃括髮, 袒, 降于廬, 哭, 成踊.

若未及小斂, 不宜括髮, 以待小斂, 與家人同. ○ 凡括髮之上, 皆著頭巾. ○ 此第二哭·第一袒也.

⑦ 乃襲, 乃経, 乃絞帶, 乃拜賓.

'襲'者, 穿其所袒也. '経'者, 腰首之麻也. ○ 至家之初, 已與家人同哭, 緦·小功及遠族親賓之弔, 在此時.

⑧ 厥明, 又哭, 括髮, 袒, 成踊. ○ 夕哭, 不袒.

凡括髮, 一括遂至成服. 此云'括髮'者, 古人以去冠爲括髮. 今人括髮之上, 必著布巾, 而姑從古文, 謂之'括髮'. 【括髮, 布巾之上, 又加首経.】 ○ 此第三哭·第二袒也.

⑨ 厥明, 三哭, 括髮, 袒, 成踊.

初日之袒, 象飯含之袒. 厥明之袒, 象小斂之袒. 是日之袒, 象大斂之袒. ○ 此云 '三哭', 其實第四哭也. 以其爲第三袒, 故謂之三哭. 【見金一.】

⑩ 厥明, 成服, 哭而不袒, 如常禮.

成服之哭, 『經』謂之'五哭'. 【見金一.】 ○ 奔母之喪者, 皆與父同. 唯又哭之朝, 【至家之明日.】 改括髮爲髽子, 遂著布巾, 是其異也. 其始奔之時, 仍用麻繩撮髽, 以至家.

⑪ 路遠力屈者, 旣聞喪, 成服而后行.

甲日聞訃, 丁日之朝, 始僅發行者, 便當成服而行.

⑫ 始聞喪, 披髮, 哭. ○ 問故而哭, 乃爲位, 括髮, 袒, 成踊. ○ 乃襲, 乃絰, 絞帶, 卽位.

問故而哭, 爲第二哭・第一袒. ○ 凡爲位者, 不奠. 【見火八.】 若有人游於異方, 死於旅館, 而喪側無復親屬, 明知其不能饋奠, 而妻子・婦女在家聞喪, 則其子 若妻爲之設奠於死者平日所居之室. 若死者死於家, 而妻子在他方者, 萬不當 遙設饋奠. 【見火八.】 ○ 道中不可設奠.

⑬ 厥明, 又哭, 括髮, 袒, 成踊. ○ 厥明, 三哭, 括髮, 袒, 成踊. ○ 厥明, 成服, 哭而不袒.

初日, 再哭一袒. 次日又次日, 皆哭而袒. 成服之日, 哭而不袒. 此所謂'五哭'・ '三袒'也. 【見金一.】

⑭ 旣成服而行, 皆如奔禮. ○ 至家, 升堂, 哭, 如禮. ○ 乃括髮, 袒, 降于廬, 哭, 成踊. ○ 乃襲, 乃髽, 乃冠[23], 乃絰, 乃絞帶, 以拜賓.

此人在彼時, 旣又哭, 以象小斂. 又三哭, 以象大斂. 今雖至殯, 無緣再行此禮, 故初日一袒括而已.

⑮ 聞喪不得奔者, 其禮亦如之.

與成服而後行者, 其節相同, 但不得發行.

⑯ 旣葬而奔者, 先詣墓, 披髮, 哭. ○ 乃括髮, 乃絰, 乃絞帶.

在墓括髮而不袒者, 五哭‧三袒, 將於家而行之也. 【見金三.】

⑰ 乃冠, 歸, 至家, 升堂, 哭. ○ 乃括髮, 袒, 哭, 成踊. ○ 厥明, 又哭而袒. ○ 厥明, 三哭而袒. ○ 厥明, 成服.

若成服而奔者, 無又哭‧三哭之袒.

⑱ 除喪而歸者, 先詣墓, 哭, 成踊. ○ 乃括髮, 袒. ○ 乃絰而哭, 遂除之. 至家不哭.

竄謫者遭喪, 不許歸葬, 則恒有除喪而始歸者, 宜用此禮.

⑲ 齊衰, 望鄕而哭; 大功, 望門而哭; 小功, 至門而哭; 緦麻, 卽位而哭.

世降俗渝, 凡親喪之外, 不必奔哭, 斯皆先王之所罪者也.

---

23 冠: 신조선사본에는 누락되어 한 칸이 비어 있으나 규장각본‧버클리본에 따라 보충한다.

⑳ 入門, 至戶外, 哭. ○ 乃綃, 乃絰, 乃袒, 與主人哭, 成踊. ○ 於又哭・三哭, 皆綃・袒. ○ 厥明, 成服, 乃五哭.

若喪在甲日, 而奔者四五人, 丙日同至,【卽小斂之後, 成服之前.】則小功以下, 丁日成服,【與主人偕成.】大功以上, 己日成服.【自終其麻之日數.】○ 雖大功以上, 苟於乙日來至, 得乙日內服麻, 則亦當丁日成服.【雖乙日聞喪, 不必戊日成服.】雖小功以下, 若於丁日始至,【在主人成服之後.】始於丁日服麻, 則亦當庚日成服.【以不能偕成.】世或以聞訃之, 第四日爲成服之定期, 非也. 此是不奔喪者之權禮. ○ 若是者, 大功以上, 必欲備五哭・三袒之節也.【其義見木三.】

㉑ 齊衰以下, 旣葬而歸, 先詣墓, 哭, 乃綃, 乃絰, 哭, 成踊. ○ 遂冠而歸, 五哭・三袒, 皆如禮. ○ 凡袒, 必綃.

若旣成服而來奔者, 第二哭時, 一綃・袒, 又哭・三哭, 不復袒・冠而哭.

㉒ 齊衰以下, 聞喪而不奔者, 五哭・三袒, 皆如禮. ○ 凡袒, 必綃.

若小功・緦麻, 月數旣過而後, 始聞喪者, 袒, 綃, 一哭.

㉓ 齊衰以下, 除喪而后歸者, 先詣墓, 哭. ○ 乃綃, 乃袒, 乃絰, 哭, 遂除之. 至家不哭.

以上諸條, 其經文義理, 竝見『四箋』奔喪條.

> ① 旣小斂, 鄰里勸糜. 旣殯, 歠粥, 不食菜·果. 旣葬, 疏食. 旣練, 食菜·果, 有鹽·酪. 旣祥, 食肉, 飮酒.

有疾則食肉, 疾止, 復故. 但飮肉汁如服藥, 可也.

> ② 旣殯, 居倚廬, 寢苫, 枕塊, 不脫経·帶. 旣葬, 廬有柱楣, 寢用芐剪. 旣練, 居堊室, 寢有席. 旣祥, 黝堊而復寢.

有疾者, 寢于炕, 猶寢苫不以席.

> ③ 旣殯, 非喪事, 不言終喪, 不御於內.

已上諸節, 竝詳『四箋』. ○ 其氣力能守禮制者, 勉而從之. 若體質虛薄者, 時有出入, 但不可恣意踰越也.

Ⅳ.『제례고정(祭禮考定)』원문

妓所去『祭禮考定』一卷, 此吾平生之志也. 大牢 · 少牢之名, 世非不知, 唯知爲牛一 · 羊一 · 豕一與羊一 · 豕一之名, 其籩 · 豆 · 簋 · 鉶之秩然若天成地造, 人所不知耳. 古人燕饗祭祀, 皆有品級, 每於大牢 · 少牢 · 特牲 · 特豚一鼎 · 脯 · 醢, 六者之中, 揀而用之. 其一菜 · 一果, 不敢任意增損, 先王法制之嚴且密如是也. 大牢者, 天子諸侯之物, 今監司巡歷之饗, 其鉶 · 俎 · 籩 · 豆之數, 較之大牢, 不啻五倍. 古所謂"飮食若流, 流連荒亡", 不幸近之, 吾妓祭禮, 不唯祭祀是爲. 凡京外使客支應及婚姻壽考, 一切燕饗之饌, 竝宜畫一爲制, 使之欽此欽遵, 無敢踰越, 則於世道不亦有裨? 使我成此書於數年之前, 豈不疏陳于先朝, 沛然施行乎? 書成於邑, 悲不自勝也.

1 「제법고(祭法考)」

① 考古聖人之制, 人臣之祭其先, 止於三代.

「王制」曰: "天子七廟【三昭 · 三穆與太祖之廟而七.】; 諸侯五廟【二昭 · 二穆與太

祖之廟而五.】；大夫三廟, 一昭 · 一穆與太祖之廟而三【鄭玄曰: "太[1]祖, 別子. 「大傳」曰'別子爲祖', 始爵者亦然."】；士一廟【只考廟.】；庶人祭於寢." ○「祭法」曰: "王立七廟【考廟 · 王考廟 · 皇考廟 · 顯考廟 · 祖考廟, 皆月祭之. 遠廟二祧, 亨嘗乃止.】；諸侯立五廟【考廟 · 王考廟 · 皇考廟, 皆月祭之. 顯考廟 · 祖考廟, 亨嘗乃止.】；大夫立三廟, 曰考廟, 曰王考廟, 曰皇考廟, 亨嘗乃止【無月祭.】, 顯考 · 祖考無廟, 有禱焉爲壇祭之.【陳澔曰: "有祈禱之事, 則行此祭, 無祈禱則止."】；適士二廟, 曰考廟, 曰王考廟, 亨嘗乃止.【無月祭.】；皇考無廟, 有禱焉爲壇祭之.【適士, 正士也.】；官師一廟, 曰考廟, 王考無廟祭之.【官師者, 諸侯之中士 · 下士, 爲一官之長者.】；庶士 · 庶人無廟, 死曰鬼.【庶士, 府史之屬.】" ○「禮器[2]」曰: "禮有以多爲貴者. 天子七廟; 諸侯五; 大夫三; 士一." ○『大戴禮』曰: "有天下者事七世; 有國者事五世; 有五乘之地者事三世; 有三乘之地者事二世; 待年而食者, 不得立宗廟."【本『荀子』,「禮論」, 亦載『史記』,「禮書」.】 ○『春秋穀梁傳』曰: "天子至于士, 皆有廟. 天子七; 諸侯五; 大夫三; 士二. 始封必爲祖."【若殷之契 · 周之稷.】 ○『國語』觀射父曰: "卿 · 大夫祀其禮; 士 · 庶人不過其祖."【見「楚語」.】 ○『家語』曰: "天子七廟; 諸侯五; 大夫三; 士二; 庶人無廟. 四時祭於寢, 自虞至周, 所不變也."【亦孔子之言.】 ○『禮緯』曰: "天子之元士二廟; 諸侯之上士亦二廟; 中 · 下士一廟. 一廟者, 祖 · 禰共廟."【『稽命徵』. ○ 見『魏書』,「禮志」.】 ○ 鏞案 註疏以適士爲上士, 而官師爲中 · 下之士, 恐未必然. 官師者, 如笙師 · 磬師 · 卜師 · 弁師之屬, 以一藝仕者也.【如我國三醫 · 司譯官 · 觀象監官員之等.】適士者, 猶言正職之士, 通三等而言之也.

② 太祖之廟不遷, 其實祭親, 止於二代. 其祭四親者, 天子之禮也.

「喪服小記」曰: "王者禘其祖之所自出, 以其祖配之, 而立四廟."【鄭玄曰: "高祖以下, 與始祖而五."】 ○ 鄭玄「王制」注曰: "天子七者, 太祖及文王 · 武王之祧, 與親

---

1 太: 규장각본A에는 '大'로 되어 있다. 통가자(通假字)다.
2 器: 신조선사본에는 '記'로 되어 있으나 규장각본A · 규장각본B에 따라 바로잡는다.

廟四.【大祖, 后稷也.】大夫, 大祖別子也.【「大傳」曰: "別子爲祖."】雖非別子, 始爵者亦然." ○ 王肅『祭法解』曰: "大夫無祖考廟. 唯別子爲宗者, 有祖考廟. 然有祖考廟者, 無皇考廟." ○ 鏞案 天子雖立七廟, 其大祖及文世室 · 武世室, 以功德也. 其以親親而不問功德者, 唯四親而已.【王肅以七世謂 "祭及六代, 而文王 · 武王不在七世之數." 其義非也.】諸侯亦有文 · 武世室,【「明堂位」曰: "魯公之廟, 文世室也. 武公之廟, 武世室也."】則其祭四親者, 天子之禮也. 大夫宜祭二代, 緣有繼別之宗, 得立三廟. 故其非繼別者, 亦立皇考廟, 以備三廟之數. 此「王制」·「祭法」之所以不同也.

③ 唐 · 宋之制, 許立四廟者, 以天子之公卿得比諸侯, 而始封之初, 旣無太祖, 故唯祭四親也.

『隋書』,「禮儀志」曰: "北齊建國, 王及二品以上祀五世, 五品以上祭三世, 七品以上祭二世, 八品以下祭於寢." ○『唐書』,「禮志」曰: "一品 · 二品四廟, 三品三廟, 五品二廟, 適士一廟.【庶人祭於寢.】四廟有始封爲五廟."【三品以[3]上有神主, 五品已上有几筵.】○『宋史』,「禮志」曰:【慶曆制】"正一品平章事以上立四廟, 樞密使 · 參知政事以上立三廟, 餘官祭於寢."【大觀制, 執政官視古諸侯, 祭五世, 文 · 武升朝官祭三世, 餘祭二世.】○『明會典』曰: "國初品官廟制, 權倣宋儒之制, 奉高 · 曾 · 祖 · 禰四世之主. 士 · 庶人奉其祖父母 · 父母之祀."【丘濬曰: "國初, 用胡秉中議, 許庶人祭及三代."】○ 鏞案 唐 · 宋之臣, 如鄭國公 魏徵 · 衛國公 李靖 · 魏國公 韓琦 · 溫國公 司馬光, 皆古諸侯之爵也, 故用諸侯之禮. 又皆是始封之君, 自爲太祖, 故祭止四世. 及其玄孫之後, 始封者不遷, 則當祭五世也. 今以諸侯之臣, 而祭及四代, 可乎?

---

3 以: 규장각본A · 규장각본B에는 '已'로 되어 있다.

④ 故我國立制, 雖大夫之祭, 止於三代, 以侯邦也.

『經國大典』曰: "文·武官六品以上祭三世, 七品以下祭二代, 庶人只祭考·妣."
【宗子秩卑, 支子秩高, 則代數從支子.】 ○ 董越「朝鮮賦」曰: 「卿·大夫祭三世, 士·庶只祭考·妣.」【弘治戊申作.】 ○ 鏞案 我邦禮制, 多遵溫公『書儀』·朱子『家禮』·丘氏『儀節』. 然是三賢皆天子之臣也. 或身爲上相, 或追封國公, 其位秩皆古諸侯也, 故其著之禮而傳之家者, 多用侯禮. 我邦之人, 忘其本分, 動欲摸擬, 則犯于僭者多矣, 宜謹守『國典』.

⑤ 故先正·名儒之論, 皆以祭三代爲正.

晦齋曰: 【李文元公 彦迪.】 "文公『家禮』'祭及高祖', 蓋本程氏之禮. 然『禮』'大夫三廟, 士二廟', 無'祭及高祖'之文, 故朱子亦以祭高祖爲僭.【或問: "四代已上, 可不祭否?" 朱子曰: "今祭四代, 已爲僭."】 且今國制'六品已上, 祭三代', 不可違也."【高祖亦不可全廢其祭. 春·秋俗節, 率其子孫, 詣墓祭之, 亦不至忘本也.】 ○ 退溪曰: 【李文純公 滉.】 "祭四代, 古禮非然. 朱子因程子說, 而立爲四代之禮. 今人祭三代, 時王之制也."【又曰: "時王之制, 固當遵守. 其祭四代, 大賢義起之禮也."】 又曰: "今祭三代, 高祖已遷, 欲合祭, 則當設位祭之." ○ 栗谷曰: 【李文正公 珥.】 "祭三代."【見『擊蒙要訣』「祠堂圖」·「時祭圖」.】 ○ 星湖曰: 【李徵士 瀷.】 "國制, 六品已上祀三世者, 許用大夫之禮也. 其七品已下宜用士禮, 而今士·庶家咸及四世, 違於古禮, 悖於今制, 而只遵宋法, 無義. 況以諸侯之士·庶, 而僭用天子大夫之禮, 可乎? 余定家法, 斷從三世之制."【案[4]四親廟, 卽天子·諸侯之禮. 此云'大夫禮', 可疑.】 ○ 鏞案 東儒唯沙溪,【金文元公 長生.】 最爲知禮, 而特從四世之制, 此所以擧世遵用也. 然沙溪之禮, 蓋從『家禮』, 『家禮』出於『書儀』. 『書儀』者, 溫國公 司馬光之作. 彼固天子之上相, 得用上公之禮者也. 藩邦之士·庶人, 其敢倚是乎?

---

4 案: 신조선사본에는 '宗'으로 되어 있으나 규장각본A·규장각본B에 따라 바로잡는다.

⑥ 今遵聖經・賢傳・國制・師說, 凡仕宦之族, 宜於家廟得奉三世之主, 【父・祖・曾.】毋得踰越.

古禮唯大夫有三廟, 國制唯六品已上祭三世. 今不問其有官・無官, 壹以三代爲制者, 似乎僭越. 然「喪服」, '傳'曰: "大夫及學士, 知尊祖矣."【疏云: "學士, 謂庠・序及國學之士."】其知尊祖旣同, 則其祭先之情, 諒無淺深. 且國俗尙閥, 凡係簪纓之族, 雖不仕宦, 猶具尊貴之體, 代興代替, 升沈不恒. 六品之官卽其儕來而必遵二廟・一廟之制, 則造主毀主, 遞升遞降, 動有窒礙, 勢必不行矣. 古者一主一廟, 今公廟猶一主一室, 而私家廟制槩從苟簡, 雖三主・四主, 皆同一室, 則祭雖三世, 廟唯一室. 一廟者, 士也. 三世者, 大夫也. 代興代替, 彼此無礙, 以之爲節, 可以通行也. 國制追封, 上及三代,【武王追王, 亦三代.】戶籍貫系, 亦及曾祖.【科擧糊名, 亦上及曾祖.】逮事相及, 往往承重, 揆之情理, 不可遽祧. 然且宋制, 士・庶通祭三世.【『宋史』大觀二年, 議禮局言: "侍從官以至士・庶, 通祭三世, 無差等, 多寡之別, 豈禮意乎?"】明初立典, 亦許通行.【胡秉中事見上.】雖考古之論, 每譏濫雜, 而因時制宜, 參古酌今, 庶不大悖於名義之定分也. 凡法游移變動, 必至決壞, 『國典』三世之制所以不行者, 以有六品七品・三二之變也. "禮煩則亂", 正謂是也, 故以三世斷.

⑦ 其以雜職仕者及爲鄕亭職者, 用官師一廟之禮, 許其立廟, 以祭考・妣. 庶人立廟者, 竝宜不許.

'雜職'者, 三醫・司譯院・觀象監及算・律・書・畫之等也. '鄕亭之職', 今之鄕官・土官之等也. 府・史仕者,【卽書吏・鄕吏.】亦在庶人中論.【此庶・士也, 『孟子』所謂'庶人在官者'.】

⑧ 旣過三世, 卽⁵祧而瘞之. 【瘞主於墓前.】 唯墓祭是擧.

程子曰: "高祖有服, 不可不祭." 【又云: "至於祭寢, 亦及高祖."】 ○ 朱子曰: "『祭法』
雖無'祭及高祖'之文, 然有月祭‧享嘗之別, 則古者祭祀, 以遠近爲疎數, 亦可見
矣." 【禮家又言: "大夫有事, 省於其君, 干祫及其高祖." 此可爲立三廟, 而祭及高祖之
驗.】 ○ 晦齋曰: "高祖亦不可全廢其祭. 春‧秋俗節, 詣墓祭之." 【宋 頤庵寅曰:
"時祭止於曾祖, 墓祭竝及高祖, 可也."】 ○ 鏞案 上遵程‧朱之訓, 下從晦齋之義, 唯
墓祭宜擧也. 然服術‧祭道, 本自不同. 故期‧功之服, 賤者獨伸 【天子‧諸侯絶
旁期.『中庸』曰: "期之喪達乎大夫."】 高‧曾之祭, 貴者獨行, 不可援彼而證此也.
'祭寢'之文, 本出「王制」. 而今按「王制」, 無'高祖祭寢'之文. 至於月祭‧享嘗, 本
是諸侯之禮, 中國諸賢議之無僭, 非陪臣之所得行. 干祫之禮, 本在壇墠, 其禮
未詳, 今雖欲按而行之, 不可得也.

⑨ 其有不遷之祖爲之太祖者, 別立禰廟, 以遵二廟之制, 而祖廟之中, 毋踰
三主. 【太祖及皇考‧王考.】

『大典』曰: "始爲功臣者, 代雖盡, 不遷, 別立一室." ○『國朝寶鑑』云: "世祖二
年丁丑三月, 命功臣子孫, 三廟外別爲一室, 以奉其祀, 從禮曹之請也."⁶ ○ 星
湖曰: "今制, 別子之外, 【別子, 卽王子‧大君.】 有功勳者, 又許立宗而不祧其主,
則有始祖矣. 恐不可祭始祖而又添曾祖一位也." 【又曰: "左昭右穆, 豈容一長一短
乎?"】 ○ 鏞案 國制不祧者, 若王子‧勳臣之外, 又有國舅‧駙馬, 在所不祧. 又
如文廟‧宗廟之配食者, 血食於公而去其私祭, 亦恐未安. 【或曰: "相臣亦宜不

---

5 卽: 규장각본A에는 '旣'로 되어 있다.
6 國朝寶鑑云 …… 從禮曹之請也:『국조보감(國朝寶鑑)』 권10,『세조조일(世祖朝一)』,「정
   축(丁丑)」에서 인용한 부분이다. 규장각본B에는 두주(頭註)로 되어 있으나 신조선사본‧
   규장각본A에는 본문에 편입되어 있다. 이는 규장각본B 본문에 누락된 것을 보충하도록
   한 두주의 지시사항이 규장각본A에 반영된 것이다.

遷."】若是者, 奈何? 若遵「王制」之文, 祧其曾祖, 則是尋常仕宦之家, 祭及曾祖, 而王子 · 勳臣之家只祭王考, 不成義例也. 若遵『大典』之文, 別立祖廟,【卽不遷之廟.】則是太祖遷于別廟, 而曾祖直據祖位, '不遷'之謂, 何?【太祖遷.】違先王之制, 不可用也. 古者適士二廟, 曰'祖廟', 曰'禰廟'也.【見「旣夕」.】今於祖廟之內, 皇考 · 王考, 一昭 · 一穆, 而別立禰廟, 以奉考 · 妣之主, 則祖廟之中, 不違三世之制, 而廟貌則適士之二廟也. 參古酌今, 庶云合理. ○ 或曰: "勳臣之子若孫, 又爲勳臣, 或爲國舅 · 駙馬之等, 則及其久遠之後, 當竝不祧乎, 抑當祧去乎?" 曰: "此事, 沙溪已有定論, 無可疑也."【姜博士 碩期問: "李光岳三代策勳, 至於光岳曾孫, 將不得祭其祖." 甲者曰: "唯始封勳不遷, 其餘當遷, 未知如何?"】沙溪曰: "『大典』只言始爲功臣, 則第二以下祧遷, 從可知也." 或者因『大典』"別立一室"之文, 而欲別立一廟, 廟與室果同乎? 彼無知妄作, 不足言也.

---

⑩ 至若最長房遷奉之法, 是朱子初年未定之論.

朱子曰: "親盡之祖, 其別子也,【謂大宗之祖.】則告畢而遷于墓所不埋. 其支子也,【謂親盡之祖.】而族人有親未盡者,【謂祧祖之諸孫.】則告畢, 遷于最長之房,【謂第二子之派.】使主其祭."【見『家禮』大祥'告遷于祠堂'節.】○ 朱子答包揚曰: "祭自高祖以下,【謂承宗者之高祖.】親盡, 則請出高祖,【謂先考之高祖.】就伯叔位, 服未盡者祭之."【見『語類』.】○『大典』曰: "曾祖代盡, 當出, 則就伯叔位, 服未盡者祭之." ○ 鏞案 范仲淹『義莊規矩』, 其云'各房 · 全房', 猶東人之云'各派 · 全派'也. 最長房者, 祧祖第二子之家也.【若第二家親盡, 則第三家爲最長房.】東人以屬尊者當之, 謬矣. ○ 又按『國典』所云'曾祖'者, 先考之曾祖也. '伯叔'者, 嗣子之諸父也. 『國典』限以曾祖, 而今溯至高祖, 『國典』限以諸父, 而今延至遠族, 皆蹂制也.[7]

---

7 又按……皆蹂制也: 규장각본B에는 빠져 있다.

⑪ 其晩年定論, 竝以祧去爲正.

李堯卿問: "舍姪承祭祀, 祧高祖, 欲於時祭畢, 移饌一分, 祭高祖於某家, 某主之." 朱子答曰: "此事只合謹守禮文, 未可遽以義起也."【安順庵 鼎福曰: "朱子答李前書, 有'區區南官, 得陳安卿'之語, 則要是'己酉守漳州'以後書也."】 ○ 胡伯量問: "先兄旣立後, 則某之高祖, 亦當祧去否?" 朱子答曰: "雖覺人情不安, 別未有以處也."【順庵曰: "朱子答胡書, 有'將來小孫奉祀'之語, 則要是'辛亥喪長子塾'以後書也."】 ○ 沈僩問: "嫡孫主祭, 若叔祖尙在, 則乃是祧其高曾祖, 於心安乎?" 朱子曰: "也只得如此. 聖人立法, 一定而不可易, 兼當時人習慣, 亦不以爲異也."【星湖曰: "考之『語類』目錄, 則此爲戊午以後所聞. 朱子易簀於庚申, 則此爲最後之定論也."】 ○ 鏞案 己酉至戊午十年之間, 朱子之論, 一無參錯, 則長房遷奉, 非朱子晩年之意也.

⑫ 其初年之論如彼者, 蓋由宋法貴貴而不貴嫡也.

宋 仁宗 至和制云: "凡始得立廟者不祧, 因衆子立, 而嫡長子在, 則祭以嫡子主之. 嫡長子死, 卽不傳其子, 而傳立廟者之長." ○ 星湖曰: "明道之世, 猶不立廟, 至伊川始立. 大中沒, 伊川主其喪, 遂傳於其子, 而不傳明道之孫. 今不計立廟與否, 而轉輾遷奉於支末之房, 守『家禮』之文, 而失朱子之意也." ○ 鏞案 禮之大經·大法, 曰"支子不祭." 今以支子而奉其最尊之祖之祭, 則宗在是矣. 我邦旣許立宗, 人知貴嫡, 而猶遵宋法, 可乎哉?

⑬ 今從晩年之論, 禮盡,【過三代】卽祧而瘞之. 其有親子·親孫者, 每於忌日, 有事於其家.

星湖曰: "宜以朱子後定之論爲主. 宗子親盡之後, 長房設位, 行事於其家, 而長房以祖·禰爲斷." ○ 鏞案 祭者, 吉禮也. 支子不祭, 唯於忌日, 伸其私慟, 恐不害義. 然「曾子問」: "宗子居於他國, 庶子攝主, 不厭祭, 不旅, 不假, 不綏祭, 不配." 以此推之, 雖忌祭, 其儀文宜略也.

2 「제기고(祭期考)」

① 考古四時之祭, 唯天子全擧之, 諸侯三祭, 大夫二祭, 士一祭, 庶人薦而不祭.

「王制」曰: "天子·諸侯宗廟之祭, 春曰'礿', 夏曰'禘', 秋曰'嘗', 冬曰'烝'. 【「祭統」·「明堂位」竝同.】 諸侯, 礿則不禘, 禘則不嘗, 嘗則不烝, 烝則不礿. 【祭畢則來朝.】 大夫·士宗廟之祭, 有田則祭, 無田則薦. 【不用牲曰'薦'.】 庶人, 春薦韭, 夏薦麥, 秋薦黍, 冬薦稻." 【韭以卵, 麥以魚, 黍以豚, 稻以雁.】 ○「祭法」曰: "大夫立三廟, 享嘗乃止, 【春·秋二祭也.】 適士二廟, 享嘗乃止." 『國語』觀射父曰: "先王日祭·月享·時類·歲祀. 【疏於祧.】 諸侯舍日. 【有月享.】 卿·大夫舍月. 【有時祭.】 士·庶人舍時." 【歲一祭.】 ○『公羊傳』註曰: "天子四祭四薦, 諸侯三祭三薦, 大夫·士再祭再薦." 【桓八年.】 ○ 鏞案 時祭之名, 參錯不同. 『周禮』: "春祠, 夏禴." 【鄭玄云: "礿·禴, 通字."】「祭義」: "春禘, 秋嘗." 【「郊特牲」亦云.】 『公羊傳』: "春祠, 夏礿." 【「王制」: "春曰礿."】 本是公祭之名, 而私家或通稱也. 【詳見『春秋說』.】 ○ 又按「祭法」所云'享'者, 春祭也. 【鄭註則不明.】 邱敬子以嘗·禘·烝·享爲四時之祭, 【韋昭云: "春祭曰享."】 享非春祭乎? 『中庸』曰: "春·秋, 薦其時食." 『孝經』曰: "春·秋二祭, 以時思之." 斯皆大夫·士之禮也. 【一祭者, 用秋.】

② 其祭薦之期, 必用仲月.

『晏子春秋』曰: "自天子達於士, 皆祭以首時." ○ 鄭玄「王制」註[8]曰: "祭以首時, 薦以仲月." ○ 服虔『左傳』注曰: "祭天以孟月, 祭廟以仲月." 【桓五年.】 又曰: "人君用孟月, 人臣用仲月." 【昭元年.】 ○ 鏞案 周正之孟月, 卽夏正之仲月也. 「祭義」曰: "春, 雨露旣濡, 君子履之, 有怵惕之心. 秋, 霜露旣降, 君子履之, 有

---

8 註: 규장각본A에는 '注'로 되어 있다. 통가자(通假字)다.

悽愴之心." 孟月, 時物未變, 則其用仲月, 爲益近情也. 故『周禮』致禽之畋, 皆在仲月. 意王者之祭, 亦在仲月, 而其在孟月者, 郊社也. 今國制, 太廟時享, 用孟月, 而私家之祭, 皆以仲月, 據『家禮』也.

③ 今遵『禮經』, 春分·秋分, 行時享之禮. 其非大夫者, 春薦而秋祭. 其不祿仕者, 皆用薦禮.

司馬溫公曰: "孟詵「家祭儀」'用二至·二分', 不暇卜日, 則依孟儀, 用分·至, 於事亦便."【見『家禮補注』.】○ 朱子曰: "卜日無定, 慮有不虔, 司馬公云'只用分·至', 亦可."【見『語類』.】○ 鏞案『書儀』·『家禮』全擧四時之祭者, 天子之卿得用諸侯之禮也. 諸侯之大夫·士, 其敢爲是乎? ○ 又按 二至·二分者, 長至·短至·日中·宵中之大節也. 故孟獻子曰: "七月日至, 可以有事於祖."【「雜記」文.】雖儒議不一, 而祭用分·至, 於古有徵, 其視卜日, 尤爲合理也.

④ 夏至·冬至, 有薦新之禮. 大夫·士皆同.

鄭玄曰: "薦以仲月." ○ 高堂隆曰: "仲月, 薦新之月." ○ 後魏詔曰: "無田之士, 薦以仲月." ○ 鏞案 "有牲曰祭, 無牲曰薦."【何休云.】故「王制」, 雖庶人, 亦有四時之薦也. 其助薦之物, 助麥以魚, 助稻以雁,【今以雞代之.】副之以時果時蔬, 斯足備物也. 又其薦獻之儀, 略於正祭. 故「檀弓」曰: "有薦新如朔奠."「士喪禮」朔月之奠, 可考而知也. ○ 又按「月令」: "仲春薦冰, 季春薦鮪, 孟夏薦麥, 仲夏薦含桃, 仲秋薦麻, 季秋薦稻, 季冬薦魚." 此皆天子·諸侯之禮, 得有月祭, 故因其祭而薦之, 非謂特薦此一物也. 今人謬據此文, 薦麥·薦稻·薦瓜·薦魚, 皆單薦一物, 又其所薦不經炊淪, 大非禮也. 腥米·腥魚, 生所不食, 死豈享之?【祭禮雖有薦腥之節, 正祭必薦熟.】[9] 二分·二至之外, 雖有新物, 不宜續續薦

---

9 祭禮雖有薦腥之節, 正祭必薦熟: 규장각본B에는 두주(頭註)로 되어 있으나 신조선사본·규장각본A에는 본문에 편입되어 있다. 이는 규장각본B 본문에 누락된 것을 보충하도록 한 두주의 지시사항이 규장각본A에 반영된 것이다.

獻, 以瀆神理也.

⑤ 若夫朔參之禮, 唯孟月之朔, 大夫擧之. 其非大夫者, 唯月正元日, 得有參禮.

朱子『家禮』曰: "正至·朔·望, 則參." ○ 鏞案 月祭, 非人臣之禮. 『家禮』有'朔參'者, 天子之臣得用侯禮也. 【朱子亦追封國公.】 古唯天子·諸侯得有月祭, 故『國語』祭公謀父有'日祭·月祀·時享·歲貢'之語. 【見「周語」.】 而觀射父曰 "諸侯舍日, 大夫舍月, 士·庶人舍時", 則人臣之不敢有月祭, 審矣. 故唯天子·諸侯得有告朔. 【『周禮』, 「春官」: "太史頒告朔于邦國." ○『左傳』注: "諸侯月朔, 以特羊祭廟而后, 頒朔而聽之." ○ 又見『論語』註.[10]】 今以侯邦之臣, 而月月有事, 終恐僭越. 故但於四孟朔行之, 以遵'舍月'之文, 士·庶但用正朝, 以遵'舍時'之文也. ○ 又按 祭·薦之禮, 雖不敢踰分, 然廟貌旣具, 禮无曠闕, 每遇朔·望, 依『家禮』"望日之參", 【無酒果之獻.】 洒掃室堂, 參而不薦, 不可已也. 【今俗備家或於望日, 亦行薦禮, 非禮也.】

⑥ 其遇忌日, 有奠獻之禮.

「祭義」曰: "君子有終身之喪, 忌日之謂也. 【鄭玄曰: "忌日, 親亡之日."】 文王之祭也, 事死者如事生, 思死者如不欲生, 忌日必哀." ○「檀弓」曰: "忌日, 不樂." ○『喪大記』曰: "父母之喪, 旣練而歸. 朔日·忌日, 則歸哭于宗室." ○『孔叢子』曰: "季節見於子順, 賜之酒. 辭. 問其故. 對曰: '今日家之忌日也, 不敢飲.'" ○『續漢書』: "申屠蟠父母卒, 忌日哀戚, 輒三日不食." ○ 鏞案 古者小祥·大祥, 皆筮日而行之, 則忌日無祭, 可知也. 然哀慕之極, 設其時食, 伸其哭泣, 亦孝子之所恔也. ○ 又按『開元禮』百官私忌日, 給暇一日. 意者, 唐初已有忌祭也. 【橫渠曰: "古人於忌日, 不爲薦奠之禮, 特致哀, 示變而已."】

---

10 註: 규장각본A·규장각본B에는 '注'로 되어 있다. 통가자(通假字)다.

⑦ 墓祭, 古也. 大夫二祭, 用淸明・寒露, 士・庶人一祭, 寒食而已.

「周本紀」曰: "武王祭畢而觀兵."【畢文王墓地.】 ○ 曾子曰: "椎牛而祭墓, 不如雞・豚逮親存也."【出『韓詩外傳』.】 ○「孔子世家」曰: "高帝過魯城, 以太牢祠孔子之冢."【「張良傳」[11]: "每上冢, 竝祠黃石." ○「朱買臣傳」[12]: "其故妻夫婦上冢."】 ○ 鏞案 墓祭之禮, 明著『周禮』.【「冢人」文見下.】 只緣先儒誤解, 漢・唐諸賢, 竝有評議.【蔡邕曰: "古不墓祭." ○ 皇甫謐曰: "禮不墓祭." ○ 韓文公曰: "墓藏廟祭, 不可亂也."】 程・朱[13]以來, 尙置疑案.【程子曰: "嘉禮不野合, 生不野合, 死不墓祭." ○ 朱子曰: "若祭於墓, 是以僞事其先也."】 禮無定制, 人自義起, 遂令原野之俗, 紛紛然莫適所從也. 說者謂"墓祭之著爲典禮, 自漢 明帝朝原陵始."【光武亦每幸長安, 有事于十一陵.】 蓋漢用秦制, 不立宗廟, 唯於山陵, 各起寢廟. 逮立宗廟, 而陵寢不廢, 故先儒以此爲墓祭之所由起, 殆不然也. ○ 又按 墓祭之期, 代各不同, 或用伏・臘,【「張良傳」[14]: "伏・臘祠黃石." ○『漢官儀』: "諸陵用三伏・社・臘."】 或用節氣.【「漢官儀」: "諸陵用二十四氣." ○ 唐制, 諸陵用冬夏至・淸明・伏・臘・社日.】 私家唯用寒食一祭.【開元二十年制曰: "寒食上墓, 近代成俗, 編入五禮, 永爲恒式."】 至宋 韓魏公, 又增十月一日,【張子・程子用韓式.】 朱子『家禮』只用三月上旬.【朱子家祭用韓式.】 皇明上陵用淸明, 霜降,【又中元・冬至.】 而士・大夫用淸明・重陽.【姚旅云: "淸明・重陽, 海內成俗."】 國俗用寒食・秋夕,【嶺南用韓式.】 或增正朝・端午.【栗谷令寒食・秋夕行殷祭, 正・午則一獻而已.】 蓋緣『禮經』無文, 人自爲制, 紛紛如此. 今參考諸文, 唯淸明・霜降, 最爲近情, 然兩祭相距之間, 猶未均正,【淸明至, 霜降遠, 而霜降至, 淸明近.】 莫如用淸明・寒露之爲允也.【三月・九月節.】

---

11 傳: 신조선사본에는 '傅'로 되어 있으나 규장각본A・규장각본B에 따라 바로잡는다.
12 傳: 신조선사본에는 '傅'로 되어 있으나 규장각본A・규장각본B에 따라 바로잡는다.
13 朱: 신조선사본에는 '宋'으로 되어 있으나 규장각본A・규장각본B에 따라 바로잡는다.
14 傳: 신조선사본에는 '傅'로 되어 있으나 규장각본A・규장각본B에 따라 바로잡는다.

⑧ 墓祭止於高祖. 然遠祖始仕爲子孫冠冕者, 宜有一祭.

朱子曰: "墓祭無明文, 雖親盡而祭, 恐亦無害." ○ 鏞案 人情無限, 禮制有防. 苟不防之, 將千歲矣. 然杜甫寒食祭遠祖當陽君, 【卽杜預.】則已自唐時, 祭其顯祖也. 歲一祭者, 依韓式用十月一日, 可也.

⑨ 至於后土之祭, 本因鄭註[15]有誤, 未可議也.

『周禮』, 「春官」, ‘冢人’: "凡祭墓爲尸." 【鄭云: "始窆, 祭后土."】 ○ 「檀弓」曰: "旣反哭, 有司以几筵舍奠於墓左." 【鄭云: "禮其神."】 ○ 『家禮』曰: "又除地於墓左, 以祭后土." 【墓祭章.】 ○ 鏞案 古者山林·川澤之祭, 皆用貍沈. 【山埋而川沈.】 唯人死之祭, 得有皇尸, 則鄭義非也. 山川之祭, 唯諸侯擧之, 必非尋常百姓所敢爲也. 又況后土[16]者, 共工之子句龍也. 【見「祭法」.】 始窆而祭句龍, 恐亦無義. 若云‘大地之示’, 則是又天子之所能祭, 尤所不敢也. 程子於此, 本有定論, 【程子曰: "舊說謂祭后土則爲尸", 非也. 蓋古人祭社之外, 更無祭后土之儀."】 學者未之察耳. 【張南軒亦以冢人爲祭墓中之王.】 此乃墓祭之正文, 非祭山神也. 【詳見余『禮箋』.】 『孟子』東郭墦間之祭, 亦始窆之祭也.

⑩ 餘有俗節, 竝毋得循俗任情, 以瀆神理.

三元之節, 出於釋氏. 上元有點燈法; 【云‘是如來之生天誕日’.】 中元有盂蘭盆; 下元有水陸會, 皆無祭先之義. 四重之說, 不見經傳. 五五作艾虎禳鬼, 七七拜織女乞巧, 皆出宮掖間巫禱之風, 不宜祭先. 唯重三·重九, 世稱佳節, 然時與淸明·寒露相近, 旣祭墓矣, 不要瀆祀. 【或値郡·縣之養者, 略具薦儀, 可也.】 ○ 今人務奉累世. 宜禰宜祖者, 皆祭四世, 而時享則廢之, 是猶廣[17]區而不穡也. 今人

---

15 註: 규장각본A·규장각본B에는 ‘注’로 되어 있다. 통가자(通假字)다.
16 土: 신조선사본에는 ‘上’으로 되어 있으나 규장각본A·규장각본B에 따라 바로잡는다.
17 廣: 신조선사본에는 ‘廟’로 되어 있으나 규장각본A·규장각본B에 따라 바로잡는다.

以數薦爲孝, 三元·四重薦獻煩瀆, 而時享則廢之. 是猶緦·功之察而廢三年
也. 使今之人能達禮意, 必不以俗節易時享也.

3 「제의고(祭儀考)」

① 考古祭祀之禮, 張皇繁縟, 節文大備, 未易遵也.

古者大夫·士之祭禮, 今皆具存. 然古祭用尸, 今不用尸; 古祭用牲, 今用庶羞;
古祭請賓, 今以兄弟; 古祭主婦屢薦, 今廟制異昔. 禮多不便, 古禮雖美, 無以悉
遵也. 旣不用尸, 則若按祭·振祭·擧肺·擧幹·擩鹽·挩醢·哜酒·嚌肝之
禮, 皆無所依附. 旣不用賓, 則筵賓·宿賓·獻賓·酬賓之禮, 皆無所做行也. 餘
皆倣此.

② 今宜參古酌今, 遵其可行, 闕其所變, 不失其大義也.

古禮太繁, 今禮太簡, 未易中也. 然且天子·諸侯之禮, 多相參錯, 習而不辨, 犯
分多矣. 玆取「少牢」·「特牲」之禮及『朱文公家禮』, 參伍出入, 採錄如左.

③ 若夫時享之禮, 前期三日之朝, 有齊宿之禮.【宿, 肅也.】

丁日行事, 則乙日戒也. ○ 主人盛服,【朝官具朝服.】率諸執事詣廟前.【不升
堂.】主人東階南面, 諸執事階下北面.【序立如常儀.】主人拜告曰: "來日丁亥,
將薦歲事. 敢宿."【諸執事皆卑幼, 則主人不拜.】諸執事答拜. ○ 執事者, 祝一人,
【兄弟習禮者.】亞獻者一人,【親兄弟.】三獻者一人,【遠兄弟.】佐食一人,【掌陳
設.】贊者一人,【執笏記相禮.】執尊一人,【立於尊, 所以酌酒.】薦俎一人,【掌牲
薦.】諸執事若干人.【薦籩, 豆庶品及授爵·奠爵.】○ '宿者, 致齊也.【不聽樂, 不
出入, 思念所祭者.】前七日, 散齊.【不弔喪, 不問疾, 不茹葷, 飮酒不至亂, 不預凶穢
事.】不戒于廟. ○ 案 古者主婦亞獻, 賓三獻, 今且從俗.

④ 厥明之夕, 有視濯之禮.

主人以下盛服, 詣廟, 升堂, 灑掃, 設筵席, 【今無几.】 設燎, 【三位各一燭.】 設椸禁於東階, 【具尊一·勺一, 有羃.】 設盥洗於西階, 【有洗巾.】 乃就家堂, 視滌器, 視牲鼎.

⑤ 厥明, 夙興, 有視飪之禮.

主人以下盛服, 詣家堂, 視羹飪.【簋·鉶·籩·豆之屬, 竝視其圭潔.】 主婦視饎爨.【飯曰'饎'.】 ○ 案 古禮夙興而已, 今用雞鳴, 未必然也.

⑥ 乃詣廟陳饌.

入廟, 啓戶, 燃燭, 啓祏. 主人以下再拜. ○ 先設籩, 次設豆, 次設鉶, 次設簋. ○ 佐食啓會, 【去飯簋之蓋.】 主人升薌. ○ 案 '升香', 非古也. 【「少牢」·「特牲」無此禮.】 今且從衆. 至於縮酒灌地, 此本天子·諸侯之禮, 未易議也. 若云豆間之祭, 【祭始造食者.】 又不當名之曰'降神'也. 【旣不灌酒, 故不設茅沙.】 ○ 朱子曰: "酹酒有兩說. 一用鬱鬯, 灌地以降神, 則惟天子·諸侯有之. 一是祭酒, 蓋古者飮食必祭, 今以鬼神, 自不能祭, 故代之祭也."

⑦ 乃釋祝.

主人再拜, 稽首, 詣曾祖位, 跪. 【諸兄弟執事皆跪.】 祝在左祝曰: "維歲甲子八月丁亥, 孝曾孫某敢用嘉薦普淖·淸酌·庶羞, 用薦歲事于曾祖考某官, 以曾祖妣某封某氏配. 尙饗." ○ 次詣王考位. 祝曰: "孝孫某用薦歲事于祖考某官, 以祖妣某封某氏配. 尙饗." 【王考以下, 不逑歲·月·日, 不擧柔號.】 ○ 次詣考位. 祝[18]如初.

---

18 祝: 신조선사본에는 '祀'로 되어 있으나 규장각본A·규장각본B에 따라 바로잡는다.

○ 卒, 祝興. 主人再拜. ○ 案 今禮讀祝, 在初獻之後, 今依古禮, 先祝而後獻.

⑧ 乃侑食.

薦俎者先薦四俎,【薦左右四俎.】肝燔之俎待于東階之上;【三獻之所用.】折殽之俎待于西階之上.【旅酬之所用.】○ 乃扱匙正梜. ○ 案 古者侑食之禮, 尸每一飯, 祝乃侑食曰: "皇尸未實."【'侑'者, 勸食也.】佐食卽擧牲肉, 加于肵俎.【尸俎也.】此之謂侑食也. 今旣無尸, 唯以薦俎當此禮也. 『家禮』扱匙, 在侑食之時, 亦合此義. 然古禮侑食在三獻之前, 『家禮』侑食在三獻之後, 又以添酌爲侑食, 與古殊也.【古禮無添酌.】

⑨ 行初獻禮.

主人盥洗, 詣曾祖位, 跪. 執尊者擧冪酌酒,【執事奉酌授主人.】獻爵奠爵. 執俎者進肝俎,【肝炙也.】獻肝奠肝.【佐食者奠于四俎之中.】主人再拜. ○ 次詣王考位, 獻如初. ○ 次詣考位, 獻如初.

⑩ 行亞獻禮.

獻者盥洗, 獻爵, 獻燔,【肉炙也.】如上儀. 獻者再拜.【燔俎不升, 直以肉炙加于肝俎之上.】

⑪ 行三獻禮.

如上儀. 獻者再拜. ○ 三獻訖, 進水如今禮.

⑫ 行薦羞禮.

主婦盥洗,【次婦二人從.】詣曾祖位, 獻加豆・加籩.【次婦二人助奠之.】主婦再

拜.【王考位·考位皆同.】○案 古禮主婦亞獻, 主婦薦簋薦鉶. 主婦薦豆薦籩, 今
皆略之, 唯存此禮, 以明夫婦共祭之義. ○ 若未有加豆·加籩者, 亦無薦羞之禮.

⑬ 行受胙禮.

主人詣前, 北面, 跪. 祝取爵授主人, 告嘏曰: "祝承致多福于汝孝孫. 來汝孝孫,
受祿于天, 宜稼于田, 眉壽萬年, 勿替引之." ○ 主人啐酒, 興, 再拜. ○ 案『家
禮』有'抄飯實袂'之節, 蓋古禮也. 今姑略之.

⑭ 行旅酬禮.

主人及亞獻者·三獻者, 西面, 北上. 祝及佐食者·贊者, 東面, 北上.【衆兄
弟·諸執事, 皆北面, 西上.】皆坐. 主人起, 獻爵於祝.【子弟一人助獻之.】祝受爵,
卒飲. 主人拜, 祝答拜.【一肅拜.】主人獻爵於佐食, 如上儀.【佐食雖卑, 主人
拜.】獻爵於贊者, 如上儀. ○ 祝起酢主人.【執事一人助爲之.】主人受爵, 卒飲.
祝拜, 主人答拜. 祝酢亞獻者, 酢三獻者, 竝如上儀. ○ 執事者取折俎,【取於西
階上.】詣東列, 以次嚌之,【少嘗之.】詣西列, 以次嚌之. ○ 執事者取爵, 就南
列, 獻衆兄弟. 衆兄弟各受爵, 卒飲,【執事者亦自取一爵, 北面, 飲.】取折俎, 以
次嚌之. ○ 主人告嘏曰: "祖考嘉饗, 與汝同慶." 衆兄弟北面, 拜. 主人答拜.
【西面拜.】

⑮ 告利成, 闔牖.

祝東面, 告利成, 徹匙梜.【乃蓋會.】主人以下再拜. ○ 乃闔牖. ○ 案 注疏以'告
利成'爲諷尸使起之禮, 故後儒或謂"無尸之祭, 不告利成.", 然「特牲」尸謖之後,
再告利成, 遂以徹降,「少牢」亦然,【「有司徹」: "再告利成."】殊非諷尸之意也.

⑯ 行分餕禮, 徹籩·豆. 【鉶·俎·簋·爵以次徹.】

祝徹一簋·一俎·一豆·一籩, 授執事者, 以授主人. 主人分餕實于筐. 【四器之
實, 每用少許, 實于筐.】 執事者奉筐, 詣西列, 進餕. 【人各取一分.】 次詣東列, 次詣
南列. 奉空筐, 詣主人. 主人又分餕實于筐, 【如上法.】 執事者奉筐, 詣主婦前.
主婦受筐, 分餕于衆婦, 如男儀. 【據『家禮』也. 古禮婦人無餕.】 ○案「祭統」分餕
之法, 下及於煇·庖·翟·閽. 【皆賤者.】 『家禮』亦戒其徧及微賤, 亦至意也. 然
「少牢」餕者四人;「特牲」餕者二人. 【有上餕·下餕.】 蓋以大夫惠不過異姓, 【賈
氏云.】 士禮惠不過族親也. 【鄭氏云.】 今且從古. 宜於禮畢之後, 乃均其惠也.
【及僕·妾.】 ○又按 餕法本與旅酬相似, 【亦有獻有酢.】 亦有嘏辭, 今皆略之.

⑰ 祝闔戶, 降. 贊者告事畢. 主人以下出.

「少牢」·「特牲」之禮, 闔牖戶, 皆在禮畢降出之時. '闔'也者, 爲其將出也. 今禮
闔門, 爲祭禮之大節, 蓋本「士虞禮」無尸之文也. 然「虞禮」闔戶, 本是殤祭之禮.
【詳見『喪禮箋』.】 凡祭闔門一節, 廢之無疑也. 今公家之祭, 皆無闔門之法. ○案
朱子『家禮』闔門之節曰: "主人立於門東, 主婦立於門西." 其啓門之節曰: "乃啓
門. 主人以下皆入就位." 以此觀之, 則闔門者, 闔廟之中門也, 豈廟室之牖戶乎?
【牖戶之內, 本無主人以下之位, 不得云"皆入就位".】 吾東之人以闔戶謂之闔門, 失
之遠矣. 【楊信齋引「士虞禮」, '闔牖戶'之文, 以注'闔門', 本誤.】 門與戶, 同哉?

⑱ 至於冬·夏之薦, 其禮宜簡. 【士之春薦同.】 朔參亦然.

前一日齊戒, 不戒于廟. ○視濯·視牲, 如祭禮. ○陳饌俎, 同升. ○不釋祝,
不侑食, 一獻而已. ○無薦羞·受胙·旅酬之禮. ○不告利成. ○不分餕. ○案
今俗朔參之禮, 旣設饌獻爵, 俯伏如食頃. 雖於古無徵, 【『家禮』亦無文.】 然纔設
卽徹, 亦不成文, 且當從俗.

⑲ 忌日之祭, 皆如時享. 所異者, 數節而已.

前三日齊宿, 不戒于廟. ○ 男女皆淺黲服,【無者用白衣.】設籩·豆于正寢, 乃詣廟出主.【如朱子『家禮』.】○ 旣再拜, 設鉶·簋. ○ 升薦, 不灌酒.【無茅沙.】○ 乃釋祝,【祝辭如『家禮』.】侑食以薦俎.【無折俎.】○ 旣三獻, 遂進水. ○ 旣薦羞, 乃哭.【朱子『家禮』唯考·妣之祭有哭.】○ 不闔門如食頃. ○ 不俯伏如食頃.【若不哭, 則旣薦羞, 宜暫俯伏.】○ 哭止, 告利成, 乃徹. ○ 不受胙, 不旅酬, 不分餕. ○ 詣廟納主.

⑳ 墓祭如薦禮.【喪祭別有著.】

今禮墓祭, 亦三獻, 釋祝. 然旣無古禮, 從簡, 可也. 其用三鼎者, 釋祝不妨.【祝辭如『家禮』.】仍宜一獻.

① 考古祭祀之饌, 原有五等, 曰大牢; 曰少牢; 曰特牲; 曰特豚;【亦三鼎.】曰一鼎.【亦特豚.】其末有鼎者, 脯·醢而已.

祭饌之有五等, 猶喪服之有五等.【曰斬衰; 曰齊衰; 曰大功; 曰小功; 曰三月. 其不能月者, 袒免而已.】服於是五者乎無當者, 非禮之服也. 饌於是五者乎無當者, 非禮之饌也. 今人第知有二牢·特牲之名, 而其籩·豆·簋·鉶之數, 尙多昧昧, 至於三鼎·一鼎之品, 竝其名而泯焉. 於是人自爲制, 紛淪潰裂, 踰分越法, 務尙華靡, 而先王節約之制, 與孝子哀敬之文, 掃地盡矣. 古者祭祀之禮, 原倣燕饗之儀. 生則燕饗以致歡, 死則祭祀以致敬, 其義一也, 而其隆殺之等, 一以其牲鼎多少立制名. 故孟子之祭, 前以三鼎,【卽特牲.】後以五鼎,【卽少牢.】鼎以殊名, 如是也. 若所謂'三鼎·一鼎'者, 特豕·特豚之分爲三等者也.【三鼎有二等, 一是特豕, 一是特豚.】昏禮同牢及喪禮之殯奠·朔奠, 皆用特豚.【三鼎者.】冠

禮醮子·昏禮盥饋及喪禮之小斂奠·朝祖奠, 皆用一鼎. 【已上見『儀禮』.】 鼎爲
之統, 而籩·豆·簋·鉶之屬, 隨之爲豐約, 皆著之『經禮』, 秩然有別. 此先王之
大典, 聖人之至訓, 千世之所宜遵. 凡有祭奠, 宜於是五者之中揀而用之, 不宜
率情徇物有所增損也.

② 牲鼎, 所統薦, 獻之器, 約有六種. 一曰爵; 二曰簋; 三曰鉶; 四曰俎; 五曰
豆; 六曰籩. 其所實不同, 而名以之立.

爵, 其實酒·醴. 【尊甒在外, 非所以薦獻.】 簋, 其實黍·稷. 【虞曰敦, 周曰簋, 五穀
皆簋實.】 鉶, 其實羹, 渣. 【鉶, 羹·芼和合之器.】 俎, 其實牲·肉. 【自鼎而出之,
卽以載俎.】 豆, 其實菹·醢. 【凡水土之產, 濕物皆豆實也.】 籩, 其實脯·栗. 【凡水
土之產, 乾物皆籩實也.】 器於是六者乎無當者, 非禮之器也. 物於是六者乎無當
者, 非禮之物也. ○ 按 此六種之器, 數各不同. 爵用奇數, 【有一獻·三獻·五獻·
七獻.】 簋用偶數, 【天子八簋, 諸侯六簋, 大夫四, 士二.】 鉶·俎用奇數, 籩·豆用偶
數. 【「郊特牲」之文.】 此陰陽之義也. 今不顧名器, 不問奇偶, 唯珍羞藝味, 雜然
交陳, 用相高鶩[19], 其於禮遠矣. 古禮雖殘缺, 考之三禮, 其庶品之數, 至今磊落,
秩然有別, 玆採錄如左.

③ 大牢有二等. 上焉者九鼎, 其爵九獻, 【或七獻·五獻.】 其食八簋·七鉶·
九俎·八豆·八籩.

大牢者, 天子·諸侯之禮也. 「聘禮」享賓, 【卽上賓.】 亦用大牢, 皆上等也. 【上等
之中, 亦小有差級.】 ○ 九鼎者, 據「聘禮」也. 牛·羊·豕·魚【卽乾魚.】·腊【野
獸之乾者.】·腸胃【取於牛.】·倫膚【牛肉細理者.】·鮮魚【魚之新鮮者.】·鮮腊,
【野獸新殺者.】 卽其實也. ○ 九獻者, 『周禮』: "天子九獻, 【上公同.】 侯·伯七獻,
子·男五獻, 大夫·士三獻." 「大行人」.】 又「禮器」曰: "一獻質, 【群小祀.】 三獻

---

19 鶩: 신조선사본에는 '騖'로 되어 있으나 규장각본A·규장각본B에 따라 바로잡는다.

文, 【社稷及五祀.】 五獻祭, 【四望及山川.】 七獻神." 【卽宗廟之祭.】 以此推之, 太牢之爵, 或九, 或七, 或五, 或三, 【「聘禮」享賓, 只三獻.】 皆有差級, 不相踰也. ○ 八簋者, 據「聘禮」 【稻粱實于簋.】 及「公食禮」也. 【上大夫八簋.】 ○ 七鉶者, 「聘禮」及「公食禮」皆云'六鉶'. 【牛·羊·豕·魚·腊·腸胃.】 然大羹一鐙, 【見「公食大夫」.】 亦爲羹器, 合之爲七鉶也. ○ 九俎者, 祭牲之法, 始煮以鑊, 【「少牢禮」有云'羊鑊·豕鑊'.】 旣熟, 移于鼎, 【見『禮』注.】 旣奠, 載于俎. 【以匕出牲體, 載之.】 故鼎九則俎九, 鼎三則俎三也. 「公食禮」云: "上大夫九俎." ○ 八豆者, 據「聘禮」 【韭·菹·醓·醢等.】 及「公食禮」也. 【上大夫八豆.】 『周禮』醢人之職, 朝事之豆, 【卽韭·菹·醓醢·昌本·麋臡·菁菹·鹿臡·茆菹·麋臡.】 饋食之豆, 【卽葵菹·蠃醢·脾析·蠯醢·蜃·蚳醢·豚拍·魚醢.】 加豆之實, 【卽芹菹·兔醢·深蒲·醓醢·箈[20]菹·雁醢·筍菹·魚醢.】 其物不同, 其數皆八. 【羞豆則酏食·糝食二豆而已.】 又可驗也. ○ 八籩者, 據『周禮』籩人之職, 其朝事之籩, 【麷蕡·白[麷]稻·白[熬]黍·形鹽·膴·鮑魚·鱐.】 饋食之籩, 【卽乾棗·濕棗·乾梅·濕梅·乾桃·濕桃·榛栗.】 加籩之實, 【菱芡·栗·脯疊用之.】 其物不同, 其數皆八. 【羞籩則糗餌·粉餈二籩而已.】 太牢之有八籩, 可知也. 然薦籩之制, 天子用八, 諸侯六, 大夫四, 士二. 【見『禮』注.】 故八籩之文不見他經. ○ 案「聘禮」又有"羞鼎三, 腥鼎七". 【無鮮魚·鮮腊.】 羞鼎, 卽陪鼎. 此三臐之所煮也. 【三臐者, 膮·臐·膮也.】 腥鼎者, 不以烹飪, 故別立其名, 其實九鼎而已. 【卽所云正鼎.】 「公食禮」: "上大夫又有庶羞二十." 【雉·兔·鶉·鴽等.】 庶羞者, 三臐 【牛曰膮, 羊曰臐, 豕曰膮.】·三胾 【卽牛胾·羊胾·豕胾.】·三炙 【卽牛炙·羊炙·豕炙.】·二醬 【牛鮨·魚膾有芥醬.】 之謂也. 故「禮器」曰: "天子之豆二十有六, 諸公十有六, 諸侯十有二, 上大夫八, 下大夫六." 正豆·羞豆, 合而計之也. 【『公羊傳』注云: "卿·上大夫八豆, 下大夫六豆, 士二豆."】 ○ 又按 簠簋之實, 黍·稷·稻·粱而已. 雖陳饋八簋, 【「小雅」文.】 四物兩用, 非用他穀也. ○ 又按『左傳』楚子之享于鄭, 【僖二十二年.】 饗以九獻, 【加籩·豆六品.】 又重耳之享于楚, 饗以九獻. 【見『國語』.】 此上

---

20 箈:『주례주소(周禮注疏)』의 교감기(校勘記)에는 '箉'로 되어 있다.

公之禮也. ○又按「禮器」曰: "宗廟之祭, 五獻之尊, 門外缶, 門內壺." 【疏云: "子·男禮."】此子·男之禮也. 【「特牲禮」云: "長兄弟洗觚爲加爵." 賈疏記九獻·七獻·五獻·三獻之數.】[21]

④ 下焉者七鼎. 其爵三獻, 其食六簋·五鉶·七俎·六豆·六籩.

聘享之禮, 公食下大夫用此禮也. 「雜記」曰: "上大夫祔·卒哭, 亦太牢."【大夫遣奠, 亦宜用.】○七鼎者, 九鼎之中, 去鮮魚·鮮腊也. ○三獻者, 聘禮不過三獻, 故季孫宿之享于晉也, 曰"得貺不過三獻",【昭五年.】則凡人臣之祭, 三獻而已. ○六簋者, 據「公食」也. 【「玉藻」疏云: "天子朔食, 亦大牢六簋."】黍·稷兩用, 稻·粱各一也. ○五鉶者, 四鉶一鐙, 合之爲五也. 鉶必有芼, 乃爲羹也. 【牛用藿, 羊用苦, 豕用薇, 皆以菫·荁滑之.】○七俎者, 七鼎之所升也. ○六豆者, 據「公食」也. 其物如朝事之豆, 而去茆菹·麋[22]臡. ○六籩者, 少牢亦有六籩, 大牢可知也.

⑤ 少牢五鼎, 其爵三獻, 其食四簋·三鉶·五俎·六豆·六籩.

少牢者, 大夫之禮也. 【詳見「少牢饋食禮」.】「聘禮」衆介致飧, 用少牢五鼎. 『國語』曰: "大夫祀以少牢."【見「楚語」.】然「玉藻」: "諸侯朔月之食, 用少牢." 「士喪禮」: "遣奠, 亦用少牢." ○五鼎者, 據『本禮』也. 【「少牢饋食禮」.】其實羊·豕【皆只用右胖.】·魚·腊【魚用鮒而腊用麋.】·倫膚也. 【用羊肉.】○三獻者, 據『本禮』也. 【『周禮』大夫·士皆三獻也.】○四簋者, 『本禮』謂之四敦. 【瓦曰敦.】「玉藻」曰: "少牢四簋." 【「禮」疏云: "天子八簋, 諸侯六, 大夫四, 士二."】「聘禮」衆介亦四簋而已. 【卽黍·稷·稻·粱.】○三鉶者, 『本禮』及「聘禮」, 皆止兩鉶, 【羊鉶及

---

21 「特牲禮」云 …… 三獻之數: 규장각본B에는 빠져 있다.
22 麋: 신조선사본에는 '麇'로 되어 있으나 규장각본A·규장각본B와 『주례주소(周禮注疏)』 교감기(校勘記)에 따라 바로잡는다.

354 ◉ 다산 정약용의 사례가식

豕鉶.】然泰羹之湆, 合之爲三也. ○五俎者, 五鼎之所升也.「玉藻」云: "少牢五俎."】據『本禮』, 五俎之外, 又有胏俎・肝俎・燔俎之名. 然胏俎者, 尸俎也. 【胏, 音祈, 心舌之俎.】今不用尸, 無所用也. 肝燔者, 三獻之所從, 非正俎也. ○六豆者, 『本禮』・「聘禮」, 皆止四豆.【卽韭菹・醓醢・葵菹・蠃醢.】然『本禮』四豆之外, 又有羞羘兩豆,【卽羊臄・豕臄.】合之爲六豆也. ○六籩者, 據『本禮』也. 其實麷・蕡【麷者, 熬麥也. 蕡者, 枲子也.】・棗・栗【棗烝而栗擇.】・糗・股, 【糗者, 熬米豆而爲之. 股者, 糒施薑・桂也.】皆主婦之所獻也. ○案「旣夕」遣奠之物, 亦不過四豆・四籩. 此蓋少牢之正例也. 加之用六者, 縟其文也. ○朱子「時祭儀」, 果用六品, 是六籩也. 蔬菜・脯・醢, 各用三品, 是六豆也. 【案, 脯乃籩實, 宜入果品.】

⑥ 特牲三鼎, 其爵三獻, 其食二簋・三鉶・三俎・四豆・四籩.

特牲者, 士[23]禮也.【「雜記」: "下大夫之虞, 亦特牲."】○三鼎者, 據『本禮』也.【「特牲饋食禮」.】其實豕【解之爲九體.】・魚【十有五.】・腊.【鄭云: "士用兔."】「士虞記」實牲, 謂之上鼎,【解之爲七體.】實魚, 謂之中鼎,【魚止九.】實腊, 謂之下鼎.【腊用右胖.】○三獻者, 據『本禮』也. ○二簋者, 據『本禮』, 主婦設兩敦也. 『易』曰: "二簋可用享."【'損'之象.】○三鉶者, 鼎實旣載, 湆者爲泰羹,【『經』云: "佐食設泰羹, 其湆取於牲鼎."】芼者爲二羹,【『經』云: "主婦設兩鉶."】共三鉶也. 「士虞禮」有祭鉶・嘗鉶, 又有泰羹.【鉶芼用苦若薇. 又夏用葵, 冬用荁以滑之.】○三俎者, 三鼎之所升也.【「玉藻」云: "特牲三俎."】三俎之外, 又有折俎【折節者.】及肝俎・燔俎, 非正俎也. ○四豆者, 據『本禮』. 主婦之薦, 止有兩豆,【卽葵菹・蝸醢.】佐食之羞, 却至四豆,【鄭以四豆爲膮・炙・羘・醢.】今以四豆爲正也.「士虞禮」'饌兩豆'者再, 正是四豆之明驗.【「士虞禮」又有"羘四豆, 設于左", 此是加豆.】○四籩者, 據『本禮』. 主婦設兩籩.【棗與栗.】然「士虞禮」明用四籩, 此特牲之正例也. 苟用四籩, 棗・栗・脯・糗, 其實也.

23 士 : 신조선사본에는 '主'로 되어 있으나 규장각본A・규장각본B에 따라 바로잡는다.

⑦ 特豚有二等. 其三鼎者, 其爵一獻, 其食二簋・一鉶・三俎・二豆・二籩.

特豚三鼎者, 士之殷奠也. 【於奠爲最盛.】特牲用豕, 特豚用豚, 【豚, 豕子.】大小不同也. 【「士喪禮」, 大斂奠・啓殯奠・朔奠, 皆用特豚三鼎.】○ 三鼎之實, 豚止七體, 【合升之.】魚用九, 【鱄・鮒也.】腊用右胖. 【見「士禮」.】○ 一獻者, 喪奠, 皆一獻也; 【喪奠, 必用兩甒, 其陳酒醴. 然科用其一, 不兩用也.】吉祭・嘉禮, 亦有一獻. 故「禮器」曰: "一獻質." 【群小祀.】昏禮之饋, 亦特豚三鼎, 而其爵一獻也. ○ 二簋者, 據「士禮」. 朔奠有黍・稷也. 【各一敦.】昏禮四敦者, 夫婦共之也. ○ 一鉶, 據「昏禮」也. 昏禮雖用大羹, 若於祭禮, 宜用芼羹也. ○ 三俎者, 三鼎之所升也. 【豚・魚・腊.】○ 二豆・二籩者, 據'殯奠'之文也. 【「士喪禮」.】其實菹・醢・栗・脯. 【朔奠則無籩.】昏禮菹・醢四豆者, 夫婦共之也.

⑧ 特豚一鼎者, 其爵一獻, 其物一俎・二豆・二籩.

一鼎者, 殺禮之奠也. 【「士喪禮」, 小斂奠・朝禰奠, 皆用一鼎.】「士冠禮」, 亦特豚一鼎. ○ 一獻者, 略也. 冠禮醴賓, 亦一獻. ○ 一俎者, 升鼎而載俎也. ○ 二豆・二籩者, 「士喪禮」小斂奠, 只有脯・醢, 故鄭亦云"一豆・一籩". 然記文曰"豆二以竝, 籩亦如之", 其用二豆・二籩, 可知也. 【或曰: 此朝夕奠之竝饌.】冠禮醮子, 別有殺牲之禮, 亦特豚一鼎・兩豆【葵菹而蠃醢.】・兩籩, 【栗與脯.】又一明驗也. ○ 按 昏禮盥饋, 亦特豚一鼎, 而二簋・一鉶・一俎・一豆, 此別是一例, 不可準也.

⑨ 脯・醢之薦, 未有牲鼎. 其爵一獻・一豆・一籩, 其行大禮者, 必有折俎.

脯・醢者, 無牲之奠也. 【「士喪禮」, 始死奠・朝夕奠, 皆用此品.】有子曰: "喪奠, 脯・醢而已." 然冠禮醮子, 昏禮醴婦, 皆用脯・醢之品, 【皆一豆・一籩.】大夫之聘, 亦以脯・醢, 【「禮器」云.】不可少也. ○ 一獻者, 非醴則酒也. ○ 一豆・一籩者, 脯一籩, 醢一豆也. ○ 古者特殺之牲, 謂之體薦, 【解其全體而薦之.】折節而饗, 謂之折俎. 【折其骨節而升之.】周定王之享士會【宣十六年.】曰: "享有體薦,

【王享公.】宴有折俎."【王享卿.】其禮級不同.【『國語』以此爲周 襄王事.】故趙文子之享于宋,【襄二十七年.】亦有折俎之薦, 非必特殺以爲禮也. 故燕禮者, 君臣燕飮之禮, 而其物則脯·醢而折俎也. 大射者, 諸侯選士之禮,【數中者與祭.】而其物則脯·醢而折俎也. 以至鄕飮·鄕射之禮, 皆以脯·醢折俎, 著之爲法, 簡而不薄, 和而不煩, 此聖人之微文也. 後世匹庶之家, 一有燕飮羞戭, 雜陳奢汰, 唯意爲國者不可以不慮也.

⑩ 唯是五等之饌, 等威截嚴, 憲章昭列, 以防民志, 不可踰也.

『大戴禮』曰:"諸侯之祭, 牲牛曰太牢. 大夫之祭, 牲羊曰小牢. 士之祭, 牲特**24**豕曰饋食. 無祿者稷饋, 稷饋者無尸, 無尸者厭也."【『曾子天圓』篇.】○『國語』屈建曰:【其父屈到嗜芰者.】"祭典有之曰:'國君有牛享, 大夫有羊饋,【少牢也.】士有豚·犬之奠, 庶人有魚炙之薦.'"【見「楚語」.】○ 又觀射父曰:"祀加於擧.【人君朔望之盛饌.】天子擧以太牢, 祀以會.【有加於大牢.】諸侯擧以特牛, 祀以大牢. 卿擧以少牢, 祀以特牛. 大夫擧以特牲, 祀以少牢. 士食魚炙, 祀以特牲. 庶人食菜, 祀以魚." ○『公羊傳』註曰:"天子·諸侯·卿·大夫, 三牲曰大牢.【牛·羊·豕.】天子元士·諸侯之卿·大夫, 二牲曰少牢.【羊與豕.】諸侯之士特豕."【桓八年.】○ 又曰:"禮祭天子九鼎, 諸侯七, 卿·大夫五, 元士三也."【桓二年.】○ 鏞案 名以制義, 禮以辨名. 禮也者, 所以別上下而殊貴賤, 以納民於軌度者也. 故"天子裘冕, 上公袞冕, 侯伯鷩冕, 孤卿希冕, 大夫玄冕",【「司服」文.】**25** 有敢踰者乎? "天子玉路, 孤卿夏篆, 列卿夏縵, 大夫墨車, 士乘棧車",【「巾車」文.】有敢踰者乎? 旗斿有數, 樊纓有差, 舞佾有等, 屋霤有度, 百體森整, 萬民以

---

24 特 : 신조선사본에는 '豕'로 되어 있으나 규장각본A·규장각본B와 『대대례(大戴禮)』, 「증자천원(曾子天圓)」에 따라 바로잡는다.

25 「司服」文 : 신조선사본에는 빠져 있으나 규장각본B에 따라 보충한다. 규장각본A에는 바로 이어지는 '有敢踰者乎?' 뒤에 【「司服」文】이 있지만, 뒷문장의 【「巾車」文】이 위치한 자리를 고려하여 일관성이 있는 규장각본B를 따른다.

正. 顧獨於祭祀·燕饗之節, 漫然無級哉? 太牢·少牢者, 君·大夫之所用也. 特牲·豚·魚者, 士·庶人之所安也. 一有踰越, 遂陷大戾. 故古者大夫聘於鄰國, 其籩·豆·酒·醴之數, 一或差濫, 則恐懼逡巡, 不敢寧受. 趙武子之享于鄭, 厥有五獻之籩·豆, 趙孟固辭, 竟受一獻. 【昭元年.】 季孫宿之享于晉, 厥有加籩之饗, 季孫固辭, 至曰: "下臣不堪." 【昭五年.】 周公閱之饗于晉, 力辭昌歜之薦, 【僖三十年.】 管夷吾之饗于周, 必受下卿之禮. 【僖十二年.】 夫水土所產, 菁·茆·葵·韭之菜, 蜃·蠃·蝸·蛤之醬, 或加一籩, 或加一豆, 若無以大害義者, 而當時知禮之臣, 其踧踖戰慄, 死且不敢, 乃至於是, 豈不以名不可瀆, 而義不可隳也歟? 豈唯是也? 昔晉悼公之謀鄭也, 祈以幣更, 【不用牲.】 賓以特牲. 【襄九年.】 鄭公孫黑肱之將死也, 召宗老而告之: "使祭以特羊, 殷以少牢." 【襄二十二年.】 興國之君·保家之臣, 其欲薄祭如是也. 故『易』曰: "東鄰殺牛, 不如西鄰之禴祭, 實受其福." 『易』曰: "孚乃利用禴." 【萃與升.】 禴者, 瀹菜也, 【不殺牲而祭.】 其鮮薄如是也. 『易』曰: "中孚豚魚吉." 『易』曰: "二簋可用享." 【損之象.】 其欲厚於誠而薄於物, 如是也. 『詩』云"于以采藻, 于彼行潦. 于以奠之, 宗室牖下", 道物薄而誠明也. 『詩』云"幡幡瓠葉, 采之亨之. 有兔斯首, 炮之燔之", 道物薄而意厚也. 今也匹庶之祭, 殺牛成俗, 大夫之家崇於王室. 名之旣亂, 義於何有? 婚姻·燕飮, 奢汰亡度, 以至監司行部, 其受郡·縣之享, 什倍大牢, 浚削民膏, 以悅一口, 冒犯王章, 以果一腹, 猶復宴然自安, 矜其多福, 非細故也. 今雖禮制紊壞, 大夫衮繡九章, 未有不六師以征之也, 庶人乘車夏篆, 未有不三尺以繩之也. 至於祭祀之物·宴饗之饌, 泯泯棼棼, 無所節制. 國瘠民貧, 無所錯義. 此爲國家者所宜熟慮, 而深計之者也.

⑪ 今宜考古酌今, 凡有祭薦, 每於五等之中, 揀而用之, 無踰定制, 而其制器之式·實器之物, 合有詳定.

古者燕器仍是此器, 燕饌仍是此饌, 故事死如生, 其禮無二也. 今燕器·燕饌, 皆與古殊, 而欲於祭器·祭饌一遵古制, 亦不通之論也. 君子行禮, 不求變俗, 但求古人制裁名分之本, 而謹守其意, 罔敢踰越焉, 則小德雖出入, 可也. ○古

者大夫·士之牲, 皆用羊·豕, 我邦無羊. 【古云"朝鮮無羊", 非無羊也, 其生育不
蕃.】官庖宰牛, 許民共食, 生則以養, 死不以祭, 無是理也. 【星湖云.】故今私家
之祭, 牲不特殺, 竝用庖牛之肉, 非敢僭僭, 國俗然也. 且國俗不事畋獵, 不食野
獸, 卽麋腊·兔腊, 亦且難得矣. 然其牲鼎之數, 不可無制. 無制則亂矣. 今論牲
鼎之實與六器諸品, 皆考古酌今, 條例如左.

⑫ 鼎, 所以實牲也. 古以鼎薦, 今鼎不升, 直以鉶·俎升.

鼎之制從宜. ○ 少牢, 肉一鼎, 【不云牛者, 嫌僭也.】豕一鼎, 【公祭旣用豕, 少牢宜
亦備物.】魚一鼎, 【不必是鱄·鮒.】雞一鼎, 【「曲禮」云: "翰音."】腸胃一鼎, 【牛之
脾·肺·心·肝皆可用.】五鼎也. ○ 特牲, 肉一鼎, 【好用者, 仍宜禮豕.】魚一鼎,
雞一鼎, 三鼎也. ○ 特豚之鼎, 同上. 【宜亦少殺之.】○ 特豚一鼎, 或用豚, 【無則
用牛肉.】或用雞. 【無雞則用魚.】

⑬ 爵之制, 口圜徑五寸, 【宜用指尺, 見下圖.】深二寸, 【足崇三寸弱.】通崇五
寸, 有兩耳, 無承槃. 【與古制差異.】

爵之實, 古有五齊, 【卽盎齊·醴齊之類.】今止用清酒. 喪奠, 或用醴酒. 【栗谷於
夏月, 許用燒酒, 燒酒芳烈, 正合祭用.】○ 今禮亞獻, 徹初獻之爵. 然旣非酳酬, 三
獻之酒, 宜列爲三爵, 禮畢乃徹. 【今公祭皆然.】

⑭ 簋, 竹器也. 瓦曰敦. 【今用磁或銅.】敦之制, 口圜徑八寸, 深四寸, 【足崇一
寸弱.】通崇五寸.

簋之實, 黍·稷爲正. 今用稻·粱者, 遵時宜也. 【五穀皆簋實.】古者四簋·六簋,
皆是飯饌, 而糗餌·粉餈, 皆充籩實. 【見『儀禮』.】今俗飯止一簋, 不可蹈也. 【公
家用古制.】溫公「祭儀」, 有米食·麪食. 『家禮』亦因之.】米食者, 餈餌之類; 麪
食者, 饅頭之類, 皆與飯簋同列, 或四或六, 宜用此備文. ○ 少牢, 稻飯一簋, 【或
用黍·稷糝上面.】粱餈一簋, 【宜以稻米爲餅, 衣之以粱, 或黍·稷.】菽餈一簋, 【稻

米爲餠, 衣之以菽粉, 或用菉豆・赤豆.】麥麪一籩,【宜用條麪也. 饅頭則有魚肉在中,
不中籩實.】四籩也. ○ 特牲・特豚, 稻飯一籩,【西北人宜用黍・稷.】粱餈一籩,
【或用菽若豆.】二籩也. ○ 今俗餠餌・餈糕, 載之桄俎之上, 高至四五尺, 磊魂可
怪,【星湖云.】大非禮也.【又用蜂蜜, 一鍾助之, 非禮也. 今除之, 但用少許塗上面.】
今擬, 餠器與飯器同制, 其實之高, 出敦口二寸.

---

⑮ 鉶之制, 口圜徑六寸, 深三寸,【足崇二寸弱.】通崇五寸.

鉶之實, 菜也, 非肉也. 牲肉旣升, 是爲俎實. 於是取牲鼎所出之肉汁,【卽渃也.】
用熟菜調爲羹,【卽芼也.】方是古法. 今俗純用魚肉, 不雜蔬菜[26]. 此臛也, 非羹
也.【凡純肉曰'臛', 雜菜曰'羹'.】○ 少牢, 菁芼一鉶,【調以牛肉渃.】芹芼一鉶,【調
之以魚渃.】薇芼一鉶,【調之以雞渃.】三鉶也. 凡蔬瓜之屬, 總可通用, 或取渃不
便者, 只用蔬瓜爲羹, 上面略用肉屑糝之. ○ 特牲之鉶, 同上.【如少牢.】特豚,
揀用一鉶. ○ 今俗, 旣具五鉶・三鉶於前列, 而別具一鉶, 與飯籩對峙, 謂之飯
羹. 此尤大誤. 鼎俎用奇數, 而五・三之外又置一鉶, 則偶數矣, 宜除之.

---

⑯ 俎之制中矩. 今用圜,【亦用磁或銅.】圜徑九寸, 深一寸,【足崇四寸弱.】通
崇五寸.【今人生時熟肉・燔肉, 皆用碟子. 祭器宜亦然.】

俎之實, 卽鼎之實也. 古祭重牲, 牲必載俎. 故有鼎俎曰'祭', 無鼎俎曰'薦'.【見
『禮』疏.】今俗移俎爲鉶, 鉶用純肉, 而俎則廢之, 大非禮也. ○ 少牢, 熟肉一俎,
【宜用脊・脅等有骨之體.】熟魚一俎,【大者用一而截之爲九寸, 小者或用三, 或五或
七九.】熟雞一俎,【宜以全體升.】熟腸胃一俎,【牛之內體也.】燔肉一俎,【家肉
也. 初獻肝, 亞獻・三獻皆用燔, 合成一俎.】四俎錯于東西, 燔俎錯之當中, 五俎
也. 燔肉自是一物, 不在五・三之內, 而參酌古今, 宜亦充俎. ○ 特牲, 熟魚一
俎, 熟雞一俎, 燔肉一俎,【牛肉也. 三獻各用一串.】○ 特豚之俎, 同上.【燔肉或

---

26 菜: 신조선사본에는 '菜'로 되어 있으나 규장각본A・규장각본B에 따라 바로잡는다.

用豚.】○一鼎用本牲, 一味熟之爲一俎. ○俗用一俎, 今增爲五・三, 已豐矣. 載高無過一寸.【雞用全.】燔肉, 各長九寸, 濶三寸, 不可踰也.

⑰ 豆之制, 圜徑七寸, 深一寸,【足崇四寸弱.】通崇五寸.

豆之實, 菹・醢爲正・加豆者, 靡文也. ○少牢, 食醢一豆,【醃米爲醢, 用魚肉助味.】鹽醢一豆,【醃魚・蝦之屬.】酢菜一豆,【卽生菜.】鹹菜一豆,【卽鹽菹.】熟菜一豆,【火熬者.】淹菜一豆,【卽沈菜也, 少用汁.】六豆也.【俗用豉醬一小鍾, 列于豆間, 非禮也. 今除之.】○特牲, 食醢一豆, 鹽醢一豆, 酢菜一豆, 淹菜一豆,【或熟菜.】四豆也. ○特豚, 一醢一菹, 以具二豆. ○其或加豆者,【大夫及有郡・縣之俸者.】『禮』有"酏食・糝食亦豆實也." 皆以膏肉・米粉, 或和或糝, 而爛煎之.【法見「內則」疏.】今俗之魚煎・肉煎, 是也,【俗名曰'肝南'.】宜用魚煎・肉煎, 以備二豆.【卽所云'羞豆'.】『禮』又有脾析・豚拍.【「醢人」文.】脾析者, 牛百葉也; 豚拍者, 豚肩也.【『晏子』所云"豚肩不掩豆".】然非有廩俸者, 毋敢加豆. 其非大夫者, 加豆不過二豆. ○凡豆實, 載高一寸.【今俗沈菜, 別用小器, 不必然也, 宜通用豆制.】

⑱ 籩, 竹器也. 今用磁, 圜徑七寸, 深五分,【足崇四寸五分弱.】通崇五寸.

籩之實, 古用棗・栗・脯・糗, 今糗餌・粉餈, 移作簋實. 唯粔籹【蜜餌也. 俗名曰'油蜜果'.】・餦餭【亦名'饊子', 今借名.】・繭餅【俗名曰'羌飣'.】之屬, 宜作籩糗. ○少牢, 脯鱐一籩,【或脯或鱐, 用其一亦可.】蜜糗一籩,【皆載高一寸.】時果二籩,【卽瓜・李之屬.】乾榛二籩,【卽棗・栗之屬.】六籩也. ○特牲, 脯鱐一籩, 蜜糗一籩, 果二籩,【一時而一乾.】四籩也. ○特豚, 一脯【或用腒若鱐.】・一果, 以具二籩.【三鼎・一鼎同.】○其或加籩者,『周禮』菱・芡・栗・脯, 謂之加籩.【「籩人」文.】今俗用蓮根・蜜煎, 謂之煎果,【東坡詩謂之'蜜藕'.】中國所謂'果泥'也.【或用山楂・木瓜等, 皆名果泥.】用栗粉作餌, 謂之印餅,【或用胡麻・松花等, 皆名搖食.】宜用果泥・印餅, 以備二籩. 非有廩俸者, 無得加籩. ○案『周禮』

"夏行腒·鱐",【「內則」注: '腒, 乾雉; 鱐, 乾魚.'】 卽用乾雞, 或用乾魚, 以當脯脩, 無妨. 僻鄉寒士安得輒用牛脯? ○ 凡籩實, 載高一寸.【瓜用一, 梨·柿用五. 用五者, 下四上一.】

⑲ 右所列六器, 竝用白磁, 無違尺寸.【富者用銅鑄.】其所實之物, 載高幾寸, 竝宜遵此, 以致虔潔.

牀桌不宜太高, 但用三尺之崇, 可也. 中國人, 生皆坐椅, 所以高桌祭之, 亦然. 我邦, 生則席地, 死乃坐椅, 旣非古禮, 又非象生, 甚無義也.

⑳ 於是春分·秋分, 行時享之禮, 大夫用少牢, 士用特牲.

大夫者, 通政以上, 卿相亦大夫也. 士者, 通訓以下, 仕於朝者也. 其不入仕者, 薦而不祭.【不三獻.】學士【謂庠·學之士.】·官師,【醫·譯·算·律等.】宜用特豚三鼎,【只一鉶.】庶人宜用一鼎. ○ 士之春薦, 宜亦特豚三鼎.【士有嘗無享.】

㉑ 夏至·冬至, 行薦新之禮, 大夫特豚三鼎, 士一鼎.

學士·官師宜用脯·醢之薦也.

㉒ 正月朔日及孟月之朔, 有朔參之禮, 大夫特豚一鼎, 士脯·醢而已. 其有郡·縣之俸者, 宜用折俎.

學士·官師宜與士同, 得有正朝之薦也.

㉓ 忌日之祭, 大夫少牢, 士以特牲, 學士·官師特豚三鼎.

忌日之祭, 伸其私痛, 本非古禮, 不宜豐縟. 然習俗宜順, 不可薄也. 庶士·庶人宜於一鼎有籩鉶也.

㉔ 淸明·寒露, 行展墓之禮, 大夫特豚三鼎, 士一鼎.

學士·官師脯·醢, 可也. ○ 朱子曰: "墓祭但緣習俗, 然不害義理. 但簡於時祭,
可也."

㉕ 有事告由, 大夫·士皆用脯·醢. 其告吉慶者, 宜有折俎.

'吉慶'者, 如祖父追封及子孫登科之類, 是也.

㉖ 至於喪祭之式, 始卒有奠, 用脯·醢而已.

此所謂'餘閣'之奠也. 【見「檀弓」.】 庋閣未必有脯·醢. 但用時果一籩·熟菜一
豆, 【須有魚肉胾.】 亦合禮意. 有脯者用二脡, 長七寸, 濶二寸. 【凡脯皆宜然.】 ○
酒用醴, 【淸酒亦可用.】 器用吉器. 【見「士禮」.】

㉗ 是日, 襲. 襲訖, 有奠, 亦用脯·醢.

『禮經』無此奠, 據『禮』注及『書儀』而行之. 【詳見『喪禮箋』.】 若値朝夕之奠, 不別
有奠.

㉘ 已自始死之日, 厥有朝夕之奠, 亦有下室之饋. 【見「士禮」.】 朝奠但用脯·
醢, 【或以果代脯.】 食時上食, 【辰正也.】 夕而夕奠, 皆用上食之品.

今俗, 成服之後, 始有上食, 大非禮也. 「士喪禮」, 小斂以來, 明有朝夕之奠, 與
始死之奠, 其禮相接. 【見『禮箋』.】 後世之朝夕上食, 旣是朝夕奠之遺義, 則始
死之日, 不可無朝夕之饋也. ○ 星湖曰: "旣屬纊, 便設餘閣之奠, 未殯而饋食如
常時, 皆有所據而然也." ○ 古無上食, 一日無四饋也. 今依朱子『家禮』, 爲一日
三奠, 【見『禮箋』.】 然『家禮』有朝上食, 而無夕上食. 今擬, 有夕上食, 而名之曰
夕奠, 【不別有夕奠.】 庶乎參古酌今, 不失朱子之本意也. ○ 上食之饌, 於古無

據. 今且循俗而爲之制, 曰一爵【酒有醴, 器用小杯.】· 一簋【稻米飯.】· 一鉶
【用芼羹.】· 四豆, 【醢與醬各一豆, 沈菜 · 熟菜各一豆.】或用二豆.【卿 · 相之家宜
六豆.】²⁷ ○ 朝奠不徹, 至上食, 只換一豆.

㉙ 厥明, 小斂. 斂訖, 有奠, 特豚一鼎.

據「士禮」也. ○ 凡喪奠皆用素器,【自小斂以後.】「檀弓」云: "奠以素器, 以生者
有哀素之心也." ○ 凡喪奠不徹, 其有俎肉者, 以巾幂之.

㉚ 厥明, 大斂. 旣殯有奠, 特豚三鼎.

據「士禮」也. ○ 凡小斂 · 大斂之奠, 隨其早晚, 因朝夕之饋而殷之, 不別擧也.

㉛ 成服無奠.

'成服'者, 生人服飾之事也. 生人之服, 而死者之饋, 禮不中也. 今俗, 於小斂 · 大
斂, 未有殷奠, 獨於成服, 張大其禮, 無攸據也.

㉜ 朝日有奠, 特豚三鼎.

據「士禮」也. 因朝饋而殷之.【饋者, 上食也.】○ 案「士喪禮」無鉶無籩, 亦止二
豆. 然旣與朝上食兼行矣, 宜有一鉶, 亦宜四豆也. 若其二籩, 宜以朝奠不徹者
當之.

---

27 卿 · 相之家宜六豆: 규장각본B에는 빠져 있고, 신조선사본에는 본문으로 나와 있으나,
규장각본A에 따라 바로잡는다.

㉝ 月半無奠, 其或行之者, 特豚一鼎.

據「士禮」也. 注疏云: "大夫以上, 有月半奠." 【'月半', 謂望日.】

㉞ 二至・二分, 有薦新之禮. 春・秋特豚三鼎, 冬・夏一鼎.

『禮』曰: "有薦新, 如朔奠." 【「士禮」及「檀弓」.】 薦新者, 卽「王制」四時之薦也. 祥・禫之前, 皆用薦禮. ○ 案 大夫祭薦之禮, 豐於士禮. 其喪中之薦, 亦宜有級. 然喪奠本皆殺禮, 春・秋用特牲, 冬・夏用特豚, 抑亦可也.

㉟ 啓殯而朝于祖有奠, 【一名「啓殯奠」.】 特豚三鼎.

古禮柩旣朝祖, 宿于廟中, 用其明日, 乃有此奠, 【見「士禮」.】 故名之曰'遷祖奠'. 【設奠于廟中.】 今俗朝祖, 柩不升階, 故啓殯而奠, 名之曰'啓殯奠'. 【設奠于殯宮.】 支子別居者, 雖不朝廟, 亦有此奠. ○ 古禮無簋無鉶, 然兼行朝上食, 有簋・鉶也.

㊱ 厥明, 旣飾柩, 還車鄉外, 有祖奠, 【日昃而行事.】 特豚一鼎.

祖奠之饌, 『禮經』無文. 賈氏・孔氏謂: "與遷祖奠同." 【謂特豚三鼎.】 然古禮二奠, 同在一日. 【見「士禮」.】 一日再殷, 無是理也, 當用一鼎.

㊲ 厥明, 啓引, 有遣奠, 少牢五鼎. 上大夫太牢七鼎. 【謂卿・相.】

賈氏曰: "始死至殯, 自啓至葬, 其禮同, 故無黍・稷. 【古禮無簋・鉶.】 其用少牢, 攝大夫也." ○ 鏞案 古禮雖無簋・鉶, 今兼行朝饋二簋・一鉶, 不可少也. 古禮四豆・四籩, 【與少牢不合.】 喪事宜略, 善揣人情也, 宜從之. ○ 又案「雜記」虞・祔之饌, 上大夫與士不同, 遣奠宜亦有級也.

㊳ 旣窆, 有墓左之奠, 特豚一鼎.

'墓左之奠', 一見於「檀弓」, 再見於「冢人」, 三見於「小宗伯」,【『經』云: "成葬而祭墓爲位."】此明是墓祭之始, 而鄭玄謂之地神之祭, 大謬也.【今俗謂之'平土祭'.】其饌無文, 姑用一鼎.

㊴ 旣作主, 有告由之奠, 脯·醴而已.[28]

古禮作主, 在卒哭之日, 亦無奠名. 今俗作主, 於方窆之時, 遂行殷奠, 大非禮也. 方行虞祭, 安得先致無名之殷? 必不可也.

㊵ 旣反哭, 有初虞之祭, 用特牲. 上大夫用少牢.【見「雜記」.】

學士·官師宜於虞·祔皆用特豚三鼎.

㊶ 隔日, 有再虞之祭, 如初禮.

古者葬用柔日, 故再虞仍是柔日. 今或葬用剛日者, 再虞當退一日.【甲日葬者, 丁日當再虞.】

㊷ 越三日, 有三虞之祭,【卽士之卒哭.】士用特牲, 下大夫少牢, 上大夫太牢七鼎.

「雜記」曰: "上大夫之虞也少牢; 卒哭·成事附皆大牢."【附祔通.】下大夫之虞也

---

28 脯·醴而已: 신조선사본·규장각본A에는 '兼行於墓左'로 되어 있으나 규장각본B에 따라 바로잡는다. 「제찬고(祭饌考)」의 내용과 서술방식을 고려할 때 규장각본B처럼 제찬(祭饌)의 종류와 등급으로 본문을 마무리하는 것이 일관성이 있기 때문이다.

牲牷,【牷特通.】卒哭·成事附皆少牢.」○ 鏞案 古者天子九虞, 諸侯七虞, 大夫
五虞, 士三虞.【『雜記』文.】今卿·大夫之家, 皆止三虞. 禮有損益, 不必同也.
○ 古者再虞·三虞, 不必接日,【見『禮箋』.】今俗必皆接日, 煩瀆甚矣. 今擬, 丁
日行再虞, 則越三日庚日, 行三虞以卒哭.

㊸ 是日之夕, 將告祔事, 有告由之禮, 宜用脯·醢.

告于新死者之主也, 見「士虞記」.

㊹ 無卒哭.

九虞·七虞·五虞·三虞, 皆以末虞爲卒哭, 謂之成事,【見『禮箋』.】無別祭也.
今三虞之後, 又行卒哭, 鄭玄之謬義也. 其祭無名, 雖違衆, 不可行也.

㊺ 厥明, 祔于祖, 士以特牲, 下大夫少牢, 上大夫大牢七鼎.

古者祔祭之法, 只用一饌, 合祭祖孫.【見「士虞禮」注.】自賀循以來, 分而二之,
此所謂"衛人之祔離之"也.【見『禮箋』.】雖違衆, 不可不遵古也.

㊻ 旣窆, 無朝夕奠.

遵古禮也. 朱子居喪, 在寒泉精舍, 每朔望歸家, 則旣葬而無朝夕奠, 可知也.

㊼ 旣葬, 有朔日之奠, 特豚一鼎.

「喪大記」曰: "大夫·士父母之喪, 旣練而歸. 朔日·忌日, 則歸哭于宗室." ○ 案
此文, 旣練有朔日之哭, 則旣葬有朔日之饋, 可知也. 月半之奠, 在經無文.

㊽ 生日無奠. 其或行之者, 特豚三鼎.

生日之祭, 在古無徵. 然揆之人情, 不能無饋也.

㊾ 朞而練, 有小祥之祭; 又朞而縞, 有大祥之祭; 中月而纖, 有禫祭, 皆以特牲, 大夫少牢.

練·祥·禫之祭, 大夫之饌, 經無正文. 然大夫盛祭, 皆用少牢, 【見『本禮』.】 無可疑也. 學士·官師竝宜特豚.

㊿ 無吉祭.

「士虞記」曰: "中月而禫. 是月也, 吉祭, 猶未配." 【鄭云: "是月, 禫月也. 當四時之祭月則祭, 猶未以某妃配."】 ○ 案 吉祭者, 礿·祠[29]·嘗·烝, 四時之正祭也. 謂旣禫之後, 若值祭月, 祭之於廟也. 古者殺禮之祭, 不旅不配. 【「曾子問」.】 禫在仲月者, 雖行廟祭, 猶不備禮, 【不旅而不配.】 故曰"猶未配"也. 今人不達此義, 三年喪畢, 別行吉祭, 似非禮也. 『春秋傳』晉之未禘, 亦指春祭而言. 杜預謂之"審昭穆之大祭", 此今俗之所宗也. 然時祭旣行, 昭穆自顯, 又何必別立一祭乎? 【見『禮箋』.】 今人平日本無時祭, 唯於喪畢, 一擧此祭, 亦無義也. ○ 若於平日能行時祭, 而喪三年不祭者, 喪畢而祭, 如常禮而已.

---

29 祠: 신조선사본에는 '祀'로 되어 있으나 규장각본A·규장각본B에 따라 바로잡는다.

『부견가례지식(附見嘉禮之式)』원문

冠禮醮子, 特豚一鼎. 其醴賓之饌, 宜亦一鼎.

「士冠禮」醴賓之節, 有'一獻歸俎'之文.【歸賓俎.】鄭云: "一獻之禮, 有薦有俎."
【賈云: "一獻亦有薦脯·醢."】其牲未聞, 然旣是一獻, 亦止一俎, 則特豚一鼎, 可
知也.

婚禮同牢, 特豚三鼎. 其醴婦, 脯·醢而已. 其盥饋, 特豚一鼎.

同牢之饌, 黍稷四敦【夫婦各二簋.】·大羹一鉶·三俎·四豆,【夫婦各二豆.】又
有醢醬.【各一豆.】此古禮也. ○盥饋之饌, 雖用一鼎, 然二簋,【無稷簋.】一
俎,【無魚腊.】其他如同牢,【見「士禮」.】別一例也. ○案 醴婦之不過脯·醢
者, 尊不養卑, 故不備物也. 盥饋之不過一鼎者,【婦享舅姑曰'盥饋'.】以順爲孝,
不敢以多物示驕也. 今俗醴婦之饌, 倍於大牢, 盥饋之物,【俗名曰'長盤'.】豐於
饋牢, 舅失其尊, 婦驕其富. 風敎之頹喪, 皆此類使然也. 操世敎者, 宜有以矯
正之.

飯·麪各設, 是各二簋也. 餅, 一粱·一菽是合設, 又二簋也. 列者雖六, 其實四簋.

考妣合食之圖 / 少牢加豆加籩

考妣合食之圖						少牢加豆加籩
○初獻	○亞獻	○三獻	○初獻	○亞獻	○三獻	
○餅	○麪	○飯	○飯	○麪	○餅	
○羹			○羹		○羹	
○雞	○腸	○燔	○肉		○魚	
○食醢	○菹	○菹	○菹	○菹	○鹽醢	
○栗糕	燭	○糝肉	○酏魚	燭	○菱飴	
○糗	○果	○果	○果	○果	○脯	

陳設之法, 世稱"生東熟西". 然「少儀」云"冬右腴, 夏右鰭", 「曲禮」云"左殽右胾", 卽凡美者在西也.

考妣合食之圖 / 特牲加豆加籩

考妣合食之圖						特牲加豆加籩
○初獻	○亞獻	○三獻	○初獻	○亞獻	○三獻	
	○餅	○飯	○飯		○餅	
○羹	燭	○羹	燭		○羹	
○雞俎		○燔俎			○魚俎	
○醢	○熟菹	○糝肉	○酏魚	○沈菹	○醢	
○糗	○栗糕	○果	○果	○菱飴	○脯	

飯, 餅皆各設, 所列雖四, 其實二簋也. 特牲以下, 不用麫.

三獻之爵, 雖皆不徹, 若於時祭之時, 祭器不給, 初獻·亞獻之爵, 宜徹去, 唯留三獻之爵, 亦可也.

少牢犆享圖						
○餅	○麫	○初獻	○亞獻	○三獻	○飯	○餅
○羹			○羹			○羹
○雞	○肉		○燔[1]		○腸	○魚
○醢	○菜	○菜		○菜	○菜	○醢
○糗	○果	○果		○果	○果	○脯

有加豆·加籩者, 宜於籩·豆之間, 更增一格, 而加豆於東西, 加籩於中央.

凡匙楪在中, 釦之西敦, 會在中釦之東.

特牲圖				
○飯	○初獻	○亞獻	○三獻	○餅
○羹		○羹		○羹
○雞熟		○肝燔		○魚熟
○醢	○菹		○菹	○醢
○糗	○乾果		○時果	○脯

---

1 燔: 신조선사본에는 '幡'으로 되어 있으나 규장각본A·규장각본B에 따라 바로잡는다.

有加豆·加籩者, 更增一格如少牢.

特豚圖		
○飯	○酒	○餠
	○羹	
○雞熟	○肉湆	○魚熟
○醢 ○菹	○果	○脯

凡陳設之法, 務要齊整, 但使鉶·俎·籩·豆, 不失奇偶之形, 無定例也.

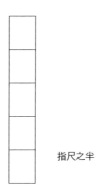

指尺之半

『길제설(吉祭說)』 원문

길제(吉祭)

吉祭之禮, 不與古合. 如欲從俗, 須自大祥, 勉作俗禮.

吉祭·遞遷之儀, 別爲一事, 錄于第六篇之末.

『시용길제의(時用吉祭儀)』

① 旣禫踰月, 乃行吉祭. 前期一日, 陳祫事于堂中.

朱子『家禮』遷廟在大祥之日, 遂於其日奉祧主出, 遷于墓所, 蓋遵『大戴禮』之
文, 故原編依之. 其後楊信齋諸人謂"當於吉祭祫享之後, 乃行遞遷之禮", 今俗
依之. ○ 若從今禮, 則大祥無遞遷之節.

『家禮補註』: "朱子答李繼善曰: 橫渠云[1]'三年後祫祭於大廟, 因其吉[2]祭畢還主之時, 卽奉祧主, 歸於夾室, 【高祖之主也.】 遷主 【曾祖以下主.】·神主 【考·妣主.】 皆歸于其廟.'【節.】 但旣祥而徹几筵, 其下[3]且當祔于祖·父之廟, 俟祫畢, 然後遷耳." ○ 楊信齋西[4], 【復.】 云: "『家禮』祔與遷, 皆在祥日[5]. 前期一日, 以酒果告訖, 改題遞遷而虛東一龕, 以俟新主. 厥明, 祥祭畢, 奉新主, 入于祠堂. 又按先生與學者書, 則祔與遷是兩項事. 旣祥而徹几筵, 其主且當祔于祖·父之廟, 俟三年喪畢, 祫[6]祭而後遷. 蓋世次迭遷, 昭穆繼序, 其事至重, 豈可無祭告禮, 但以酒果告, 遽行迭遷乎? 橫渠說, 用意婉轉, 此爲得禮, 而先生從之." ○ 又曰: "新主且祔祖·父之廟, 當俟吉[7]祭前一夕, 以薦告. 遷[8]畢, 乃題新主. 厥明, 祫祭畢, 奉祧[9]主, 埋於墓所, 奉薦主·新主, 歸于廟."【已上詳見『家禮』大祥條之

---

1 云: 『회암선생주문공문집(晦庵先生朱文公文集)』 권63, 『답이계선(答李繼善)』과 그것을 인용한 『성리대전(性理大全)』 권21, 『가례보주(家禮補註)』 및 『독례통고(讀禮通考)』 권50, 『상의절(喪儀節)13』, 「대상(大祥)」에는 '說'로 되어 있다.

2 吉: 『성리대전(性理大全)』 권21, 『가례보주(家禮補註)』 및 『독례통고(讀禮通考)』 권50, 『상의절(喪儀節)13』, 「대상(大祥)」에는 '告'로 되어 있으나 『회암선생주문공문집(晦庵先生朱文公文集)』 권63, 『답이계선(答李繼善)』에는 빠져 있다.

3 下: 『회암선생주문공문집(晦庵先生朱文公文集)』 권63, 『답이계선(答李繼善)』과 그것을 인용한 『성리대전(性理大全)』 권21, 『가례보주(家禮補註)』 및 『독례통고(讀禮通考)』 권50, 『상의절(喪儀節)13』, 「대상(大祥)」에는 '主'로 되어 있다.

4 西: 규장각본B에는 빠져 있으나 『성리대전(性理大全)』 권21, 『가례보주(家禮補註)』, 『독례통고(讀禮通考)』 권50, 『상의절(喪儀節)13』, 「대상(大祥)」에 따라 보충한다.

5 在祥日: 『성리대전(性理大全)』 권21, 『가례보주(家禮補註)』 및 『독례통고(讀禮通考)』 권50, 『상의절(喪儀節)13』, 「대상(大祥)」에는 원래 '祥祭一時之事'로 되어 있다.

6 祫: 『성리대전(性理大全)』 권21, 『가례보주(家禮補註)』 및 『독례통고(讀禮通考)』 권50, 『상의절(喪儀節)13』, 「대상(大祥)」에는 '合'으로 되어 있다. '祫'이 합사(合祀)한다는 뜻이므로 '合'과 서로 의미가 통한다.

7 吉: 『성리대전(性理大全)』 권21, 『가례보주(家禮補註)』 및 『독례통고(讀禮通考)』 권50, 『상의절(喪儀節)13』, 「대상(大祥)」에는 '告'로 되어 있다.

8 遷: 『성리대전(性理大全)』 권21, 『가례보주(家禮補註)』 및 『독례통고(讀禮通考)』 권50, 『상의절(喪儀節)13』, 「대상(大祥)」에는 '遷主'로 되어 있다.

9 祧: 『성리대전(性理大全)』 卷21, 『가례보주(家禮補註)』 및 『독례통고(讀禮通考)』 권50,

末. 今節錄之.】

按丘氏『儀節』, 因此爲禮, 而節文益備, 猶頗煩惑, 今檃栝爲儀如左.

吉祭不諏日, 宜用朔日行之, 如今俗. ○ 其物用特牲三鼎. 卿·相小牢. ○ 主人玄冠盛服, 吉帶吉屨, 如時祭儀. ○ 設三世椅卓【今人祭四世, 故設四世椅卓.】于北壁, 如廟儀, 設新主椅卓于東方.【如侍坐, 然宜西向.】

② 陳祧事于廟中.

'祧事'者, 遞遷之事也. 改題舊主, 配合新櫝, 卽其事也. ○ 筆墨·粉膠·木賊·刷子之屬, 實于簞, 錯于東方.

③ 酒告祧事, 酒書神主.

將改題主, 有遷禮. 其物二豆·二籩.【菜二器, 果二器.】○ 其告辭云: "維年·月·日,【如他式.】孝玄孫某敢昭告于顯高祖考某官府君【如他式.】·顯曾祖考府君【如他式.】·顯祖考府君.【如他式.】玆以先考某官府君, 喪期已盡, 禮當祔廟,【本文云"禮當遷主入廟", 今改之.】顯高祖考某官府君,【如他式.】禮當祧遷. 爾升于祖, 世次迭遷, 祇奉神主. 今將改書, 謹以酒果, 用伸虔告." ○ 按 本文'當祧'之下, 又列高祖以下三代官號, 似屬煩複, 今改之如上.【今人祭四代, 故上列高祖.】

告辭訖, 徹爵, 徹籩·豆. 改書曾祖以下神主, 如常例.【見沙溪『備要』.】○ 改書訖, 還安于本位. 主人以下, 再拜而退.

神主在廟,【大祥日已祔.】一體同遷, 無告辭.【此父喪之禮也, 母尙未亡.】○ 若母先亡, 今將合櫝, 則有告辭. ○ 告于考位曰: "今以喪期已盡, 祫事將擧先妣某封

『상의절(喪儀節)13』, 「대상(大祥)」에는 '神'으로 되어 있다.

某氏, 禮當配享, 祗奉神主, 將以躋合, 謹以酒果, 用伸虔告." ○ 告于妣位曰: "今以先考某官府君, 喪期已盡, 祫事將擧顯妣, 禮當配享, 祗奉神主, 今將改書, 【本書'亡室', 今書曰'顯妣'.】 遂以躋合, 謹以酒果, 用伸虔告." ○ 告辭訖, 徹遷, 改題主, 遂以合櫝, 還安于東方. ○ 支子別居者, 無祖廟. 但告神主, 則告辭之首宜擧 '維年·月·日'.

若父先亡, 今將以妣主合櫝, 亦有告辭. ○ 告于考位曰: "今以先妣某封某氏, 喪期已盡, 祫事將擧, 禮當配享于顯考, 祗奉神主, 將以躋合, 謹以酒果, 用伸虔告." ○ 告于妣位曰: "今以喪期已盡, 祫事將擧, 禮當配享于先考某官府君, 【職名用單銜.】 祗奉神主, 將以躋合, 謹以酒果, 用伸虔告." ○ 告辭訖, 遂奉神主合櫝, 還安于東方, 乃遷乃徹, 如上禮. 【此無改題之節, 故先合櫝而後薦豆.】

---

④ 厥明, 主人盛服, 入廟, 奉群主出, 于堂行事, 如時祭.

出主告辭云: "孝玄孫某, 今以祧遷之禮, 有事于祖·禰, 敢請顯高祖考妣·顯曾祖考妣·顯祖考妣." 【如他式.】 神主出就正寢, 恭伸薦獻. ○ 又告于神主曰: "今以祫事將擧, 禮當祔食, 敢請顯考." 神主出就正寢, 同伸薦獻. ○ 若母先亡者, 竝擧考·妣, 或父先亡者, 亦竝擧考·妣.

合祭祝辭云: "維年·月·日, 孝玄孫某敢昭告于顯高祖考妣·顯曾祖考妣·顯祖考妣. 【如他式.】 伏以先考某官府君, 喪期已盡, 禮當隮祔, 遠廟將祧, 昭穆以遷, 謹以淸酌·庶羞, 祗薦祫事, 以先考祔食. 尙饗." ○ 按 本文三代各異版, 面面祝之. 今擬, 一版合告之. ○ 又按 本文"罪逆[10]不滅, 歲及免喪. 先王制禮, 不敢不至."諸句, 皆作體面話句, 非肅穆敬恭之義. 今修改如上.

---

10 逆: 『대당개원례(大唐開元禮)』 권144, 『흉례(凶禮)』, 「사품오품상지삼(四品五品喪之三)」, '부묘(祔廟)'와 『대당개원례』 권148, 『흉례(凶禮)』, 「육품이하상지삼(六品以下喪之三)」, '부묘(祔廟)'에는 '積'으로 되어 있다.

若母先亡者, 末句云: "以先考·先妣祔食." ○ 若父先亡者, 其祝辭云: "維年·月·日云云, 伏以先妣某封某氏, 喪期已盡, 禮當隮祔, 合于先考, 昭穆旣序, 配食載同, 謹以淸酌·庶羞, 祗薦祔事. 尙饗." ○ 若母亡而父存者, 是妻喪也, 無吉祭也.

新主吉祭祝辭云: "維年·月·日, 孝子某敢昭告于顯考某官府君. 喪期已盡, 禮當隮祔, 昭穆旣序, 配食載同, 謹以淸酌·庶羞, 祗薦祔事. 尙饗."

⑤ 禮畢, 奉曾祖·祖·禰之主, 返于祠堂. 將祧之主, 留于正寢.

旣入廟, 曾祖之主躋于第一座, 祖考之主躋于第二座, 神主躋于禰.

⑥ 厥明, 奉祧主, 詣墓而埋之.

將行, 有告辭. ○ "旣祧旣遷, 禮當瘞安, 請就墓道."

旣至墓, 有薦, 有告. ○ 辭曰: "維年·月·日, 玄孫某敢昭告于顯高祖考某官府君·顯高祖妣某封某氏. 旣祧旣遷, 禮當瘞安, 追遠無及, 不勝感愴, 謹以酒果, 恭伸虔告. 謹告."【『儀節』云"謹以淸酌·庶羞, 百拜告辭", 其文甚不雅馴.】

若先已遷, 奉於最長房, 今將埋安, 則臨行須有殷薦. ○ 其祝辭云: "維年·月·日, 玄孫某敢昭告于某考·某妣云云. 旣祧旣遷, 靡適靡寧, 禮當瘞安, 追遠無及, 不勝感愴, 謹以淸酌·庶羞, 恭伸虔告. 尙饗." ○ 至墓, 有告. 其辭去'年'·'月'·'考'·'妣'字, 但云"旣祧旣遷"云云, 無'尙饗'.

將行, 預備木盒一枚, 安考·妣二主. ○ 至墓, 去櫝, 去韜藉, 去趺方, 乃用淨白紙裹二主, 納于盒以埋之. 其趺方二片, 別以油紙裹之, 埋于傍.

재단법인 실시학사

실학사상의 계승 발전을 위해 설립된 공익 재단법인이다. 다양한 학술 연구와 지원 사업, 출판 및 교육 사업 등을 수행하며, 실학사상의 전파와 교류를 위해 힘쓰고 있다. 1990년부터 벽사 이우성 선생이 운영하던 '실시학사'가 그 모태로, 2010년 모하 이헌조 선생의 사재 출연으로 공익 법인으로 전환되었다.

경학 관계 저술을 강독 번역하는 '경학연구회'와 한국 한문학 고전을 강독 번역하는 '고전문학연구회'라는 두 연구회를 두고 있으며, 꾸준하게 실학 관련 공동연구 과제를 지정하여 그에 맞는 연구자들을 선정·지원함으로써 우수한 실학 연구자를 육성하고 연구 결과물을 사회에 환원하고 있다. 이번에 상재하는 '실시학사 실학번역총서'도 그의 소산이다. 앞으로 아직 세상에 제대로 드러나지 않은 실학자들의 문헌을 선별해 오늘날의 언어로 옮기며, 실학의 현재적 의미를 확인해 나갈 것이다.

홈페이지 http://silsihaksa.org

실시학사 실학번역총서 06

다산 정약용의 사례가식

1판 1쇄 인쇄 2015년 5월 15일
1판 1쇄 발행 2015년 5월 20일

기획 | 재단법인 실시학사
지은이 | 정약용
옮긴이 | 전성건

펴낸이 | 정규상
펴낸곳 | 성균관대학교 출판부 · 사람의무늬
등록 | 1975년 5월 21일 제1975-9호
주소 | 110-745 서울특별시 종로구 성균관로 25-2
전화 | 02)760-1252~4 팩스 | 02)762-7452
홈페이지 | http://press.skku.edu

ⓒ 2015, 재단법인 실시학사
ISBN 979-11-5550-108-5 94150
      979-11-5550-001-9 (세트)
값 25,000원